BIJIAO FANKONGFA GAILUN

比较反恐法概论

主　编——关保英
副主编——陈　校

法律出版社 | LAW PRESS

《比较反恐法概论》编委会

主　　编 关保英

副 主 编 陈　校

编委会成员（按章节顺序）

陈　校　黄依迪　丁云宝　杨立颖　孙频婕
刘　箴　周　舟　张潇文　关保英　王丽群
赵运锋　张温娴　郝煜玮　贾少学　王　娜
陈万娟

前　言

近年来，尽管恐怖主义的严重性随着各个国家内部的情势发展、不同暴恐事件的影响、各国之间合作交流的程度等因素而呈现起伏之势，但恐怖主义对世界和平与发展的威胁一直在持续。在严峻的反恐局势下，如何有效地预防与惩治恐怖主义犯罪，遏制和铲除恐怖主义这一全球性的"社会毒瘤"，也已成为世界各国共同关注的焦点问题和必须解决的重大课题。"9·11"事件之后，无论是发达国家还是发展中国家，越来越多的国家对原有法律进行修改、完善，并纷纷制定专门的反恐法，以满足新形势下反恐斗争的需要。实践证明，恐怖主义的现实危害需要世界各国加强反恐立法，反恐斗争也需要在完善法制的保障下开展。

2013 年 9 月 13 日，在上海合作组织成员国元首理事会第 13 次会议上，中国国家主席习近平在题为《弘扬"上海精神"　促进共同发展》的发言中表示，中方将在上海政法学院设立"中国－上海合作组织国际司法交流合作培训基地"，愿意利用这一平台为其他成员国培养司法人才。之后，习近平主席又在上海合作组织 2014 年杜尚别峰会、2015 年乌法峰会上两度重申"中方将依托'中国－上海合作组织国际司法交流合作培训基地'，协助成员国培训司法人才。"应该说，相比经济、人文等领域的合作，上海合作组织在安全、反恐领域的合作是最为成功的，并已取得了十分丰硕的成果。对上合组织其他成员国包括反恐人才在内的司法人才的培养，不仅是中国可以在进一步推动上合组织反恐、司法合作方面做的一项重要工作，还可以在上合组织成员国乃至国际社会上培养越来越多的知华、友华的司法人才，因而具有深远的战略意义。

在加强反恐研究与人才培养过程中，“中国—上海合作组织国际司法交流合作培训基地”理所当然地应当发挥最为重要的作用，这也是培训基地义不容辞的责任。为此，由我牵头，组织了上海政法学院以及“中国—上海合作组织司法人才交流培训基地”的部分专家和研究人员，在收集相关国家反恐法的基础上，遴选出亚洲、欧洲、非洲、美洲和大洋洲共十三个国家的反恐法，进行系统介绍和比较研究，并最终形成本书。需要指出的是，尽管相关法案的具体名称不同，但本书选取的法案均为各国的专门反恐法，而非发挥反恐职能的刑法、刑事诉讼法、行政法等。本书尽可能地选取不同发展程度国家、不同类型的反恐法，以使读者能够全面了解各国反恐法的不同特色。本书从比较法的视野对各国反恐法展开系统研究，希望能通过一些独特的探索和创新，为深化我国反恐理论的研究，推动我国反恐实践的发展进步提供些许启示。

本书由我担任主编，陈校担任副主编，按章节顺序的具体撰写分工如下：

陈校、黄依迪：第一章　阿塞拜疆反恐怖主义法

丁云宝、杨立颖：第二章　菲律宾人类安全法

孙频婕：第三章　新加坡反恐怖主义法

刘箴：第四章　南非保卫宪政民主主义反恐怖主义和相关活动法

周舟：第五章　乌干达反恐怖主义法

张潇文：第六章　美国防止恐怖主义利用生物武器法

关保英：第七章　土耳其反恐怖主义法

周舟：第八章　特立尼达和多巴哥反恐怖主义法

王丽群：第九章　新西兰制止恐怖主义法

赵运锋、张温娴：第十章　英国反恐怖主义立法

郝煜玮:第十一章　加拿大反恐怖主义法

贾少学:第十二章　塔吉克斯坦共和国反恐怖主义法

王娜、陈万娟:第十三章　法国反恐怖主义、安全与边境管制法

最后,本书由我和陈校审阅、统稿和定稿。

感谢所有参与者的辛苦努力,感谢法律出版社郑导编辑的细心编辑和支持。我们的同事周舟博士以及我们的学生郝煜玮、黄依迪协助我作了大量整理和组织工作,在此一并表示感谢。当然,由于时间和条件的限制,我们未能详尽地对世界上更多国家的专门反恐法进行系统研究,对此尚有待日后增补和充实。由于研究者水平有限,书中难免出现纰漏不妥之处,恳请专家和读者不吝批评指正,同时对本书所援引论著的作者们表示衷心的感谢。

关保英

2019 年 2 月 26 日于上海政法学院

目录

第一章　阿塞拜疆反恐怖主义法

陈　校　黄依迪

第一节　阿塞拜疆面临的反恐形势

一、阿塞拜疆受恐怖袭击情况

阿塞拜疆共和国(The Republic of Azerbaijan),简称阿塞拜疆。位于亚洲西南部外高加索地区——占据着世界通道要塞,民族以阿塞拜疆族为多数,具有伊斯兰教、东正教多种宗教信仰,基于自然资源的富足,在世界能源结构中的地位较为突出。但是,阿塞拜疆同样正面临国家领土完整与主权统一的纳卡问题(纳戈尔诺-卡拉巴赫领土争端)、领海争端的里海地位划分问题、宗教文化冲突、能源争夺、军事安全等一系列严峻的政治和社会问题。具体恐怖袭击引起的恐怖主义指数显示:2008 年恐怖主义事件发生的次数为首,指数高达 2.93,2009 年次之为 2.73,2008 年逐年下降后,2014 年突然有所上升,指数达到 1.38。数据背后的原因在于社会形势的不断变化,社会不稳定因素的再次复苏。

恐怖主义与进攻性分裂主义、有组织犯罪以及贩卖毒品、武器和人口行为关系密切。在阿塞拜疆武装冲突地区、特别是被他国占据的领土和无管制领土是滋生恐怖主义的肥沃土壤。

面对不断发生的恐怖袭击,阿塞拜疆政府表示国际恐怖主义不仅对各国安全和领土完整构成威胁,而且也对普遍承认的人权和基本自由的概念构成极为严重的威胁。为了维护阿塞拜疆地区稳定,防范恐怖主义的袭击,阿塞拜疆政府提出加强地区合作等倡议并取得了巨大的成就。为保障全球多个地区局势免于陷入动荡,阿塞拜疆也希望通过在本地区有效实施《阿塞拜疆反恐怖主义法》来对恐怖主义和分裂主义逐一进行打击,从而为维护世界的公平正义承担自己的责任。本章将主要通过介绍《阿塞拜疆反恐怖主义法》并结合其他相关法律,使读者了解《阿塞拜疆反恐怖主义法》的内容与本质及其在打击恐怖主义、对维护当地和谐秩序方面发挥的作用。

二、《阿塞拜疆反恐怖主义法》及相关文件

对于阿塞拜疆共和国,1999 年 6 月 18 日由总统伊利哈姆·盖达尔·奥格雷·阿利耶夫在首都巴库颁布的关于"反恐斗争"的第 687 – IQ 号法律文件——《阿塞拜疆反恐怖主义法》是打击恐怖主义的主要国家级法律框架。该法规定了阿塞拜疆反恐怖斗争的法律和组织基础,对公共机构的反恐怖活动和相关法律进行协调,并规定了个人和机构的法律责任,包括了"总则""反恐怖斗争、执行反恐怖行动的组织基础""对恐怖主义行为造成损害的赔偿,对反恐怖人员的法律和社会保护""参与恐怖主义活动的责任""总体规定"共 5 章。对准确执行反恐怖主义行动,消除恐怖主义分子威胁和最大限度地降低恐怖主义危害提供首要的国内法律支持。

另外,为执行联合国安理会 2001 年 9 月 12 日第 1368(2001)号和 2001 年 9 月 28 日第 1373(2001)号决议,阿塞拜疆已加入 13 项全球反恐文件。该国还加入了欧洲委员会、欧洲安全与合作组织、独立国家联合体、黑海经济合作组织以及民主和经济发展组织通过的区域性反恐文书。此外,按照已签署的其他协定,包括关于引渡和刑事事项互助的协定,阿塞拜疆还与其他国家以及执法机构和有关国际组织合作打击恐怖主义。根据《阿塞拜疆共和国宪法》规定,阿塞拜疆缔结的国际协定是其国家的法律制度的一个组

成部分,在该国全境强制执行。在国内立法文件和阿塞拜疆加入的国际协定不一致的情况下,将以后者为准。

阿塞拜疆也通过发布其他立法,防止恐怖分子入境和过境以及利用阿塞拜疆土地准备对其他国家实施恐怖主义犯罪。此类法律包括 1991 年 12 月 9 日《阿塞拜疆共和国国家边界法》、1994 年 6 月 14 日《阿塞拜疆共和国出入境和护照法》、1996 年 4 月 4 日《阿塞拜疆共和国居住地和地点法》、2002 年 8 月 24 日总统核准的"关于审核阿塞拜疆共和国移民申请的规则"的第 713 - IVQ 号法律以及 2013 年 7 月 2 日阿塞拜疆共和国核准的《阿塞拜疆共和国移民法》。这些法律在反恐怖斗争范围内从各方面甄别活动的孳生、预防活动的蔓延,防止恐怖主义事件的发生。

《阿塞拜疆反恐怖主义法》总则第 2 条表示《阿塞拜疆共和国宪法》、阿塞拜疆加入的政府间协议、《阿塞拜疆反恐怖主义法》和其他相关法律是该国反恐怖斗争的法律基础。由《阿塞拜疆反恐怖主义法》肯定了以上相关法律及政府协议在反恐怖斗争中的法律意义,承认其是打击恐怖主义的有效法律武器。

第二节　反恐怖主义法相关概念

阿塞拜疆打击恐怖主义的法律文件中,以 1999 年颁布的《阿塞拜疆反恐怖主义法》为主要法律国家级法律文件。本节将在该法的基础上,叙述《阿塞拜疆反恐怖主义法》对恐怖主义给出的相关概念,为之后阐述阿塞拜疆面临恐怖主义犯罪时所采取的举措与最终的责任承担做铺垫。

一、恐怖主义

全球各国的反恐怖主义法中"恐怖主义"一词涉及的次数最多,"恐怖主义"涉及政治、哲学、意识形态、种族、民族、宗教。单一的恐怖主义定义并不能满足于每个国家的政治需求,也不符合每个国家对恐怖犯罪的定义。各国及国际组织对恐怖主义的定义无法达成一致意见。例如,美国国务院认为“恐怖主义”是指为了影响观众由次国家集团或秘密代理人针对非战斗人员基于政治动机而有预谋地使用暴力的行为。[1] 联合国认为“恐怖主义”是“旨在损害人权、基本自由和民主,威胁领土完整、国家安全、颠覆合法组成的政府的行为”。而《阿塞拜疆反恐怖主义法》总则第 1 条将“恐怖主义”定义为“实施爆炸、纵火或其他行为,危及他人生命、造成他人健康损害、重大财产损失或出现其他公共性危险后果;该行为的目的是危害公共安全、在公众散播恐慌或是影响国家机关或国际组织之决策。或是基于上述目的威胁实施类似行为”。

《阿塞拜疆反恐怖主义法》对于“恐怖主义”目的的定义不同于美国与联合国,美国对恐怖主义的定义颇具政治色彩,而联合国更多地涉及人权、自由与民主。阿塞拜疆则将“恐怖主义”的目的定义为“危害公共安全、在公众散播恐慌或是影响国家机关或国际组织之决策”,体现了其目的在于对一国的危害造成对社会公共安全的破坏、产生恐慌引起社会秩序的混乱、扰乱社会政策的产生与执行这几个方面。相对美国及联合国对恐怖主义的定义,阿塞拜疆更多地从恐怖主义对社会公共安全的影响出发,目的在于对社会及社会中的成员产生不利的影响,并非广泛地涉及人权、自由、民主。这使得阿塞拜疆对“恐怖主义”定义的目的不同于美国和联合国等,也不同于其他的犯罪目的,这也是阿塞拜疆法将恐怖主义区别于其他国家反恐怖主义法和其他犯罪的原因所在。1999 年《阿塞拜疆反恐怖主义法》所体现的目的性在于维护社会安定,但其深层次的最终目标同样是根除恐怖主义的根源——为政治目的使用暴力的极端主义。

产生这种表述区别的原因在于各国立法与学理解释上的差异,必须结合恐怖主义行为本身与这种行为存在的外界环境来考察定义。2016 年 4 月 1 日,阿塞拜疆共和国与邻国亚美尼亚在位于外高加索地区的纳戈尔诺 - 卡拉巴赫(纳卡)地区又一次爆发了激烈的军事冲突。据统计,因亚美尼亚长期占据阿塞拜疆近 20% 国土而产生的矛盾使 2015 年双方在阿塞拜疆纳卡地区发生的零星交火和敌对行为接近 3000 次,纳卡历史遗留问题的长期存

---

〔1〕 See US State Department:1999 Patterns of Terrorism, p. 2.

在是阿塞拜疆国内频繁产生恐怖主义活动的主要原因之一。两国对纳卡问题的立场差距巨大、无法调和,1988 年至今积累的敌对情绪使得危害阿塞拜疆社会及公民安全的手段愈演愈烈。为此,为打击恐怖主义犯罪所定义的恐怖主义并不从人权、自由、民主出发,而是更多地为保护公共安全,保证生命财产出发,对严重危害国家社会安全的行为人进行防控与打击。

二、恐怖团体和恐怖组织

《阿塞拜疆反恐怖主义法》总则第 1 条第 3 款指出,“恐怖团体”是旨在实施恐怖主义活动的两人或两人以上联合体,第 1 条第 4 款指出,“恐怖组织”是为实施恐怖主义活动而建立的组织,或者考虑在其活动中采取恐怖主义行为的组织。如果该组织的一部分从事恐怖主义活动,那么该组织也被认为是恐怖组织。为了阻止恐怖主义活动和最大限度降低恐怖主义的危害,打击恐怖主义团体与恐怖组织的存在,准确且全面定义该主体成为有效打击恐怖主义犯罪的重要条件。

(一)恐怖团伙

《阿塞拜疆反恐怖主义法》中的恐怖团伙是为从事恐怖活动而产生的个人与个人之间的联合,其特点在于组织结构较为松散,具体犯罪行为没有明确的分工或分工比较简单、不固定。对于侦破此类形式的犯罪,相对于有组织的恐怖活动相对较容易。在阿塞拜疆共和国境内,由恐怖主义团伙引发的爆炸、纵火或其他行为,危及他人生命、造成他人健康损害、重大财产损失的情形也较少,因此,政府、警方及学者对此关注也较少。

(二)恐怖组织

相对于组织结构较为松散的恐怖团伙,恐怖组织的组成较为正式与严谨,分工较为明确,产生的危害也更大,对此为攻破恐怖组织所花费的人力与财力远超于恐怖团伙。根据《阿塞拜疆反恐怖主义法》可知,其规定的“恐怖组织”包括为了实施恐怖主义活动而设立的组织,也包括已经存在的犯罪组织从事恐怖主义活动。并且已经存在的犯罪组织中的一部分人员从事了恐怖主义活动,整个犯罪组织都会被认定为恐怖组织。由此从严认定,扩大打击范围,体现了阿塞拜疆对恐怖主义犯罪的难容忍,对于恐怖主义犯罪一经发现、查证即给予极严厉的惩治。

阿塞拜疆对于恐怖组织的具体认识则体现在2001年联合国第五十六届会议关于人权的会议《就一切形式和表现的恐怖主义对充分享有人权和基本自由的影响继续征求各会员国的意见》中,阿塞拜疆政府明确指出多数恐怖活动事实上都是有组织的;如果其他国家参与,其后果就更加严重。阿塞拜疆政府希望国际社会能够更多地注意所谓的"族裔恐怖主义"现象和流亡人士支持国际恐怖主义破坏国家领土完整的作用。因为,阿塞拜疆国内正面临着基于历史原因引起的有他国参与的恐怖组织、种族主义的恐怖组织和难民介入反动的恐怖组织为主要类型的恐怖组织。

三、恐怖主义活动的特征

通过《阿塞拜疆反恐怖主义法》总则对恐怖主义犯罪主体的定义,可以明确犯罪主体所具有的特征,而如何识别出恐怖主义犯罪主体则在于对恐怖主义活动的分析。具体是指在一般恐怖袭击事件中,只有小部分恐怖组织会以高调的方式宣称自己为恐怖组织从而进行明目张胆的犯罪,多数恐怖组织会以秘密的方式进行恐怖主义犯罪,需要以其行为活动来判断该行为人及其组织是否为恐怖组织主体。

根据《阿塞拜疆反恐怖主义法》总则第1条第8款规定,恐怖主义活动是指:(1)组织、策划、准备和实施恐怖主义行为,对自然人或法人实施暴力,以制造恐怖为目的摧毁或毁损有形设施;(2)以实施恐怖主义行为为目的创立非法武装派别、犯罪团体;(3)参与前述几款行为;(4)煽动他人参与恐怖主义行为;(5)以资助恐怖组织或恐怖团体或提供其他帮助为目的提供武器装备、信息等。以上为阿塞拜疆规定的恐怖主义活动的主要形式及手段。结合阿塞拜疆社会上所产生的恐怖袭击事件,如在1994年阿塞拜疆首都巴库发生的一系列恐怖主义袭击事件,3月19日及7月3日恐怖分子在地铁站投放炸弹分别造成14人死亡及49人受伤、13人死亡及42人受伤,阿塞拜疆政府当即控诉北部独立派列兹金人分离主义组织Sadval以及亚美尼亚在此次地铁袭击中提供了特殊服务。

由此,可以看出当今阿塞拜疆恐怖主义活动体现了以下几种特征:他国参与、以平民为主要对象,攻击目标广泛化、以民用工具作为攻击手段、连环爆炸成为恐怖主义活动的主要方式、本土化趋势明显,导致恐怖主义活动更易实施。

第三节 反恐怖主义斗争、执行反恐怖行动的组织基础

对恐怖主义犯罪的研究重在对恐怖主义的回应——反恐,而反恐是《阿塞拜疆反恐怖主义法》的重点所在。在《阿塞拜疆反恐怖主义法》第二章第5条至第12条详细阐述了反恐怖斗争、执行反恐怖行动的组织基础,包括反恐怖斗争机构、协助开展反恐怖斗争的人员与机构、反恐怖行动的指挥、反恐怖行动的合法权力、谈判与信息公开及反恐怖行动的终止。

一、反恐怖主义斗争机构的概念

反恐怖斗争机构是指以反击、防范恐怖主义为主要职责的职能机构,它的职能包括:准备有关打击恐怖主义的建议和意见;协助打击成员国恐怖主义;收集、分析、提供有关恐怖主义的信息;建立关于恐怖主义组成、成员、活动等信息的资料库;对恐怖主义进行侦查并对相关犯罪嫌疑人采取措施;与其他国际组织或国家开展反恐怖合作等。

(一)反恐怖主义斗争机构主体

《阿塞拜疆反恐怖主义法》规定,该国国家安全部、内务部、国防部、中央警卫局、军事反间谍机构作为主要的反恐怖斗争机构,同时,明确规定要确保必要的武装力量参与反恐怖斗争。在反恐怖主义斗争、执行反恐怖行动的组织基础中,运用必要的武装力量参与斗争是《阿塞拜疆反恐怖主义法》中多次提及的。阿塞拜疆武装力量主要包括军事部队与警察部队两大力量来实施作战行动,通过秘密或者公开的方式以武力解决恐怖组织的蔓延,体现了国家打击恐怖主义的实力以及将其消灭的决心。

并且,其他相关机关(以其职权为限)依照《阿塞拜疆反恐怖主义法》的规定参与反恐怖斗争,国家和地方自治机构、公共团体、官员和公民有义务

协助公共机构开展反恐怖斗争,成为反恐怖斗争的主体之一。

(二)反恐怖主义斗争机构的指挥主体

《阿塞拜疆反恐怖主义法》中明确规定必须确保阿塞拜疆共和国总统在反恐怖行动区域内的指挥权力,基于《阿塞拜疆 2009 年宪法修正案》第 8 条规定,“总统为国家元首,在内政外交上代表阿塞拜疆共和国,并且是司法独立的保障”,进一步保障了阿塞拜疆总统在反恐怖主义斗争中的绝对最高指挥权。总体来说,阿塞拜疆共和国总统的指挥权体现在:(1)基于直接和联合指挥反恐怖行动之目的,在必要情况下,阿塞拜疆共和国总统得决定临时地(在反恐怖行动进行期间)组织反恐怖行动人员,并且任命反恐怖行动长官;(2)反恐怖行动人员活动需要服从阿塞拜疆共和国总统;(3)在反恐怖行动过程中,除阿塞拜疆共和国总统和反恐怖行动人员外,任何人不得干涉反恐怖行动长官的行为或决定。阿塞拜疆共和国总统具有决定组织反恐怖行动与干涉反恐怖行动的权利,基于个人原因可能对于反恐怖行动会产生极大的影响。

同时,赋予由阿塞拜疆总统任命的反恐怖行动长官以指挥反恐怖主义行动的权利,包括:(1)反恐怖行动人员(士兵、工作人员和专家)自行动开始时服从反恐怖行动长官的指挥;(2)反恐怖行动长官有权划定反恐怖行动区域、反恐怖行动特征,并有权决定在行动中使用武力和设备;(3)反恐怖行动长官有权作出其他决定,对官员和公民进行限制,以便在反恐怖行动区域内部分、临时地保护其安全;(4)反恐怖行动区域内所有官员和公民应执行反恐怖行动长官的命令。相对于阿塞拜疆总统的总体指挥权,反恐怖行动长官的指挥权体现操作性。对武力的使用、人身的限制、反恐怖区域的划分,反恐怖主义行动长官具有指挥的决定权,所有官员和公民必须服从命令一同对抗恐怖主义。

二、反恐怖行动区域内合法的权力

根据《阿塞拜疆反恐怖主义法》第 4 条规定的“反恐怖斗争的基本原则”,其中第一个原则即确保阿塞拜疆共和国反恐怖斗争的合法性,任何人在反击、控制、预防恐怖主义犯罪的过程中也都必须根据法律赋予的权力,按照合法的程序进行反恐怖行动。为了保证反恐怖行动有效的执行及保障反恐怖行动人员的利益、社会公众的利益及犯罪行为人的利益,《阿塞拜疆反恐怖主义法》第 9 条具体规定了在反恐怖行动区域内反恐怖行动人员的合法权力,一旦超越其法律规定,侵犯他人合法利益的情况,行为人应当为其行为承担相应的责任。

《阿塞拜疆反恐怖主义法》第 8 条规定,反恐怖行动人员在反恐怖行动区域内享有以下权力:(1)基于反恐怖行动的需要,暂时限制或禁止运输工具和行人在街道、公路上活动,并且不得通过特定区域;(2)检查公民和官员的文书和证件,如果没有授权文件,基于查明身份之目的,可以依照阿塞拜疆共和国规定对上述人员予以拘留;(3)在执行反恐怖行动时,对阻碍法律命令的人员予以拘留,并将其移交至合适机构(阿塞拜疆内务部和阿塞拜疆国家安全部);(4)在制止恐怖主义行为时需要拘留嫌疑人,如果延迟相应行动将导致人民生命、健康处于危险状态,反恐怖行动人员得依照法律规定进入公民的住房或其他居所,无论其位于何地段、建筑物或运输工具;(5)除担负外交任务或使领馆的交通工具外,反恐怖行动人员可在反恐怖行动区域的出入口使用或不使用技术设备,对公民、物品、交通工具进行检查或者定位;(6)除担负外交任务或使领馆官方使用的通讯和交通工具外,反恐怖行动区域内公民、组织、公共团体所有的通信和交通工具(无论其财产形式)、媒体工作人员的活动均由反恐怖行动长官决定。作为反恐怖斗争领域中的主要负责部门,国家安全部、内政部和国家边境局在各自权限范围内独立地或者以合作的方式运用以上交通管制、刑事拘留、检查等权力,采取预防行动防止恐怖行动的实施,并识别与恐怖组织相联系或涉嫌资助恐怖主义或以其他方式支持恐怖主义的个人和实体,达到维护社会安全稳定的国家目标,保障其不利用阿塞拜疆领土及资源危害到该国国土的利益与该国公民社会利益及生命安全。

三、恐怖主义行为的信息公开

在《阿塞拜疆反恐怖主义法》反恐怖斗争的组织基础这一章节下,还配有一条内容涉及关于恐怖主义行为的公共信息的法律规定,对其发布具有严格的要求。《阿塞拜疆反恐怖主义法》表示在反恐怖行动期间，由反恐怖行动长官或反恐怖行动人员之代表根据恐怖主义行为与社会的联系，向社会发布关于恐怖主义行为形式和程度的相关信息。同时，《阿塞拜疆反恐怖主义法》第11条也规定，反恐怖行动长官或反恐怖行动人员之代表不得发布以下信息：(1)关于执行反恐怖行动的战术和技术手段；(2)关于给反恐怖行动区域内外人员生命和健康造成危险的信息，或者阻碍执行反恐怖行动的信息；(3)关于美化恐怖主义行为、恐怖分子或为其宣传的信息；(4)关于参与反恐怖行动人员的信息，以及对反恐怖行动有贡献的人员的信息。这些信息的公开不但会直接或间接导致该项反恐怖主义行动失败，同时会危害到相关反恐怖行动人员与对打击恐怖主义具有极大贡献的人员的人身及财产利益，其危险性不容小觑。

第四节　恐怖主义行为造成损害的赔偿以及对反恐怖人员的保护

一、恐怖主义行为造成的损害赔偿

（一）损害赔偿

恐怖主义行为在全球各地通过爆炸、放火等恐怖手段杀害、伤害数以千计无辜的群众，以此威胁政府实现其政治目的，其手段恶劣且卑鄙。由于打击恐怖分子及其组织的急迫与严峻，受害者在刑事司法机制中往往被遗忘。但近年来，这些重要的受害者的权利与作用在刑事司法框架内得到了广泛的认可。[1] 作为人权委员会第2005/35号决议附件的《严重违反国际人权法和严重违反国际人道主义法行为受害人获得补救和赔偿的权利基本原则和导则》规定："国家应当确保在国内法中尽可能规定，遭受暴力或创伤的受害人应当获得特殊考虑和照顾，以免在执行司法和赔偿的法律和行政程序中使受害人再次遭受创伤。"《阿塞拜疆反恐怖主义法》相同条款同样表达了

---

〔1〕 联合国毒品与犯罪问题办公室：《在刑事司法框架内支持恐怖主义受害者的良好做法》2015年11月前言部分。

保护被害人免于受到恐怖袭击后又受到二次伤害的本质意义。为了给受害者提供更好的援助和资助，尊重受害人权利、合法地位、诉讼作用和保障被害人利益，《阿塞拜疆反恐怖主义法》第13条规定了对恐怖主义行为造成损害的赔偿和受害人的社会恢复，其主要内容为由恐怖主义行为对自然人或法人造成的财产损害，完全由国家预算资金进行补偿，并可由犯罪人进一步赔偿。对于受恐怖袭击的受害人，国家需要及时保护受害人。国家承担首要救助的责任和赔偿的责任，帮助受害人恢复生活原貌，使其不再承担不必要的额外物质支出。

（二）社会恢复

受到恐怖主义犯罪分子袭击的受害者通常会被冷血、激进的犯罪分子深深震惊，在情感与身体上产生强烈的不适感，打乱了原来的生活节奏。为了避免受害人深陷恐怖袭击的阴影之中，《阿塞拜疆反恐怖主义法》第13条规定："对恐怖主义行为受害人进行社会恢复，向其提供司法的、心理的、医疗的援助，确保其获得工作和住房。"以此保障受害人在受到身体伤害、精神伤害、物质损害后，能够正常地再社会化。同时，规定这些再社会化所付出的资金成本应由阿塞拜疆国家预算资金负担。成为国家国库支出的一个重要原因在于需要避免再次发生不必要的打击报复行为且保障人权。

另外，在恐怖袭击事件过后，为了保证受害人能够找到官方援助机构来获得社会恢复，《阿塞拜疆反恐怖主义法》指出在恐怖袭击事件过后，由阿塞拜疆共和国内阁指定合适的国家机关，负责对恐怖主义行为受害人的社会恢复工作。经过内阁指定具有援助能力与援助责任的机构，提供联络渠道，帮助受害人早日恢复。

二、对反恐怖人员的法律和社会保护

《阿塞拜疆反恐怖主义法》第13条规定了对受害者的赔偿，但在恐怖袭击事件背后受到伤害的不仅仅只有自然人与法人，还有反恐怖行动人员及其他相关人员在履行官方职责时受到的袭击伤害。这些反恐怖人员及其他相关人员受到国家法律和社会的保护，《阿塞拜疆反恐怖主义法》第14条规定，法律和社会保护措施具体用于以下人员：（1）阿塞拜疆共和国国家安全部、内务部、国防部、中央警卫部、军事反间谍机构直接参与反恐怖斗争的工作人员;(2)永久或暂时协助公共机构制止恐怖主义活动,最大限度降低恐怖主义活动危害的人员;(3)第(1)、(2)款的人员在履行官方职责给其亲属的健康或财产造成损害时,法律和社会保护措施亦适用于上述人员的近亲属。其伤害包括:当反恐怖人员在恐怖行为发生的过程中,因为执行反恐怖行动而被袭击死亡,将由国家预算资金给予其家属成员和抚养的人一次性抚恤,抚恤金额为平均月工资的100倍,并可以由犯罪人进一步赔偿;如果反恐怖人员在执行反恐怖行动时负伤、残疾、不能继续工作,将由国家预算资金给予其一次性抚恤,抚恤金额为平均月工资的数倍,并可由犯罪人进一步赔偿。

三、对反恐怖人员的法律免责

随着社会恐怖武装力量的急速升温,大部分恐怖主义危险分子随身携带有危险的易燃易爆装置,其实施恐怖主义犯罪导致他人的生命、健康、财产受到损害,产生极大的社会危险性。反恐怖主义行动人员为了阻止社会危害的发生,达到保护国家安全、社会安全与人民生命财产安全必须采取反恐怖职务行为,从而造成恐怖分子死亡、受伤或财产损失。为了防止反恐怖行动人员因担心最终承担结果责任,《阿塞拜疆反恐怖主义法》第15条明确规定:“根据阿塞拜疆法律的规定,即使反恐怖行动造成恐怖分子死亡、受伤和财产损失。反恐怖人员将不因反恐怖行动造成的损害承担任何责任。”这一法律规定避免反恐怖行动人员在执行反恐怖行动时畏首畏尾,难以放心大胆地执行行动任务,保证了其贯彻依照反恐怖行动战术打击恐怖主义,增加了打击恐怖主义犯罪的信心。

第五节　参与恐怖主义活动的责任

当今社会恐怖主义活动同样是严重的刑事犯罪,明确恐怖分子终将受到的刑事处罚是平复社会大众恐惧心理和愤怒心理的重要前提。根据《阿塞拜疆刑法典》的规定,承担刑事法律责任的行为人为年满 14 周岁的精神健康的一切自然人。当其犯下或者参与犯下恐怖罪,均应当依照阿塞拜疆共和国法律予以审判和宣判,从而使其承担应有的法律责任。

一、参与恐怖主义活动人员的责任

《阿塞拜疆反恐怖主义法》第 17 条规定:“为确保人民的法治和自由、国家安全和国际安全,无论恐怖主义行为的策划地或实施地在何处,都应当依据阿塞拜疆共和国法律和阿塞拜疆共和国加入之政府间协议,追究恐怖主义行为实施者或参与实施者的刑事责任,或者将其移交给外国以便辅助审判或执行刑罚。”对于参与恐怖主义活动人员将依照阿塞拜疆共和国法律规定承担责任的恐怖分子,为了确保一定将包括恐怖分子在内的罪犯绳之以法,2001 年阿塞拜疆通过了《罪犯引渡法》。这项法律禁止将恐怖分子的行动定为政治罪,从而确保将他们引渡受审。此外,如果以现行法律的根据为由拒绝引渡恐怖分子,则可以根据《阿塞拜疆刑法典》对其进行审判。对恐怖主义如对其他国际犯罪一样,阿塞拜疆立法所根据的原则是,引渡或审判。可见,阿塞拜疆新的刑事立法不仅确立了恐怖主义的责任,而且还规定了对恐怖主义的普遍管辖权。

二、恐怖组织的责任

除规定了参与恐怖主义活动人员的责任外,《阿塞拜疆反恐怖主义法》还规定了该国国内组织参与恐怖主义活动的后果,一旦发现某组织(某部门、代表)与在阿塞拜疆境内实施的恐怖主义活动相关,由法院根据阿塞拜疆共和国法律的规定予以取缔。在恐怖组织被依法取缔后,该组织拥有的财产应依照阿塞拜疆共和国法律规定收归国有。

第二章　菲律宾人类安全法

丁云宝　杨立颖

自2001年美国"9·11"事件发生以来,全球的恐怖主义活动呈不断上升的趋势。"索马里海盗"、中东及中亚地区的恐怖主义组织及其势力对无辜百姓造成的伤害给全世界带来了巨大的影响。

世界各地对于恐怖主义活动都密切关注,同时对于相关活动的打击力度也在逐年扩大。今天我们所讨论的菲律宾虽然位于东南亚,但由于历史及地理原因,已经成为受恐怖主义危害最为严重的几个国家之一。

2007年2月8日,菲律宾参议院批准了《第9372号共和国法》(Republic Act 9372),一般被称为2007年《人类安全法案》(HSA 2007)或《反恐怖主义法》。总统阿罗约于2007年3月6日签署此项法案,并于2007年7月13日正式生效。

第一节　恐怖主义的范围

对于恐怖主义的界定,各国都有着不一样的表述,如

《中华人民共和国反恐怖主义法》认为,恐怖主义是指通过暴力、破坏、恐吓等手段,制造社会恐慌、危害公共安全、侵犯人身财产,或者胁迫国家机关、国际组织,以实现其政治、意识形态等目的的主张和行为。[1] 菲律宾《人类安全法案》也明确界定了恐怖主义。

一、恐怖主义行为的界定

《人类安全法案》的第 3 条对恐怖主义及相关内容进行了界定,任何人实施下列《修正刑法典》条款中规定的可处罚行为:

a. 第 122 条(在公海或菲律宾领水的海盗和兵变);

b. 第 134 条(叛乱和起义);

c. 第 134 – a 条(政变),包括私人实施的;

d. 第 248 条(谋杀);

e. 第 267 条(绑架和严重非法拘禁);

f. 第 324 条(破坏性犯罪)。

或在以下法令下:

(1)第 1613 号总统令(《纵火法》);

(2)第 6969 号共和国法(《1990 年毒性物质和危险及核废料控制法》);

(3)第 5207 号共和国法(《1968 年原子能管理和责任法》);

(4)第 6235 号共和国法(《反劫机法》);

(5)第 532 号总统令(《1974 年反海盗和反公路抢劫法》);

(6)第 1866 号总统令(修正后)(《就违法和非法持有、制造、交易、获取或存放武器、弹药、爆炸物编撰法律令》)。

传播或制造条件,以在民众大范围制造恐惧和恐慌,迫使政府为不法要求妥协的,应当认定为恐怖主义犯罪,处以 40 年监禁,且不得依照第 4103 号法律(修正后的《不确定判决法》)假释。[2]

上述行为被视为恐怖主义行为。在行为判定及审判的过程中都做了相

---

〔1〕 参见《中华人民共和国反恐怖主义法》第 3 条第 1 款。

〔2〕 参见菲律宾《人类安全法案》第 3 条。

关工作，并且在定义和审判上都有一定的帮助，结合《修正刑法典》及其他总统令和共和国法的法条表述及罪行判决。

二、共犯处罚的结果

在《人类安全法案》第5条中明确规定了共犯的定义及处罚，“——任何人，不是《修正刑法典》第十七条规定的主犯或本法第四条规定的共谋者，但以先前行为或同时行为合作参与了恐怖犯罪的实施或共谋恐怖主义的，应处以17年4个月零1天至20年监禁。”[1]

从处罚的形式来看，采取的是和主犯一样的监禁；从年限来看，判处监禁的时间最长年限为主犯的一半；就行为而言，法条明确规定了，不是《修正刑法典》第17条规定的主犯或者《人类安全法案》第4条规定的共谋犯，将犯罪主体的类别进行了准确的定义。从此可以看出，共同犯罪的主体及处罚力度都较为强硬。

三、从犯和帮助犯处罚的结果

《人类安全法案》第6条中明确规定了“明知他人实施恐怖主义犯罪或共谋恐怖主义，但未以属于《修正刑法典》第十七条或十八条中规定的主犯或共犯的方式参与其中，而是以下列方式参与后续犯罪活动：(a)为他人提供利益或帮助犯罪分子从犯罪中获得利益；(b)掩饰或破坏犯罪主体、或后果、或犯罪工具，以防止罪行暴露；(c)隐匿、掩饰、或帮助主犯、策划者逃匿，应处10年零1天至12年监禁。”[2]

从行为上来看，法条明确了从犯和帮助犯的行为，并没有直接参与犯罪，而是参与了犯罪的后续活动，例如，以掩盖、包庇、窝藏等方式，使得犯罪行为不被暴露出来，并从中获得一定报酬或者得到相关利益。这一系列的行为虽然没有对犯罪有直接的影响，但间接造成了犯罪的发生，并阻碍犯罪行为被侦破。《人类安全法案》规定，这样的犯罪将被处以10~12年的监禁。

---

〔1〕 参见菲律宾《人类安全法案》第5条。
〔2〕 参见菲律宾《人类安全法案》第6条。

第二节　材料管理与收集

犯罪调查中会涉及证据及材料的管理与收集，各国对证据的处理都有着自己的规定与管理，《人类安全法案》的材料收集分为了两大块：一部分是一般类的材料，另一部分则是银行材料。在法条设立中，单独罗列银行类材料是一创新，在各国的反恐法中，并未将取证及材料，尤其是银行材料进行单独的规定。

一、存放材料的管理

在存放证据管理上，菲律宾《人类安全法案》中第 13 条和第 33 条分别表述了对于材料和银行材料的处置。其中“已提存在上诉法院授权部门的密封信封和包裹及其内容物，应当视为并声明为保密信息，密封信封和包裹不可以拆封，且其内容物（磁带、光盘、录音及其节选或摘要、书面记录或纪要）不应当被泄露、透露、阅读、重放或作为证据使用，除非得到上诉法院授权部门的书面授权令，且该授权令仅应司法部的书面申请授予，并且司法部应当出示反恐怖主义委员会书面认可开拆、透露、泄露、使用密封信封和包裹中监视、控制、录音、窃听对象对话、通讯、短信、书面或口头文字的文件。”[1]一旦有人违反相关规定，将处以 6 ~ 8 年的监禁。

《人类安全法案》中对于材料的调取、查阅有着明确的规定，司法部不仅要有相关的书面授权，而且还要在反恐怖主义委员会的书面认可后才能够处置相关材料。其中，银行材料还明确规定必须在作为证据使用的 3 日前书面通知有关各方。相对于一般材料，银行材料的流程则更为严格。对于存放材料的管理，菲律宾方面在调阅时作出了诸多的规定，尤其当这些材料是用于指证恐怖主义活动时。因此，材料的安全性上得到了很好的保护。

---

〔1〕 参见菲律宾《人类安全法案》第 13 条第 1 款。

二、公开已经存放材料的申请

对于存放的材料如果需要公开也要经过一定的流程，法条的第 14 条及第 34 条也进行了规定。法条第 14 条对于一般材料的公开有如下规定："——书面申请开拆已提存密封信封和包裹的申请及就此内容对各方的通知中应当载明下列行为的目的和原因：(a) 开拆密封信封或包裹；(b) 揭露或透露其中的保密内容；(c) 重放、泄露、阅读、听取窃听或记录的通讯、短信、对话、讨论或口头及书面文字（包括其节选或摘要及其他相关的笔记和纪要）；以及 (d) 使用任何侦听、拦截或记录的通讯、短信、对话、讨论或口头及书面文字（包括其节选或摘要及其他相关的笔记和纪要）作为证据。任何人、执法官员或司法机关人员违反上述通知义务的应处 6 年零 1 天至 8 年监禁。"〔1〕

对于银行材料，则在第 34 条中进行了如下表述："——书面申请开拆已提存密封信封和包裹的申请中应当载明下列行为的目的和原因：(a) 开拆密封信封或包裹；(b) 揭露或透露其中的保密内容；(c) 使用保密信息、数据、节选、摘要、笔记和纪要、计算表、报告和文件作为证据，且应当在按期开拆的 3 日前书面通知有关各方。"〔2〕

从条文中可以看出，所有被要求公开的材料都必须向有关部门提出以下的目的和原因：第一，必须要开拆密封信封或包裹；第二，揭露或透露其中的保密内容；第三，相关材料或文件将作为证据。之后的规定则出现了一定的变化，一般证据由于种类较多，所以，对相关内容进行了阐述，但要求所有人包括执行官员和司法机关人员，违反相关通知义务的都需要处以 6～8 年的监禁。而银行材料则还需要在按期开拆的 3 天前，书面通知有关各方。这表示证据在使用前需要在多方共同见证下才能够被使用，银行证据的特殊性也因此而体现出来。

---

〔1〕 参见菲律宾《人类安全法案》第 14 条。

〔2〕 参见菲律宾《人类安全法案》第 34 条。

三、存放材料的价值

对于存放材料的价值，法案的第15条和第35条分别进行了表述。“——任何侦听、拦截和记录的通讯、短信、对话、讨论或口头及书面文字的全部或部分，或任何其包含的信息和事实，包括它们的存在、内容、物质、主旨、效果或意义，若明确违反本法中的有关规定，绝对不应允许在任何司法、准司法、立法或行政调查、询问、诉讼、审讯中作为对任何人不利的证据使用。”〔1〕

对于银行材料的证据价值，第35条的表述如下：“——从下列主体的银行存款、配售、信托账户、资产和记录检查中制作的信息、数据、节选、摘要、笔记、备忘录、计算表、报告和文件：(1)被指控或被怀疑进行恐怖主义犯罪或共谋恐怖主义的人员；(2)依法宣布为非法恐怖主义组织、协会或团体；和(3)依法宣布为非法恐怖主义组织、协会或团体的成员，若明确违反本法中的有关规定，绝对不应允许在任何司法、准司法、立法或行政调查、询问、诉讼、审讯中作为对任何人不利的证据使用。”〔2〕

条文中规定所有的存放材料如果会被提出作为证据，那必须符合之前条款中所表述的相关要求，否则，所有的材料都将无效。在司法实践中，这对于审判及各方主体的利益来说能够更为公正公平，均保障了证据的真实性和纯正性，避免和尽可能地杜绝材料的伪造、修改、失窃等不利于调查、审判的情况，能够更好地打击恐怖主义势力。

第三节 委员会的确立

在《人类安全法案》中，为了更好地处理相关案件，还成立了3个新的专门机构，它们分别为“反恐怖主义委员会”“申诉委员会”“联合监督委员

〔1〕 菲律宾《人类安全法案》第15条。
〔2〕 菲律宾《人类安全法案》第35条。

会”。不仅建立了全面负责反恐工作的总机构,而且建立了负责特殊工作的专门机构,形成了“以反恐怖主义委员会为中心,申诉委员会、联合监督委员会、人权委员会分工合作”的组织体系,为菲律宾反恐工作提供了坚实的保障。下面我们就分别对这些委员会进行简要的介绍。

一、反恐怖主义委员会

在菲律宾《人类安全法案》第53条中专门介绍了反恐怖主义委员会。反恐怖主义委员会作为整个菲律宾反恐工作的中心,起到了组织、沟通、协调各机构及国家机关的职能。为了更好地开展此项工作,反恐怖主义委员会成员有:(1)执行秘书,同时是主席;(2)司法秘书,同时是副主席;(3)外事秘书;(4)国防秘书;(5)内务和当地政府秘书;(6)财政秘书;(7)国家安全顾问及其他成员。反恐怖主义委员会既是一个单独运作的机构,同时也与政府的各个组织有着一定的关联。

条文中规定了反恐怖主义委员会的主要职责:“(1)应当实施本法并承担合理有效实施国家反恐怖主义政策的责任。(2)应当记录其进程和决定。所有委员会的记录应当按照委员会的判断或决定(如有)的安全分类,决定采纳,以保卫人民安全,共和国安全和国家福利。”但是,条文中也明确表示,“此处的任何一条不应解释为授权反恐怖主义委员会行使司法或准司法权力或职权”。[1] 言下之意即反恐怖主义委员会是一个综合处理反恐事务的机构,但是,该机构并不能够行使任何与司法有关的权利或职权。它的存在并没有代替司法机关的任何职能,处理的工作也是与反恐相关的工作。

法案中还指出,委员会秘书处是国家情报协调机关。委员会应当确定国家情报协调机关作为委员会秘书处的职权、职责和功能。国家调查局、移民局、民防办公室、菲律宾武器情报服务局、反洗钱委员会、跨国犯罪菲律宾中心和菲律宾国家警察的情报和调查部门应当支持委员会的工作。

二、申诉委员会的设立

申诉委员会,由申诉专员(作为主席),副检察长和一名司法部副部长

---

[1] 菲律宾《人类安全法案》第53条。

(作为成员)组成,接受并评估针对警察和执法官员在实施《人类安全法案》过程中的申诉。委员会应当在马尼拉设立办公室。

委员会应当设3个分会,分别由吕宋岛、维萨亚斯岛和棉兰老岛的副申诉专员领导,分别在副申诉专员的办公室设立办公室。3名副检察长指派的助理,和指派到该办公室所在地的司法部地区检察官应当成为办公室成员。3个分会应当协助申诉委员会接收、调查、评估针对警察和执法官员在实施《人类安全法案》过程中的申诉。如果证据支持该申诉,他们可以对犯错的警察和执法官员立案。除非申诉者及时地否认或废除申诉,在上述案件中的决定或判决应当避免以与申诉委员会及其分会相同的理由或就相同行为另行立案。[1]

在此,申诉委员会的职能相当于我国的检察院,只不过,申诉委员会仅针对在执行《人类安全法案》过程中警察和执法官员的行为。对于部分违法事件,如果成立,可另行立案。并且,在法条中,对于警察和执法官员的行为都有着明确的规定,尤其是在材料需要作为证据时的提存、拆封等流程,一旦违反,可以依照有关规定判处6~8年的监禁。

三、委员会的职能

在法条中,对于委员会的相关职能有着明确的规定。目的是为了保证法条赋予人民的权利。一共有8项主要的职能:

1. 制定并采纳本国反恐怖分子和反恐怖行为计划、项目、对抗措施;

2. 协调所有国家力量压制消灭本国恐怖行为,动员全国反对《人类安全法案》描述的恐怖主义;

3. 指挥迅速调查和起诉所有指控或羁押的进行恐怖犯罪或策划恐怖行动的人以及其他需要依据该法处罚的犯罪行为,并监管案件进度;

4. 设立并维护综合数据为基础的信息系统,监控恐怖主义、恐怖活动和进行反恐怖主义行动;

5. 依据第9160号共和国法律(又称修正《2011反洗钱法》)冻结被指控

[1] 参见菲律宾《人类安全法案》第56条。

或怀疑进行恐怖犯罪或共谋恐怖主义人员的基金财产、银行存款、配售、信托账户、资产和记录；

6. 给提供关键信息，帮助逮捕、抓捕、拘留、起诉、定罪对恐怖犯罪和策划恐怖行动有责任人员的消息提供者金钱奖励或其他激励；

7. 设立和维护在国家反恐怖中其他国家给予的协调、合作和帮助；

8. 按照案件需要，要求最高法院委派上诉法院特别部门或马尼拉、宿务、卡加延德奥罗的地区审判法院，处理涉及恐怖犯罪或共谋恐怖主义等有关案件事务。司法秘书应当从下列主体中抽调一支检察官队伍：(1)吕宋岛，处理在马尼拉地区审判法院审理的恐怖主义案件；(2)维萨亚斯岛，处理在宿务审理的案件；(3)棉兰老岛，处理卡加延德奥罗的案件。[1]

这些职能在法条中明确规定出来，使这些职能有了法律的保障，能够更好地推进委员会相关工作，同时也可以用来监督委员会的工作开展是否合法合规，是否保护人民的权利。

第四节　立法的评价

一、立法模式的选择

反恐立法模式主要是指按照立法技术标准划分的反恐立法方式。[2] 事实上，鉴于各国在法律传统、立法价值、法律体系、反恐怖态势和国际环境上存在较大差异，反恐立法模式亦呈现出多样化的特征。以反恐法律形式为分类标准，上述各国的立法模式主要分为三类，分别为独立式、附属式和复合式。[3]

独立式是指独立规定主体间的权利、义务关系，而无须依附、参照其他

---

〔1〕 参见菲律宾《人类安全法案》第54条。

〔2〕 参见赵秉志、杜邈：《反恐怖立法模式的理性选择》，载《法学》2008年第3期，第49页。

〔3〕 参见赵秉志、杜邈：《反恐怖立法模式的理性选择》，载《法学》2008年第3期，第49页。

法律文件的反恐立法模式,如 2006 年《俄罗斯联邦反恐怖主义法》。[1] 附属式是指并非通过设立独立的法律文件来规定主体间的权利、义务关系,而是对已经生效的其他法律文件加以修订、删改的反恐立法模式,如德国 2002 年《反国际恐怖主义法》。[2] 复合式是指既有条款独立规定主体间的权利、义务关系,也有条款对其他法律文件加以修订、删改的立法模式,如美国 2001 年《爱国者法案》。[3] 菲律宾的法律制度,从法系上看是大陆法系与英美法系的混合体。从 1565 年西班牙征服菲律宾到 1898 年美西战争结束,西班牙殖民统治者在菲律宾强制推行西班牙法(西班牙属于大陆法系)。美西战争后,美国殖民统治者将美国法律引入菲律宾,形成了美国法与西班牙法的混合体。[4] 但是,《人类安全法案》既没有参照大陆法系典型代表德国的附属式立法,也没有选择英美法系典型代表美国的复合式立法,而是采取了独立式的立法模式。该模式不受原有法律框架的束缚,能够增设全新的法律规定,逻辑体系清晰,涵盖概念界定、预防、处置、制裁和恢复等多重内容,类似于在本国法律体系内增设一个全新的法律部门。《人类安全法案》未对菲律宾原有法律进行修正,而是增设了全新的法律内容,明确界定"恐怖主义"和"恐怖组织"基本概念,详细规定执法部门权力行使程序和条件,建立健全专门机构,全文共计 62 条,为菲律宾反恐工作提供了全面、具体的法律依据。[5]

反恐怖立法模式是一个国家立法技术的重要表征,同时也折射出一个国家执法、司法水平的高低。由于各国具体情况不同,选择何种立法模式不能一概而论。不过,反恐怖立法归根结底是为了更有效地预防和打击恐怖活动,那么符合自身的反恐怖实际应当是选择立法模式的关键。

---

〔1〕 参见赵秉志主编:《国际反恐怖主义犯罪及其防治对策专论》,中国人民公安大学出版社 2005 年版,第 102 ~ 103 页。

〔2〕 参见赵秉志、杜邈:《反恐怖立法模式的理性选择》,载《法学》2008 年第 3 期,第 50 页。

〔3〕 参见赵秉志、杜邈:《反恐怖立法模式的理性选择》,载《法学》2008 年第 3 期,第 50 页。

〔4〕 参见张卫平:《菲律宾的法律制度》,载《东南亚研究资料》1985 年第 4 期,第 74 页。

〔5〕 参见许静晓:《菲律宾反恐怖立法评述》,载《河南警察学院学报》2014 年第 6 期,第 118 ~ 123 页。

二、立法的价值

恐怖活动是人类社会矛盾冲突的一种极端表现形式，具有复杂性、隐蔽性、顽固性、跨国性和危害严重等特征。所以，目前世界各国在打击恐怖主义时往往采取最严厉的手段，但国家权力的扩大势必对公民权利进行克减，导致国家安全和公民自由之间的矛盾和冲突。怎样才能既有效维护国家安全又最大限度地保障公民自由等基本权利，是国际社会和世界各国面临的难题，而2013年6月轰动全球的“斯诺登事件”，更是把美国推到了争论的风口浪尖。不过，毋庸置疑的是，反恐过程中的人权保障越来越受到国际社会和世界各国的重视。

注重人权保障是菲律宾《人类安全法案》的最大特色。首先，法案开宗明义：“……菲律宾应尊重宪法载明之人民基本权利和基本自由……政府执行部门行使其权力不应损害绝对的、应在任何时候应予保护的人权……”[1]其次，法案内容从始至终都在扩大执法部门权力和人权保障中寻找平衡。一方面，基于恐怖主义犯罪的特性赋予执法部门特别权力；另一方面，又对特别权力的行使规定了严格的条件和程序，且惩罚性条款多达24条，占总条款的39%。最后，为了实现反恐过程中的人权保障，《人类安全法案》还赋予“人权委员会”优先受理对反恐过程中公民权利侵犯行为的调查和起诉。[2]

人权具有历史性和具体性，受特定物质生活条件的制约。如果在日趋复杂和严峻的反恐局势下，以保障人权为名弱化对社会的必要控制，将会造成不堪设想的后果。最典型的事例就是2002年10月23日的莫斯科文化宫人质事件，俄罗斯特种部队因释放毒气致使128名被劫持人质死亡。从这个意义上讲，尊重和保障人权应当是反恐怖立法的应有之义和终极目标，而《人类安全法案》正是对此进行深刻理解和有效运用的典型代表。

---

[1] 菲律宾《人类安全法案》第1条。

[2] 许静晓：《菲律宾反恐怖立法评述》，载《河南警察学院学报》2014年第6期，第118～123页。

三、立法带给中国的启示

2011 年 10 月 29 日，第十一届全国人民代表大会常务委员会第二十三次会议审议通过《全国人大常委会关于加强反恐怖工作有关问题的决定》。全文共计 8 条，仅仅是对我国反恐工作中的核心问题与原则性问题进行了笼统的规定，和真正意义上的专门的反恐法还存在较大的差距，主要还是依托于刑法中的相关规定来处理与反恐有关的内容，且存在立法内容不够全面，与国际反恐怖法接轨不充分等诸多缺陷。因此，我国立法机构对于相关问题进行了修改补充。

2015 年 12 月 27 日，第十二届全国人民代表大会常务委员会第十八次会议通过《反恐怖主义法》，并于 2016 年 1 月 1 日起正式实行。现行的《反恐怖主义法》全文共 10 章 97 条，从恐怖活动组织和人员的认定、安全防范、情报信息、调查、应对处置、国际合作、保障措施及法律责任等方面分别进行了表述。

在我国的法条中，对恐怖活动有着明确的界定，同时也将有可能发生的情况制定了兜底条款，"只要是报经国家反恐怖主义工作领导机构通过的人员、组织或是行为都将被界定为恐怖主义活动或者行为"。

和《人类安全法案》相比，我国《反恐怖主义法》的处罚力度处于较弱的程度，大部分以罚款和公安机关拘留这两种形式进行处罚，最高金额是 50 万元，最长的公安机关拘留 15 日。没有明确触犯刑法的刑期，同时也没有明确犯罪的量刑及惩治力度。

在今后关于《反恐怖主义法》修正案或是解释中，可以借鉴菲律宾《人类安全法案》中明确犯罪量刑，对已有的罪名需要在量刑上进行进一步的明确，对于刑法及刑法修正案中指出的量刑及罪名再加以细化，对于不同的罪行、犯罪主体的犯罪进行具体的规定。同时，明确相关机构的职责职能，成立相对独立的、专管反恐怖主义工作的机构，对全国的反恐怖主义工作进行全方位的协调与调控。

对于恐怖主义势力的打击已经不仅仅是一个国家的责任，已经上升至全世界范围。联合国成立反恐怖主义委员会的目的就是在全球范围内打击恐怖主义,联合各区域的军队、武装对危害公共安全、威胁到人类生活的个人或组织进行对抗。为营造一个和平的世界,世界各国都在尽自己最大的努力,在保护自己的同时共同打击犯罪。因此,建议在今后的修改中可以更多地增加联合执法、共同打击犯罪等方面的内容,对于全球化的打击恐怖主义活动做铺垫。

附件:《人类安全法案》中文版全文

人类安全法案

第一条　简称。——本法此后简称为《2007 人类安全法》。

第二条　宣布政策。——我国国策宣布保护生命、自由和财产不受恐怖主义行为的威胁,谴责恐怖主义为敌对、危害国家安全、人民幸福的行为,认定恐怖主义是与菲律宾人民、人类和国家法律为敌的犯罪。

在实施上述政策的同时,国家应当高举宪法赋予人民的基本权利和基本自由。

国家承认打击恐怖主义需要一个综合性的方法,结合政治、经济、外交、军事和法律手段,考虑恐怖主义的根源,但并不代表承认这些根源是恐怖法分子和/或犯罪活动的正当理由。此类措施应当包含在冲突管理和冲突后和平建设中,通过建设国家实力和推进公正经济发展,解决冲突根源。

本法的任何条款不应解释为对宪法认可的政府行政分支权力的收缩、限制或减少。但是应当理解,宪法认可的政府行政分支权力不应当损害任何时候都应绝对保护的人权。

第三条　恐怖主义。——任何人实施下列《修正刑法典》条款中规定的可处罚行为:

a. 第 122 条(在公海或菲律宾领水的海盗和兵变);

b. 第 134 条(叛乱和起义);

c. 第 134 – a 条(政变),包括私人实施的;

d. 第 248 条(谋杀);

e. 第 267 条(绑架和严重非法拘禁);

f. 第 324 条(破坏性犯罪)。

或在以下法令下:

(1)第 1613 号总统令(《纵火法》);

(2)第 6969 号共和国法(《1990 年毒性物质和危险及核废料控制法》);

(3)第 5207 号共和国法(《1968 年原子能管理和责任法》);

(4)第 6235 号共和国法(《反劫机法》);

(5)第 532 号总统令(《1974 年反海盗和反公路抢劫法》);

(6)第 1866 号总统令(修正后)(《就违法和非法持有、制造、交易、获取或存放武器、弹药、爆炸物编撰法律令》)。

传播或制造条件,以在民众大范围制造恐惧和恐慌,迫使政府为不法要求妥协的,应当认定为恐怖主义犯罪,处以 40 年监禁,且不得依照第 4103 号法律(修正后的《不确定判决法》)假释。

第四条　共谋恐怖主义。——共谋恐怖主义的人应当处以 40 年监禁。

当两人以上达成合意进行或决定实施本法第三条定义的恐怖主义犯罪时,即构成共谋恐怖主义。

第五条　共犯。——任何人,不是《修正刑法典》第十七条规定的主犯或本法第四条规定的共谋者,但以先前行为或同时行为合作参与了恐怖犯罪的实施或共谋恐怖主义的,应处以 17 年 4 个月零 1 天至 20 年监禁。

第六条　从犯。——明知他人实施恐怖主义犯罪或共谋恐怖主义,但未以属于《修正刑法典》第十七条或第十八条中规定的主犯或共犯的方式参与其中,而是以下列方式参与后续犯罪活动:(a)为他人提供利益或帮助犯罪分子从犯罪中获得利益;(b)掩饰或破坏犯罪主体、或后果、或犯罪工具,以防止罪行暴露;(c)隐匿、掩饰、或帮助主犯、策划者逃匿,应处 10 年零 1 天至 12 年监禁。

尽管如此,上述从犯刑罚不适用于犯罪分子的配偶、直系长辈、直系晚辈、法定、生理、或收养的兄弟姐妹以及其他近亲属,但前述(a)款除外。

第七条　监控犯罪嫌疑人及通信记录和侦听。——第 4200 号共和国法律(《反电话窃听》)法虽有相反规定,但警察或执法官员或其队员可以依据上诉法院书面命令,用任何电子方式或其他监控设施或拦截追踪设备,或其他合适方法侦听、截取并记录依法宣判为恐怖分子，或宣布为恐怖组织、社团，或其他被指控或怀疑为恐怖组织犯罪分子或恐怖活动策划者之间的，通讯、短信、对话、论述、或口头和书面文字。

假如，该通信监控、侦听、记录是律师与客户，医生与病人，记者及其信息来源方的交流以及秘密商业信函，则不应授权。

第八条　正式申请司法授权。——仅有上诉法院授权部门有权，以上诉法院授权部门书面令授予追踪、利用、侦听、截取或记录恐怖犯罪嫌疑人或恐怖活动策划者的通讯、信息、对话、论述、口头或书面文字的权利，该授权是应警察或执法官员（仅本法第五十三条规定反恐委员会书面授权可提出单方申请的警察及执法官员等）的单方书面申请，以及对申请中的诺言或主张和相应证人的验证，表明：(a)基于对事实或情况的推断，可以相信很大概率上恐怖犯罪或恐怖活动策划已经进行、正在进行或将要进行；(b)基于事实或情况，相信很有可能取得某一关键定罪证据，或解决或阻止犯罪的证据；(c)没有其他有效可行的方法获取相关证据。

第九条　法院令的级别及内容。——上诉法院授权部门的书面令，若需要延期或更新申请人的同一原始申请，包括其延期或更新申请，反恐怖主义委员会的书面授权应当据此认定并声明其为机密信息：假如，被执法机关监控、侦听、窃听、记录通信、信件、文件、信息、对话、论述、口头或书面文字以及财物或被监视的人员有事先知晓执法机关此类行为的权利，或质疑上诉法院颁布书面令合法性的权利。那么上诉法院授权部门的书面令中应当明确下列事项：(a)被指控或怀疑对象的已知身份信息，比如姓名和住址，该对象的无线电、电子或电话（无论是否无线）通信、信息、对话、论述、口头或书面文字将被追踪、窃听、侦听、拦截、记录，电子传输系统或电话号码将被追踪、窃听、侦听、拦截、记录，以及他们的位置将被追踪；或者该被怀疑进行恐怖主义犯罪或共谋恐怖主义的对象身份尚不明确，如有合理依据，则应对其进行持续的监视；(b)依法授权进行追踪、窃听、侦听、拦截及记录通信、信息、对话、论述、口头或书面文字的警察或执法官员的身份（姓名、住址和其所在的警察或执法机构）及其队伍中的个体成员的身份（姓名、住址和其所在的警察或执法机构）；(c)已实施，或正在进行，或需要组织的违法行为；

(d)授权可使用时间。

第十条 司法授权有效期。——由上诉法院授权部门授予的任何授权,根据本法第九(d)条的规定,应当仅在上诉法院授权部门书面令明确的时间内有效,且不应超过申请警察或执法官员收到上诉法院授权部门书面令之日起的30日。

如果上诉法院授权部门认为延期或更新是出于公共利益,以及进一步,延期或更新的单方申请是由原申请方提交,且已有反恐怖主义委员会书面授权,上诉法院授权部门可以延长或更新上述授权至另一段不可延长的期限,该期限不应超过原截止日期起的30日。

如果不是由于本法第二十条所述的警察或执法人员责任,警察或执法官员应当在上述上诉法院授权截止日期期满起30日内,检察官起诉违反本法前,提交适当的情况说明,假如原申请人死亡或伤残导致无法申请延期或更新,应当由原上诉法院授权部门书面令中原申请者队伍中职务仅次于原申请人的队员提出申请。

如在上述30日内未能提交情况说明,申请警察或执法官员应当在前述监视、窃听、记录截止日期后立即通知被监视、窃听、记录的人员。若申请警察或执法官员未能及时通知上述被监视、窃听、记录的人员,应处10年零1天至12年监禁。

第十一条 保管窃听并记录的通讯。——所有根据上诉法院授权部门授权而取得的磁带、光碟、录音,包括其节选和摘要,以及相关书面笔记和纪要,应当达到上诉法院授权部门授权令确定的截止日期,或延期和更新后截止日期后的48小时内,视情况用密封的信封或包裹提存上诉法院授权部门,并附上申请警察或执法官员及其队员的联合书面陈述。

假如原申请人死亡或伤残导致无法提交要求的书面陈述,应当由原上诉法院授权部门书面令中原申请者队伍中职务仅次于原申请人的队员提交书面陈述。

保管磁带、光碟、录音,包括其节选和摘要,以及相关书面笔记和纪要的任何人、警察或管理人以任何形式、任何理由,部分或全部转移、删除、抹除、焚化、粉碎或破坏上述物件,都属于违法行为。

转移、删除、抹除、焚化、粉碎或破坏上述物件的人应处以6年零1天至12年的监禁。

第十二条　联合书面陈述内容。——警察或执法官员及其队员的联合书面陈述应当载明:(a)磁带、光盘、录音的件数,以及其节选或摘要和书面记录和纪要(如有)的份数;(b)每一份磁带、光盘、录音覆盖的日期和实践;(c)已提存的磁带、光盘、录音的件数,以及其节选或摘要和书面记录和纪要(如有)的份数;和(d)由反恐怖主义委员会应进行追踪、利用、窃听和记录单方申请而下达的原书面授权令日期,以及上诉法院授权部门原书面授权令延期或更新的日期。

联合书面陈述还应当宣誓保证未对磁带、光盘、录音全部或部分节选或摘要、书面记录或纪要进行任何复制或复印,任何复制件或副本都已放入密封信封或包裹中,存放于上诉法院授权部门。

任何人、警察或执法官员省略或拒绝联合书面陈述中的任意部分或条款都是违法行为。

任何人、警察或执法官员违反上述规定应处10年零1天至12年监禁。

第十三条　已提存材料的处置。——已提存在上诉法院授权部门的密封信封和包裹及其内容物,应当视为并声明为保密信息,密封信封和包裹不可以拆封,且其内容物(磁带、光盘、录音及其节选或摘要、书面记录或纪要)不应当被泄露、透露、阅读、重放或作为证据使用,除非得到上诉法院授权部门的书面授权令,且该授权令仅应司法部的书面申请授予,并且司法部应当出示反恐怖主义委员会书面认可开拆、透露、泄露、使用密封信封和包裹中监视、控制、录音、窃听对象对话、通讯、短信、书面或口头文字的文件。

任何人、警察或执法官员违反上述书面通知监视对象规定的应处6年零1天至8年监禁。

第十四条　申请开拆已提存密封信封或包裹。——书面申请开拆已提存密封信封和包裹的申请及就此内容对各方的通知中应当载明下列行为的目的和原因:(a)开拆密封信封或包裹;(b)揭露或透露其中的保密内容;(c)重放、泄露、阅读、听取窃听或记录的通讯、短信、对话、讨论或口头及书面文字(包括其节选或摘要及其他相关的笔记和纪要);以及(d)使用任何侦听、拦截或记录的通信、短信、对话、讨论或口头及书面文字(包括其节选或摘要及其他相关的笔记和纪要)作为证据。

任何人、执法官员或司法机关人员违反上述通知义务的应处 6 年零 1 天至 8 年监禁。

第十五条　已提存材料的证据价值。——任何侦听、拦截和记录的通讯、短信、对话、讨论或口头及书面文字的全部或部分,或任何其包含的信息和事实,包括它们的存在、内容、物质、主旨、效果或意义,若明确违反本法中的有关规定,绝对不应允许在任何司法、准司法、立法或行政调查、询问、诉讼、审讯中作为对任何人不利的证据使用。

第十六条　对未授权或恶意拦截或录音行为的刑罚。——任何警察或执法人员在未经上诉法院授权部门授权的情况下,以任何方式追踪、侦听、窃听、拦截或记录被起诉或怀疑进行恐怖犯罪个人的通讯、短信、对话、讨论或口头及书面文字的,应认定为犯罪行为,并处以 10 年零 1 天至 12 年监禁。

除了违背其他犯罪委员会规定的责任外,对恶意从上诉法院获取授权以通过任何手段追踪、侦听、窃听、拦截或记录被起诉或怀疑进行恐怖犯罪或共谋恐怖主义的个人的通信、短信、对话、讨论或口头及书面文字的警察或执法人员还应处 10 年零 1 天至 12 年的监禁及其他永久开除公职的附加刑,尽管根据本法第十三条的规定,因该授权而受到侵害的当事人可以接触密封信封或包裹及其内容物,作为检方起诉警察或执法人员恶意获取授权的证据。

第十七条　禁止恐怖组织、协会,或团体。——任何组织、协会、团体以参加恐怖主义为目的(或虽无此目的,但实际上利用该行为实施本法中规定的恐怖行为),在公民中散布大规模极端恐慌或为此制造条件的,以迫使政府向其不法要求妥协的,应当在充分通知该组织、协会、团体并保障其申辩权的前提下,应司法部申请,由有管辖权的地方审判法院宣布其为恐怖非法组织、协会、团体。

第十八条　无司法逮捕令的拘留期限。——尽管《修正刑法典》第 125 条有相反规定,任何警察或执法人员,依据反恐怖主义委员会书面授权拘留被起诉或怀疑进行恐怖犯罪或共谋恐怖主义的个人的,应当避免任何因迟延交付上述人员至适格司法机关而引发的刑事责任，并将上述被起诉或怀疑的人员在自其被上述警察或执法人员逮捕、拘捕、拘留、监禁之日起3日内移送适格的司法机关：如果，是由于第7条的监视及第17条的银行存款查账而逮捕该被起诉或怀疑进行恐怖犯罪或共谋恐怖主义的个人。

相关警察或执法人员在拘留被怀疑进行恐怖犯罪的个人之前，不论逮捕发生在白天或夜晚的任何时刻，应当将个人带到离逮捕地点最近的法官的住处或办公室。法官有义务确认逮捕该个人并展示身份的警察或执法人员，询问逮捕理由，并在质疑及观察后决定该怀疑对象是否有受到何人对其生理、道德或心理上的刑讯及原因。法官应当随后想对被逮捕人员案件有管辖权的法院提交书面报告，载明他/她的观察结果。法官应当在该人员被带至其住所或办公室的3日内立刻提交报告。

在羁押被起诉或怀疑进行恐怖犯罪或共谋恐怖主义的个人后，警察或执法人员应当立即书面通知离逮捕地点最近的法院：如果逮捕发生在周六、周日、节假日、下班时间，书面通知应当送至离逮捕地点最近的法官住处。

未履行上述通知法官义务的警察或执法人员应当处以10年零1天至12年监禁。

第十九条　已实施或将实施恐怖袭击事件的拘留期限。——在已实施或将实施的恐怖袭击事件，若没有离逮捕地最近的市、城、省或地区人权委员会官员或市、地区审判法院、反贪腐法庭或上诉法院司法法庭法官的批准书，对嫌疑人的拘留时间不可超过3日。如果逮捕发生在周六、周日、节假日、下班时间，进行逮捕的警察、执法人员应当将该人员送至距离逮捕地最近的上述官员的住处。相关警察或执法人员应当在拘留相关人员之日起的5日间保管批准书；但是在拘留嫌疑人后的3日内，还未确定该人员与恐怖袭击或威胁有关的，应当立即释放。

第二十条　未在三日内将嫌疑人移送适格司法机关的刑罚。——对任何抓捕、逮捕、拘留、羁押被指控或被怀疑进行恐怖犯罪或共谋恐怖主义人员的警察或执法人员，未在3日内将该被捕人员移送适格司法机关的，应处10年零1天至12年监禁。

第二十一条　被羁押人员权利。——在抓捕、逮捕或拘留被指控或被怀疑进行恐怖犯罪或共谋恐怖主义人员时,进行逮捕的或接收移送的警察或执法官员应当立即告知该被捕人员有以下权利:(a)知悉本次逮捕性质和原因,并可以保持沉默,可以自行选择有能力并独立的律师顾问。如果该人员无法负担其选择的律师顾问的服务费用,相关警察或执法官员应当立即联系菲律宾综合律师协会(IBP)免费法律援助单位或公共律师办公室(PAO)。菲律宾综合律师协会(IBP)免费法律援助单位或公共律师办公室有义务立即联系与被羁押人员会面,并提供法律援助。上述权利除非有其选择的法律顾问在场,并以书面方式,否则不得放弃。(b)在法律顾问在场的情况下知晓其拘留的原因。(c)与其法律顾问自由交流并无限制地随时与其协商。(d)无限制地自由及不公开地与其家庭成员或近亲属交流,并接受他们的探视。以及(e)自由接受其选择的医生服务。

第二十二条　侵犯被羁押人员权利的刑罚。——任何警察或执法人员,或任何警察或执法羁押单位侵犯被指控或被怀疑进行恐怖犯罪或共谋恐怖主义人员的上述权利的,应当认定为违法行为并处10年零1天至12年监禁。

除非侵犯被拘留人员上述权利的警察或执法人员已充分明确,否则应当对进行羁押并实施侵犯的警察单位的高级官员或执法单位的领导人员处以相同的刑罚。

第二十三条　官方羁押日志要求及内容。——警察或其他执法羁押单位执行对因被指控或被怀疑进行恐怖犯罪或共谋恐怖主义而羁押逮捕或拘留人员的管理和控制的,应当以安全有序的方式记录官方日志,在此声明该日志是公开文件,可供律师、被羁押人员的律师,或羁押人员的家庭成员或有血缘关系的第四顺序内的亲属及姻亲,或其医生,在不论白天夜晚的任何时间,无限制地检查和查阅。该日志应当包含以下内容:(a)被羁押人员的姓名、描述、地址;(b)首次逮捕或拘留的确切日期和时间;(c)对被羁押人员进行身体或医疗的医生姓名及住址;(d)首次进行拘留时被羁押人员的健康及身体状况;(e)每次被羁押人员提审的日期时间及其目的;(f)提审返回监所的日期和时间;(g)每次提审后对被羁押人员进行身体或医疗的医生姓名和住址;(h)被羁押人员的家庭成员及近亲属的姓名及地址(如有);(i)到访被羁押人员的姓名和住址;(j)到访的每次日期及时间;(k)被羁押人员每次要求与法律顾问交流的日期时间;(l)每次法律顾问到访及离开的日期和时间;以及(m)与被羁押人员在逮捕和拘留期间相关的其他重要事项和细节。

上述警察或执法羁押单位应当根据上述律师或上述人员的家庭成员或第四顺序内的近亲属和姻亲,或其医生的要求,毫不延迟,毫无限制地发放该羁押人员日志的经公证真实的副本,且不收取任何费用(包括文件印花税、公证费等)。该经公证真实的副本可以在要求提出时,由保管日志的人员或其他经允许查阅文件的人员检验。

警察或其他执法羁押单位未能履行上述记载官方日志的义务应当处以10年零1天至12年监禁。

第二十四条　禁止在调查和审讯中使用刑讯、强迫行为。——禁止威胁、恐吓或强迫或使用任何会造成被羁押人员生理痛苦或刑讯或心理、道德或精神压力的行为,以损害其在恐怖主义犯罪或共谋恐怖主义的调查和审讯中的自由意志;否则,从威胁、恐吓或强迫或其他造成人体生理痛苦或刑讯,或心理、道德或精神压力的行为而获得的上述羁押人员犯罪证据,在任何司法、准司法、立法或行政调查、质询、诉讼或庭审中,均不具备证据资格,也不可作证据使用。

第二十五条　调查和审讯羁押人员时使用威胁、恐吓、强迫或刑讯的刑罚。——任何使用威胁、恐吓或强迫或其他造成人体生理痛苦或刑讯,或心理、道德或精神压力的行为,从而损害被控告或被怀疑对象在恐怖主义犯罪或共谋恐怖主义的调查和审讯中的自由意志的,应当定罪并处以12年零1天至20年监禁。

若上述被羁押人员由于受到威胁、恐吓或强迫或其他造成人体生理痛苦或刑讯,或心理、道德或精神压力而导致死亡或严重终身残疾,应当处以12年零1天至20年监禁。

第二十六条　出行限制。——如果犯罪证据不够有力,或如果被指控实施恐怖主义犯罪或共谋恐怖主义的人员被保释的,法院应当应检察官的申请,为国家安全和公众安全的利益,依据《宪法》第六章第 III 条,限制被诉人员不得离开其居住地或案件裁决地的市区。未经法院授权,离开上述市区的,应当认定为违反保释的条款和条件,应当依据《法院规则》,停止其保释。

该人员可以按法院令软禁在其经常居住地。

在软禁期间,除非有法院命令,否则该人员不可以使用电话、手机、电子邮件、电脑、网络或其他通信手段与住所外的人员取得联系。

上述限制应当在被指控人员宣告无罪,或该案件销案,或法院应检察官或被指控人员请求决定销案时,立即终止。

第二十七条　检查银行存款、账户、记录要求司法授权。——《1405 号修正共和国法案》规定,虽有相反规定,在为下列人员进行的庭审中,满足合理依据后,上诉法院指派法官至特殊法庭处理反恐案件:(1)被指控或被怀疑进行恐怖犯罪或共谋恐怖主义的人员;(2)依法宣布为非法组织、社团、团体;及(3)上述宣布为非法组织、社团、团体的成员,指派法官可以书面授权警察或执法官员以及其反恐委员会书面授权的队员进行:(a)检查,或促使检查银行或金融机构中的储蓄、发行、信托账户、资产及记录;和(b)收集或促使收集银行或金融机构中关于储蓄、发行、信托账户、资产及记录的信息。相关银行或金融机构收到上诉法院的书面令后,应当配合此类检查或提供相应信息。

第二十八条　申请检查银行存款、账户和记录。——上诉法院书面令授权检查下列主体在银行或金融机构的存款、发行、信托账户、资产和记录,或收集来源于上述银行或金融机构的相关信息:(1)被指控或被怀疑进行恐怖犯罪或共谋恐怖主义的人员;(2)依法宣布为非法恐怖组织、协会或团体;或(3)上述组织、协会、团体成员,只可以有上诉法院授权部门,应警察或执法官员的单方申请,进行授权,且上述申请是本法第三十五条规定经反恐委员会书面授权允许制作的单方申请,以及应在誓言或申请者和见证人的确认下进行,说明检查或冻结下列主体的银行存款、发行、信托账户、资产和记录是紧急且必需的:(1)被指控或被怀疑进行恐怖犯罪或共谋恐怖主义的人员;(2)依法宣布为非法恐怖组织、协会或团体;或(3)上述组织、协会、团体成员。

第二十九条　授权检查银行存款、账户和记录的法院令分类和内容。——上诉法院授权部门的书面令及命令(如有),延长或更新同一份原始单方申请,包括申请人的延期或更新的单方申请(如有),以及反恐怖主义委员会的书面授权,应当认定为,并在此声明为保密信息:如果需要由执法机关检查、冻结、隔离、取得某人的银行存款、发行、信托账户、资产和记录,该人有权提前知悉执法机关的行为,并质疑(如其需要)执法机关干涉的合法性。上诉法院授权部门的涉恐案件处理书面令应当载明下列事项:(a)下列主体的身份:(1)被指控或被怀疑进行恐怖主义犯罪或共谋恐怖主义的人员;(2)依法宣布为非法恐怖主义组织、协会或团体;和(3)依法宣布为非法恐怖主义组织、协会或团体的成员,该主体的存款、发行、信托账户、资产和记录将被检查或相关信息将被收集的;(b)存款、发行、信托账户、资产和记录存放和维护的银行或金融机构身份;(c)将要进行上述检查和信息收集的人员身份;以及(d)授权期间。

第三十条　检查和获取银行存款、账户和记录信息法院授权的有效期间。——上诉法院授权部门授权检查或促使检查以及冻结银行存储、发行、信托账户、资产和记录或收集上述信息的授权令,应当依据上诉法院授权部门书面令中明确的期间行使,且该期间不应超过申请授权的警察或执法官员收到上诉法院授权部门书面令之日起30日。

上诉法院授权部门可以延长或更新上述授权的期间,但不应超过原授权截止日期起30日后的30日:如果上诉法院授权部门认为该延期或更新是为公共利益,且如果延期或更新申请应当由原申请人制作,并经反恐怖主义委员会书面授权。

假如原申请人死亡或伤残导致无法提交延期或更新申请,应当由原上诉法院授权部门书面令中原申请者队伍中职务仅次于原申请人的队员提交延期或更新申请:如果根据本法第十九条,由于不能归咎于警察或执法人员的责任的原因,申请警察或执法官员应当在上诉法院给予的期限截止后的30日内,并在公共检察官办公室起诉违反本法规定前,制作适当的情况说明。

如果在30日内,申请警察或执法官员没有制作情况说明的,则应当立即书面通知银行检查对象及银行存款、发行、信托账户、资产和记录被冻结的对象。若申请警察或执法官员没有书面通知银行检查对象及银行存款、发行、信托账户、资产和记录被冻结的对象,应当处以10年零1天至12年监禁。

任何人员、执法官员或司法机关违反上述书面通知职责的应当处以6年零1天至8年监禁。

第三十一条　存款、发行、信托账户、资产和记录检查后银行数据和信息的保管。——所有下列主体的:(1)被指控或被怀疑进行恐怖主义犯罪或共谋恐怖主义的人员;(2)依法宣布为非法恐怖主义组织、协会或团体;和(3)依法宣布为非法恐怖主义组织、协会或团体的成员,信息、数据、节选、摘要、笔记、备忘录、计算表、报告和其他从银行存款、发行、信托账户、资产和记录检查中获取的文件应当在上诉法院授权部门固定期限截止后的48小时内,或在上诉法院授权部门授权的延期和更新期限到期后的48小时内,以密封的信封或包裹存放在上诉法院授权部门处,且应当有申请警察或执法官员和其他实施银行存款、发行、信托账户、资产和记录检查人员的联合书面陈述。

第三十二条　联合书面陈述的内容。——联合书面陈述应当载明:(a)所检查存款、配售、信托账户、资产和记录的识别标志、编号或符号;(b)存放和维护存款、配售、信托账户、资产和记录的银行或金融机构的身份和地址;(c)发现、检查或冻结的存款、配售、信托账户、资产和记录的数量;(d)每一户存款、配售、信托账户、资产和记录的未兑现余额;(e)所有被检查的信息、数据、节选、摘要、笔记、备忘录、计算表、报告、文件、记录以及以密封信封和包裹中存放在上诉法院授权部门的上述信息;(f)反恐怖主义委员会授予单方申请人关于进行银行存款、配售、信托账户、资产和记录的书面授权令的日期以及上诉法院授权部门就原始书面授权令进行延期或更新的日期;和(g)所列举的事项与检查完成时在银行或金融机构找到的事项一致。

联合书面陈述还应当宣誓保证未对从银行存款、配售、信托账户、资产和记录检查中制作的信息、数据、节选、摘要、笔记、备忘录、计算表、报告和文件进行任何复制或复印，且任何复制件或副本都已放入密封信封或包裹中，存放于上诉法院授权部门。

任何人、警察或检查存款、配售、信托账户、资产和记录获得的银行数据和信息保管人员以任何方式、任何借口复印、转移、删除、抹除、掩埋、粉碎、摧毁上述项目中的部分或全部的，是违法行为。

任何人复印、转移、删除、抹除、掩埋、粉碎、摧毁上述项目应处 6 年零 1 天至 12 年监禁。

第三十三条　银行材料的处置。——存放在上诉法院授权部门的密封信封和包裹及其内容物，应当视为并在此声明为保密信息，密封信封和包裹不可以拆封，且其内容物不应当被泄露、透露、阅读或作为证据使用，除非得到上诉法院授权部门的书面授权令，且该授权令仅应司法部的书面申请授予，并且司法部应当出示反恐怖主义委员会制作申请的书面授权，且应当在按期进行泄露、透露、阅读或作为证据使用的 3 日前书面通知有关各方。

任何人、执法官员或司法机关违反上述书面通知监视对象规定的应处 6 年零 1 天至 8 年监禁。

第三十四条　申请开拆已提存银行材料。——书面申请开拆已提存密封信封和包裹的申请中应当载明下列行为的目的和原因：(a)开拆密封信封或包裹；(b)揭露或透露其中的保密内容；(c)使用保密信息、数据、节选、摘要、笔记和纪要、计算表、报告和文件作为证据，且应当在按期开拆的 3 日前书面通知有关各方。

第三十五条　已提存银行材料的证据价值。——从下列主体的银行存款、配售、信托账户、资产和记录检查中制作的信息、数据、节选、摘要、笔记、备忘录、计算表、报告和文件：(1)被指控或被怀疑进行恐怖主义犯罪或共谋恐怖主义的人员；(2)依法宣布为非法恐怖主义组织、协会或团体；和(3)依法宣布为非法恐怖主义组织、协会或团体的成员，若明确违反本法中的有关规定，绝对不应允许在任何司法、准司法、立法或行政调查、询问、诉讼、审讯中作为对任何人不利的证据使用。

第三十六条　未经授权或恶意检查银行或金融机构的刑罚。——任何人员、警察或执法人员在未经上诉法院授权部门授权的情况下，检查下列主体的银行或金融机构的存款、配售、信托账户、资产和记录的，应当处以10年零1天至12年监禁：(1)被指控或被怀疑进行恐怖主义犯罪或共谋恐怖主义的人员；(2)依法宣布为非法恐怖主义组织、协会或团体；和(3)依法宣布为非法恐怖主义组织、协会或团体的成员。

除违背其他犯罪委员会规定的责任外，对恶意从上诉法院获取授权以检查(1)被指控或被怀疑进行恐怖主义犯罪或共谋恐怖主义的人员；(2)依法宣布为非法恐怖主义组织、协会或团体；和(3)依法宣布为非法恐怖主义组织、协会或团体的成员的银行或金融机构的存款、配售、信托账户、资产和记录的警察或执法人员还应处10年零1天至12年的监禁：尽管依据本法第三十三条的规定，因该授权而受到侵害的当事人可以接触密封信封或包裹及其内容物，作为检方起诉警察或执法人员恶意获取授权的证据。

第三十七条　对抗拒法院授权的银行官员和职员的处罚。——银行或金融机构的职员、官员或董事会成员，拒绝配合依据上诉法院授权部门书面令对(1)被指控或被怀疑进行恐怖主义犯罪或共谋恐怖主义的人员；(2)依法宣布为非法恐怖主义组织、协会或团体；和(3)依法宣布为非法恐怖主义组织、协会或团体的成员的银行或金融机构的存款、配售、信托账户、资产和记录进行检查的，应处以10年零1天至12年的监禁。

第三十八条　对联合书面陈述中重要事实错误或虚假陈述或歪曲的处罚。——任何在本法第十二条和第三十二条中分别要求的联合书面陈述中错误或虚假陈述或歪曲重要事实的行为是犯罪行为，且撰写人应各处以10年零1天至12年的监禁。

第三十九条　没收和扣押。——(1)在有管辖权的地区审判法院被指控或被怀疑进行恐怖主义犯罪或共谋恐怖主义的人员；(2)依法宣布为非法恐怖主义组织、协会或团体；和(3)依法宣布为非法恐怖主义组织、协会或团体的成员的银行或金融机构的存款及未兑现余额、配售、信托账户、资产、记录，现金、业务、交通工具和通信设备、储备物质和其他工具，及任何种类和性质的财产应当被没收、扣押、冻结，以防止上述主体为损害人民安全或国家利益而使用、转移或转让财产。

被指控或起诉的人扣押取出其家庭成员每月生活所需的合理费用，包括其经法院同意的顾问费和其家庭成员的医疗费。也可以以经法院许可的其他合法原因使用其被指控为恐怖分子后而没收、扣押、冻结的财产。

任何人没有合理依据，拒绝按照上诉法院有关部门的命令，在案件审理期间，允许被指控实施恐怖犯罪或共谋恐怖主义的人在没收、扣押、冻结的存款、配售、信托账户、资产和记录中取出其家庭成员日常所需的费用或以其他合法原因使用该财产的，应处以10年零1天至12年监禁。

第四十条　没收、扣押、冻结的存款、配售、信托账户、资产和记录的性质。——没收、扣押、冻结的被指控实施恐怖犯罪或共谋恐怖主义人员的存款、配售、信托账户、资产和记录应当认定为银行或金融机构为该人员以信托形式保管的财产，在调查被指控人员的期间或在审判期间，根据案件需要，或该人员使用和存放的情况，政府应当遵从法院的许可。

第四十一条　没收、扣押、冻结的存款、配售、信托账户、资产和记录的处置。——如果调查机构发现在调查后发现被指控实施恐怖犯罪或共谋恐怖主义人员是清白的，或在提审后被判无罪，或其案件被撤诉的，其没收、扣押、冻结的存款、配售、信托账户、资产和记录，应当立即解除，并无延迟地存储至其银行或金融机构账户，且无后续限制。上诉或复议文件中不应再声明上述资金没收、扣押、冻结的解除。

如果有管辖权的审判法院在终审中对被指控实施恐怖犯罪或共谋恐怖主义人员定罪的，其没收、扣押、冻结的存款、配售、信托账户、资产和记录应当自动被政府没收。

该人员被无罪释放或案件被撤诉时，应当按照每日50万比索的数额支付其财产、资产或资金没收期间的违约金。该笔资金由立案上述指控的警察或执法机构拨款。

第四十二条　不合理拒绝存储或延迟存储没收、扣押、冻结的存款、配售、信托账户、资产和记录的处罚。——被指控实施恐怖犯罪或共谋恐怖主义人员在调查后宣告清白后，或案件撤诉后，或有管辖权的审判法院宣告无罪后，任何人不合理地拒绝存储或延迟存储没收、扣押、冻结的该人员的银行存款、配售、信托账户、资产和记录的，应处以10年零1天至12年监禁。

第四十三条　丢失、滥用、转移或耗散没收、扣押、冻结的存款、配售、信托账户、资产和记录的处罚。——任何对丢失、滥用、转移或耗散部分或全部的没收、扣押、冻结的被指控实施恐怖犯罪或共谋恐怖主义人员存款、配售、信托账户、资产和记录负有责任的人员，应处10年零1天至12年监禁。

第四十四条　羁押人员监管不力。——任何依据本法直接监管被羁押人员的公共官员，由于其故意行为、管理不善、疏忽大意，导致或允许被羁押人员逃跑的，是违法行为，应处：(a)12年零1天至20年监禁(若被羁押人员在有管辖权法院的终审中被判有罪并量刑)；(b)6年零1天至12年监禁(若被羁押人员在有管辖权法院的终审中未被定罪量刑)。

第四十五条　政府证人的豁免与保护。——尽管第6981号共和国法(《证人保护、安全和福利法》)有相反规定，在本法规定下的政府证人作证的豁免应当遵守《法庭规则》第119条第17款和第18款；但是上述证人应当根据第6981号共和国法授予福利。

第四十六条　未授权揭露机密材料的惩罚。——任何人员、警察、执法机构、司法官员或公务员，未经上诉法院的授权，以任何方式揭露本法规定的机密信息的，应处以10年零1天至12年监禁。

第四十七条　提供虚假证据、伪造文件或伪造证据的惩罚。——任何人在本法规定的调查和庭审中故意提供虚假证据、伪造文件或伪造证据的应处12年零1天至20年监禁。

第四十八条　连续审判。——为防恐怖行动或共谋恐怖主义，法官应当安排周一至周五对案件进行连续审判，或安排其他短期审判以保证迅速审结。

第四十九条　本法下的诉讼应当阻碍《修正刑法典》或其他《特别刑法》下另一诉讼。——如果依照本法，应有效的控告或信息，或其他可以支持定罪的正式指控，某人被起诉的，那么当其被宣告无罪或该案撤诉时，应当阻碍另一诉讼中对其包含在本法下所指控的犯罪行为的指控。

第五十条　未经证实的恐怖主义指控的损害。——宣告无罪后，任何被指控恐怖犯罪的人员应当获得被羁押或剥夺自由期间，或无证逮捕期间每日50万比索的损害赔偿。该笔损害赔偿应当从警察机构或引发该诉讼的反恐怖主义委员会的财政拨款中取得,且应当在宣告无罪之日起的 15 日内发放。上述损害赔偿不应当影响被宣告无罪之人的权利,对指控其恐怖犯罪而负有责任的人员申请刑事或行政指控。

任何官员、职员、工作人员或个人延迟发放或拒绝发放上一段所述被宣告无罪之人的损害赔偿的应处 6 个月监禁。

如果扣减的数额比应当发放给被羁押人员的数额少,那么其余部分应当由总统办公室的情报、紧急状况、社会或其他基金拨款中取出。

若损害赔偿数额不能由警察或执法机构的现有预算覆盖,那么应当自动包裹在其下一年度的财政拨款中。

第五十一条　记录或汇报消息提供者姓名和住址的义务。——消息提供者将恐怖犯罪嫌疑人的姓名首次通知给警察或执法官员,该警察或执法官员应当记录消息提供者的真实姓名和确切的主旨。

相关的警察和执法官员应当在嫌疑人被捕或其财产被没收、隔离、冻结后的 5 日内,将消息提供者的姓名和住址报告给上级官员,后由上级将信息转交给国会监督委员会或有管辖权的法院。

消息提供者的姓名和住址应认定为保密信息,且直到嫌疑人的诉讼案件终止前,若无必要都不应揭露该信息。

第五十二条　《修正刑法典》的适用。——《修正刑法典》的第一卷条款适用于本法。

第五十三条　反恐怖主义委员会。——反恐怖主义委员会(后简称“委员会”)由此设立。委员会成员有:(1)执行秘书,同时是主席;(2)司法秘书,同时是副主席;(3)外事秘书;(4)国防秘书;(5)内务和当地政府秘书;(6)财政秘书;(7)国家安全顾问,及其他成员。

委员会应当实施本法并承担合理有效实施国家反恐怖主义政策的责任。委员会应当记录其进程和决定。所有委员会的记录应当按照委员会的判断或决定(如有)的安全分类,决定采纳,以保卫人民安全,共和国安全和国家福利。

国家情报协调机关即是委员会秘书处。委员会应当确定国家情报协调机关作为委员会秘书处的职权、职责和功能。国家调查局、移民局、民防办公室、菲律宾武器情报服务局、反洗钱委员会、跨国犯罪菲律宾中心和菲律宾国家警察的情报和调查部门应当支持委员会的工作。

委员会应当制定采纳综合性的、适当的、充分的、高效的反恐计划、项目和对抗措施，压制、消灭本国恐怖主义，保护人民免受恐怖行动威胁。但此处的任何一条不应解释为授权反恐怖主义委员会行使司法或准司法权力或职权。

第五十四条　委员会功能。——为寻求上述条款中的授权，委员会应当有以下功能，但应当保证宪法和其他法律赋予人民的权利：

1. 制定并采纳本国反恐怖分子和反恐怖行为计划、项目、对抗措施；

2. 协调所有国家力量压制消灭本国恐怖行为，动员全国反对本法描述的恐怖主义；

3. 指挥迅速调查和起诉所有指控或羁押的进行恐怖犯罪或策划恐怖行动的人以及其他需要依据本法处罚的犯罪行为，并监管案件进度；

4. 设立并维护综合数据为基础的信息系统，监控恐怖主义、恐怖活动和进行反恐怖主义行动；

5. 依据第 9160 号共和国法律（又称修正《2011 反洗钱法》）冻结被指控或怀疑进行恐怖犯罪或共谋恐怖主义人员的基金财产、银行存款、配售、信托账户、资产和记录；

6. 给提供关键信息，帮助逮捕、抓捕、拘留、起诉、定罪对恐怖犯罪和策划恐怖行动有责任人员的消息提供者金钱奖励或其他激励；

7. 设立和维护在国家反恐怖中其他国家给予的协调、合作和帮助；

8. 按照案件需要，要求最高法院委派上诉法院特别部门或马尼拉、宿务、卡加延德奥罗的地区审判法院，处理设计恐怖犯罪或共谋恐怖主义等有关案件事务。司法秘书应当从下列主体中抽调一支检察官队伍：(a) 吕宋岛，处理在马尼拉地区审判法院审理的恐怖主义案件；(b) 维萨亚斯岛，处理在宿务审理的案件；(c) 棉兰老岛，处理卡加延德奥罗的案件。

第五十五条　人权委员会职责。——人权委员会应当将在本法实施中侵犯民事和政治权利的调查和诉讼放在最高位置；且为此目的，委员会应当拥有起诉公共官员、执法人员和其他侵犯因恐怖犯罪或共谋恐怖主义被指控、怀疑、拘留人员的民事和政治权利人的共同管辖权。

第五十六条　建立申诉委员会。——在此建立申诉委员会，由申诉专员（作为主席），副检察长和一名司法部副部长（作为成员）组成，接受并评估针对警察和执法官员在实施本法过程中的申诉。委员会应当在马尼拉设立办公室。

委员会应当设三个分会，分别由吕宋岛、维萨亚斯岛和棉兰老岛的副申诉专员领导，分别在副申诉专员的办公室设立办公室。3 名副检察长指派的助理，和指派到该办公室所在地的司法部地区检察官应当成为办公室成员。三个分会应当协助申诉委员会接收、调查、评估针对警察和执法官员在实施本法过程中的申诉。如果证据支持该申诉，他们可以对犯错的警察和执法官员立案。除非申诉者应时地否认或废除申诉，在上述案件中的决定或判决应当避免以与申诉委员会及其分会相同的理由或就相同行为另行立案。

第五十七条　禁止非常规引渡。——任何恐怖犯罪的嫌疑人或罪犯都不应被非常规引渡至其他国家，除非上述国家对恐怖分子进行刑事调查或司法审判时需要其证词，以及除非其人权，包括不受刑讯的权利、请律师的权利，经要求引渡国家官方保证且经其司法部同意并做相应的传达。

第五十八条　本法的治外法权申请。——依据菲律宾签署的现存条约条款规定，以及其他法律中优先适用的相反条款，本法规定应当适用于：(1)在菲律宾领土、内水、海域及领空范围内由本法明确并惩罚的犯罪分子；(2)对于虽然身在菲律宾领土之外，但在菲律宾领土之内实施、策划或计划恐怖犯罪的个人；(3)虽然身在菲律宾领土之外，但在菲律宾船只或航空器上实施上述犯罪的个人；(4)在菲律宾政府官方的使领馆和外交场所中实施犯罪的个人；(5)虽然身在菲律宾领土之外，但针对菲律宾公民或菲律宾后裔（其公民身份或种族是犯罪认定的因素）实施犯罪的个人；(6)虽然身在菲律宾领土之外，但直接针对菲律宾政府实施犯罪。

第五十九条　联合监督委员会。——在此设立联合监督委员会监督本法实施。

监督委员会应当由 5 名参议院和众议院的成员组成，两院的公共秩序委员会主席应当担任监督委员会的主席。两院的委员会成员应当分别至少有两名反对派或少数派成员。联合监督委员会应当有其独立法律顾问。

委员会主席应当每6个月由参议院和众议院分别轮值。在每一个案件中,委员会中的在职反对派或少数派成员应当是副主席。

在本法经总统同意的一年后,委员会应当特别地回顾本法授权监视恐怖犯罪嫌疑人和被告人的条款。之后,委员会应当召集警察和执法官员以及反恐委员会的成员,并要求他们回答国会成员提出的问题,提交他们在实施本法中行动的书面报告,包括处理恐怖犯罪嫌疑人和被告人的方式(在该人被监视及其通信、短信、对话等被监听或监控、记录之日起至羁押期间)。

不损害提交其他报告的前提下,委员会应当向国会两院呈递半年度的报告。报告可以包含必要的建议,提议重新评估全球化对恐怖活动对人们的影响,或提供夕阳条款或修改本法的任何部分或完全废止本法。

自本法生效后,处理反恐怖主义案件的法院应当向国会和总统呈交报告,汇报每6个月反恐案件的进展。

第六十条　可分性条款。——如果由于任何原因,本法中任一部分或条款被宣布为违宪或无效的,其他部分或条款的效力不因此受到影响,且应继续保持效力。

第六十一条　废止条款。——所有的法律、法令、行政命令、规则、法规或本法的其他部分,与本法条款不一致的在此处作出相应的废止、修改或改变。

第六十二条　特殊性条款。——在草案被总统签署成为法律之后,本法应当在3家全国范围内发行的报刊,3家本地发行的报刊(分别在北伊罗戈、碧瑶市、邦板牙省、宿务岛、伊洛伊洛省、独鲁万市、卡加延德奥罗市、达沃市、三投斯将军市)上公布。

本法名称以及定义应处罚的恐怖行为的条款应当提前连续7天在3家国家电视台、广播台白天、中午、晚上直播;另外在宿务岛、独鲁万市、伊洛伊洛省的3家电视台和广播台,南拉瑙省、卡加延德奥罗市、达沃市、哥打巴托市和三宝颜市的5家电视台和广播台播出。当地报纸的发行和当地广播电视的通知应当以当地主要语言进行。

在上述公开要求完成后,本法应当在2007年5月选举的两个月后生效。

此后，本法条款应当自动在选举前一个月至选举后两个月内暂停。

本法结合参议院第 2137 号草案和众议院第 4839 号草案，最终分别在 2007 年 2 月 8 日和 2007 年 2 月 19 日在参议院和众议院全体会议通过。

（《人类安全法案》由浙江大学涂岩珺翻译、整理）

第三章　新加坡反恐怖主义法

孙频婕

第一节　新加坡恐怖主义概述：打击达伊沙极端主义(Daesh Extremism)势力
——新加坡的视角

一、概述

中东地缘政治格局的重大转变，加上2014年6月建立的所谓哈里发，促成了以宗教名义进行的跨国恐怖主义袭击事件的兴起。在过去两年里，许多城市，包括尼斯(法国)、伊斯坦布尔(土耳其)、达卡(孟加拉国)、麦地那(沙特阿拉伯)和雅加达(印度尼西亚)，出现了受在伊拉克和叙利亚境内的达伊沙极端势力(又名伊斯兰国家联盟)鼓舞或者直接由达伊沙极端势力实施的恐怖主义袭击。与世界其他地区一样，新加坡也面临着来自达伊沙极端势力支持者和同情者的严重恐怖主义威胁。印度尼西亚政府于2016年8月初逮捕了6名恐怖嫌疑犯，此6名嫌犯计划从印度尼西亚的巴淡岛(Batam)上对新加坡滨海湾(Marina Bay)进行火箭袭击。该阴谋与印度尼西亚武装分子巴伦·奈姆

(Bahrun Naim)有关,巴伦·奈姆在叙利亚运作,该武装分子也与2016年1月初的雅加达爆炸事件相联系。2001年,新加坡谨慎地避免了与基地组织有关的伊斯兰祈祷团(Jemaah Islamiyah,JI)的几起恐怖主义爆炸。新加坡此前曾遭受印度尼西亚破坏者等的恐怖袭击。

二、达伊沙的兴起:区域趋势,战略与发展

目前在东南亚的恐怖主义威胁可以追溯到伊斯兰祈祷团。伊斯兰祈祷团来源于达赖尔伊斯兰教Darul Islam(DI),这是一个20世纪40年代的反殖民主义运动,该运动的目标是寻求在独立后的印度尼西亚建立伊斯兰国家。伊斯兰教祷团(Jemaah Islamiyah,JI)进一步扩大了这一目标,其目的是建立一个横跨东南亚的伊斯兰国家。20世纪90年代,几个新加坡人和其他东南亚人去往阿富汗和巴基斯坦,与训练有素的基地组织武装分子一同接受训练。2001年9月11日美国纽约恐怖袭击事件发生后不久,基地组织和新加坡JI小组成员计划在新加坡引爆6辆卡车炸弹。目标包括大使馆、一个火车站、水管线和政府大楼。

JI在该地区的衰落与伊拉克和叙利亚的达伊沙的兴起同时发生,导致东南亚许多武装分子换边站,并对达伊沙的领导人——阿布·巴格尔·巴格达迪(Abu Bakar al Baghdadi)表示效忠。达伊沙的出现伴随着一系列的恐怖袭击,特别是在过去的一年,它开始遭受军事挫折。在这个地区,与达伊沙相关的恐怖主义袭击事件发生在2016年1月,雅加达,袭击造成8人死亡,另有24人受伤,成为受达伊沙极端势力影响的群体首次在印度尼西亚首都成功的恐怖袭击事件。在2016年4月,与达伊沙相关的群体进行了激烈的枪战,在巴西兰杀死了至少18名士兵,这是菲律宾的第一次重大袭击事件。2016年6月,达伊沙声称对在吉隆坡附近的蒲山的夜总会手榴弹爆炸事件负责,此次事件被当局称为"首次成功的伊斯兰国对马来西亚本土的攻击"。这些袭击显示了达伊沙在东南亚的深入渗透,以及其极端化和招募现有的武装分子和弱势群体的能力。2010年4月,达伊沙发布了首个在线马来语的马来语报纸——"法拉第信号"(Al-Fatihin),以进一步扩大影响力,并在意识形态上吸引该地区的更多群体。达伊沙还通过阿马克通讯社(A' maaq News Agency)和安纳巴报(An-Naba newspaper),提供菲律宾伊斯兰国家战机的报道。

自从阿布·巴克尔·巴格达迪在2014年宣布所谓的哈里发以来,一些像基地组织和叙利亚革命(Jabhat Al Nusra)的恐怖主义团体都拒绝并谴责该组织。尽管如此,其全球扩张计划在一定程度上在东南亚取得了成功;截至2016年7月,它组建了一个东南亚的马来语旅,名叫卡蒂巴·努桑塔拉·盖德·拉拉·伊拉克 Katibah Nusantara Lid Daulah Islamiyah(又名伊斯兰国家马来群岛单位 Malay Archipelago Unit for the Islamic State)。总部位于叙利亚哈萨卡省的沙哈迪,战斗部队有约1000名东南亚战士,它还帮助印度尼西亚和马来西亚的一些家庭,这些家庭里的丈夫或儿童在伊拉克和叙利亚。达伊沙还接受了东南亚支持者的效忠,并为所谓的伊斯兰国菲律宾任命埃米尔(Emir)。于2016年7月7日,达伊沙上传了题为"斋拉夫的结构"的视频,声称目前有35个省份已经承诺效忠达伊沙的武装分子已经被确定为"Junud Al-Khilafah"——"哈里发的士兵"(Khudafah)。

达伊沙视频和在线报纸法拉第信号是用于影响和赢得更多转化者的达伊沙宣传材料。达伊沙还有自己的在线杂志"达比齐"(Dabiq),一个官方媒体,Al-Hayat Media Center,生产外内容的宣传内容。其他媒体包括隶属于达伊沙的阿马克通讯社。Al-Furqan,则是一个生产阿拉伯语内容的媒体。安纳巴(An-Naba),主要生产通讯稿(如每周安纳巴通讯)和信息图表,主要是阿拉伯语。Maktabah Al-Himmah,是一个生产小册子、电子书、文章等的出版社。以及 Ajnad,一个生产音频内容的媒体,主要是 Nasheeds 和古兰经的叙述。大多数宣传材料在线分发,并能够使东南亚的数百万穆斯林在线用户轻松访问。

达伊沙还建立了一个新的营以继续进行极端斗争。新营名叫卡比巴·穆罕默尔 Katibah Al-Muhajir(KaM),这主要是个移民营,新营主要由菲律宾南部的马来西亚恐怖分子组成,旨在说服支持者和同情者加入达伊沙,并作为一个单位为那些无法前往叙利亚和伊拉克的新兵服务。菲律宾南部,因其与印度尼西亚和马来西亚有多边界的边界地区,正在成为该地区圣战活动的中心地带。该地区既极有可能成为恐怖分子的过境点,也可能是达伊沙在东南亚进行恐怖主义行动的发射台。争取达伊沙认可的武装组织之间的竞争和隶属于达伊沙并遵循指示的团体,这些可能导致该地区恐怖主义行为升级。

达伊沙已经招收了 500 多名印度尼西亚人,包括妇女和儿童。截至 2015 年,达伊沙已招募了 60 ~ 150 名马来西亚人。达伊沙使用社交媒体平台,包括 Twitter,Facebook 和加密的移动信息平台(如电报),这是达伊沙极端化和招募策略的标志,其旨在扩大其在该地区的影响力以及延长触角。

加入或支持达伊沙的动机似乎是多个。这些包括道德上的结果主义原因(以报复在阿萨德的 Alawite 政权和以什叶派为主的伊拉克政府下被压迫的人)、存在性的不满(需要暴力作为补救来减轻经济挫折感)、寻求探险的心理等原因。

三、新加坡的达伊沙极端势力招募和激进化

调查显示,在被达伊沙的意识形态和其他激进的意识形态通过网络极端化后,少数新加坡人已经奔赴了叙利亚和伊拉克,其中一人是一名 47 岁的新加坡人,她和丈夫以及三个孩子一起奔赴叙利亚,并且确定已经去了不同的地方与圣战者一起战斗或支持他们。

2015 年,一名 19 岁的青年因涉嫌计划加入达伊沙并且陷入武装暴力事件被捕。根据民政部(MHA)的新闻发言,该青年在 2013 年开始在线接触到了恐怖主义宣传活动之后,变得激进化了。

2016 年 4 月,一名叫穆罕默德・法迪尔・本・阿卜杜勒・哈米德(Muhammad Fadil bin Abdul Hamid)的 26 岁男子根据《内部安全法》(ISA)被重新扣留了两年,因为他“被激进的在线材料吸引,像激进的意识形态如安瓦尔・阿尔卡基 Anwar al-Awlaki 的说教和达伊沙的宣传”,并打算加入像达伊沙这样的恐怖主义集团,以能够在叙利亚从事武装暴力活动(Al-Awlaki 是一名与基地组织有关的极端主义传教士,他于 2011 年 9 月在也门被美国导弹无人机杀害)。法迪尔之前在 2010 年至 2012 年被 ISA 拘留,当时他自发激进,并打算在阿富汗境内从事武装暴力活动。

2016 年 7 月,新加坡拘留了一名 44 岁的男子,名字叫 Zulfikar Mohamad

Shariff,以参与恐怖主义活动为罪名。根据 MHA,他发布了许多有关促进和荣耀达伊沙,并劝勉穆斯林拿起武器和发起武装圣战的材料利用 Facebook 推送。

2015 年 11 月 16 日至 12 月 1 日,新加坡逮捕了 27 名激进的孟加拉国建筑工人,因为他们支持达伊沙和基地组织的“武装圣战意识形态”。这是新加坡逮捕外国圣战恐怖分子的第一起案件。虽然他们没有计划对新加坡国土进行恐怖袭击,但是其中 26 人是密切宗教研究小组的成员,该组织赞成极端主义信仰和激进人物的教义,如安瓦尔·阿尔卡基(Anwar al-Awlaki)等人。据报道,该集团每周在会议期间采取措施,避免被当局发现并且私下分享圣战纪念资料,并讨论武装分子和招募工作。

在 2015 年返回孟加拉国的 26 人中,有 14 人随后被孟加拉国法庭根据反恐怖主义行为判处监禁。2016 年 5 月 31 日,4 名激进的孟加拉国民在新加坡被起诉,起诉理由为:在新加坡收集资金以资助孟加拉国的恐怖袭击事件。他们认罪涉嫌资助恐怖主义,并被判处 2 ~ 5 年的监禁。2006 年 2 月,新加坡当局逮捕了王远东一,理由为该人试图在(ISA)下在叙利亚作战,并在 2016 年 3 月 15 日被搁置两年限制令(RO)。

四、新加坡对恐怖主义威胁的反应

新加坡认为恐怖主义是对国家安全的严重威胁。我们可以从各种各样的动员和非动员反应中看到它对恐怖主义的“零容忍”态度,包括逮捕和拘留以及根据《内部安全法》(ISA)强制实施限制令,以打击恐怖主义的复兴。

(一)加强保护安全措施

新加坡的保护安全措施可以按照陆、海、空对策进行分组。对土地的预防措施包括使用电子监控方法,如在关键基础设施(如电站和水网)上安装监控摄像机。包括新加坡武装部队在内的武装人员驻扎在裕廊岛和新加坡的石化枢纽,以增加安全。许多地方也安装了闭路电视(CCTV)来监控关键接入点。

2016 年,新加坡政府宣布警方将警察相机扩大到公共住宅区的公共场所,包括城镇中心、居委会中心和连接至公共汽车站及火车站的人行道。

PolCam 2.0 计划是“打击恐怖主义和打击犯罪战略的重点”，新传媒（Media Corporaton of Singapore Pte Ltd.）覆盖面大幅度扩大，目的是为国家提供更大的安全警戒，遏制恐怖主义，给予警察更好的判断依据，增加对环境的态势意识。截至 2016 年，计划开发家庭团队（MHA 部门和机构）的分析能力，以便对 CCTV 数据进行实时监控和分析。这样可以规划和执行应对措施，缩短识别、逮捕和防止肇事者对实施恐怖主义攻击的时间。

航空对策包括为新加坡主要航空公司飞机上的驾驶舱和入口区安装防弹门和监视摄像机。装有爆炸物检测功能的行李检查系统可以在新加坡航空公司的终端上屏蔽离境行李。2016 年，MHA 宣布，随着樟宜机场 4 号航站楼的启用，政府还计划提供以技术为动力的自助式移民局设施，提高运营效率，以达到“解放人力资源，将人力调配到更关键的地区”的目标。

为了防止潜在的海上恐怖袭击，特别是沿着马六甲海峡，新加坡采用了高科技跟踪系统的油轮，加强海上安全监视点，部署海军舰只作为护航选定的商船，标明了具体路线渡轮和商业船只避免与敏感的锚地和设施接触，以及在边界进入点部署放射检测设备，筛选集装箱和人员以了解放射性材料。作为沿海国家，新加坡也与其他地区及邻国合作，共同保护马六甲海峡的关键航道免遭海盗或恐怖袭击。新加坡是印度尼西亚和马来西亚的“天空之眼”（EiS）联盟的一员，这是与地面机构合作建立的，以监测领海活动。

此外，新加坡还实施了港口工具转发器系统（HARTS），这是一种电子监控系统，需要小型港口和游艇才能安装小型跟踪设备。HARTS 以及其他跟踪系统已经到位，使新加坡港口当局可以跟踪新加坡周围几乎所有船只的运动。在处理潜在的放射性武器袭击事件中，新加坡民防部队（SCDF）的军官接受了培训来处理“脏弹”，并有一个小组专门处理生物攻击。作为美国领导的防扩散安全倡议（PSI）的参与者，新加坡与美国合作，打击往来于国家和非国家行为者之间的非法贩运和扩散大规模毁灭性武器的行为。新加坡参加了 PSI 框架下的海上演习，并且已经实施了 CSI（集装箱安全倡议），以便在到达美国港口之前筛选高风险集装箱。

新加坡将所有边境管制合并为移民和检查局（ICA）下的明确协调的边界制度。最近的改进包括引入身份认证的生物特征护照以及设立保护性分析和评估机构(PAAF),将技术融入边界保护。PAAF“将允许ICA对可疑货物进行更严格和及时的检查”。这一举措被视为提高了该国检测化学、生物、放射性和核爆炸(CBRNE)材料的能力,并为边境实验室配备了分析能力。

(二)反意识形态反应

新加坡的穆斯林社区是新加坡反恐工作的重要前沿阵地。穆斯林学者和领导人与新加坡政府密切合作,采取各种反意识形态措施,从反叛和危险的极端主义意识形态中接触更大的社区。直接和间接的反意识形态倡议,包括反思想工作和社区参与努力,反映了新加坡的观点,即打击恐怖主义的斗争不能单靠当局,有必要在极端主义和恐怖主义意识形态萌芽之前,将其扼杀。

几个穆斯林组织和学者在推动新加坡的反意识形态努力方面发挥了重要作用。他们包括新加坡伊斯兰宗教理事会(MUIS)(这是一个1968年成立的机构)、宗教康复小组(RRG)、志愿者组织宗教学者和伊斯兰学者及宗教教师协会(PERGAS)成员。

穆斯林社区发起多项倡议以打击新加坡的宗教极端主义。许多星期五布道的文本提醒了穆斯林会众对极端主义意识形态的误解和扭曲。MUIS的主要举措之一是2006年10月在安奈德清真寺建立的和谐中心。通过在清真寺和社区组织之间进行的各种活动,该中心力求促进不同信仰的意识,对话和参与,并使不同宗教团体之间更好地了解。MUIS和RRG也在共同努力,开发印刷和在线材料,为打击强硬派的意识形态提供指导。MUIS针对儿童、青少年和成年人的兼职宗教教育计划包括“帮助接触学生反对在线激进化”的课程。另外,他们也积极向父母提供网络安全的教育,这样能使他们更加批判地看待孩子们在网上阅读的内容,并更好地保护自己,避免自己被网上阅读的极端思想所影响。对于在海外进行伊斯兰宗教教育的学生,MUIS的学生资源开发秘书处提供指导,选择适合海外伊斯兰学习机构的必要支持,MUIS还推出了新加坡穆斯林身份认证项目,旨在促进对新加坡多种族和多宗教社会进步、包容和背景的宗教实践,MUIS和PERGAS正在努力扩大和加强宗教教师注册的“阿萨蒂萨认可计划”。该计划开始为穆斯林社区提供可靠的参考依据，因为只有合格的宗教教师才能得到承认，这是进一步努力防止极端主义和偏见教义在社区内的扩散和外来的危险的重要举措。

(三)恐怖主义思想治疗

2002年，一群穆斯林牧师成立了宗教康复小组，为恐怖主义被拘留者提供宗教康复教育，并提供正确的伊斯兰教义专家意见。自RRG执行以来，自2001年以来被捕的2/3的新加坡恐怖分子被拘留者据报在康复后被释放，被释放的被拘留者并没有重返恐怖主义组织，他们继续参加一项旨在免疫激进思想的康复方案。志愿人员组织的成员也制作了反意识形态材料，并进行了公共教育计划，以暴露恐怖分子对宗教文本进行误解，防止极端主义和偏见教义的传播和影响。2015年，RRG设立了帮助热线，受过训练的辅导员和志愿者通过电话对极端思想受害者进行帮助。RRG还使用自己的网站和移动应用程序，使公众能够快速和容易地访问对宗教和教义问题的正确理解。

除了RRG之外，一群社区组织，也被称为机构间后续小组(ACG)，致力于确保前被羁押者及其家属的社会经济福祉。多年来，ACG与被拘留者的家属一起工作，帮助他们在主要养家者被拘留期间更好地应对，并协助被拘留者在释放后重新融入社会。ACG由穆斯林专业人士协会(AMP)，En-Naeem清真寺，Khadijah清真寺，MENDAKI和Taman Bacaan的领导人合作成立。

(四)社区参与

恐怖分子袭击的一个关键目标是在穆斯林和非穆斯林之间产生不和谐的敌意，并企图引起种族紧张和冲突。为了解决这个问题，新加坡政府推出了“社区参与计划”，以确保人民有充分的准备来保持新加坡的社会凝聚力及和谐，并在危机来临时保持团结一致。CEP旨在“汇集来自不同社区的新加坡人，加强社区间联系，并制订应对计划，以帮助处理如恐怖袭击事件发生后潜在的公共紧张局势”。该计划在伦敦“7·7袭击事件”发生后成型，以应对本土恐怖分子以及对穆斯林形成仇恨的趋势。在传统基层组织领域开展了5个CEP集群，三方组织，工会和政府，学校部族和协会，以及媒体。

在国家层面上，形成了种族、宗教信仰圈和和谐圈等建立信任建设的平台，以促进不同社区之间更好地了解，增强社区的和谐与社会凝聚力。

作为 CEP 的一部分，新加坡也通过新的全国运动（称为 SG Secure）加强了社区的应对，建立了迄今为止的基础。作为一个运动，其重点是维护和加强社会凝聚力和和谐，更加注重警惕，使社区能够对潜在的威胁作出适当的反应。SG Secure 还致力于让新加坡人在理解安全和威胁形势方面发挥更积极的作用，配备正确的技能，帮助朋友、家人和同事传播警觉、凝聚力和韧性。

应急准备工作也将大幅提升。在议会会议上，新加坡民政事务大臣和法务部长高山山先生也谈到敏感性对社区反恐信息的重要性，以便明确表示"打击的目标是极端主义和暴力，而不是针对任何特定的种族、民族或宗教信仰"。在 2016 年斋月圣月期间的恐怖袭击事件之后，政府领导人和宗教领袖谴责这些袭击事件，呼吁新加坡人保持团结一致，面对恐怖袭击。新加坡穆斯林事务部长雅各布·易卜拉欣（Yaacob Ibrahim）表示，这些袭击是"反对伊斯兰教，并不代表世界各地的穆斯林们"。

（五）国际响应

新加坡与其区域和国际合作伙伴进行合作，共同遏制和破坏恐怖主义网络。区域伙伴之间的信息分享，成功地使 21 世纪伊斯兰祈祷恐怖主义网络的破坏行动流产，最近的案例防止了对新加坡滨海湾的火箭袭击事件。新加坡还分享了资源和知识，创造了强大的区域反恐环境。在 2016 年 8 月巴厘举行的国际反恐会议上，新加坡和马来西亚同意交换已知战斗人员和被判犯有恐怖主义罪行的生物识别信息，包括指纹。

2014 年 12 月，新加坡政府宣布将向伊拉克派出 50～60 名新加坡武装人员队伍加入对达伊沙作战的联盟的工作。与以前在阿富汗的部署一样，这些部队也不会从事前线作战，而是通过提供一个空中加油机和一个图像分析小组来提供支持。2016 年，新加坡宣布派遣一个医疗队到伊拉克照顾受伤的士兵和平民，还派遣军队医疗队伍进行强制保护。

总体来说，由于联盟的激烈攻势，达伊沙一直遭受占领的地区、指挥官、战士和收入的严重损失。然而，该集团在全世界持续的恐怖袭击事件表明，它还没有被充分削弱,所以其能防止部分袭击,继续扩大其在中东以外地区的覆盖面和吸引力,东南亚也不例外,达伊沙建立了所谓的哈里发和维吾尔族在线宣传活动,这吸引了新加坡和东南亚地区的不少人群。因此,必须继续认真地利用密切监测和各种预防措施,来消除该地区的达伊沙支持者构成的潜在威胁。反恐措施必须包括与宗教和社区领袖密切合作,打击极端主义思想的扩散,同时也要提高公民对恐怖主义威胁的认识。继续进行区域联盟与合作,特别是与新加坡邻国加强监督和情报分析,这对于遏制海外发生的任何攻击是至关重要的。除此之外,世界本身,政府以及处理技术、军备和银行业的行业,还需要采取更严肃和协调一致的行动,打击在线传播极端主义和暴力宣传,国际恐怖主义武器和资金的流入,以及极端主义分子在边界的活动。

在所有影响恐怖主义活动的因素中,以资金武器为主的财产是发展和扩张恐怖主义活动的重要因素,所以,通过立法对恐怖主义财产进行管理和限制,通过法律形式来杜绝公民有意无意地对恐怖主义进行资助,新加坡《恐怖主义(制止提供资助)法》第325章被认为是行之有效的手段,2002年新加坡制定出台了《恐怖主义(制止提供资助)法》[The Statutes of the Republic of Singapore Terrorism(Suppression of Financing) Act],要求任何人(全民)不得以任何形式向恐怖主义提供任何资助,坚决打击向恐怖主义提供资助的犯罪。截至目前,该法已经过20次修改,最新版本修订于2016年11月1日。所以,本章将主要围绕该法律来介绍新加坡反恐行动的一些成功的做法,希望能对读者和本国政府起到启发的作用。

第二节　恐怖主义财产的分类

一、禁止为恐怖主义行为提供或者筹集财产

切断恐怖分子获得资助的渠道,就从源头上控制了恐怖主义的行动,能够将恐怖行为扼杀在计划酝酿阶段,是预防现代恐怖主义的有效手段。新加坡《恐怖主义(制止提供资助)法》第325章第二部分第3条规定:"任何人

直接或间接,故意且无合法理由提供或收集财产(a)意图用于,或者(b)知道或有合理的依据相信(明知或者应知),该财产将全部或者部分被用于组织实施任何恐怖活动,将被认定为犯罪。"[1]

第二部分第4条规定:"任何人直接或间接,收集财产,提供或请求他人提供,或者得到可能的财产或财政或其他相关的服务(a)计划将它们用于,或者知道或有合理的依据相信(明知或者应知)它们的全部或者部分将被用于达成促进或执行任何恐怖行为的目的,或者有益于促进或者实施该活动的人;或者(b)知道或有合理的依据相信(明知或者应知)它们的全部或者部分将被用于便利任何恐怖分子或恐怖主义的实体(组织或者基地),将被认定为犯罪。"[2]

第二部分第5条规定:"任何人——(a)直接或者间接使用全部或者部分财产,为了达成促进或者实施恐怖主义活动的目的;或者(b)持有财产并计划或者知道或有合理的依据相信(明知或者应知)它们将全部或者部分被直接或者间接地用于达成促进或者实施恐怖主义活动的目的,将被认定为犯罪。"

以上三条主要阐述了三个方面的禁止项,即禁止为恐怖主义活动提供或收集财产、禁止为恐怖主义目的提供财产和服务、禁止为恐怖主义目的使用或持有财产。其中第三条主要是从总体上直接作出了对恐怖主义提供或筹集财产的禁令,也是一个兜底条款,第4、5条则是分述了以恐怖活动为目的的财产型活动的禁令。从这三条法规也可看出,新加坡在反恐立法上采取了从严立法的态度,显示了新加坡反恐的积极态度和坚决打击恐怖主义的态度。新加坡的该种立法体系面对当前形势严峻的国际恐怖主义活动,具有积极良好的正面意义,为世界其他各国的反恐立法提供了借鉴和参考,也为其本国打击反恐活动提供了有力的法律基础,有利于维护国家的安全和稳定。

---

[1] The statutes of the republic of Singapore Terrorism (Suppression of financing) act (chapter 325), part II, p. 6.

[2] The statutes of the republic of Singapore Terrorism (Suppression of financing) act (chapter 325), part II, p. 6.

二、禁止交易恐怖分子的财产

如前所述,新加坡不仅禁止向恐怖主义提供或者筹集财产,同样的,也禁止与恐怖主义交易财产。这就极大地限制了恐怖主义活动中包括资金、枪支、炸药等在内的财产的流动和增值,是打击恐怖主义活动的有效手段之一。从这个方面我们可以看出,新加坡的反恐立法是从多个维度切断恐怖主义的经济来源,以期达到预防恐怖犯罪,打击恐怖主义的目的。

如新加坡《恐怖主义(制止提供资助)法》第325章第二部分第6条规定:"(1)新加坡境内的人和境外的新加坡公民都不能——(a)直接或者间接地与他知道或者有合理的依据相信(明知或者应知)属于或控制于或代表着任何恐怖分子或者恐怖主义实体的财产相交易;(b)直接或者间接参与或促进任何有关于涉及(a)款中的经营交易的财务往来;或者(c)提供任何有关于涉及(a)款中的任何财产的金融服务或者任何其他的相关服务,或者为了提供利益,或者双向获利,或者单向交易,与任何恐怖分子或者恐怖主义实体。(2)任何人违反了第(1)款中的规定,将被认定为犯罪。"[1]

该条直接规定各类与恐怖分子或其实体的财产交易属于犯罪,采用了属地管辖原则与属人管辖原则相结合的方式,规定了其境内人员与境外公民均有谨慎交易,不与恐怖主义相交易的义务。以此为出发点,恐怖分子将失去部分经济来源,并逐渐丧失发展空间,最终达到消灭恐怖主义的目的。

此外,《恐怖主义(制止提供资助)法》第325章第二部分第6条中规定:"向恐怖主义提供资助或交易恐怖分子财产[违反《恐怖主义(制止提供资助)法》第325章第二部分第3、4、5、6条的规定]的犯罪的责任追究形式——在个人违法的案件中,提供资助(违反法律)一经定罪,将被处以50万新元以下的罚金或者10年以下有期徒刑,或两罚并处。在除个人以外的其他案件中,提供资助(违反法律)一经定罪,将被处以100万新元以下的罚款。"

---

〔1〕 The statutes of the republic of Singapore Terrorism (Suppression of financing) act (chapter 325), part II, p. 7.

此法律文本的出台,充分体现了新加坡"动员广大民众、社会力量参与反恐与去极端化工作"的立法理念。"9·11"事件后,美国、英国、新加坡、俄罗斯等国家普遍推行以社区为核心,广大民众普遍参与的"全民反恐"战略,这在新加坡《恐怖主义(制止提供资助)法》中能够充分体现,新加坡反恐战略强调公众参与,全民防卫,不仅要求新加坡人参与反恐,而且要求到新加坡旅行、工作和侨居的外国人承担一定的反恐义务。其中明确规定,在新加坡境内的任何人以及在新加坡境外的公民,均负有向警方报告恐怖分子或者恐怖实体相关信息的义务,对于不履行该义务的人,可处罚金或有期徒刑。

三、禁止交易的例外

基于上文所述,交易的绝对禁止将对经济发展产生不利的影响,大多数新加坡公民以及新加坡境内游客等都属于模糊或不知情的状况,同时将全部责任归于弱势公民,这有悖于立法精神,故而在禁止交易中应当存在例外条款。

《恐怖主义(制止提供资助)法》第325章第二部分第6条第3款规定:"任何人合理地采取或不采取措施以遵守第(1)款的规定,如果该人采取一切合理步骤在主观上是为了满足自己利益,那么即使有关财产是由任何恐怖分子或恐怖主义实体拥有或控制或代表的,也不得在因采取或不采取措施而引起的任何民事诉讼中被追究责任。"

同时,为了更加合理地保障公民权利,使公民的合法权利不因国家对恐怖活动的严厉打击而受到不必要的牵连,新加坡在立法时基于诸多考量,还专门制定了豁免项,即第325章第二部分第7条规定:"(1)除第(2)款另有规定外,部长可借宪报刊登的命令,豁免新加坡境内的任何人或境外的任何新加坡公民由于第4条(b)款或第6条或以上两者被认定的犯罪,尊重任何指定的活动或交易或由该人或公民进行的指定活动或交易的类别。(2)根据第(1)款作出的豁免,对于将由恐怖主义实体使用或将会使恐怖主义实体受益的任何涉及财产或服务的活动或交易,不得以第4条(b)款提起诉讼。(3)根据第(1)款作出的豁免,可受任何条款及条件的约束,包括先决条件,获豁免的人在免除罪责的决定生效前必须获得部长或部长授权的公职人员的豁免通知。(4)任何人根据第(1)款就任何活动或交易或一系列类别的活动或交易而作出的命令获豁免,则任何其他参与进行的——(a)活动或交易;或者(b)该类活动中的任何活动或交易,如果相关的条件和要件符合,相关的豁免也可豁免第4条(b)款或第6条或两者(以该另一人所执行的行为为准)以及第8条。"[1]

与此同时,为了避免恐怖分子借助豁免项企图利用法律漏洞逃脱制裁,该法在这些条款中也作出了相应的限制,如必须是基于特定项的豁免,以及豁免决定应当由部长作出,并在宪报上刊登。通过以上几个条款,不仅达到了严厉打击恐怖犯罪、防控恐怖主义的目的,同时也尽可能合理地保障了公民权益,是新加坡立法体系中较为亮眼的法律设计。

第三节　恐怖分子财产的管理

一、财产查封扣押冻结的申请

经过第二节对恐怖主义财产进行定义后,恐怖主义财产便有了一个明确的划分与界限,通过从严立法在源头上控制了恐怖主义的产生与发展。但这远远不够,恐怖主义来源已久,并已通过各种方式渗透到社会中,当发现有关财产涉嫌与恐怖主义勾结时,就需要对该财产进行管理,新加坡《恐怖主义(制止提供资助)法》第325章第四部分第11条规定:"法官可根据检察官的单方面申请,在审查该申请后,如果查明有房产、器物等财产满足没收条件,可根据第24条作出没收令——(a)如果财产所在地位于新加坡,那么就可以授予警员以下权利:(i)准许搜查房屋、器物或任何财产存储地;(ii)警员可以在合理的情况或充分理由下,可依据第24条作出没收令。(b)若该财产归属不明,除了有特殊规定的情况外,限制令禁止任何人处置

[1] The statutes of the republic of Singapore Terrorism (Suppression of financing) act (chapter 325), part II, p. 8.

或以其他方式处置这部分财产。”[1]这样可以合法有效地检查财产是否与恐怖主义有关，此外对限制令的实用性还进行了具体划分：“(2)对于(1)款(b)项而言，可以处理财产所有权的利益相关者包括(此项不影响该表述的一般性)(a)欠款人偿还财产来减轻债务或(b)将财产移出新加坡的人；(3)根据(1)款(b)项发出的限制令应当符合法官认为合适的条件；(4)根据(1)款(b)项作出的限制性法令副本应该在法官指导或法院提供的规则下传达到命令指向者。”[2]

该条就申请令的提出、财产处置权相关人判断、限制令的适当性以及发出限制令的具体条件和程序等方面作出了详细而缜密的规定，更细致全面地就财产限制作出了定义，既不侵犯合法财产，又不让非法财产成为漏网之鱼。但谁能提出财产冻结的申请呢？第四部分第23条规定：“(1)检察官根据第21条只能将拥有或控制财产的人作为被申请人。(2)检察官应按照法官法院规则的指示，依据第21条向被告提出申请通知。(3)根据第21条提出的申请，法官可向其认为对该财产有利害关系的人发出通知，并把有权作为答辩的人加入申请程序。”[3]

在对申请人作出判断界定后，检察官该如何鉴定该财产的性质？对于申请过程中有效的证据如何判定？第四部分第12条和第22条分别规定：“公诉人依据第11条而作出支持申请的宣誓书，可以用于信息和信仰的确认。”“检察官根据第21条提出的支持申诉的誓章(以誓言确认的并用于呈堂证供的书面材料)，可以根据内容和信仰宣誓确认。”

在财产查封、扣押、冻结的申请中，检察官发挥很大作用，甚至在一定程度上决定着申请的成功与否。在明确申请主体、核实申请证据内容后，对于检察官也需一定的权力制约与监督，第四部分第13条规定：“在依据11条(1)款(a)项或11条(1)款(b)项作出指令之前，就签发和执行指令或制定

[1] The statutes of the republic of Singapore Terrorism (Suppression of financing) act (chapter 325), part IV, p. 15.

[2] The statutes of the republic of Singapore Terrorism (Suppression of financing) act (chapter 325), part IV, p. 21.

[3] The statutes of the republic of Singapore Terrorism (Suppression of financing) act (chapter 325), part IV, p. 21.

和执行限制令而言,法官可要求检察官作出法官认为适当的承诺,以支付赔偿金或成本或两者兼有。”而检察官可以判定的财产也需要有一定依据,第21条规定:“检察官可以向法官提出关于没收财产的命令的申请条件包括(a)由任何恐怖主义或恐怖主义实体拥有或控制的财产,(b)全部或部分已经或将被用于推动或实施恐怖主义行为的财产。”[1]

当对财产所属明确后,就可以进入执行阶段,《恐怖主义(制止提供资助)法》第325章第四部分第24条规定:“(1)如果法官对第21条(a)项或(b)项所述的财产所属达成认可的话,则法官应命令将财产没收给政府。(2)就(1)款而言,任何恐怖分子或恐怖主义实体拥有或控制的财产与其他财产(不论是恐怖主义或恐怖主义实体的财产)混合在一起的情况下,没收令应包括恐怖主义或恐怖主义实体拥有或控制的财产的混合财产。”第29条规定:“法官可以(a)根据第24条命令没收财产,(b)就根据第11条(1)款(b)项发出限制令的财产而言,则该命令也是按照第11条(4)款送达的。根据第11条(4)款,扣押该财产或作出该命令后,不得转让该财产,除非转让应是对有诚意的人进行有价值的考虑。”[2]

当出现特殊情况,则适用第25条:“(1)凡根据第24条被政府没收的财产,若法官认为必要情况下可作出其他规定——(a)要求将没收财产交给适当的人员。(b)命令被没收的财产(货币除外)或出售或以法官指示的方式处置的土地,将收益(如有的话)交给适当人员。(c)法官指定接管人没收的财产,并以法官指示的方式处置,需将收益支付给适当人员。(2)就条款(1)而言,所指的“收益”是指(a)涉及出售、处置或实现财产的收益是指扣除销售、处置或实现费用后的收益,(b)‘适当人员’是指部长授权接收相关财产的人。”[3]

虽然经过详细的制定,对于财产限制令的落实有了很大帮助,但是一个

---

[1] The statutes of the republic of Singapore Terrorism (Suppression of financing) act (chapter 325), part IV, p. 16.

[2] The statutes of the republic of Singapore Terrorism (Suppression of financing) act (chapter 325), part IV, p. 21.

[3] The statutes of the republic of Singapore Terrorism (Suppression of financing) act (chapter 325), part IV, p. 22.

现实情况就是在某些特定情况下该命令无法有效落实,会严重削弱命令的有效性和权威性,据此,第四部分第 14 条规定:"根据 11 条(1)款(b)项发出的命令且根据第 11 条(4)款送达的人,在命令生效的情况下,违反该命令即属犯罪。一经定罪,可处不超过 5 万美元的罚款或不超过 5 年期限的监禁或两罚并处。"但是拒绝检查也分为不同情况,第 26 条就依据具体情况提出:"(1)凡法官根据第 21 条,拒绝就财产方面提出的申请,法官须作出描述该财产的命令,并声明该命令不属该条所指的财产。如果法官认同第 23 条所提述的,答辩人可以申请其和财产有利害关系,则应当合理谨慎,并确保该财产不会用于促进或实施恐怖主义,而且法官不得是恐怖主义实体的成员——(a)没收禁令不会影响财产利益。(b)宣布(a)项所述利益的性质和程度。"[1]

以上十余条从申请的提出背景、申请提出者主体、判定申请的依据、申请决策者的选择等几个方面就财产查封、扣押、冻结的申请等问题进行了论述,将可能出现的问题和会影响申请的因素进行了详尽的考虑,并且就事论事作出了较详尽的法条法规,这些条款对财产申请核查方面有了完善的描述,在实际行动中提供了强有力的法律保障和法律支撑。

二、财产管理人的指定

当我们对财产的所属进行鉴定后,可根据具体情况选择合适的行动。《恐怖主义(制止提供资助)法》第 325 章第四部分第 24 条和第 25 条指明,如果确定财产属于恐怖分子或恐怖主义实体,那么就可以将财产没收,或者将其交由特定的人保管,但这个管理者应该是谁呢?《恐怖主义(制止提供资助)法》第 325 章第四部分第 15 条规定:"(1)对于第 11 条的应用,在检察官的申请下,如果法官认为情形需要,法官可以命令(a)任命有关人员依据法官的指令控制管理部分或全部财产,(b)依据(a)项所规定的,财产所有者需要将财产所有权转交给被任命的人。(2)当检察官提出申请时,法官应该

---

[1] The statutes of the republic of Singapore Terrorism (Suppression of financing) act (chapter 325), part IV, p. 22.

依据(1)项任命有关人员为公众委托人。”[1]

这些财产管理者也有明确的权利范围,他们所能处理的财产,根据第16条(1)款规定为:“(a)对于迅速贬值的财产进行出售的权利。(b)对于没有价值的财产进行销毁的权利。”因为这些财产并不直接属于财产管理者,在处置或销毁该财产时,需要符合一定的法规,并获得法官的同意,第16条(2)(3)(4)(5)款分别规定:“(2)对依据第15条任命的有销毁财产权利的人,在销毁财产前,必须符合(1)款(b)项的规定,并获得法官的许可命令;(3)在做出财产销毁命令之前,法官应该注意(4)款给予的权利,并听取任何和财产有利害关系的人的意见;(4)依据(3)款而作出的公告应该有法官或者法院规则的指导;(5)如果法官认为财产没有任何价值,则可以下令销毁这些财产。”

三、授权令或者冻结令的失效

法官依据申请对有关财产进行审查、扣押、冻结,有效地打击了恐怖主义资金来源,通过对有关财产进行核查管理也进一步规范了有关市场,但是在进行审查时不能完全肯定有关财产和恐怖主义有关,如果妄加判断会损害财产合法所有者正当利益。这便涉及一个授权令期限问题,第四部分第17条规定:“依据11条(1)款(b)项或15条(1)款发布的指令有效,除非——(a)依据第18条或19条而作出撤销或修改;(b)在第20条规定下失效;(c)指令指定的财产主体回归到法律申请阶段或者被政府剥夺权利。”[2]

检察官是发出指令的主体,对于授权令或冻结令也有依法撤销的权利,第18条规定:“检察官可随时让法官撤销或修改委任、发布的命令或由此作出的指令[除了依据第15条(2)款做出的任命]。”如果在发现指令有误或不恰当时,就可据此法条来保障人们的合法权益不受侵害。

---

[1] The statutes of the republic of Singapore Terrorism (Suppression of financing) act (chapter 325), part IV, p. 16.

[2] The statutes of the republic of Singapore Terrorism (Suppression of financing) act (chapter 325), part IV, p. 17.

财产利益相关者如果认为有关申请不合理,也可依法向法官提出申请来维护自己的合法利益。例如,在申请程序进行过程中利益相关者没有收到通知,第 27 条规定:“(1)根据第 23 条(3)款声称对财产没有利害关系且没有收到通知的人,可以向法官申请更改或搁置根据第 24 条(1)款作出的命令,且不迟于发布没收令的日子,法官不得延长第(1)款规定的期限。”[1]而作为财产利益相关者,在财产被查封后仍有异议,《恐怖主义(制止提供资助)法》第 325 章第四部分第 19 条根据不同情况作出了详细的规定:“(1)任何财产利益相关人,被 11 条(1)款(a)项而被查封的财产,或者依据 11 条(1)款(b)项被限制财产的人,在任何时候都可以向法官申请——(a)依据第(4)款做出的指令,(b)允许检查财产。”第 19 条(2)款对申请后决策者构成提出了要求:“在(1)款(a)项下提出的申请——(a)申请不可以在没有公共检察官的同意下仅由一名法官听取,除非申请人已经给公诉人至少提前 2 天书面申请通知。(b)法官需要得到申请通知,并且在做决定时听取财产利益相关人的意见。(3)法官如果认为必要的话,可以依据(1)款(b)项允许申请人检查财产主体,确保财产安全,保证未来可能的需求性。”

第 19 条(4)款规定:根据(1)款(a)项就财产向法官提出的申请,以及在聆讯申请人及检察官及根据(2)款(b)项给予通知的任何其他人后,法官可命令将该财产或其中一部分退还给申请人,或根据第 11 条(1)款(b)项发出的限制令,撤销该命令,更改该命令,以排除财产或该财产的任何收益,或其部分内容来自该命令的适用或令该命令须符合法官认为合适的合理条件——(a)如果申请人在法官面前担保,需区分有无担保人,法官认为适当的话,以法官指示的数额和条件(如果有的话),按照法官的指示与法官的存款金额或其他有价值的安全性。(b)如果第(6)款所提述的条件得到满足,(c)款指出这样做的目的在于——:“(i)在做出命令或者执行命令之前,财产所有者或法官认为该财产利益相关人可使用该财产用于日常花销。(ii)满足第(i)项所述人员的合理业务和法律费用。”当然“如果法官认为申

[1] The statutes of the republic of Singapore Terrorism (Suppression of financing) act (chapter 325), part IV, p. 23.

请人没有为本款规定的目的提供其他资产或手段,并且没有合法拥有或合法管理财产的人,则不享有这些权利。”[1]

上述法条对财产的使用、分类、划分做了阐述,下一步就需确保所属费用是否合理,(5)款指出:“为确保第(4)款(c)项所述费用的合理性,检察官可在申请的聆讯中,就构成合理开支的事项作出申述。”(6)款进一步表明:“如果法官满意,可根据第(4)款(b)项就财产作出命令——(a)申请由以下构成——(i)一名被指控为恐怖主义融资罪的人。(ii)从第(i)项所述中推断出的财产所有人或转让人避免丢失财产。不得根据第11条(1)款(a)项发出指令,或根据第11条(1)款(b)项不得就该财产发出限制令,或(b)在其他情况下,申请人是该财产的合法拥有人或有权管理该财产的情况下,并和任何恐怖主义融资犯罪或与该罪行有勾结的共谋行为无关,并且没有其他人成为拥有财产的合法所有人或管理人。并且在任何诉讼中,该财产不再成为进行调查的证据。”

对于指令发出后扣押财产有效期限也有规定,第20条:“(1)除本条另有规定外,凡根据第11条(1)款(a)项发出的指令已检取财产,或根据第11条(1)款(b)项发出的限制令,若距离指令发出时间不超过6个月(视属何情况而定),该财产可被扣留或指令仍有效(视属何情况而定);(2)如果提起诉讼而被扣留的财产为期超过6个月,财产可能会继续被扣留,或指令仍继续有效;(3)如果由法官根据检察官的请求提出申请,并且法官认为该指令应继续执行,且在本法令或任何其他法令的期限届满后,在没有任何调查或能作为诉讼中的证据的情况下,则该命令有效期可超过6个月,该财产可能会继续被扣留。”[2]而财产在被扣留期间申请人作出上诉的,依据第28条:“在根据第24条作出的命令提出上诉之前——(a)根据第11条(1)款(a)项发出的指令没收的财产,将继续被扣留;(b)根据第11条(1)款(b)项发出的命令所约束的财产,将继续受到限制;(c)根据第15条,被任命为控制、管理

〔1〕 The statutes of the republic of Singapore Terrorism (Suppression of financing) act (chapter 325), part IV, p. 18.

〔2〕 The statutes of the republic of Singapore Terrorism (Suppression of financing) act (chapter 325), part IV, p. 20.

或以其他方式处理该财产的人员应以该身份继续。”

第30条也另作规定：“本部分不得影响任何其他关于没收财产的法律的执行。”以上便是对恐怖分子财产的管理，通过财产查封扣押冻结的申请、财产管理人的指定、授权令或者冻结令的失效三个部分，对恐怖分子有关财产进行检查、核对、处置、销毁，有效打击了恐怖主义的经济支柱，在保障合法财产权益的同时针对恐怖主义有关财产进行打击，这样才能更好更有效地遏制本国恐怖主义的滋生与发展，维护本国经济稳定、社会和谐。

第四节 互助与引渡

一、对本法所说《公约》的理解

本法中的公约主要是指1999年12月9日联合国大会通过并于2002年4月10日生效的《制止向恐怖主义提供资助的国际公约》（以下简称《公约》）。

从背景上来说，国际恐怖主义行为的次数和严重性在很大程度上依恐怖主义分子可以获得多少资助而定，因而向恐怖主义提供资助是整个国际社会严重关注的问题。在此以前多边法律文书并没有专门处理这种资助，所以迫切需要增强各国之间的国际合作，制定和采取有效的措施以防止向恐怖主义提供资助和通过起诉及惩罚实施恐怖主义行为者来加以制止。

从内容上来说，《公约》由28条正文和1个附件组成。《公约》规定了“资助恐怖主义罪”的定义，并要求缔约国采取相应的立法、司法、执法及金融监管措施，对资恐罪予以预防、打击；规定了缔约国对资恐罪行使管辖权的法律依据；规定了缔约国应当就惩治资恐罪开展引渡和刑事司法协助方面的国际合作；规定了缔约国发生争议时的解决途径；规定了《公约》的批准、生效和退约程序。

从目的上来说，该公约旨在断绝恐怖主义的资金来源，是国际社会共同打击恐怖主义犯罪的一项重要举措。

总的来说，《公约》的制定与生效为国际社会协同打击恐怖主义提供了一个较为有利的平台。

二、以《公约》为基础的互助

《公约》是国际社会协同打击恐怖主义的纽带与基础，其主要通过互助与引渡的方式来达到联结各国的目的，而具体到新加坡来说以《公约》为基础的互助主要体现在以下三个方面：

第一，新加坡与缔约国之间可以在适用《公约》的基础上，互相适用本国与外国的反恐法案所规定的刑事援助事项。例如，新加坡《恐怖主义（制止提供资助）法》第 325 章第 32 条规定："如果新加坡和作为'公约'缔约国的缔约国之间有关提供任何有关恐怖主义融资犯罪的协助的谅解备忘录或其他协议，根据《刑事事宜互助法》第 17 条作出的命令（第 190A 章）可——（a）宣布该国为规定的外国；和（b）将该法案适用于该国同意向新加坡提供刑事事宜援助的条约，谅解备忘录或其他协议。"

第二，依据《刑事事宜互助法》所作出的命令应当具有法律效力，不得因为其不为国内法规定而减损其效力。新加坡《恐怖主义（制止提供资助）法》第 325 章第 32 条第（2）、（3）款如是规定："（2）根据第（1）款适用《刑事事宜互助法》，除第（3）款另有规定外，应当具有效力，犹如该法令所指的唯一外国严重罪行是恐怖主义融资罪。（3）第（2）款并不损害根据《刑事事宜相互协助法》（第 190A 章）第 17 条作出的任何其他命令。"[1]

第三，对恐怖主义融资罪进行了更为清晰的界定。第 325 章第 32 条第（4）款规定："为了《互助犯罪法》的规定，恐怖主义融资罪——（a）凡犯有的，均视为外国严重罪行；和（b）不得视为政治犯。"

以上三个方面是通过新加坡《恐怖主义（制止提供资助）法》第 325 章第 32 条进行了详细系统的规定和阐述，是建立在公约基础上的，为了更好地达成国际合作、打击恐怖主义而制定的相关法律规定。体现了新加坡将国际公约转化为国内立法的进程，而将公约转化为国内法，有利于公约的有效、

---

〔1〕 The statutes of the republic of Singapore Terrorism (Suppression of financing) act (chapter 325), part V, p. 24.

严格实施，同时也为国际社会将公约国内法化提供了良好的参考与借鉴。

三、引渡的理解

引渡是指一国把在该国境内而被他国指控为犯罪或已被他国判刑的人，根据有关国家的请求移交给请求国审判或处罚。引渡制度是一项国际司法协助的重要制度，也是国家有效行使管辖权和制裁犯罪的重要保障。在国际法上，国家没有必须引渡的义务，引渡的法律依据应为含引渡条款的国际条约、国际公约以及相关国内立法。

《恐怖主义（制止提供资助）法》中的引渡条款是为了切实有效地开展打击恐怖主义的国际合作，而依据所签订的《制止向恐怖主义提供资助的国际公约》与《刑事事宜互助协助法》制定的，起到了明确可引渡罪行的目的，同时有利于国际间的反恐交流与合作。下面将结合新加坡《恐怖主义（制止提供资助）法》第325章第33条的具体规定来具体阐述该法中的引渡。

新加坡《恐怖主义（制止提供资助）法》第325章第33条：（1）在“引渡法”（第103章）附表1中，包括所有恐怖主义融资罪行。

除第（3）款另有规定外，新加坡与公约缔约国之间没有生效的双边引渡条约，可以根据“引渡法”第4节在宪报公告通知，如同在新加坡和那个国家之间适用引渡。

凡根据第（2）款适用“引渡法”，该法对该国具有效力，犹如该法令中唯一的引渡罪行是该国的有关罪行一样。

第（3）款不影响根据“引渡法”第4条作出的任何其他通知。

凡（a）引渡条约在新加坡和公约国之间生效；和（b）该条约没有规定引渡被指控或定罪该国有关罪行的人，可以根据“引渡法”（第103章）第4节在宪报公告通知该法令，如同（b）段中提到的条约所规定的那样。

凡第（5）款所述的通知是根据“引渡法令”第3条或第4条作出的任何其他通知所指明的限制、条件、例外或资格，就该国而言，在某种程度上妨碍了该罪被定为可被引渡的罪行，则该法案适用该国时不予受理。

为引渡法的目的——（a）如果该公约国家在根据该法第4条作出的刊登在宪报上的通知中，已经通过通知适用该公约国家的任何规定的任何事项,则视为该国的管辖范围内的罪行;和(b)任何此类罪行均被视为不具有政治性质的罪行。

在本条中——“公约国”是指“公约”缔约方的国家;“有关罪行”,就公约国而言,是指构成该罪行的行为或不作为或相当的作为或不作为违反该国法律并发生在新加坡的管辖权之内——(a)构成恐怖主义融资罪;或者(b)如有关描述提出犯有该罪行的人具有任何意图或心态或构成该罪行所必需的任何加重情节,即属犯罪。

其中第(1)款规定了反恐法引渡的适用范围,即所有恐怖主义融资罪行。

第(2)~(4)款规定了反恐法中引渡的效力,即依据公约适用引渡的效力及于本国与相关缔约国,不限于双边引渡条约。同时依据本法所作出的引渡不影响引渡法第4条的效力。

第(5)款则规定了反恐法中引渡的补充,即反恐法中未规定的引渡罪行可以依据引渡法第四节的相关规定,通过特定的法律程序,对相关罪犯进行引渡,以避免反恐法中规定的疏漏,属于兜底条款。

第(6)款则规定了反恐法与引渡法的冲突解决规范,即当一国的引渡法与新加坡反恐法产生冲突时,则引渡法的效力应当优先于反恐法,该款规定体现了国内法具有优先地位,同时也体现了对一国司法主权独立的尊重。

第(7)款是反恐法对犯罪性质和管辖权的界定,即已经适用公约的缔约国依据反恐法第4条作出通知的罪行,视为该国具有管辖权,同时该犯罪将不被视为政治犯罪。该款规定是为了合理地达到引渡法的立法目的和宗旨,同时也是为了规避政治犯不引渡的原则。

第(8)款则是对本条中的两个基本概念的释明,一个是公约国,另一个是有关罪行,清晰明确地对这两个概念进行定义,可以避免适用时的误解与冲突。

第五节　管辖权及其他规定

一、管辖权的延伸

《恐怖主义(制止提供资助)法》中,管辖权的延伸主要是指治外法权,如

第325章第34条所述:“(1)在新加坡境外的每一个人,如果在新加坡犯有根据第3、4、5条构成犯罪行为的串谋或企图犯罪行为的作为或不作为,将被视为在新加坡犯罪,可能相应地进行反对、指控、审判和惩罚。(2)凡新加坡公民在新加坡以外的任何地方犯第6或8条所定罪行,则可依据本法处理该罪行,犹如该等罪行是在新加坡境内发生的。”[1]

第(1)款是将恐怖主义犯罪定义为行为犯,将单独行为亦视为犯罪来获取管辖权,同时基于保护原则,为了保护本国及本国公民利益不受侵犯,将管辖权延展,以期达到积极打击恐怖主义犯罪的目的,有利于提高本国的执法积极性。

第(2)款则是基于属人管辖原则,对新加坡境外公民进行约束,同时也表明,新加坡作为一个独立自主的主权国家,其法律具有独立性,外国的审理和判决对其没有约束力。但是,从实际情况及国际合作角度出发,为了使被告人免受过重的双重处罚,又规定对在外国已经受过刑罚处罚的犯罪人,可以免除或者减轻处罚。这样既维护了新加坡的国家主权,又从人道主义出发对被告人的具体情况做了实事求是的考虑,充分体现了原则性与灵活性的统一。

二、法人犯罪的管理

上文所述,主要是针对自然人犯罪的管辖权规定,而法人作为一个特殊的刑事责任主体,对法人犯罪的管理被单独规定在了新加坡《恐怖主义(制止提供资助)法》第325章第七部分第35条中:“凡公司、社团或其他团体犯下本法令所规定罪行的,任何人在犯罪时为公司、社团或其他团体董事、经理、秘书或其他类似人员或合伙人,或看来是以该等身份行事的,即属犯该罪行,并可据此予以处理及惩罚,除非他证明,(a)未经其同意或纵容犯罪;和(b)他已考虑到其职能的性质及所有情况,均已行使所有尽职调查措施,

---

〔1〕 The statutes of the republic of Singapore Terrorism (Suppression of financing) act (chapter 325), part VI, p. 27.

以防止该罪行的发生。"[1]即是指法人团体犯罪应当由单位或团体负责人承担相应责任,当然若其负责人尽到合理管理监督的义务,则不能认定为犯罪。通过该规定,可以有效地发挥责任者的主观能动性,对单位行为及活动进行严格的监管,以达到预防犯罪的目的。

三、地区法院的管辖

管辖权是司法权得以行使的基础,故而明确管辖权即是保障司法权的及时、高效行使。而管辖权本应当由相应的程序法所规定,但为了达到严厉打击恐怖主义犯罪的目的,新加坡在反恐法中也对管辖权进行了特别规定,以解决反恐立法与刑事立法上关于管辖权的冲突。"尽管《刑事诉讼法》(第68章)有任何相反的规定,区域法院也有权对本法所规定的任何罪行进行审判,并有权对该罪行施加全额的处罚或对有关罪行进行处罚。"新加坡《恐怖主义(制止提供资助)法》第325章第七部分第37条如是规定,明确了地方法院在对恐怖主义犯罪定罪量刑的司法活动中,对于管辖权应当优先适用反恐法,而不局限于《刑事诉讼法》中的管辖权规定。

---

〔1〕 The statutes of the republic of Singapore Terrorism (Suppression of financing) act (chapter 325), part VII, p. 27.

第四章　南非保卫宪政民主主义反恐怖主义和相关活动法

刘　箴

第一节　《南非反恐法》的历史与法律背景

南非《2004年保卫宪政民主主义反恐怖主义和相关活动法》（以下简称《南非反恐法》）于2005年2月4日由南非总统在政府公报中公布并即时生效。该法的立法宗旨和主要内容是，规定预防和打击恐怖主义和相关活动的措施；规定恐怖主义罪和其他帮助或恐怖主义相关活动的犯罪；规定公约犯罪；贯彻惩治恐怖主义和相关活动的国际公约；规定遵守联合国安理会决议的机制；规定预防和打击资助恐怖主义和相关活动的措施；规定关于恐怖主义和相关活动的调查措施；以及其他相关事宜。

本节主要介绍南非共和国与反恐怖主义相关的历史背景、反恐怖主义的现状以及南非法律体系的特点，以期更好地理解《南非反恐法》。

一、南非的历史背景——“法治”下的种族隔离制度

南非共和国（The Republic of South Africa），地处南半

球,位于非洲大陆的最南端,有“彩虹之国”之美誉。南非是非洲的第二大经济体,国民拥有较高的生活水平,经济相比其他非洲国家较为稳定。南非拥有完备的基础设施和金融市场,钻石生产、深井采矿等行业世界领先。在国际事务中,南非具有显著的地区影响力。值得注意的是,南非作为一个废除种族隔离制度的转型国家、新兴大国、多民族国家和混合法律体系国家,其反恐法既具有较强的代表性,也具有鲜明的时代特征。

众所周知,南非曾长期实行种族隔离制度。然而很少有人注意到,法律在其中扮演的角色并不光彩。甚至可以说,法律起到了助纣为虐的作用:种族歧视和政治压迫不是游离于法律之外的,也不是在法律的负面评价之下强行实施的;恰恰相反,种族之间的不公正行为是在法律框架内实施的,政治压迫有细致繁复的具体规定作为法律根据。[1] 自欧洲殖民者 17 世纪中期进入非洲南端以来,长达 300 多年的种族主义统治,最显著的特征就是排斥和剥夺非洲原住民和其他白人以外族群的生存发展权,通过种族主义的政治和法律制度来维护欧洲移民后裔和白人资本对南非土地和资源的控制,造成了南非种族间政治、社会、经济的撕裂、断层与对抗。1948 年国民党执政后,种族隔离制度在南非得到了普遍推行,反抗斗争遭受残酷镇压,国际社会纷纷给予谴责和制裁。在这一背景下,南非于 1961 年退出英联邦,成立了南非共和国。此后,奉行种族主义的南非当局依然执意在国内以立法和行政手段推行种族歧视和种族隔离政策。据统计,期间颁布种族主义法律和法令达数百种之多。

南非占总人口 80% 左右的黑人和有良知的白人,对这种反人道的种族隔离制度进行了长期的斗争。1989 年,南非当局开始实行政治改革,德克勒克出任国民党领袖和总统后,取消对黑人解放组织的禁令并释放纳尔逊 · 曼德拉(Nelson Mandela)等黑人领袖。1991 年,南非政府与非国大等 19 方举行多党谈判,力图政治解决南非问题。各方于 1993 年就政治过渡安排达成协议。1994 年,南非历史上首次不分种族的大选正式举行。在这次历史

---

〔1〕 See Abel, R. L., 1995. Politics By Other Means: Law in the Struggle against Apartheid, 1980 – 1994. New York: Routledge.

性选举中，以非国大为首的三方联盟以 62.65% 的多数获胜，非国大、国民党、因卡塔自由党组成民族团结政府，纳尔逊·曼德拉出任南非首任黑人总统。[1] 至此，数百年的种族隔离制度正式废除，南非开始建设种族平等、多元一体的新政治经济制度。

然而，真正的种族平等良好愿景并不能一蹴而就，新南非面临的重要任务就是在转型后建立以法治为基础的政治体制、经济制度、社会格局和文化体系。南非建立法治的任务异常艰巨，但在南非人民的社会心理中，法律制度与种族隔离制度有着千丝万缕的关系，他们对法律的情感和态度可想而知。数百年来，南非人民把法律看作当局强制实施种族隔离制度的最重要的武器。这让一般民众很难对法治精神、法律制度和司法机构产生足够的信赖和尊重。因此，我们认为，法治信仰的缺失，可能成为历史尘埃中的种族隔离遗留给新南非的负面政治遗产。

二、南非反恐怖主义现状

1994 年以来，南非获得了历史性的政治统一、和解、稳定发展的机遇，在社会变革和转型过程中，避免了种族仇杀和动乱，构建了以宪法为核心的一整套法律体系，取得了举世瞩目的社会进步。但由于二元社会经济结构的长期存在和国际恐怖主义势力的发展，南非也存在维护国际安全和反恐怖主义的现实需要。

（一）南非遭到恐怖组织渗透

从 20 世纪 90 年代开始，南非就已经受到国际恐怖组织的渗透。据南非安全问题专家达伦·奥利弗尔透露："1995 年时已经有五个真主党的训练营在南非安营扎寨，'基地'组织 1997 年也在南非现过踪迹。"美国联邦调查局于 1999 年在开普敦国际机场逮捕了一名炸美国肯尼亚和坦桑尼亚大使馆的嫌疑人。2015 年，联合国安理会警告南非，11 名与"基地"组织和伊斯兰国有关系的恐怖分子正在将南非作为他们开展恐怖活动的基地。此后，南非

---

〔1〕 参见《南非国家概况》，载外交部官网：http://www.fmprc.gov.cn/zflt/chn/zjfz/fzzl/JJ2009/t585503.htm，2017 年 3 月 13 日访问。

政府发布公报,这 11 名恐怖分子为"基地"等国际恐怖组织成员,来自法国、挪威、沙特阿拉伯、科威特和伊拉克等国。他们有男有女,在恐怖组织中主要负责理财、人员招募以及后勤保障等工作。南非媒体的报道指出,本·拉登被杀时缴获的文件显示,他指示手下在南非展开行动,因为南非是"一个开放的国家"。由于移民部门的腐败,恐怖分子很容易在南非拿到掩护身份的假护照。在 2013 年的肯尼亚西门商场恐怖袭击事件中,绰号"白寡妇"的英国籍女子萨曼莎·鲁斯维特就使用了南非护照。各类恐怖组织的渗透,给南非政府带来了很大的国际国内政治压力。

(二)南非面临的恐怖主义威胁

在伦敦地铁爆炸事件发生后,一名参与者跑到南非,准备大肆开展恐怖活动。2010 年南非世界杯期间,索马里青年党曾潜入到开普敦附近,伺机袭击英美两国的运动队和体育迷。伊斯兰北非基地组织("基地"组织的非洲分支)也在网上发表声明,扬言将择机炸毁世界杯球场。他们的主要目标是美国、英格兰等 5 支欧美国家球队,因为这几个国家"与伊斯兰势不两立"。"基地"组织甚至公开大肆叫嚣:"再先进的安检设备,都无法查出我们的炸药是如何带进球场的。"2016 年,因图谋对美国驻南非大使馆等机构发起恐怖袭击,南非一对双胞胎兄弟(布兰顿·李和托尼·李)与其弟弟和妹妹相继遭警方逮捕。情报显示,这对兄弟曾多次试图前往叙利亚寻找"伊斯兰国",希望得到他们的支持。南非警方还搜查了这对兄弟位于约翰内斯堡纽克莱尔、西兰德佛罗里达和阿扎德维尔地区的住处,其弟弟易卜拉欣、妹妹法蒂玛·帕特尔也因非法持有爆炸物和弹药等被捕。南非安全研究院的专家普勒塞斯曾表示,最近发生的这一连串恐怖事件向人们显示,恐怖分子似乎正在不惜一切代价地吸引人们的注意力。在这种情况下,南非本身并无任何安全性可言:"现在,恐怖分子似乎正在全球各地发起袭击,以吸引人们的注意力。在这样的过程中,南非当然不是他们'成名作'的首选;但是,非洲也有类似的恐怖组织,这意味着南非对于恐怖组织的袭击事件也不免疫。"[1]可以看出,南

---

[1] 佚名:《专家解读:在南非发动恐怖袭击,其实很容易》,载南非侨网:http://www.sa2cn.com/a/nanfeixinwen/nanfeizhengzhi/38833.html,2017 年 3 月 13 日访问。

非面临的恐怖威胁是极其广泛的。不过在南非的安全专家看来，西非国家尼日利亚的“博科圣地”的威胁似乎更为直接：“他们离南非更近，并且跟伊斯兰国一样致命。”

（三）南非反恐怖主义的政策和运作方式

对国际安全和反对恐怖主义问题，南非政府有独立自主的主张。针对美国的反恐战争，南非提出了明确的原则：反恐要在联合国的协调下进行；军事打击必须有明确的目标；不能伤及平民；采取军事打击行动，必须有不可辩驳的证据。时任南非副总统雅各布·祖马与到访的瑞典副首相莱娜·耶尔姆·瓦伦举行会谈后提出，国际社会在打击恐怖主义斗争中，应该制定一项全面的战略。祖马对新闻界发表讲话说，反恐怖主义的战略应该由所有国家共同参与制定，而且联合国应该在反恐怖主义斗争中发挥更为重要的作用，任何打击恐怖主义的行为都不能伤害平民。祖马还特别指出，应该根据不同的历史时期给恐怖主义下定义，不能将人民争取民族独立和解放的斗争与恐怖主义混为一谈，过去南非人民反对种族隔离制度的斗争就被某些国家认为是“恐怖主义”。

在反恐运作上，南非目前的状况可以说得上是有利有弊。从好的一方面来看，南非与西方国家的情报部门关系比较密切，情报分享和消息来源较为畅通。但是，南非面对恐怖袭击也有相当不利的一面。南非安全研究院的专家普勒塞斯说：“就像我们在巴黎看到的，现在的状况，发动恐怖袭击，你不需要精密的组织，大量的人力资源和大量的爆炸物。你只需要几个小青年，几把 AK47，再加上少量爆炸物就够了。”而在南非，这种配置级别的匪帮简直到处都是。恐怖分子瞒天过海发动恐怖袭击，是相当容易的事情；这正是南非人应当为之担忧的。

三、南非法律体系的特点

1652 年，第一批荷兰移民抵达南非，荷兰人成为最早定居南非的白人。船长扬·范里贝克（Jan Van Riebeeck）率领他们建立了南非第一个荷兰殖民地——开普殖民地。这批移民将他们熟稔的罗马—荷兰法带到南非，并迅速推广开来。英国人成为新统治者后，将英国法律逐渐融入既有的法律体系中,使南非法律掺入了大量的英国元素。1910年后的南非联邦成立后,罗马—荷兰法成为全南非的普通法,在罗马—荷兰法不够明确的场合,法官会援引英国判例法。这种法律体系,巧妙结合了大陆法系和英美法系的特点,适合南非不断变化的社会。除了白人带来的西方法律制度外,土著黑人原有的习惯法在黑人社群中一直世代相沿。[1]

南非法是大陆法系、英美法系与南非习惯法不断冲突和相互融合的产物。所以我们说:"今天南非的罗马—荷兰法,像一个胸针上的宝石,它镶嵌在英国制造的底座上闪闪发光。"[2]

1. 南非现行宪法

南非1996年《宪法》(现行宪法)第39条规定:"权利法案不否认由普通法、习惯法或法律所承认或授予的任何其他权利与自由的存在,只要它们与权利法案相一致。"这是南非法律在宪法层面对混合法体系的接纳与承认。种族隔离时期,南非实施过三部宪法,分别是1909年的《南非共和国宪法》、1961年的《南非共和国宪法》和1983年的《南非共和国宪法》,这三部都是奉行种族主义的宪法。新南非先后实施过两部宪法,即1993年的《临时宪法》和1996年的《宪法》。南非现行宪法的特征主要包括:(1)确立三项基本原则:统一的南非、种族平等和三权分立;(2)通过制定"权利法案",使南非人民享有广泛的基本权利;(3)取消"权力分享",实行"多数统治"原则;(4)设立"全国各省代表委员会"以取代参议院;(5)在中央政府领导下,赋予省和地方广泛权力;(6)实行"合作治理",即中央到地方三级政府互相协调,在法律的框架和机制内解决分歧。[3] 该法深受英美德法四国宪法影响,是典型的混合法。如权力制衡机制方面,南非并非遵循原宗主国英国,而是借鉴美、法、德,规定了充分的权力制衡机制,确立了三权分立原则,明确了司法独立和宪法法院的最终裁决地位。英国议会至上的责任内阁制对南非

---

〔1〕 参见席逢遥:《南非法律体系与刑罚执行制度历史变迁及启示》,载《中国司法》2013年第6期。

〔2〕 [德]K.茨威格特、H.克茨著:《比较法总论》,潘汉典等译,贵州人民出版社1992年版,第419页。

〔3〕 See Siri Gloppen, *South Africa: The Battle over the Constitution*, Published by Dartmouth Publishing Company Limited, 1997, p. 225.

的议会制度影响深远，宪法规定，国民议会有权罢免总统。此外，南非还借鉴英国上下两院的模式，设立了国民议会和全国各省代表委员会。受美国宪法影响，南非宪法规定总统既是国家元首也是政府首脑。借鉴英、法宪法，南非宪法规定，国民议会可以以过半数票的支持，对总统和内阁提出不信任案。此外，南非宪法在国家结构形式、公民基本权利等方面都受到西方诸国的深远影响。同时，南非现行宪法第 39 条第 3 项还确认了习惯法。

2. 刑事法律

南非没有刑法典，刑法散布于各制定法。例如，《预防有组织犯罪法》《毒品与毒品交易法案》《爆炸法案》等。南非还签署了大量预防犯罪和国际刑事合作条约，如《反跨国组织犯罪协定》《预防、抑制、处罚贩卖人口——尤其是妇女、儿童协定》等。南非现行的 1977 年《刑事诉讼法》是英国式的。首先，表现在对抗制的审判模式，整个诉讼由当事人充分主导，法官消极参与。其次，是说理充分的英美式的判决书，许多论证缜密的判决书堪称学术精湛的法律论文。最后，在保释、证据等具体制度上与英国法相似度较高。

3. 司法体制

南非现行宪法确立了司法独立原则和法律面前人人平等原则。在第八章规定司法权归法院，法院只对宪法和法律负责。具体规定：(1) 司法权由依据宪法和其他法律建立的法院行使；(2) 司法必须独立、公正，并且仅服从于宪法和法律；(3) 任何机关和个人都不得干预司法人员行使职权；(4) 为保障法院的独立、公正、尊严、可接近性和有效性，国家应当采取立法和其他手段进行协助和保护；(5) 法院发布的命令或判决，对适用该命令或判决的个人和国家机关具有拘束力。为了固定反种族隔离运动的成果，宪法规定了平等权为首的一系列基本权利，主要包括：法律面前人人平等；任何人不得遭受直接或间接的歧视，不论其种族、性别、民族或社会出身、肤色、年龄、宗教、信仰、文化、语言、残疾等；平等包括充分和平等地享有一切权利和自由，对于遭受歧视的个人或人群，应当通过法律和其他方式保护他们或改进其境况。

4. 法院体系

南非的法院系统较为复杂，具体分为宪法法院、最高上诉法院、高等法院、地方法院、治安法院和酋长法庭，这是受英国司法影响的结果。宪法法院设在南非第一大城市约翰内斯堡，它是负责解决与解释、保护和实施宪法相关问题的最高级法院。最高上诉法院设在南非的司法首都、奥兰治自由邦首府布隆方丹，是普通法院体系内的最高司法机构，受理任何上诉案件，涉及宪法问题的除外。高等法院可以审理任何民事和刑事案件，主要审理性质严重、下级法院无权判处刑罚的刑事案件，也可以审理对地方法院判决不服的上诉案件。行政诉讼案件一般也由高等法院一审受理。目前，南非有 10 个地区高等法院和 3 个地方高等法院。[1] 南非地方法院又细分为高级地方法院和初级地方法院，初级地方法院又包含治安法庭和家庭法院等。地方法院的初审管辖权受到限制，如初级地方法院只能受理不严重的刑事案件，受理民商事案件标的额须在 12 万兰特[2]以下。不服地方法院一审裁判的案件直接上诉至高等法院，高级地方法院不审理二审案件。治安法庭的管辖权由《治安法庭法》规定，受理小标的额民商事案件和谋杀、抢钱、叛国以外的刑事案件，但判处刑罚范围有限。由于南非宪法、法律承认习惯法和酋长制度，因此南非司法体系中存在一个独特现象——酋长法庭。习惯法主要在农村地区施行，特别是一些黑人部落仍然遵循习惯法中的婚姻家庭制度。

5. 检察体系

南非检察系统分为检察总局、省检察局和地方检察局。检察系统是国家公诉机关。南非临时宪法规定，检察长代表国家对刑事案件提起公诉。1992 年检察长法规定，南非的各级检察长及其授权的公诉人独立行使职权。历史上，南非检察系统分设检察长和公诉人，新宪法合并设立一个总公诉长作为全国检察系统的领导人，其下又分设若干公诉长和公诉人。

第二节　恐怖主义罪行

为贯彻联合国反恐怖主义相关公约的要求，也为了应对复杂的反恐形

---

[1] 参见叶兴增著：《世界列国国情习俗丛书：南非》，重庆出版社 2005 年版，第 104 ~ 105 页。

[2] 中国人民银行授权中国外汇交易中心公布，2017 年 3 月 6 日银行间外汇市场人民币对南非兰特汇率中间价为：人民币 1 元对 1. 8914 南非兰特。

势,世界各国纷纷进行反恐立法,或对原有的立法予以修改和完善。在立法过程中,各国面临的一个核心问题就是如何选择适当的反恐立法模式。由于各国在立法传统、法律架构、反恐局势和地缘政治上的巨大悬殊,立法模式亦表现出复杂多样的特点。以立法模式为分类标准可以分为:独立式、附属式和复合式。南非《2004 年保卫宪政民主反恐怖主义和相关活动法》的立法模式就属于复合式。复合式立法,是指既规定主体间的权利、义务关系,又对既有法律文件加以修订、删改的一种立法模式。该法总体结构上分为三大部分:导言、正文和附录。在导言中宣告了南非反对恐怖主义的立场,特别强调贯彻国际公约的要求。正文部分增设了一系列打击恐怖主义的罪名及其刑罚,规定了管辖权、证据等程序性内容,对警察、检察官进行特殊授权。这些规定创设了大量的权利和义务,是对既有法律的重大突破。同时,该法还通过附录的形式,列举了一批反恐相关的法律,并对与新反恐法有冲突的部分进行修改,如《1977 年刑事诉讼法》《1962 年引渡法》等,从而使新旧法律统一衔接起来。[1]

一、恐怖主义行为罪

如何界定恐怖主义、恐怖活动等概念,是反恐立法的基本问题。大多数国家都用各种方式规定了恐怖主义、恐怖活动等定义。《南非反恐法》第二章第三节专门规定恐怖主义行为罪和与恐怖主义相关行为罪。该法中的"从事恐怖主义行为"包括:(a)实施恐怖主义行为;(b)便利实施、参与实施或帮助实施恐怖主义行为;(c)实施恐怖主义行为的准备或者计划行为;以及直接或间接地指示实施第(a)项、(b)项、(c)项之行为。

其中第 2 条开宗明义规定,任何人从事恐怖主义行为即构成恐怖主义行为罪。恐怖主义行为是指:(a)行为类型包括:使用任何形式的暴力;投放危险性、毒害性物质或有机体、毒害性化学物质、病菌或生化毒素;危及个人或群体的生命、身体完整或人身自由,或剥夺个人或群体的人身自由,或导致个人或群体的伤亡;严重危及公众的健康或安全;导致财产、自然资源、环境

---

〔1〕 参见赵秉志、杜邈:《反恐立法模式的理性选择》,载《法学》2008 年第 3 期,第 45 页。

或文化遗产的损害或损毁；故意严重干扰或破坏基础性设施或其运营；造成经济体系的重大损失或者剧烈波动，或对国家经济造成重大损害；制造严重的公众突发事件或叛乱。需要注意的是，上述损害无论发生于南非共和国内还是共和国之外，均不妨碍定罪。(b)行为人的主观心理状态：威胁国家统一或领土完整；在公众中强迫、煽动或制造不安全感或者在平民中扩散、制造恐惧气氛；非法地强迫、威胁、煽动、导致个人，政府，社会公众，国内或国际实体、组织，政府间组织、机构实施或不实施任何行为，采纳或放弃某种特定观点，或是依照某种原则行事。需要注意的是，无论上述公众、个人、政府、实体、组织或机构位于南非共和国境内或境外，均不影响定罪。(c)行为动机：上述行为全部或部分地、直接或间接地出于个人或集体的政治的、宗教的、意识形态的、哲学的动机、目的、原因或任务。此外，本法中的“行为”包含了不作为。

正当性辩护理由：(a)蓄意严重干扰或破坏基础设施行为、损害经济体系的行为当中，如果行为人出于支持、抗议、反对、罢工行为，而非蓄意造成恐怖主义事件，不应被认为恐怖主义行为。(b)由于包括南非在内的诸多非洲国家普遍存在民族自决、反种族隔离的人民斗争历史，法律规定：在人民发起斗争中实施的任何行为，包括武装斗争中的任何行为，行使其追求民族自由自决权为反对外国殖民主义占领入侵或统治的独立权利的合法权利，上述行为如果遵循了相关国际法原则，不得以任何原因被认为是恐怖主义行为。(c)当然，尽管有上述规定，政治、哲学、意识形态、种族、人种、宗教或任何类似动机不被认为是恐怖主义行为犯罪的正当性辩护理由。

《南非反恐法》第3条规定了帮助或与恐怖行为相关活动的犯罪。具体包括：(a)任何人从事任何将要或可能增强任何实体从事恐怖主义行为的能力，包括提供或允诺提供技术或专业知识；进入或停留于任何国家；使自己可供使用。基于任何实体利益、遵从任何实体指令、帮助任何实体从事恐怖主义行为，并且行为人明知、合理地应知或怀疑行为目的是增强实体从事恐怖主义行为的能力，即构成帮助恐怖主义行为罪。(b)任何人基于某实体的利益向他人提供或允诺提供任何武器，或者提供或允诺提供任何武器供其使用；请求给予某实体以支持；提供、接受、参与培训或指令，或者招募实体接受培训或指令;招募任何实体;收集或制作文书;持有物品。上述行为与从事恐怖主义行为相关,并且行为人明知、按照常理应该知道或怀疑该上述行为或物品与从事恐怖主义行为相关,即构成与恐怖主义行为相关罪。这里所说的实体,是指一个自然人、两个或两个以上自然人群体。

《中华人民共和国反恐怖主义法》(以下简称《反恐法》)第 3 条规定了恐怖主义、恐怖活动、恐怖活动组织、恐怖活动人员、恐怖事件等。该条第 2 款列举了恐怖主义活动的五种行为,涵盖较广:既包括采取具体的暴力、破坏、恐吓等方式,制造社会恐慌,给国家、社会或者他人造成身体伤害或者财产损失的暴力行为,也包括相关附属行为,如组织、策划、准备实施恐怖行为;宣扬恐怖主义、煽动实施恐怖活动;组织、领导、参加恐怖组织;提供信息、资金等。《南非反恐法》中的第 2 条恐怖主义行为罪即相当于我国《刑法》第 120 条、第 120 条之二、《反恐法》第 3 条第 2 款第 1 项中的组织、领导、参加恐怖组织罪、准备实施恐怖活动罪。《南非反恐法》第 3 条中帮助或恐怖主义行为相关罪即相当于我国《刑法》第 120 条之一和《反恐法》第 3 条第 2 款第 4 项中帮助恐怖活动罪。

恐怖主义具体行为类型包括带有恐怖主义性质的杀人、放火、爆炸、投放危险物质、劫机、劫持人质等暴力行为。需注意的是,该罪为行为犯,只要行为人实施上述行为,无论是否已造成实际危害,均不妨碍定罪。同时,法律还明确规定了“准备实施”的行为。即为实施恐怖活动准备犯罪工具,组织恐怖活动培训或者参加培训,或者实施联络、策划等其他准备行为,都单独构成犯罪。以往对于此类行为,主要依犯罪预备进行处罚。刑法理论认为,犯罪预备行为虽然尚未直接侵害犯罪客体,但已经使犯罪客体面临即将实现的现实危险,因而同样具有社会危害性,因此,具有可罚性。根据这一理论,我国《刑法》规定对预备犯应当追究刑事责任。但考虑到犯罪预备没有实际造成社会危害,《刑法》规定,可以比照既遂犯从轻、减轻处罚或者免除处罚。因此,上述两种变化,显然是针对当前的反恐形势,加大了对恐怖主义犯罪的打击力度。我国《反恐法》恐怖主义行为范围主要在危害人身、财产权利和社会管理秩序方面;《南非反恐法》还涉及国家经济安全和经济秩序方面,更具前瞻性。

比较《南非反恐法》,我国《反恐法》在行为类型方面的独特之处在于,规定了与恐怖主义思想、意识、信息的传播相关的罪行。具体包括:《刑法》第120条之三,以制作、散发宣扬恐怖主义、极端主义的图书、音频视频资料或者其他物品,或者通过讲授、发布、信息等宣扬恐怖主义、极端主义,或者煽动实施恐怖活动的犯罪;《刑法》第120条之五,以暴力、胁迫等方式强制他人在公共场所穿着、佩戴宣扬恐怖主义、极端主义服饰、标志的犯罪;《刑法》第120条之六,明知是宣扬恐怖主义、极端主义的图书、音频视频资料或者其他物品而非法持有,情节严重的犯罪。这是由于我国《刑法》充分认识到了恐怖主义、极端主义的思想和意识形态根源。当前,恐怖组织及其人员通过图书、音频视频、互联网等渠道大肆宣扬恐怖主义。一方面,在社会面制造恐慌情绪,煽动一般群众对政府和社会现实的不满情绪,鼓吹宗教极端思想,形成危害极大的社会不稳定因素;另一方面,通过“洗脑式”宣传,蛊惑群众参与恐怖组织,实施恐怖活动,造成恐怖主义病毒式蔓延;同时,恐怖组织强制他人穿戴恐怖主义服饰、标志,侵犯公民的人身权利和宗教信仰自由,通过行为钳制达到思想控制的目的,在部分地区煽动宗教极端主义狂热思想,营造恐怖主义氛围。

二、公约罪行

1937年制定的《防止和惩治恐怖主义公约》是国际社会开始反恐怖主义合作的标志性成果。该条约未最终生效,却首开先河地明确提出了防止和惩治恐怖主义犯罪的国际义务。《南非反恐法》导言部分规定了反恐国际合作的平台和依据,第二章第二节规定了具体的涉恐罪名。

(一)南非反恐怖主义国际合作的依据

在反恐法中,南非充分认识到颁布适当国内立法以贯彻惩治恐怖主义和相关活动国际公约的重要性;充分认识到作为国际社会的合法成员,应当承担的打击恐怖主义,以及履行惩治恐怖主义和相关活动的国际公约的义务。

1. 国际条约

联合国安理会于2001年9月28日通过第1373号决议,要求各成员国采取措施，防止和制止资助恐怖主义行为。该决议系根据《联合国宪章》第七章所采取的强制性行动，对各成员国都具有法律约束力。2002 年 11 月 7 日，南非共和国签署了非洲联盟组织于 1999 年 7 月 14 日签订于阿尔及尔的《预防和打击恐怖主义公约》。联合国安理会有时依据《联合国宪章》第七章通过决议，要求成员国与恐怖主义和相关活动进行斗争，包括采取有效措施预防和打击资助恐怖主义和相关活动，以及冻结实施恐怖主义和相关活动者的资金、财产和经济资源。此类决议对所有成员国均有法律约束力。

2. 南非共和国已经加入的联合国公约

包括《关于在航空器内的犯罪和犯有某些其他行为的公约》(1972 年 5 月 26 日加入)，《关于制止非法劫持航空器的公约》(1972 年 5 月 30 日批准)，《关于制止危害民用航空安全的非法行为的公约》(1972 年 5 月 30 日批准)，《关于防止和惩处侵害应受保护国际人员包括外交代表的罪行的公约》(2003 年 9 月 23 日加入)，《反对劫持人质国际公约》(2003 年 9 月 23 日加入)，《制止在为国际民用航空服务的机场上的非法暴力行为的议定书》(1998 年 9 月 21 日加入)，《在可塑性炸药中添加识别标志以便侦测的公约》(1999 年 12 月 1 日加入)，《制止恐怖主义爆炸事件的国际公约》(2003 年 5 月 1 日批准)，《制止向恐怖主义提供资助的国际公约》(2003 年 5 月 1 日批准)。

3. 南非共和国渴望加入但尚未批准或者加入的联合国公约

包括①1979年 10 月 26 日订于维也纳，南非共和国 5 月 18 日签署的《核材料实物保护公约》；②1988 年 3 月 10 日订于罗马的《制止危及大陆架固定平台安全非法行为议定书》；③1988 年 3 月 10 日订于罗马的《制止危及海上安全非法行为公约》。

4. 恐怖主义行为的排除

《南非反恐法》认为，国际法尤其是国际人道法(包括《联合国宪章》和《关于各国依联合国宪章建立友好关系及合作之国际法原则之宣言》)认为，在人民斗争中实施遵循上述国际法的行为，包括武装斗争中的任何行为，行使或促进人民的合法权利以维护民族自由、自决权和独立于殖民主义、外国占领、入侵或统治，上述行为不属于恐怖主义行为。

（二）我国反恐怖主义合作的依据

我国《反恐法》第 68 条规定："中华人民共和国根据缔结或者参加的国际条约，或者按照平等互惠原则，与其他国家、地区、国际组织开展反恐怖主义合作。"我国缔结或参加的国际条约，主要包括联合国国际反恐公约、区域性国际反恐公约和双边国际反恐公约。

1. 联合国国际公约

联合国于 1972 年成立的国际反恐特设委员会，是协调各国反恐合作和研究制定反恐国际公约的专门机构。我国目前已加入或批准联合国反恐公约有 12 项。当前，我国政府正致力于支持制定《关于国际恐怖主义的全面公约》，以推动国际反恐法律制度的完善。

2. 区域性反恐公约

许多相邻国家和区域性组织，为了共同的反恐利益，积极致力于制定区域性反恐公约，如非洲联盟组织的《防止和打击恐怖主义公约》，又如东盟国家首份安全领域法律文件——《东盟反恐公约》、欧盟签署的《惩治恐怖主义的欧洲公约》等。我国第九届全国人民代表大会常务委员会第二十四次会议批准了国家主席江泽民代表中华人民共和国于 2001 年 6 月 15 日在上海签署的《打击恐怖主义、分裂主义和极端主义上海公约》。该公约由中华人民共和国、俄罗斯联邦、哈萨克斯坦共和国、乌兹别克斯坦共和国、塔吉克斯坦共和国和吉尔吉斯共和国 6 个国家共同签订，是我国与中亚国家进行区域性反恐怖主义合作的主要法律依据。2002 年我国签署《关于地区反恐怖机构的协定》。2009 年我国签署《上海合作组织反恐怖主义公约》，进一步完善了反恐合作法律基础。

3. 双边反恐条约

除了加入联合国及区域性反恐公约，我国还积极进行双边反恐合作，通过缔结刑事司法协助条约和引渡条约等方式强化反恐合作。例如，1987 年与波兰签署了第一个刑事司法协助条约；1993 年，与泰国签署了第一个引渡条约；2001 年，与乌克兰签署第一个移管被判刑人条约。据统计，截至 2016 年 7 月，我国已与 71 个国家缔结司法协助条约、引渡条约和打击"三股势力”协定共 132 项(106 项生效)。[1] 值得注意的是政治犯罪不引渡问题,我们知道,政治犯罪不引渡(political offense exception)是法国资产阶级革命以后,通过西欧一些国家的立法和各国之间的引渡条约而逐渐确立的,现在已成为国际法中的一项基本原则。一般是指,一国对于在其境内的某一外国人因民族、种族、国籍、宗教,参加某一政治团体或具有某种政治观点而遭受其本国或居住地国通缉、审判或判刑而给予庇护,拒绝将其交给其本国或经常居住地国。鉴于此,在以上缔结的引渡条约中,有的明确规定恐怖主义犯罪不视为政治犯罪。[2] 有的引渡条约以双方参加的反恐怖国际公约的有关规定为标准,间接将恐怖主义犯罪排除在政治犯罪之外。[3] 通过上述方式,排除了恐怖主义犯罪拒绝引渡的理由。近年来,我国与阿富汗、马来西亚和巴基斯坦等重要邻国进行广泛的双边平台合作,从引渡嫌犯、跨境追逃、金融监控等方面共同维护安全的国际环境。

4. 平等互惠原则

平等互惠原则是指在反恐怖主义活动中,在谋求本国安全的同时,充分考虑别国的安全关切;通过协商在平等互利的基础上打击恐怖主义。[4] 当前,我国需要进一步加大合作范围,不论是否缔结或参加国际条约,均应在平等互惠原则的基础上开展合作。尤其是与重要邻国、地区之间的互通互信互助关系,亟待进一步加强。比如,我们与中东地区的安全合作机制还不够完善。中东地处“新丝绸之路经济带”和“21 世纪海上丝绸之路”的交汇点,对该地区安全问题的准确评估与应对,显得空前重要。国内“三股势力”与中东恐怖组织不断勾连,加强了在人员培训、恐怖袭击手段以及资源共享领域的合作,还利用网络、视频煽动、招揽国内人员参与恐怖活动,经其培训的恐怖分子多次潜返中国制造多起暴恐事件。可以认为,中东反恐形势的恶化,直接威胁了中国国家安全和“一带一路”战略布局,也为我国能源安全

---

〔1〕 参见《我国对外缔结司法协助及引渡条约情况》,载外交部官网:http://www.fmprc.gov.cn/web/ziliao_674904/tytj_674911/wgdwdjdsfhzty_674917/t1215630.shtml,2017 年 3 月 10 日访问。

〔2〕 参见《中华人民共和国和西班牙王国引渡条约》第 3 条。

〔3〕 参见《中华人民共和国和巴西联邦共和国引渡条约》第 3 条。

〔4〕 参见师维、孙振雷、孙卫华、张桂霞著:《中国反恐怖主义法研究》,中国人民公安大学出版社 2016 年版,第 210 页。

带来巨大挑战。只有加强与周边重要邻国、地区的合作,提升涉恐情报侦查水平、严控武器装备特别是高精尖军事装备的扩散、与中东各国及国际组织共建反恐信息共享平台,才能最大限度地阻止恐怖势力潜入潜出我国边境,才能最大限度控制涉恐不明资金物资动向,才能最大可能发挥多层级国际反恐合作体系的打击恐怖主义功效。

(三)《南非反恐法》规定的具体罪名

1. 帮助或资助特定犯罪相关的犯罪

任何人直接或间接、全部或部分和采取任何手段方式为恐怖活动提供资金、金融等方面帮助的犯罪行为。

2. 与爆炸物或其他致命装置相关的犯罪

任何人蓄意在公共场所、国家或政府设施、公共运输设施、公共运输系统或基础设施中投放、安置、引发和引放爆炸物或其他致命装置,或针对上述场所和设施投放、安置、引发和引放爆炸物或其他致命装置的恐怖行为犯罪。该罪要求行为人具备造成他人死亡或重伤,或者造成上述场所、设施或系统的广泛损失或破坏,并导致或可能导致重大经济损失。

3. 与劫持、破坏或危及固定平台安全相关的犯罪

任何人蓄意地通过强力或其他胁迫手段劫夺或控制固定平台;对固定平台上的人员实施暴力行为;破坏固定平台等恐怖行为犯罪。

4. 与劫持人质相关的犯罪

任何人蓄意劫夺或拘禁;并且威胁杀害、伤害或继续拘禁人质,将释放人质作为明确或暗示的条件,以强迫第三方为或不为某种行为,即构成劫持人质罪。

5. 与造成国际受保护人员伤害相关的犯罪

任何人明知他人是国际受保护人员,蓄意谋杀、绑架或以其他方式暴力袭击该人员或剥夺其自由;或者对上述人员的官邸、私人住宅、交通工具实施暴力攻击,该攻击很可能危及上述人员的人身或自由,行为人即构成国际受保护人员伤害罪。国际受保护人员是指:①国家元首,包括根据相关国家宪法行使元首职权的合议组织成员,政府首脑或外交部长,当上述人员在南非共和国境内时,还包括跟随的家庭成员;或②一个国家的任何代表或官

员,或者国际组织、政府间组织的任何官员或其他代理人,当侵害其人身、官邸、私人住所或交通工具的犯罪实施时,上述人员有权利依照国际法享受对其人身、自由和尊严的特别保护,也包括对其家庭成员的保护。

6. 与劫持航空器相关的犯罪

任何人蓄意通过强力、以强力相威胁或其他任何方式违背他人意志,使航空器上的任何人被拘禁;或者违背他人意志,使航空器上的任何人被运输至某地,而该地并非航空器的下一目的站;或者违背他人意志,控制航空器上的任何人以敲诈勒索或为其服务;或者造成航空器偏离其飞行路线;行为人即构成劫持航空器罪。

7. 与劫持船只或危及海洋航行安全相关的犯罪

任何人蓄意通过强力、以强力相威胁或其他任何胁迫手段劫夺或控制船只;或通过实施暴力、破坏船只、破坏海洋航行设施散布虚假信息等行为危及航行安全;或在上述行为中伤害或杀害某人,即构成劫持船只或危及海洋航行安全罪。

三、其他犯罪

除了上述两部分论及的恐怖主义公约罪行,还有一部分属于非直接从事恐怖主义行为的涉恐罪行,由《南非反恐法》第二章第三节规定。

1. 与窝藏、包庇实施特定犯罪人相关的犯罪

任何人窝藏或包庇明知或合理地应知或怀疑他人实施了恐怖主义罪行,或者他人有可能实施了上述罪行,即构成本罪。

2. 未履行报告意图实施或已实施犯罪者行踪之义务

任何人有理由怀疑他人意图实施与本章相关之犯罪,或者意识到任何意图实施或已经实施上述犯罪之嫌疑人出现于任何场所,必须向警务官员报告该怀疑或其行踪,或者使该怀疑或其行踪令警官知悉。未履行上述义务的,构成本罪。

3. 与欺骗相关犯罪

任何人意图使世界上任何地方的人错误地相信:某种物质、物品或设备包含或可能包含毒害性、爆炸性或其他致命性物品,放置或者运送、邮寄该

物品,即构成本罪。行为人明知、合理地应知、怀疑或相信某信息是虚假的,并且直接或间接地表达上述信息,意图使世界上任何地方的人错误相信某地可能出现毒害性、爆炸性或其他致命性物品,即构成本罪。

4. 威胁、试图、共谋和引诱他人实施犯罪

任何人威胁、试图、共谋、帮助、煽动、教唆、引诱、鼓动、指示或命令、建议或介绍他人,实施本章之犯罪,即构成本罪。

第三节　刑罚及其相关事宜

一、刑罚的种类

根据南非刑法的规定,并考虑其审级制度,南非恐怖主义犯罪根据其罪行严重程度,分别由高等法院、地区法院和治安法院等不同级别法院审理。《南非反恐法》具体规定了依据受理法院不同级别,各罪名可能判处的不同刑罚。

1. 第 2、5、6、7、8、9 条或第 10 条罪名

在治安法院审理的案件,将处以罚金或不超过 5 年的监禁刑。在高等法院审理的案件,将处以罚金或高达终身监禁的刑罚。在地区法院审理的案件,将处以罚金或不超过 18 年的监禁刑。

2. 第 3 条或第 11 条罪名

在治安法院审理的案件,将处以其法律权限内的任何刑罚。在高等法院或地区法院审理的案件,将处以罚金或不超过 15 年的监禁刑。

3. 第 4 条罪名

在治安法院审理的案件,将处以不超过 2500 万兰特的罚金或不超过 5 年的监禁刑。在高等法院或地区法院审理的案件中,将处以不超过 1 亿兰特的罚金或不超过 15 年的监禁刑。

4. 第 13 条第 1 款 a 项或 b 项罪名

在治安法院审理的案件,将处以其法律权限内的任何刑罚。在高等法院或地区法院审理的案件,将处以罚金和不超过 10 年的监禁刑。

5. 第 12 条第 2 款的罪名

在治安法院审理的案件，将处以其法律权限内的任何刑罚。在高等法院或地区法院审理的案件，将处以罚金和不超过 5 年的监禁刑。

6. 第 14 条 a、b、c、d、e 项的罪名

处以行为人威胁、试图、共谋实施、帮助实施、煽动、教唆、鼓励、要求、建议或利用他人实施之罪的刑罚。

7. 附带民事赔偿

如果法院判决某人犯有第 13 条第 a 或 b 项之罪，法院可以命令犯罪人赔偿任一方因其行为遭受的附带损失或调查费用。如果法院命令多人赔偿同一笔费用，那么他们可以共同或分别进行赔偿。此赔偿命令作为民事判决予以执行。

8. 定罪的没收宣告

任何人被确定犯有本法规定之罪时，除了法院可能判处的刑罚外，作出判决的法院必须宣告合理相信用于实施犯罪的任何财产，基于实施犯罪目的或与实施犯罪相关的任何财产，根据第 22 条授权被没收的财产（包含可能并用于本法规定犯罪之实施，或与实施本法规定犯罪有关的财产；可能便利与本法规定犯罪的实施，或使任何实体实施该种犯罪，或者为任何实体实施该种犯罪提供财政或经济支持的财产；可能成为实施或意图实施第二章规定的犯罪之证据的财产），或者罪犯持有/监管或控制的任何财产，收归国有。

二、犯罪的管辖权

刑事管辖是指刑法对地和对人的效力，即一个国家根据主权原则所享有的、对在其主权范围内所发生的一切犯罪进行起诉、审判和处罚的权力。恐怖主义罪行的刑事管辖又有其特殊性和复杂性，《南非反恐法》对此有详细的明文规定。《南非反恐法》第 15 条就是关于在南非共和国或南非以外对南非实施恐怖活动犯罪或者实施国际条约规定的恐怖活动犯罪，行使管辖权的规定。

由于法律历史文化传统的差异，各国刑法在刑事管辖权范围问题上采取不同原则。主要包含：(1) 属人原则。以行为人的国籍为标准，凡是本国

人犯罪,不论是在本国领域内还是在本国领域外,都适用本国刑法。(2)属地原则。属地原则以地域为标准,凡是在本国领域内犯罪,无论是本国人还是外国人,都适用本国刑法;反之,在本国领域外犯罪,都不适用本国刑法。(3)保护原则。以保护本国利益为标准,凡侵害本国国家或者公民利益的,不论本国人还是外国人,也不论犯罪地在本国内外,都适用本国刑法。(4)普遍原则。以保护各国的共同利益为标准,凡发生国际条约所规定的侵害各国共同利益的犯罪,不论国籍和行为地,都适用本国刑法。

上述原则,都有其价值,也有其局限性。历史上,英美法系国家以属地原则为主,大陆法系国家以属人原则为主。但现代国家,大都以属地原则为主,兼采其他原则。这既维护了国家主权,又有利于打击犯罪,比较符合各国的实际情况和利益,所以,能为各国所接受。《南非反恐法》采纳的即是这种折中型的刑事管辖体制。

1. 属地管辖

《南非反恐法》第 15 条第 1 款规定,被告人被捕于南非共和国领土、领水、于或应于南非共和国注册之船舶、航空器上,且犯罪(1)在南非共和国领土上实施;(2)在案发时应于南非注册的船舶、离岸设施、固定平台、航空器上实施;(3)在《1990 年航空服务许可法》或是《1993 年国际航空服务法》中特许运营的航空器上实施;共和国法庭有管辖权。

2. 属人管辖

《南非反恐法》第 15 条第 1 款规定,犯罪由共和国公民或原住民实施,共和国法庭有管辖权。

3. 保护管辖

《南非反恐法》第 15 条第 1 款规定,如果犯罪侵害共和国、共和国公民或通常居住于共和国的人员;或在境外侵害共和国的政府设施,包括使馆或其他外交、领事设施,或其他国家财产;或当其实施时,南非共和国公民被控制、威胁、伤害或杀害;或试图强迫共和国实施或放弃任何行为;共和国法庭有权管辖。另外,该法第 15 条第 2 款还规定,第 1 款规定外的行为人在南非共和国之外实施任何构成该法规定的犯罪行为,无论该行为在行为实施地是否构成犯罪,该行为将被认为在南非共和国实施,如果:①该行为影响或意图影响南非共和国的公众、个人或商业;②行为人被发现在南非共和国境内;③如果没有引渡该行为人的请求,行为人基于某种原因不能被南非共和国引渡。

4. 普遍管辖

《南非反恐法》第 15 条第 5 款规定,当国家委员从外国的适当政府收到信息,被指控实施、确定以任何公约罪行或判刑的人,南非共和国法院拥有第 1 款之管辖权,并且外国的任何法院亦可能拥有管辖权。上述人员可能出现于南非共和国境内,国家委员必须采取认为调查此事宜必须之措施。在第 5 款规定之调查中,如果有合理依据认为上述人员需要被引渡或刑事起诉,可依据《1977 年刑事诉讼法》第 40 条第 1 款规定逮捕该人,以确保其能够出现于上述程序中。

5. 我国《反恐法》的管辖权

我国现行《刑法》对管辖权已有详细规定,因此我国《反恐法》第 11 条对恐怖活动犯罪的管辖权进行了特别规定,主要是针对领域外实施恐怖活动犯罪和实施国际条约规定的恐怖活动犯罪的两种情况。(1)管辖权的突破。根据我国《刑法》第 8 条,在我国领域外对我国国家或者公民犯罪,对其行使管辖权有两个限制条件:一是法定最低刑为 3 年以上有期徒刑;二是按照犯罪地法也应受到处罚。但是,鉴于国际国内反恐形势,为了充分保障国家安全和我国公民、机构的合法权益,有必要加大打击力度。《反恐法》第 11 条突破了《刑法》的限制,不再要求法定最低刑为 3 年有期徒刑和按照犯罪地法律也应受到处罚。(2)普遍管辖。本条规定"实施的中华人民共和国缔结、参加的国际条约所规定的恐怖活动犯罪",主要指外国人在我国领域外针对其他国家或者公民实施的我国缔结、参加的反恐怖主义条约所规定的恐怖活动犯罪。此类犯罪适用我国《刑法》第 9 条规定的普遍管辖。当前,恐怖主义势力极端猖獗,加大对恐怖主义犯罪的打击力度,是各国的共同使命。因此,我国反恐法重申了对恐怖主义犯罪的普遍管辖原则。该条中"中华人民共和国缔结、参加的国际条约",指已由全国人大常委会批准的我国缔结或参加的规定恐怖活动犯罪的国际条约。截至目前,我们已批准和加入了 12 个全球性的反恐怖主义公约。

三、证据事宜和例外规定

《南非反恐法》第 17 条规定了“证据事宜和例外规定”,实质是关于证据效力、证据责任、排除犯罪事由、法律推定和事实推定等方面的一些特殊规定。

第 17 条第 1 款规定某人是不是国际受保护人员,或者是否应依国际法对其自由或尊严给予特殊保护产生争议时,外国事务部部长亲自或依职权签发之证明有表见证据的效力。

排除犯罪事由,是指行为虽然在客观上造成了一定损害结果,表面上符合某些犯罪的客观要件,但实际上没有犯罪的社会危害性,并不符合犯罪构成,依法不成立犯罪的事由。例如,第 17 条第 5 款规定了对依第 4 条(帮助或与资助特定犯罪相关的犯罪)被起诉的行为人的辩护事由:(1)行为人实施关于财产的任何行为、允许或便利前述行为仅仅是出于保护财产价值之目的;(2)行为人基于善意实施行为,并根据该法第 12 条的规定或《2001 年金融情报中心法》第 29 条的规定报告其怀疑。该条即因正当业务行为而排除犯罪的事由。同样的,还有第 15 条第 4 款,如果行为人提供、募集资金,并且意图、明知、合理地应知或怀疑其被用于支持民主政府或保护人权之目的,那么不构成第 4 条规定之犯罪。

证人保护。由于恐怖主义犯罪的极端危险性,在该类刑事诉讼案件中,证人将面临极大的人身安全风险。因此,《南非反恐法》中,贯彻了非强迫性提供证据和证人身份保密原则。如果行为人根据第 12 条第 1 款作出、提出或帮助报告,怀疑任何其他人意图或已实施第 4 条规定之犯罪,那么在由此引发的刑事诉讼中,行为人有能力、但不是强迫性地提供证据。如果行为人根据第 12 条第 1 款作出、提出或帮助报告,怀疑任何其他人意图或已实施第 4 条规定之犯罪,那么关于行为人身份的证据将不能作为证据在刑事诉讼中使用,除非行为人在刑事诉讼中作证。

民事责任免除。如果行为人证明其采取所有合理措施,以确保相关财产不被第 4 条第 2 款所载实体拥有、控制、持有,或者并未代表上述实体、为了上述实体的利益或遵循其指示,即使行为人符合第 4 条第 2 款之规定,亦不应为其作为或不作为承担任何民事责任。

第四节　调查权力和冻结命令

一、调查权力的范围

《南非反恐法》第 22 条是关于针对恐怖主义犯罪发起特殊调查程序的规定。

（一）批准主体

总警监可以在提起任何民事或刑事诉讼之前，依据公诉官的书面令状提起一项特殊调查，即有权依照《1998 年国家起诉权力法（1998 年第 32 号法案）》第 5 章提起调查。这里所说的总警监是指《南非共和国宪法》第 207 条第 1 款任命的南非警察机构的总警监。

（二）调查范围

1. 犯罪信息

（1）任何人可能持有实施或意图实施第 2 章规定之犯罪。（2）任何财产可能被用于《南非反恐法》规定犯罪之实施，或与实施办法规定的犯罪有关；可能便利于该法规定犯罪的实施，或使任何实体实施该种犯罪，或者为任何实体实施该种犯罪提供财政或经济支持；可能成为实施或意图实施前项犯罪之证据。

2. 犯罪财产

与犯罪相关的财产可能位于任何建筑、容器或场所，或者被任何实体持有、保管、控制。

3. 相关文书

任何实体可能持有、保管或控制相关文书。

（三）我国《反恐法》中的调查措施

我国《反恐法》第五章专章规定了对恐怖主义活动嫌疑的调查。

1. 主体和对象

调查主体是公安机关，调查对象是恐怖活动嫌疑。第 49 条规定，公安机关接到恐怖活动嫌疑的报告或者发现恐怖活动嫌疑，需要调查核实的，应当迅速进行调查。本章所指的调查,是刑事立案前的调查,在调查中对涉案人员采取的限制人身自由措施,对涉案财产采取的查封、扣押、冻结措施等,都属于行政强制措施。公安机关在调查过程中,发现犯罪事实或者犯罪嫌疑人的,应当依照《刑事诉讼法》立案侦查。发现恐怖活动情报信息,认为有发生恐怖事件危险的,依照第47条,在采取安全防范、应对措施的同时,还应及时通报有关部门和单位。

2. 调查措施

我国《反恐法》第50条、第51条规定了调查的具体措施。针对嫌疑人,一是可以盘问、检查、传唤;二是可以提取或采集生物样本;三是留存签名。针对了解情况的人员,可以通知其到公安机关或其他地点进行询问。恐怖主义犯罪活动通常隐蔽性极强、计划周密,犯罪嫌疑人犯罪手段较为专业、反侦查能力强。因此,通过了解情况的人员进行侧面了解,能及时掌握恐怖活动案件信息,有效打击犯罪行为。此外,该法还规定有关单位和个人配合公安机关收集、调取相关信息和材料的义务。

3. 法律责任

该法第91条规定,对拒不配合有关部门开展反恐怖主义调查工作的,由主管部门处2000元以下罚款,造成严重后果的,处5日以上15日以下拘留,可以并处1万元以下罚款。拒不提供或不如实提供相关信息和材料的,应承担法律责任,即第82条规定的,窝藏、包庇恐怖活动犯罪情节轻微,尚不构成犯罪的,或者拒绝提供有关证据的,由公安机关处10日以上15日以下拘留,可以并处1万元以下罚款。构成《刑法》规定的窝藏、包庇罪(《刑法》第310条)和拒绝提供间谍犯罪、恐怖主义犯罪、极端主义犯罪证据罪(《刑法》第311条)的,将依法承担刑事责任。

二、冻结命令的规定

《南非反恐法》第23条是关于恐怖主义犯罪案件处理过程中冻结命令的规定。

(一)命令主体和命令方式

高等法院可以基于总检察长向法官的单方申请发出命令,禁止任何人从事任何行为,或强迫任何人停止实施某项行为。总检察长是指《宪法》第179条第1款任命的负责公诉的总检察长。基于该程序作出的命令,可以包括任何冻结财产的命令。高等法院可作出临时命令,以暂缓作出对命令申请的最终决定。

(二)发出冻结命令的条件

有合理理由相信该财产被以下实体拥有或控制,或代表下列实体,或遵循下列实体的指令:(1)任何实体实施、试图实施、参与或便利实施特定犯罪;(2)被总统依据《南非反恐法》第25条认定之特定实体。所谓特定实体分为两种:一是总统以政府公报等适当方式公布的;二是安理会依照联合国宪章第Ⅶ章认定的实体:该实体实施或试图实施任何恐怖主义和相关行为,参与或便利任何恐怖主义和相关行为的实施,或为反对及制止恐怖主义与相关行为,该实体危害联合国成员国必须采取安理会决议中指定之行为。

(三)我国反恐法中的冻结措施

《南非反恐法》中的"冻结措施"作广义的解释,既包括冻结财产,也包括对行为的约束措施。我国《反恐法》在第52条和第53条也有类似规定。

1. 财产的查封、扣押、冻结措施

我国《反恐法》第52条是授权公安机关在调查恐怖活动过程中查询嫌疑人财产,或采取查封、扣押、冻结措施的规定。财产权是公民的基本权利,只有法律明确授权,国家机关才可以采取查询、查封、扣押、冻结措施。恐怖活动社会危害性极大,活动隐蔽性极强,资金转移方式多变,公安机关调查恐怖活动的时机稍纵即逝。因此,该条对公安机关调查恐怖活动给予了特别授权。(1)主体。公安机关调查恐怖活动嫌疑,经县级以上公安机关负责人批准,可以查询、查封、扣押、冻结嫌疑人员财产。(2)范围。《商业银行法》等法律规定,对个人、单位存款,商业银行有权拒绝任何单位和个人的查询、冻结、扣划,但法律另有规定的除外。该条对公安机关特别授权,就属于法律另有规定的情况。查询和强制措施的范围包括存款、汇款、债券、股票、基金份额等财产,但必须是与恐怖活动嫌疑或恐怖活动人员相关的财产,且不得重复查封、扣押、冻结。(3)期限。期限不得超过2个月,情况复杂的,可以经上一级公安机关负责人批准延长1个月。《行政强制法》规定,查封、扣押和冻结的期限是30日,情况复杂的,经行政机关负责人批准,可以延长,但延长期限不得超过30日,法律另有规定的除外。基于反恐工作的复杂性,《反恐法》突破了《行政强制法》的规定,属于“法律另有规定的情况”。(4)救济措施。根据我国《反恐法》第95条,依法查封、扣押、冻结、扣留、收缴的物品、资金等,经审查与恐怖主义无关的,应当及时解除有关措施,予以退还。对经核实属于他人合法财产的,应在登记后及时退还。根据该条规定,公安机关审查发现财产合法的,应尽快解除强制措施,而非等到期限届满。由于恐怖主义犯罪活动危害性、复杂性远大于一般违法犯罪活动,《反恐法》在多个方面突破了现行法律,为打击犯罪提供了便利,但也可能给公民、组织带来一定损失。该条的规定,要求公安机关在依法办案的同时,尽量减少对公民、组织的不当影响。该规定对《反恐法》的突破性规定进行了平衡,使相关部门在打击、防范恐怖主义违法犯罪活动时,既做到严密防范、严厉打击,又做到最大限度尊重、维护公民、组织的合法财产权益。对于违法采取查封、扣押、冻结、扣留等措施,给公民和组织造成损害的,应根据《国家赔偿法》等规定给予赔偿。《反恐法》第96条,就是在行政处罚和行政强制措施给公民、组织造成损害的情况下,赋予行政相对人以救济途径。有关单位和个人对依照该法作出的行政处罚和行政强制措施决定不服的,可以依法申请行政复议或者提起行政诉讼。

2. 对嫌疑人员的约束措施

我国《反恐法》第52条是授权公安机关在调查恐怖活动过程中对嫌疑人员采取约束措施的规定。(1)主体。县级以上公安机关。(2)内容。可采取的约束措施包括:限制出行;不得参加特定活动;不得乘坐公共交通工具或者进入特定的场所;限制会见、通信;定期报告活动情况;相关证件交公安机关保存。另外,公安机关可以采取电子监控、不定期检查等监督手段。(3)性质。上述约束措施,是在刑事立案之前针对恐怖活动嫌疑人员采取的强制性措施,属于行政强制措施,而不是刑事强制措施,也不是行政处罚。(4)期限。不得超过3个月。对无须继续采取措施的,应当及时解除。规定约束措施的期限,是为了保护公民的基本权利,平衡反恐斗争和人权保障之间的矛盾,约束公安机关依法及时查处恐怖主义犯罪活动。

第五章　乌干达反恐怖主义法

周　舟

近年来，受部分地区局势动荡、经济发展缓慢、部族矛盾尖锐、反恐能力不足以及“基地”组织等国际恐怖组织加紧渗透等诸多因素的影响，非洲地区的反恐形势一直较为严峻，索马里、苏丹、尼日利亚、乌干达、萨赫勒地区等恐情高发地带成为世界反恐战争的主要战场之一。面对日益严重的恐怖主义威胁，非洲国家为了制止恐怖主义在本国或本地区的蔓延，采取了一系列措施，加大对恐怖主义的打击力度，如加快反恐立法、建立反恐防范机制、加强边境、交通领域的安保工作、强化对武器的控制、加强地区和国际反恐合作等。其中，就反恐立法而言，尽管非洲国家的反恐立法总体上仍然较为滞后，许多国家尚缺乏专门的反恐法律，但也有一些国家正在制定或者已经出台了专门的反恐法律，以使打击恐怖活动犯罪、追查恐怖分子、开展反洗钱工作等能够有法可依，如乌干达、南非、坦桑尼亚、摩洛哥、突尼斯、尼日利亚等。

乌干达位于东部非洲，因其优越的地理位置和充裕的物质资源而被誉为“东非明珠”。乌干达在地理位置上接近“非洲之角”，连接苏丹、埃塞俄比亚、厄立特里亚、吉布提和肯尼亚,通常被认定为“基地”组织下属团体招募成员的主要来源,反过来又对周边地区的非洲国家构成威胁。乌干达地理位置接近索马里,并且向索马里脆弱的临时政府提供支持,所以就使得其很容易受到恐怖主义的威胁。[1] 而由于历史原因,乌干达国内民族种族矛盾尖锐,政局动荡不安,长期以来面临圣灵抵抗军(Lord's Resistance Army,LRA)和民主同盟军(Allied Democratic Forces,ADF)等恐怖组织的严重威胁,由此也具有较为丰富的应对武装冲突的经验。在2001年“9·11”事件发生之后,美国把圣灵抵抗军和民主同盟军认定为恐怖组织,列入美国国务院反恐报告中的“其他恐怖组织”名单,支持乌干达等有关国家打击圣灵抵抗军和民主同盟军。乌干达紧跟美国的步伐,于2002年5月21日审议通过了《乌干达反恐怖主义法》(该法于2002年6月7日生效,以下简称《乌干达2002年反恐法》),把圣灵抵抗军、民主同盟军、“基地”组织等认定为恐怖组织,以满足新形势下反恐斗争的需要。可以说,在反恐问题上,乌干达长期以来与美国保持高度一致,极力凸显自身在美国对非反恐中的重要作用。[2] 当然,尽管国际刑事法院已经对上述恐怖组织的几个领导人发布了逮捕令,并且也尝试着进行一些和平谈判,但这些组织的武装袭击仍然在进行。相关报告显示,乌干达已经被极端分子用来作为从“非洲之角”向南非和欧洲转移的中转站。[3] 可以说,现实已经表明,乌干达等非洲国家和地区将成为全球反恐行动的一个重要阵地。

《乌干达2002年反恐法》[4]共包括9个部分及3个附件。其中,《乌干达2002年反恐法》正文的9个部分分别为:第一部分,初步规定,该部分主要界定了诸如“恐怖组织”“恐怖主义行为”“船舶”“飞行器”等用语的含义;第

---

〔1〕 参见[新加坡]维克托·V.拉姆拉伊、迈克尔·荷尔、肯特·罗奇、乔治·威廉姆斯主编:《全球反恐立法和政策》,杜邈等译、杜邈审校,中国政法大学出版社2016年版,第516~517页。

〔2〕 参见王春燕:《非洲明珠与美国全球战略——冷战后美国对乌干达外交政策研究》,载《当代世界》2013年第2期,第52页。

〔3〕 参见[新加坡]维克托·V.拉姆拉伊、迈克尔·荷尔、肯特·罗奇、乔治·威廉姆斯主编:《全球反恐立法和政策》,杜邈等译、杜邈审校,中国政法大学出版社2016年版,第517页。

〔4〕 本章中有关《乌干达2002年反恐法》的条文内容,参见赵秉志等编译:《外国最新反恐法选编》,中国法制出版社2008年版,第501~515页。需要说明的是,笔者对其中部分条文的译文做了一定调整。

二部分，总则，该部分主要规定了恐怖主义犯罪的起诉权、域外管辖权、引渡和审判权等内容；第三部分，恐怖主义和相关犯罪，该部分主要规定了恐怖主义犯罪的主要类型及其刑罚；第四部分，恐怖组织，该部分主要规定了恐怖组织的定义以及涉及恐怖组织的犯罪；第五部分，资助恐怖主义，该部分主要规定了资助恐怖主义行为、资助恐怖组织、帮助保存或控制恐怖主义资金的行为、披露涉恐怖主义资金信息的义务等内容；第六部分，恐怖主义案件的调查，该部分主要规定了有关部门调查恐怖主义案件的权限以及行为人破坏案件调查的法律责任；第七部分，通信的截查和监视，该部分主要规定了有关部门和官员截查和监视通信的权限及相应法律责任；第八部分，试图、共谋和帮助等，该部分主要规定的是恐怖主义犯罪的预备情形、共犯情形及其法律责任；第九部分，其他规定，该部分主要规定的是执法人员合理使用武器的权限、对执法人员的保护、内政部长修改附件的权限、刑法典的相应修改等内容。《乌干达 2002 年反恐法》的 3 个附件分别为：附件一，货币单位与先令[1]的换算标准；附件二，恐怖组织名单；附件三，关于恐怖主义的信息和调查等。

应该说，乌干达的反恐专门立法要早于我国，其反恐法的内容在非洲国家中亦属于相对较为完备的，因此，在非洲国家中，笔者拟以《乌干达 2002 年反恐法》为对象，重点介绍《乌干达 2002 年反恐法》的第五部分、第七部分和第八部分的内容，以期能使读者较为深入地了解《乌干达 2002 年反恐法》的主要内容，并通过将我国的反恐立法和乌干达的反恐立法进行一些比较研究，取长补短，从而达到改进、完善我国反恐立法的目的。需要注意的是，我国《反恐法》并未独立规定恐怖主义犯罪和刑罚，我国所有的犯罪及刑罚均是由刑法典加以统一规定的。与我国有所不同的是，《乌干达 2002 年反恐法》不仅在刑法典之外规定了一些涉恐犯罪行为，同时还在这部专门的反恐法案中针对这些涉恐犯罪行为规定了独立的法定刑，因此，《乌干达 2002 年反恐法》实际上具有特别刑法的性质。

---

〔1〕 英国的旧辅币单位。

第一节　资助恐怖主义

《乌干达2002年反恐法》的立法目的之一就是为了加大对支持、资助恐怖主义者的打击力度，因此，该法第五部分专门以5个条款（第12～16条）对资助恐怖主义的相关内容进行了规定。综观《乌干达2002年反恐法》第五部分的规定，可以发现，该部分主要规定了以下五部分内容：其一，资助恐怖活动的犯罪行为（第12条）；其二，资助恐怖活动组织的犯罪行为（第13条）；其三，帮助保存或控制恐怖主义资金的犯罪行为（第14条）；其四，披露涉恐资金信息的规定（第15条）；其五，相关法律责任（第16条）。具体介绍如下。

一、资助恐怖活动的犯罪行为

《乌干达2002年反恐法》第12条分两款针对资助恐怖活动的犯罪行为作出了规定，其中，该条第1款规定："行为人（a）请求或邀请其他任何人给予、出借任何金钱或其他财产或使其可供使用，（b）接受任何金钱或其他财产，并意图将金钱或其他财产用于实施、促进、涉及恐怖主义行为，或者有合理理由该金钱或其他财产可能用于此用途，即构成犯罪。"该条第2款规定："行为人明知或有合理理由怀疑金钱或其他财产可能用于第1款之用途，（a）向其他任何人给予、出借金钱或其他财产或使其可供使用，（b）准备或安排金钱或其他财产供他人使用的，即构成犯罪。"

（一）资助恐怖活动犯罪的概念与犯罪构成

从上述规定可以看出，《乌干达2002年反恐法》中的资助恐怖活动犯罪，是指故意资助意图实施恐怖活动的个人，或者意图实施恐怖活动的个人接受他人资助的行为。本罪的构成要件特征如下：

其一，本罪客观上不仅包括提供金钱或其他财产资助意图实施恐怖活动的个人的行为，还包括意图实施恐怖活动的个人请求、邀请或接受他人资助的金钱或其他财产的行为。换言之，除资助行为可能构成第12条规定的犯罪以外,接受资助的行为同样可能构成第 12 条规定的犯罪。所谓“资助”,是指为意图实施恐怖活动的个人提供金钱或其他财产(如不动产、贵重金属、通讯设备、设施等)等物质便利的行为,而不包括为实施恐怖活动的个人提供信息、劳务、技术、场所等其他非物质性支持、协助或便利的行为。《乌干达 2002 年反恐法》第 8 条规定:“任何人帮助、教唆、资助、窝藏他人或向任何人提供支持,并且有理由相信该支持将被用以准备、实施、煽动恐怖主义行为或与其相关,行为人即构成犯罪,可能处以死刑。”例如,向实施恐怖活动的个人提供采购管制刀具、爆炸物的方式方法;提供招募、运送服务;提供互联网影音视频的接受、下载、加密技术;提供活动场所、隐匿场所、训练基地等。由此可见,如果是为实施恐怖活动的个人提供上述非物质性帮助的,则可能构成《乌干达 2002 年反恐法》第 8 条规定的帮助和煽动恐怖主义行为等罪。

其二,资助者主观上必须明知或有合理理由怀疑被资助者是要把金钱或其他财产用于实施、促进、涉及恐怖主义行为等用途。请求、邀请或接受他人资助者主观上必须是意图将金钱或其他财产用于实施、促进、涉及恐怖主义行为,或者有合理理由怀疑该金钱或其他财产可能用于此用途。换言之,本罪主观上只能由故意构成。对于资助者而言,其主观上必须认识到所资助的是预谋实施、准备实施和实际实施恐怖活动的个人,而不论其国籍;对于请求、邀请或接受资助者而言,其主观上必须是意图把所获得的资助用于实施恐怖活动,而不论恐怖活动是发生在境内还是境外。

(二)资助恐怖活动犯罪的认定

应该说,《乌干达 2002 年反恐法》第 12 条实际上是把恐怖活动犯罪的帮助行为和预备行为独立成罪的规定。之所以要把帮助行为和预备行为这两种对公共安全仅具有抽象危险的行为独立成罪,笔者认为,主要还是因为恐怖活动犯罪具有极大的法益侵害性和社会危险性,一旦该类犯罪实际发生,势必会造成严重的社会危害和大众恐慌,因而这类犯罪的一般预防和特殊预防的必要性较大,有必要把刑罚的触角向前延伸,同时加大对共犯的处罚力度。就此而言,本罪的成立并不以恐怖活动犯罪的实际实施为前提。例如,只要行为人提供的资助被意图实施恐怖活动的个人所接受,不论该意图实施恐怖活动的个人最终有无实际成功实施恐怖活动犯罪,行为人都构成本罪。再如,只要意图实施恐怖活动犯罪的行为人接受了他人提供的资助,不论该意图实施恐怖活动犯罪的行为人最终有无实际成功实施恐怖活动犯罪,都应构成本罪。

当然,如果行为人的行为超出了资助的范围,与接受资助者共同故意组织、领导恐怖活动组织,策划、实施恐怖活动犯罪等,则同时构成该条规定的资助恐怖活动犯罪与其他相关恐怖活动犯罪,根据具体情况认定为想象竞合犯从一重处断或者进行数罪并罚。同样的,如果意图实施恐怖活动的个人在接受他人资助后,又实际实施了恐怖活动犯罪的,也应当认定同时构成该条规定的资助恐怖活动犯罪与其他相关恐怖活动犯罪,根据具体情况认定为想象竞合犯从一重处断或者进行数罪并罚。

(三)法律责任

根据《乌干达2002年反恐法》第16条第1款、第2款、第3款、第5款、第6款的相关规定,行为人实施第12条之犯罪,单处或并处10年以下监禁刑和500货币单位以下罚金。根据该节规定,如果行为人构成第12条第1款、第2款(a)项之犯罪,作出判决的法院可签发令状没收下列资金或其他财产:(a)犯罪时由被告人所有、持有或控制;(b)并且当时:在构成第12条第1款犯罪的情况下,行为人蓄意或有合理理由怀疑资金或其他财产用于该款载明之用途;在构成第12条第2款(a)项犯罪的情况下,行为人明知或有合理理由怀疑资金或其他财产用于第1款载明之用途。根据该节规定,如果行为人构成第12条第2款(b)项之犯罪,作出判决之法院可签发令状没收与犯罪相关的资金或其他财产,在构成第12条第2款(b)项犯罪的情况下,行为人明知或有合理理由怀疑资金或其他财产用于第12条第1款载明之用途。根据该节规定,除非法院确认资金或财产可能被用以该法第12条第1款之用途,否则不应签发令状没收任何资金或其他财产。除了犯罪人之外,如果有第三人声称享有被没收资金或财产的利益,法院应在签发令状之前予以考虑,并给予第三人以听证的机会。此外,根据《乌干达2002年反恐法》第8条的规定,对于帮助、教唆、资助、窝藏他人或向任何人提供支持,并且有理由相信该支持将被用以准备、实施、煽动恐怖主义行为或与其相关,行为人还可能处以死刑。

由此可见，对于意图实施恐怖活动的行为人接受他人资助的犯罪行为，法定刑为单处或并处 10 年以下监禁刑和 500 货币单位以下罚金；而对于帮助、教唆、资助、窝藏意图实施恐怖活动的个人的犯罪行为，法定最高刑可以为死刑。由此可见，在刑罚问题上，乌干达对恐怖主义的惩罚较为严厉。对于恐怖主义犯罪造成他人死亡的，甚至其他危害性较轻的恐怖主义犯罪，都有可能被判处死刑。此外，如果符合一定情形，法院在作出判决时，还可以同时没收相关资金或财产。应该说，任何恐怖活动组织和人员，在筹划和实施恐怖活动时，实际上都需要一定的经济支撑和经济来源，有时经济来源的多少甚至在一定程度上决定了他们所实施的恐怖活动犯罪的规模、形式和危害性。[1] 笔者认为，通过没收相关资金或财产，可以尽可能地断绝恐怖活动组织和人员的经济来源，对于有效开展反恐怖主义工作，防范和制止恐怖活动，具有十分重要的意义。

（四）中乌两国资助恐怖活动犯罪的界限

针对资助恐怖活动的违法犯罪行为，我国《刑法》和《反恐法》分别作出了相关规定。我国《刑法》第 120 条之一有关帮助恐怖活动罪规定："资助恐怖活动组织、实施恐怖活动的个人的，或者资助恐怖活动培训的，处五年以下有期徒刑、拘役、管制或者剥夺政治权利，并处罚金；情节严重的，处五年以上有期徒刑，并处罚金或者没收财产。为恐怖活动组织、实施恐怖活动或者恐怖活动培训招募、运送人员的，依照前款的规定处罚。单位犯前两款罪的，对单位判处罚金，并对其直接负责的主管人员和其他直接责任人员，依照第一款的规定处罚。"根据我国《反恐法》第 80 条第 4 项的规定，为宣扬恐怖主义、极端主义或者实施恐怖主义、极端主义活动提供信息、资金、物资、劳务、技术、场所等支持、协助、便利，情节轻微，尚不构成犯罪的，由公安机关处 10 日以上 15 日以下拘留，可以并处 1 万元以下罚款。比较我国《刑法》与《乌干达 2002 年反恐法》的相关规定，可以发现，中乌两国有关资助恐

---

〔1〕 参见王爱立主编、全国人大常委会法制工作委员会刑法室编著：《中华人民共和国反恐怖主义法解读》，中国法制出版社 2016 年版，第 59 页。

怖活动犯罪的界限主要体现在以下几个方面：

其一，我国是在《刑法》第120条之一一个条文中统一规定了物质性资助和非物质性帮助行为，而《乌干达2002年反恐法》第12条仅规定了物质性资助行为，对于一些非物质性的帮助行为则是由第三部分中的第8条帮助和煽动恐怖主义行为等罪加以规定的。此外，较《乌干达2002年反恐法》第8条帮助和煽动恐怖主义行为等罪以及第12条资助恐怖活动犯罪而言，我国《刑法》第120条之一对于帮助恐怖活动罪的行为类型规定得更为具体。具体而言，我国《刑法》中帮助恐怖活动罪主要包括以下行为类型：(1)资助恐怖活动组织；(2)资助实施恐怖活动的个人；(3)资助恐怖活动培训；(4)为恐怖活动组织招募、运送人员；(5)为实施恐怖活动招募、运送人员；(6)为恐怖活动培训招募、运送人员。而《乌干达2002年反恐法》只是笼统地规定帮助和煽动恐怖主义行为等罪以及资助恐怖活动犯罪的行为方式为“帮助、教唆、资助、窝藏”。

其二，根据《乌干达2002年反恐法》第12条第1款的规定，对于意图实施恐怖活动的行为人接受他人资助的行为，同样构成该条规定的资助恐怖活动的犯罪；而我国《刑法》第120条之一帮助恐怖活动罪的构成要件并不包括该种情形。实际上，对于意图实施恐怖活动的行为人接受他人资助的行为，我国是以《刑法》第120条之二规定的准备实施恐怖活动罪加以规制的。根据该条规定，为实施恐怖活动准备资金、进行策划或其他准备的，处5年以下有期徒刑、拘役、管制或者剥夺政治权利，并处罚金；情节严重的，处5年以上有期徒刑，并处罚金或者没收财产。有上述准备行为，同时构成其他犯罪的，依照处罚较重的规定定罪处罚。

其三，根据我国《刑法》第120条之一第3款的规定，我国帮助恐怖活动罪的犯罪主体既可以是自然人，也可以是单位。对于单位犯本罪的，采用的是双罚制的处罚模式，亦即既对单位判处罚金，也对直接负责的主管人员和其他直接责任人员判处刑罚。而根据《乌干达2002年反恐法》第12条的规定，资助恐怖活动的犯罪只能由自然人构成。单位资助准备实施恐怖活动犯罪的个人的，不构成该条规定的犯罪。

其四，根据我国《刑法》第120条之二有关准备实施恐怖活动罪的规定，对于意图实施恐怖活动的行为人接受他人资助的犯罪行为,法定最高刑为15年有期徒刑。而根据《乌干达2002年反恐法》第16条的规定,对于意图实施恐怖活动的行为人接受他人资助的犯罪行为,法定最高刑为10年监禁刑。就此而言,我国对于意图实施恐怖活动的行为人接受他人资助的犯罪行为所规定的法定刑要高于乌干达。然而,由于我国《刑法》第120条之一规定的帮助恐怖活动罪的法定最高刑同样为15年有期徒刑,而《乌干达2002年反恐法》第8条规定资助、帮助意图实施恐怖活动的个人的犯罪行为,法定最高刑可以为死刑,因此,对于资助、帮助恐怖活动的行为而言,《乌干达2002年反恐法》规定的法定刑更高。

二、资助恐怖活动组织的犯罪行为

《乌干达2002年反恐法》第13条针对资助恐怖活动组织的犯罪行为作出了规定:"行为人蓄意并明知:(a)请求或邀请其他任何人为恐怖活动组织的利益而给予、出借任何金钱或其他财产或使其可供使用;(b)为恐怖活动组织的利益给予、出借、接受任何金钱或其他财产或使其可供使用;(c)为恐怖活动组织的利益准备或安排金钱或其他财产可供其使用,即构成犯罪。"例如,乌干达军方一直指责苏丹政府出资支持民主同盟军,认为苏丹政府向民主同盟军提供了武器和军事训练,目的是报复乌干达政府支持"苏丹人民解放军"的反政府活动。同时,乌干达政府内的一些官员还认为,刚果(金)的洛朗·卡比拉(老卡比拉)政权可能向民主同盟军提供了武器。还有消息称,"基地"组织以及目前在刚果东部活动的卢胡图族反政府武装"卢旺达前政府军"也与民主同盟军有资金上的联系。[1]

(一)资助恐怖活动组织犯罪的概念与犯罪构成

从上述规定可以看出,《乌干达2002年反恐法》中的资助恐怖活动组织犯罪,是指故意资助恐怖活动组织或者帮助恐怖活动组织获得他人资助的行为。本罪的构成要件特征如下:

---

〔1〕 参见李伟主编:《国际恐怖主义反恐怖斗争年鉴》(2007),时事出版社2008年版,第302~303页。

其一,本罪客观上不仅包括行为人资助恐怖活动组织的行为,还包括行为人帮助恐怖活动组织获得他人资助的行为。根据《乌干达2002年反恐法》第10条的规定,所谓"恐怖活动组织",是指该法附件二规定的被乌干达官方认定的恐怖活动组织,如其境内的圣灵抵抗军、民主同盟军及其境外的"基地"组织等。如果任何组织以上述恐怖活动组织的名称活动的,也应当被认定为恐怖活动组织,无论其与有相同名称的其他任何组织的关系如何。所谓"资助",是指为恐怖活动组织提供金钱或其他财产等物质便利的行为,而不包括为恐怖活动组织提供信息、劳务、技术、场所等其他非物质性支持、协助或便利的行为。根据《乌干达2002年反恐法》第11条的规定,除请求或邀请他人以金钱或其他财产的方式支持恐怖活动组织以外,如果行为人参加、支持恐怖活动组织或者会见、帮助会见恐怖活动组织成员的,应当构成该条规定的参加、支持和会见恐怖组织等罪,单处或并处10年以下监禁刑和不超过500货币单位的罚金。

其二,本罪主观上只能由故意构成,亦即行为人主观上必须明知所资助的对象或者所帮助获得资助的对象是附件二所规定的恐怖活动组织,否则不得以本罪论处。当然,构成本罪仅需要行为人主观上认识到所资助的对象或者所帮助获得资助的对象是乌干达官方认定的恐怖活动组织即可,并不需要行为人明确认识到相关恐怖活动组织的具体名称。

(二)资助恐怖活动组织犯罪的认定

与资助恐怖活动犯罪相似,《乌干达2002年反恐法》第13条实际上同样是把恐怖活动犯罪的帮助行为和预备行为独立成罪的规定。如果行为人既参加、支持了恐怖活动组织,同时又资助了恐怖活动组织,应当以《乌干达2002年反恐法》第11条规定的参加、支持恐怖活动组织罪与第13条规定的资助恐怖活动组织罪实行数罪并罚;如果行为人既参加、支持了恐怖活动组织,同时又帮助恐怖活动组织获得了他人的资助,由于《乌干达2002年反恐法》第11条的规定已经包含了上述几种情形,且该条规定的参加、支持恐怖活动组织罪的法定刑与资助恐怖活动组织犯罪的法定刑相同,因而以参加、支持恐怖活动组织罪一罪认定即可。

（三）法律责任

根据《乌干达2002年反恐法》第16条第1款、第3款、第4款、第5款、第6款的相关规定，行为人实施第13条之犯罪，单处或并处10年以下监禁刑和500货币单位以下罚金。根据该规定，如果行为人构成第13条（c）项之犯罪，作出判决之法院可签发令状没收与犯罪相关的资金或其他财产。根据该规定，如果行为人构成第13条（a）项或（b）项之犯罪，作出判决的法院可签发令状没收犯罪时由行为人所有、持有、控制用以恐怖活动组织利益的任何资金或其他财产。根据该规定，除非法院确认资金或财产可能被用以该法第12条第1款之用途，否则不应签发令状没收任何资金或其他财产。除了犯罪人之外，如果有第三人声称享有被没收资金或财产的利益，法院应在签发令状之前予以考虑，并给予第三人以听证的机会。此外，根据《乌干达2002年反恐法》第11条的规定，对于行为人参加、支持恐怖活动组织以及会见、帮助会见恐怖活动组织成员，构成犯罪的，单处或并处10年以下监禁刑和不超过500货币单位的罚金。由此可见，在乌干达，如果法院认为财产将进一步用于恐怖主义犯罪时，就有权直接决定没收财产，除非犯罪人可以举证证明该财产不会用于恐怖主义犯罪。同时，《乌干达2002年反恐法》还赋予犯罪人以外的第三人对财产提出主张的权利。

（四）中乌两国资助恐怖活动组织犯罪的界限

其一，我国《刑法》第120条之一帮助恐怖活动罪不仅包含了资助恐怖活动的行为，也包含了资助恐怖活动组织的行为，这与《乌干达2002年反恐法》第12条和第13条分别针对资助恐怖活动和资助恐怖活动组织的犯罪行为作出规定有所不同。因此，我国对于资助恐怖活动和资助恐怖活动组织的行为均是以帮助恐怖活动罪一罪论处，而乌干达对于这两种行为是以资助恐怖活动犯罪和资助恐怖活动组织犯罪两罪并罚的。

其二，我国《刑法》第120条之一帮助恐怖活动罪客观上仅包括资助恐怖活动组织的行为以及为恐怖活动组织招募、运送人员的帮助行为，不包括帮助恐怖活动组织获得他人资助的行为。而《乌干达2002年反恐法》第13条则既包括资助恐怖活动组织的行为，也包括帮助恐怖活动组织获得他人资助的行为。在我国，如果行为人帮助恐怖活动组织获得他人资助的行为可以认定为组建恐怖活动组织的行为，则可以根据我国《刑法》第120条的规定，以组织恐怖组织罪论处。但如果行为人帮助恐怖活动组织获得他人资助的行为不能认定为组建恐怖活动组织的行为，则不能以组织恐怖组织罪或帮助恐怖活动罪论处。例如，在恐怖活动组织已经建立的情况下，行为人单纯为该恐怖活动组织募集活动资金的行为等。当然，如果行为人在帮助恐怖活动组织获得他人资助的过程中，同时加入该恐怖活动组织，使自己成为该组织成员，或者策划、指挥恐怖活动组织的具体活动的，仍然可以依据《刑法》第120条的规定，对行为人以领导、参加恐怖组织罪认定。

其三，根据我国《刑法》第120条之一第3款的规定，我国帮助恐怖活动罪的犯罪主体既可以是自然人，也可以是单位。而根据《乌干达2002年反恐法》第13条的规定，资助恐怖活动组织的犯罪只能由自然人构成。单位资助恐怖活动组织的，不构成该条规定的犯罪。

其四，根据我国《刑法》第120条之一第1款的规定，对于资助恐怖活动组织的犯罪行为，法定最高刑为15年有期徒刑。此外，根据我国《刑法》第120条有关组织恐怖组织罪的规定，对于帮助恐怖活动组织获得他人资助的行为，如果可以认定为组建恐怖活动组织的行为，还有可能以组织恐怖组织罪认定，该罪的法定最高刑为无期徒刑。而根据《乌干达2002年反恐法》第11条和第16条的规定，对于资助恐怖活动组织或者帮助恐怖活动组织获得他人资助的犯罪行为，法定最高刑为10年监禁刑。就此而言，我国针对资助恐怖活动组织犯罪行为所规定的法定刑相对更高。

三、帮助保存或控制恐怖主义资产的犯罪行为

除了通过接受他人资助以获得活动资金以外，乌干达的民主同盟军等恐怖活动组织主要通过非法采金、非法走私武器、毒品、木材、绑架人质和洗钱等活动获取资金。[1]《乌干达2002年反恐法》第14条针对帮助保存或控制恐怖主义资产的犯罪行为作出了规定："（1）行为人准备、安排便利他人保

---

〔1〕 参见傅小强主编：《国际恐怖主义反恐怖斗争年鉴》（2015），时事出版社2016年版，第297页。

存、控制恐怖主义资产,无论通过在乌干达境内隐藏、转移或过户等手段,即构成犯罪。(2)在对本节犯罪人提起的诉讼中,如果证明行为人不明知并无合理原因此安排与恐怖主义资产有关,则构成辩护理由。(3)在本条和第15条中,'恐怖主义资产'是指:(a)可能被用于实施、促进恐怖主义行为或与其相关的资产;(b)恐怖主义行为的实行行为、促进行为和相关行为的收益;(c)恐怖活动组织的资源。(4)第(3)款(b)项包括全部或部分、直接或间接属于该款所称收益的任何财产;该款(c)项包括用于恐怖活动组织利益或可供恐怖活动组织使用的任何金钱或其他财产。"可以说,本条规定为乌干达加强对涉恐资金的监控提供了必要的法律依据,同时也意味着乌干达将对涉恐资金的监控作为其国家反洗钱工作的重要内容。

(一)帮助保存或控制恐怖主义资金犯罪的概念与犯罪构成

从上述规定可以看出,《乌干达2002年反恐法》中的帮助保存或控制恐怖主义资金犯罪,是指明知是恐怖主义资产,采用隐藏、转移、过户等手段,以掩饰、隐瞒其来源和性质的行为。本罪的构成要件特征如下:

其一,本罪客观方面体现为通过隐藏、转移或过户等手段,掩饰、隐瞒恐怖主义资产的行为。所谓"隐藏",是指帮助保管恐怖主义资产,从而使司法机关不能或难以发现恐怖主义资产的行为。所谓"转移",是指改变恐怖主义资产的存放地的行为,从而使司法机关不能或难以发现恐怖主义资产的行为。所谓"过户",是指通过转账或者其他结算方式,使得恐怖主义资产形式上成为合法收入,从而掩饰、隐瞒恐怖主义资产的非法来源及其不法性质,使司法机关不能或难以发现恐怖主义资产的行为。至于"隐藏、转移或过户等手段"中的"等"字,笔者认为,应当理解为未尽之意较为合适,亦即只要是使司法机关不能或难以发现恐怖主义资产的行为均可。例如,为恐怖活动人员提供银行存款账户、储蓄账户等资金账户;协助恐怖活动人员将恐怖主义资产转换为现金、金融票据、有价证券;协助恐怖活动人员将恐怖主义资产转移至乌干达境外;等等。对于"恐怖主义资产",应从广义上进行理解。本条中的"恐怖主义资产"不仅包括用于实施恐怖活动的资产和恐怖活动组织的资产,还包括恐怖活动犯罪的直接所得与间接所得。

其二,本罪的责任形式为故意,行为人主观上必须明知自己掩饰、隐瞒的资产是恐怖主义资产。这是因为,第14条第2款规定,在对该节犯罪人提起的诉讼中,如果证明行为人不明知并无合理原因此安排与恐怖主义资产有关,则构成辩护理由。对于此处的"明知",应当结合行为人的认知能力,接触相关资产的情况,资产的种类、数额,资产的转换、转移方式以及行为人的供述等主客观因素进行认定。此外,行为人在实施隐藏、转移或过户等行为时,主观上还应当认识到自己的行为是在掩饰、隐瞒恐怖主义资产的来源和性质,以使恐怖主义资产不被司法机关所发现。

(二)帮助保存或控制恐怖主义资金犯罪的法律责任

根据《乌干达2002年反恐法》第16条第1款、第3款、第6款的相关规定,行为人实施第14条之犯罪,单处或并处10年以下监禁刑和500货币单位以下罚金。根据该节规定,如果行为人构成第14条之犯罪,作出判决之法院可签发令状没收与犯罪相关的资金或其他财产。除非法院确认资金或财产可能被用以该法第12条第1款之用途,否则不应签发令状没收任何资金或其他财产。除了犯罪人之外,如果有第三人声称享有被没收资金或财产的利益,法院应在签发令状之前予以考虑,并给予第三人以听证的机会。

(三)中乌两国帮助保存或控制恐怖主义资金犯罪的界限

其一,针对帮助保存或控制恐怖主义资金的犯罪行为,我国《刑法》第191条洗钱罪作出了相关规定。根据该条规定,明知是毒品犯罪、黑社会性质的组织犯罪、恐怖活动犯罪、走私犯罪、贪污贿赂犯罪、破坏金融管理秩序犯罪、金融诈骗犯罪的所得及其产生的收益,通过各种手段掩饰、隐瞒其来源和性质的行为。由此可见,我国并未设立一个单独的罪名对帮助保存或控制恐怖主义资金的行为加以特别规定,而是通过将恐怖活动犯罪作为洗钱罪7种上游犯罪之一,从而实现对帮助保存或控制恐怖主义资金行为的刑法规制。与此不同的是,《乌干达2002年反恐法》第14条单独对帮助保存或控制恐怖主义资金的犯罪行为作出了规定,较我国洗钱罪的规定更具有针对性。

其二,我国《刑法》第191条通过"具体列举+兜底条款"的方式,规定了洗钱罪的客观行为方式,亦即以提供资金账户,协助将财产转换为现金、金融票据、有价证券,通过转账或者其他结算方式协助资金转移,协助将资金汇往境外,或者以其他方法掩饰、隐瞒犯罪所得及其收益的来源和性质的行为。根据最高人民法院于 2009 年 11 月 4 日发布的《关于审理洗钱等刑事案件具体应用法律若干问题的解释》规定,上述“其他方法”主要是指:通过典当、租赁、买卖、投资等方式,协助转移、转换犯罪所得及其收益的;通过与商场、饭店、娱乐场所等现金密集型场所的经营收入相混合的方式,协助转移、转换犯罪所得及其收益的;通过虚构交易、虚设债权债务、虚假担保、虚报收入等方式,协助将犯罪所得及其收益转换为“合法”财物的;通过买卖彩票、奖券等方式,协助转换犯罪所得及其收益的;通过赌博方式,协助将犯罪所得及其收益转换为赌博收益的;协助将犯罪所得及其收益携带、运输或者邮寄出入境的;通过前述规定以外的方式协助转移、转换犯罪所得及其收益的。应当说,对于帮助保存或控制恐怖主义资金的犯罪行为方式,我国《刑法》和相关司法解释作出了较为具体的规定。与我国有所不同的是,《乌干达 2002 年反恐法》第 14 条仅明确规定了“隐藏”“转移”“过户”这三种帮助保存或控制恐怖主义资金的犯罪行为方式,其他的行为方式则是通过“等”字这样一个表示未尽之意的字眼加以笼统概括。

其三,根据我国《刑法》第 191 条的规定,对于掩饰、隐瞒恐怖活动犯罪的所得及其收益的,没收实施恐怖活动犯罪的所得及其产生的收益,处 5 年以下有期徒刑或者拘役,并处或者单处洗钱数额 5% 以上 20% 以下罚金;情节严重的,处 5 年以上 10 年以下有期徒刑,并处洗钱数额 5% 以上 20% 以下罚金。单位犯本罪的,对单位判处罚金,并对其直接负责的主管人员和其他直接责任人员,处 5 年以下有期徒刑或者拘役;情节严重的,处 5 年以上 10 年以下有期徒刑。对比前文介绍的《乌干达 2002 年反恐法》第 16 条第 1 款、第 3 款、第 6 款的相关规定,可以发现,尽管我国和乌干达对于帮助保存或控制恐怖主义资金犯罪行为的法定最高刑均为 10 年有期徒刑,但也存在以下界限:第一,我国针对洗钱罪采用的是倍比罚金制,亦即“洗钱数额 5% 以上 20% 以下”;乌干达针对帮助保存或控制恐怖主义资金犯罪则是规定了罚金的上限数额,亦即“500 货币单位以下”。第二,我国《刑法》中洗钱罪的犯罪主体既包括自然人,也包括单位,并且针对单位犯罪采取的是双罚制;《乌干达 2002 年反恐法》中帮助保存或控制恐怖主义资金犯罪的犯罪主体则仅包括自然人,而不包括单位。

四、披露涉恐资金信息的规定

《乌干达2002年反恐法》第15条第1款针对披露涉恐资金的信息作出了规定:"尽管合同或法律规定了信息保密的相关要求,但行为人可向检察长、警察或其他由检察长书面授权的公共官员披露涉恐怖主义资金的信息,包括怀疑、确信任何金钱或其他财产属于或源自恐怖主义资产或相关的任何依据。"《乌干达2002年反恐法》第15条第2款、第3款针对行为人实施资助恐怖活动、资助恐怖活动组织、帮助保存或控制恐怖主义资金行为的一些辩护事由(免责事由)作出了相关规定,其中,第15条第2款规定:"尽管行为人实施了资助恐怖活动、资助恐怖活动组织、帮助保存或控制恐怖主义资金的行为,但有下列情形的不构成相关犯罪:如果行为人实施行为当时获得了警察或者其他由检察长书面授权的公共官员的明确同意,或者如果(a)行为人向检察长、警察或者其他由检察长书面授权的公共官员披露信息,包括怀疑、确信任何金钱或其他财产属于或源自恐怖主义资产或相关的任何证据;(b)如果行为人在实施上述行为以后披露信息,但行为人是主动且在合理时间内立即披露信息的。但是,上述条款(a)项、(b)项不适用以下情况:行为人向检察长、警察或者其他由检察长书面授权的公共官员有关恐怖主义资金的信息,相关交易或安排受到公共官员的禁止,但行为人仍然实施相关行为的。"第15条第3款规定:"在对第12条第1款(b)项[1]、第12条第2款[2]、第13条(b)项或(c)项[3]或者第14条[4]之犯罪人提起的诉讼中,如果能够证明:(a)行为人意图向检察长、警察或者其他由检察长书面授权的公共官员披露本条第2款(a)项规定的关于恐怖主义资金的信息的,(b)被告人有合理理由不能做出第2款(b)项之披露的,即构成辩护理由。"

(一)披露涉恐资金信息规定的内容及意义

与前文介绍的关于资助恐怖活动、资助恐怖活动组织以及帮助保存或

---

〔1〕 接受他人资助且意图实施恐怖活动的犯罪人。
〔2〕 资助意图实施恐怖活动者的犯罪人。
〔3〕 资助恐怖活动组织的犯罪人。
〔4〕 帮助保存或控制恐怖主义资金的犯罪人。

控制恐怖主义资金的条款有所不同,《乌干达2002年反恐法》第16条中并未针对第15条第1款(亦即披露涉恐资金信息的规定)设置相应的法定刑。由此可见,披露涉恐资金信息并非乌干达公民的强制性义务。或者说,不披露涉恐资金信息的行为不能以犯罪认定。实际上,《乌干达2002年反恐法》规定该条款的意义就在于,为了加大对恐怖活动犯罪的打击力度,即使乌干达相关法律或者公民签订的相关合同中规定了一定的信息保密义务,只要相关信息是涉恐资金的信息,就可以免除相关法律或合同赋予公民的保密义务。

《乌干达2002年反恐法》第15条第2款、第3款规定的意义则在于,尽管行为人实施了资助恐怖活动、资助恐怖活动组织或者帮助保存或控制恐怖主义资金等行为,只要行为人主动、及时披露关于恐怖主义资金的相关信息,就可以成为不构成犯罪或者说免责的理由。这实际上就为犯罪人架起了一座后退的"黄金桥",鼓励实施了资助恐怖主义行为的犯罪人主动停止犯罪并披露相关资金信息,以便相关部门能够及时切断恐怖活动犯罪的资金来源,防患于未然,从而从根本上防止恐怖活动犯罪的发生或扩大。

(二)中乌两国有关披露涉恐资金信息规定的界限

其一,中乌两国反恐法均针对涉恐资金信息的披露作出了相关规定,但两国反恐法所规定的披露涉恐资金信息的主体有所不同。我国《反恐法》第14条、第25条、第26条分别针对金融机构、特定非金融机构、审计、财政、税务、海关等部门披露涉恐资金信息的义务作出了规定。其中,我国《反恐法》第14条规定:"金融机构和特定非金融机构对国家反恐怖主义工作领导机构的办事机构公告的恐怖活动组织和人员的资金或者其他资产,应当立即予以冻结,并按照规定及时向国务院公安部门、国家安全部门和反洗钱行政主管部门报告。"第25条规定:"审计、财政、税务等部门在依照法律、行政法规的规定对有关单位实施监督检查的过程中,发现资金流入流出涉嫌恐怖主义融资的,应当及时通报公安机关。"第26条规定:"海关在对进出境人员携带现金和无记名有价证券实施监管的过程中,发现涉嫌恐怖主义融资的,应当立即通报国务院反洗钱行政主管部门和有管辖权的公安机关。"此外,我国《反恐法》第51条规定:"公安机关调查恐怖活动嫌疑,有权向有关单位和个人收集、调取相关信息和材料。有关单位和个人应当如实提供。”由此可见，我国《反恐法》所规定的披露涉恐资产信息的主体主要是一些特定的部门或机构，同时也包括自然人，这与《乌干达2002年反恐法》第15条以自然人作为披露涉恐资金信息的主体有所不同。

其二，中乌两国针对不披露涉恐资金信息行为的处罚有所不同。我国《反恐法》第九章（法律责任）中并未针对不披露涉恐资产信息的行为作出处罚规定，尽管第83条针对上述我国《反恐法》第14条规定的金融机构和特定非金融机构不履行冻结涉恐资产义务的情形设置了一定的行政处罚措施，但仍然未针对金融机构和特定非金融机构单纯不披露涉恐资产信息的行为设置处罚措施。就此而言，我国与乌干达在针对不披露涉恐资金信息行为的处罚方面似乎并无区别。但需要注意的是，我国《刑法》2015年作出了修正，其中一点修正内容就是在我国《刑法》原第311条（拒绝提供间谍犯罪证据罪）中增设了拒绝提供恐怖主义、极端主义犯罪证据的情形。修正后《刑法》第311条规定：“明知他人有间谍犯罪或者恐怖主义、极端主义犯罪行为，在司法机关向其调查有关情况、收集有关证据时，拒绝提供，情节严重的，处三年以下有期徒刑、拘役或者管制。”该罪的罪名也相应调整为“拒绝提供间谍犯罪、恐怖主义犯罪、极端主义犯罪证据罪”。据此，如果行为人明知相关信息是涉恐资金信息，在司法机关向其调查有关情况、收集有关证据时，仍然拒绝提供，情节严重的，就有可能构成拒绝提供间谍犯罪、恐怖主义犯罪、极端主义犯罪证据罪。

第二节　通信的截查和监视

为了保障政府执法部门或官员能够有效地实施涉恐情报收集、通信截查和监视工作，《乌干达2002年反恐法》第七部分专门以5个条文（第18～22条）对涉恐通信的截查和监视的相关内容进行了规定，这5个条文分别是：其一，有权截查和监视涉恐通信的官员的授权（第18条）；其二，授权官员的权力（第19条）；其三，妨碍授权官员行使权力的犯罪行为（第20条）；

其四,授权官员可能构成的相关犯罪(第21条);其五,截查和监视所获得的物品的证据效力(第22条)。通过对涉恐通信的截查和监视,乌干达警方破获了一系列恐怖活动犯罪案件。例如,2010年10月,乌干达警方在肯尼亚、美国等配合下,通过截查和监视通信等手段,集中力量3个月破获了坎帕拉连环爆炸案,逮捕30余名嫌疑犯,这些人背景复杂,至少与也门、巴基斯坦、索马里三国的恐怖组织有关。[1] 上述条文的主要内容介绍如下。

一、官员的授权及其权力范围

《乌干达2002年反恐法》第18条和第19条主要规定了有权截查和监视涉恐通信的官员的授权及其权力范围。

(一)官员的授权

根据《乌干达2002年反恐法》第18条的规定:"(1)部长可以通过书面形式指定安全部门的官员作为本部分之授权官员。(2)部长向授权官员签发的令状自签发之日起90日内有效。"根据《乌干达2002年反恐法》第19条第1款、第2款、第3款、第4款的规定:"(1)根据本法规定,授权官员有权截听某人的通讯和监视其行为。(2)授权官员的权力应向被怀疑实施本法规定之任何犯罪的个人、群体行使。(3)授权官员的权力仅应对令状中指明之个人、群体行使。(4)本部分中截查和监视的目的是:(a)保卫公共利益;(b)防止任何人的基本人权、其他人权和自由受到恐怖主义侵害;(c)预防和侦查本法规定之任何犯罪的实施;(d)保护国家经济免受恐怖主义侵害。"

由于截查和监视作为一种秘密侦查措施或手段,其运用往往可能严重侵害公民个人的隐私权、通信自由权、言论自由权等基本人权,因此,世界各国在规定这类侦查措施时,往往会对授权程序、获得授权的官员范围、侦查措施行使的目的和条件等内容作出较为严格的规定,乌干达也不例外。从上述规定可以看出,《乌干达2002年反恐法》针对截查和监视涉恐通信的官员的授权具有以下特点:其一,授权的程序规范,且授权官员的范围有所限

---

〔1〕 参见李伟主编:《国际恐怖主义反恐怖斗争年鉴》(2010),时事出版社2014年版,第237页。

制。亦即内政部长必须以书面的形式授权官员截查和监视涉恐通信,同时只有安全部门的官员才能够成为授权官员。其二,授权具有一定时效性。即使官员获得了授权,这一授权也并非是永久的,而是具有一定的期限限制,即自签发之日起90日内有效。其三,授权具有特定的目的性。内政部长并非在任何情况下都可以授权官员进行截查和监视,而是只有在为了保卫公共利益、国民基本权利和自由、国家经济安全受到恐怖主义侵害以及为了预防和侦查恐怖活动犯罪的情况下,才可以授权官员进行截查和监视。

(二)授权官员的权力范围

《乌干达2002年反恐法》第19条第5款和第6款规定:"(5)本部分的截查和监视的范围被限制于:(a)对任何人信件和邮件的截查;(b)对某人发出、受到或做出的电话、传真、电子邮件和其他通讯的截查;(c)监控任何群体的集会;(d)监视任何人的行动和活动;(e)对任何人进行电子监控;(f)查询任何人的银行账户;(g)搜查任何人的住所。(6)为避免怀疑,第5款给予授权官员的权力包括:(a)授权官员扣留和复制任何物品的权力;(b)对被监控人员及其随同人员拍照的权力,无论其是否在集会;(c)基于本款目的之其他任何合理、必要的权力。"

根据上述规定,《乌干达2002年反恐法》赋予授权官员截查和监视的权力范围主要包括以下两大类:第一类,物理性截查和监视。所谓"物理性截查和监视",是指在乌干达境内,授权官员截查、扣留、复制、拍摄、监视或者对住所、财产实施的任何物理性侵入行为,具体包括截查信件和邮件、监视集会、监视行动和活动、查询银行账户、搜查住所、扣留和复制物品、对被监控人员及其随同人员拍照的权力等。第二类,电子截查和监视。所谓"电子截查和监视",是指通过各种电子的、机械的或其他的截查、监视装置获取任何口头的、有线的、电子通信的内容以及他人的行踪,如通过窃听、监听、侦听或者安装、使用通信记录和通信追踪装置获取他人电话、传真、电子邮件等。

(三)中乌两国关于涉恐通信截查和监视规定的界限

我国《反恐法》和《刑事诉讼法》均针对涉恐通信的截查和监视作出了相关规定。一方面,根据我国《反恐法》第50条第1款的规定,公安机关调查恐怖活动嫌疑,可以依照有关法律规定对嫌疑人员进行盘问、检查、传唤,可以提取或者采集肖像、指纹、虹膜图像等人体生物识别信息和血液、尿液、脱落细胞等生物样本，并留存其签名。根据《反恐法》第 52 条的规定，公安机关调查恐怖活动嫌疑，经县级以上公安机关负责人批准，可以查询嫌疑人员的存款、汇款、债券、股票、基金份额等财产，可以采取查封、扣押、冻结措施。另一方面，根据我国《刑事诉讼法》第 148 条的规定，针对恐怖活动犯罪，除了可以采取搜查、查封、扣押、查询、冻结等一般侦查措施以外，根据侦查犯罪的需要，经过严格的审判程序，可以采取技术侦查措施。所谓技术侦查，是指公安机关、人民检察院根据侦查犯罪的需要，在经过严格的批准手续后，运用技术设备收集证据或查获犯罪嫌疑人的一种特殊侦查措施。[1] 根据 2013 年 1 月 1 日生效的《公安机关办理刑事案件程序规定》（以下简称《规定》）第 255 条第 1 款的规定，技术侦查措施是指由设区的市一级以上公安机关负责技术侦查的部门实施的记录监控、行踪监控、通信监控、场所监控等措施。

对比中乌两国关于涉恐通信截查和监视的规定，可以发现，中乌两国关于涉恐通信截查和监视的规定存在以下相似之处：其一，中乌两国均只有特定的主体才能对涉恐通信进行截查和监视。具体而言，在我国，只有公安机关才有权针对恐怖活动犯罪采取技术侦查措施，其他任何机关、团体、个人均无权采取；在乌干达，只有经内政部长授权的安全部门的官员才有权采取截查和监视措施。其二，中乌两国截查和监视涉恐通信的权力均具有一定时效性。如前文所述，乌干达官员的授权自签发之日起 90 日内有效。根据我国公安部《规定》第 257 条第 1 款的规定，批准采取技术侦查措施的决定自签发之日起 3 个月以内有效。

当然，中乌两国关于涉恐通信截查和监视的规定也存在以下界限：其一，我国《刑事诉讼法》规定，公安机关要对恐怖活动犯罪采取技术侦查措施，必须经过严格的批准程序，而《乌干达 2002 年反恐法》并未明确规定授权官员截查和监视涉恐通讯需要经过审批程序。根据我国公安部《规定》第

---

〔1〕 参见陈光中主编：《刑事诉讼法》（第 6 版），北京大学出版社、高等教育出版社 2016 年版，第 307～308 页。

256条第1款的规定，需要采取技术侦查措施的，应当制作呈请采取技术侦查措施报告书，报设区的市一级以上公安机关负责人批准，制作采取技术侦查措施决定书。根据我国公安部《规定》第257条第3款的规定，对复杂、疑难案件，采取技术侦查措施的有效期限届满仍需要继续采取技术侦查措施的，经负责技术侦查的部门审核后，报批准机关负责人批准，制作延长技术侦查措施期限决定书。批准延长期限，每次不得超过3个月。其二，我国对于截查和监视措施的种类作出了较为严格的要求，而乌干达仅作出了笼统性规定。根据我国公安部《规定》第258条的规定，采取技术侦查措施，必须严格按照批准的措施种类、适用对象和期限执行。在有效期限内，需要变更技术侦查措施种类或者适用对象的，应当按照该规定第256条规定重新办理批准手续。根据《乌干达2002年反恐法》第19条第6款的规定，授权官员除了可以采取扣留、复制、拍照的权力以外，还可以行使其他任何合理、必要的权力。但对于如何界定"合理、必要的权力"，《乌干达2002年反恐法》并未作出明确规定。其三，我国明确规定了执行截查和监视措施的主体，乌干达则未明确规定执行的主体。在我国，设区的市一级以上公安机关负责人作出批准决定后，应当交负责技术侦查的部门执行；人民检察院等部门决定采取技术侦查措施，交公安机关执行的，由设区的市一级以上公安机关按照规定办理相关手续后，交负责技术侦查的部门执行，并将执行情况通知人民检察院等部门。由此可见，我国负责执行截查和监视涉恐通信的主体是公安机关负责技术侦查的部门。而《乌干达2002年反恐法》仅规定了授权官员有权决定采取截查和监视措施，但对于具体负责执行的主体未作明确规定。

二、妨碍授权官员行使权力的犯罪行为

《乌干达2002年反恐法》第20条规定了阻碍授权官员行使权力的法律责任，根据该条规定："任何人明知授权官员行使本部分规定之权力仍予以妨碍，即构成犯罪，单处或并处2年以下监禁刑或不超过100货币单位的罚金刑。"

（一）妨碍授权官员行使权力犯罪的概念与犯罪构成

妨碍授权官员行使权力的犯罪，是指以暴力、威胁或其他方法故意妨碍

授权官员依法截查或监视涉恐通信的行为。本罪的构成要件如下：

其一，本罪的行为对象必须是获得授权截查或监视涉恐通讯的官员，即根据《乌干达2002年反恐法》第18条的规定获得内政部长授权的安全部门官员。

其二，本罪的行为内容是以暴力、威胁或其他方法妨碍授权官员依法截查或监视涉恐通信，即如果妨碍的是其他执法活动，则不能以本罪论处。需要注意的是，本罪的暴力、威胁或其他方法都只要足以妨碍授权官员依法对涉恐通信进行截查或监视即可，不要求客观上已经实际上妨碍了授权官员依法对涉恐通信进行截查或监视。换言之，只要行为人通过暴力、威胁或其他方法使得授权官员不能或者难以依法对涉恐通信进行截查或监视即可。

其三，本罪的责任形式为故意，即行为人必须明知授权官员正在依法对涉恐通信进行截查或监视，而故意以暴力、威胁或其他方法予以妨碍，至于妨碍的动机不影响本罪的成立。

（二）中乌两国关于妨碍授权官员行使权力犯罪规定的界限

其一，我国并未单独针对妨碍授权官员依法截查或监视涉恐通讯的行为作出规定，而是将所有妨碍公务的行为都纳入妨害公务罪的惩治范围。根据我国《刑法》第277条第1款、第4款、第5款妨害公务罪的相关规定，以暴力、威胁方法阻碍国家机关工作人员依法执行职务的，处3年以下有期徒刑、拘役、管制或者罚金。故意阻碍国家安全机关、公安机关依法执行国家安全工作任务，未使用暴力、威胁方法，造成严重后果的，处3年以下有期徒刑、拘役、管制或者罚金。暴力袭击正在依法执行职务的人民警察的，依照上述规定从重处罚。

其二，根据上述我国《刑法》中妨害公务罪的条文规定，对于以非暴力、威胁方法阻碍公安机关依法截查或监视涉恐通信的行为，只有在造成严重后果的情况下，才可能构成妨害公务罪。《乌干达2002年反恐法》则未对行为结果作出限定，只要实施妨碍行为，即构成犯罪。

其三，我国《刑法》中妨碍公安机关依法截查或监视涉恐通信犯罪行为的法定最高刑为3年有期徒刑，而《乌干达2002年反恐法》中妨碍授权官员依法截查或监视涉恐通信犯罪行为的法定最高刑为2年有期徒刑。

三、授权官员可能构成的相关犯罪

《乌干达2002年反恐法》第21条规定了授权官员可能构成的相关犯罪,根据该条规定:"任何授权官员:(a)索要或接受他人任何金钱或其他利益,而不行使本部分规定之职权;(b)威胁行使本部分规定之职权,而向任何人索要任何金钱或其他利益;(c)没有合理理由未能执行或疏忽执行令状之要求;(d)轻率地发布可能不利于调查的信息;(e)施以酷刑、不人道和野蛮的对待、非法羁押或蓄意造成人身伤害或财产损失,即构成犯罪,单处或并处5年以下的监禁刑和不超过250货币单位的罚金。"据此,根据客观行为方式的不同,《乌干达2002年反恐法》针对授权官员规定了数种犯罪类型。

(一)授权官员可能构成的犯罪类型

1. 受贿类犯罪

根据上述(a)项和(b)项的规定,授权官员以行使截查或监视职权为威胁,索取他人任何金钱或其他利益的,或者以不行使截查或监视职权为条件,索取或收受他人任何金钱或其他利益的,均构成本条规定的犯罪。需要注意的是,如果授权官员仅是单纯接受他人的金钱或其他利益,并无索取行为的,授权官员要构成本罪,其客观上应当体现为应当行使但没有行使截查或监视职权。换言之,如果客观上体现为授权官员不应当行使却行使了截查或监视职权的,授权官员单纯接受他人金钱或其他利益的行为,并不构成本罪。另外,笔者认为,本罪中作为贿赂内容的"利益",主要是指具有价值的可以管理的物品(包括有体物和无体物)和财产性利益(如提供房屋装修、含有金额的会员卡、旅游等),但同时也包括一些非财产性利益。由于物品和财产性利益都可以通过金钱计算其价值,因此,物品和财产性利益属于"利益"的范围自不待言。但至于为何能将"非财产性利益"也包括在内,主要是因为贿赂行为的本质就是"权"和"利"的交易,既然《乌干达2002年反恐法》未对贿赂的内容作出限定,那么从受贿犯罪的实质出发,就没有必要把"利"限定为财产性利益。例如,他人直接为授权官员提供性服务,请求授权官员不要行使截查或监视职权的,可以认定授权官员的行为构成本罪。

2. 玩忽职守类犯罪

根据上述(c)项和(d)项的规定,授权官员没有合理理由未能执行或疏忽执行令状要求的截查或监视职权的,或者授权官员轻率地发布可能不利于截查或监视职权行使的相关信息的,均构成本条规定的犯罪。从“未能执行”“疏忽执行”“轻率地发布”等用语可以看出,这两项所规定的行为主要是出于授权官员的主观过失,未能执行或者未能正确执行截查或监视职权的行为。所谓“未能执行”,是指授权官员应当执行且有条件、有能力执行截查或监视职权,但在没有合理理由的情况下,违反职责规定没有执行,如擅离职守等。所谓“未能正确执行”,是指授权官员在执行截查或监视职权的过程中,违反职责规定,马虎草率、粗心大意,如轻率发布可能不利于职权行使的信息等。

3. 侵犯人身权或财产权类犯罪

根据上述(e)项的规定,授权官员施以酷刑、不人道和野蛮的对待、非法羁押或蓄意造成人身伤害或财产损失的,均构成该条规定的犯罪。据此,如果授权官员在行使截查或监视职权过程中,实施刑讯逼供、暴力取证、虐待被监管人、非法拘禁、故意伤害、故意杀害、故意毁坏财物等侵犯他人人身权或财产权行为的,可以认定授权官员的行为构成本罪。2009 年,人权观察组织就曾经指责乌干达的联合反恐任务小组(JATT)存在系统的、严重的侵犯人权的行为,其中包括在审讯中对犯罪嫌疑人滥用酷刑。[1]

(二)中乌两国授权官员可能构成的犯罪的界限

对于《乌干达 2002 年反恐法》第 21 条规定的犯罪行为,我国《刑法》中的受贿罪(第 385 条)、玩忽职守罪(第 397 条)、刑讯逼供罪(第 247 条)、暴力取证罪(第 247 条)、虐待被监管人罪(第 248 条)、故意伤害罪(第 234 条)、故意杀人罪(第 232 条)、故意毁坏财物罪(第 275 条)等均有所规定,但两国相关罪名之间亦存在一些界限。

其一,我国受贿罪中贿赂的内容仅包括金钱、物品和财产性利益,不包

〔1〕 参见[新加坡]维克托·V. 拉姆拉伊、迈克尔·荷尔、肯特·罗奇、乔治·威廉姆斯主编:《全球反恐立法和政策》,杜邈等译、杜邈审校,中国政法大学出版社 2016 年版,第 520 页。

括非财产性利益。之所以与《乌干达2002年反恐法》第21条中贿赂的内容有所不同，主要是因为我国《刑法》第385条明确将贿赂的内容限定为"财物"，而非财产性利益并不属于财物的范畴，因此，根据罪刑法定原则的要求，非财产性利益不属于我国受贿罪中的"财物"。

其二，我国《刑法》针对受贿罪、玩忽职守罪、刑讯逼供罪、暴力取证罪、虐待被监管人罪、故意伤害罪、故意杀人罪、故意毁坏财物罪等罪名均分别规定了法定刑，其中，受贿罪的法定最高刑为死刑、玩忽职守罪的法定最高刑为10年有期徒刑、刑讯逼供罪和暴力取证罪的法定最高刑为3年有期徒刑、虐待被监管人罪的法定最高刑为10年有期徒刑、故意伤害罪和故意杀人罪的法定最高刑为死刑、故意毁坏财物罪的法定最高刑为7年有期徒刑。而《乌干达2002年反恐法》第21条针对各种犯罪类型规定了统一的法定刑，即单处或并处5年以下的监禁刑和不超过250货币单位的罚金，法定最高刑为5年有期徒刑。相比而言，在绝大多数情况下，我国相关犯罪的法定刑要高于《乌干达2002年反恐法》第21条规定的法定刑。

四、截查和监视所获得的物品的证据效力

《乌干达2002年反恐法》第22条规定了截查和监视所获得的物品的证据效力，该条规定："任何由授权官员依本部分行使职权获得之记录、文书、照片可在关于本法犯罪的任何诉讼中作为证据使用。"据此，对于授权官员通过行使截查或监视职权所获得的记录、文书、照片等证据，可以用于对恐怖活动犯罪的整个诉讼活动，亦即可用于对恐怖活动犯罪的侦查、起诉和审判活动。值得一提的是，我国《刑事诉讼法》、最高人民检察院2013年1月1日《人民检察院刑事诉讼规则(试行)》、公安部《规定》均针对通过截查、监视等技术侦查措施获得的材料的证据效力问题作出了较《乌干达2002年反恐法》更为详细的规定。具体规定介绍如下：

根据我国《刑事诉讼法》第150条第2款、第3款的规定，侦查人员对采取技术侦查措施过程中知悉的国家秘密、商业秘密和个人隐私，应当保密；对采取技术侦查措施获取的与案件无关的材料，必须及时销毁。采取技术侦查措施获取的材料，只能用于对犯罪的侦查、起诉和审判，不得用于其他

用途。根据《刑事诉讼法》第 152 条的规定，依照本节规定采取侦查措施收集的材料在刑事诉讼中可以作为证据使用。如果使用该证据可能危及有关人员的人身安全，或者可能产生其他严重后果的，应当采取不暴露有关人员身份、技术方法等保护措施，必要的时候，可以由审判人员在庭外对证据进行核实。此外，最高人民检察院于 2013 年 1 月 1 日施行的《人民检察院刑事诉讼规则（试行）》第 266 条、第 267 条以及公安部《规定》第 259 ~ 261 条、第 264 条亦对通过技术侦查措施获得的材料的证据效力问题作出了相关规定。应该说，从这些规定可以看出，与《乌干达 2002 年反恐法》第 22 条更多的是强调通过截查或监视职权所获得的记录、文书、照片的证据效力有所不同，我国相关法律法规一方面，强调了通过技术侦查措施获得的材料的证据效力；另一方面，更多地对相关材料的用途、使用方法等作出了严格的限制。之所以要作出较为严格的限制，主要还是因为技术侦查措施一旦使用不当，就极有可能侵犯到公民的基本人权和自由。

第三节　未遂、共谋和帮助

《乌干达 2002 年反恐法》第八部分主要规定了恐怖活动犯罪的未遂、共谋及帮助等特殊犯罪形态，其中，第 23 条、第 24 条规定了恐怖活动犯罪未遂的概念及处罚；第 25 条规定了共谋实施恐怖活动犯罪的概念及处罚；第 26 条、第 27 条规定了恐怖活动犯罪事前帮助犯的概念及处罚；第 28 条、第 29 条规定了恐怖活动犯罪事后帮助犯的概念及处罚。分别介绍如下。

一、未遂的概念及处罚

《乌干达 2002 年反恐法》第 23 条规定：“（1）行为人意图实施本法规定之犯罪，开始将其意图付诸实施，并通过公开行为表明其目的，但没有达到犯罪人主观上的犯罪目的，行为人被认为实施犯罪未遂。（2）下列情况均不影响未遂的成立：（a）犯罪人已经实施了为完成犯罪的所有必要行为，犯罪人实施犯罪的意图是由于客观情况阻碍而无法实现，犯罪人因被起诉而停止实施其目的行为；(b)因为犯罪人未知的情况，事实上不可能实施完成犯罪。”《乌干达2002年反恐法》第24条规定：“任何人意图实施本法之犯罪即构成犯罪，但关于刑罚裁量有如下特殊规定：(a)如果犯罪本身的刑罚为死刑、14年以上监禁刑或其他附加刑，对意图实施此种犯罪的行为人应单处或并处7年以下的监禁刑或不超过350货币单位的罚金；(b)在(a)项不适用的情况下，对意图实施此种犯罪的行为人应单处或并处2年以下监禁刑或不超过100货币单位的罚金。”据此，上述两条明文规定处罚恐怖活动犯罪的未遂犯。之所以要处罚犯罪未遂，其刑法根据在于：在结果责任时代，只要造成结果便处罚行为人，所以，实行的是客观归罪，通常不处罚犯罪未遂；责任主义的兴起，一方面将故意、过失等作为犯罪成立条件，另一方面也处罚没有造成结果的未遂犯。[1]

(一)未遂的特征

根据《乌干达2002年反恐法》第23条的规定，恐怖活动犯罪的未遂主要具备以下特征：

其一，已经着手实行恐怖活动犯罪。根据该条规定，要构成恐怖活动犯罪的未遂，不仅需要行为人意图实施本法规定之犯罪，还要求行为人开始将其意图付诸实施。由此可见，行为人仅仅在为实施恐怖活动犯罪准备工具、制造条件的，尚不足以构成未遂，在客观上行为人必须已经着手实行恐怖活动犯罪。可以说，着手是将行为人的行为作为未遂犯加以处罚的根据。

其二，通过公开行为表明其目的。根据该条规定，要构成恐怖活动犯罪的未遂，除了要求行为人开始将其意图付诸实施以外，还要求行为人通过公开行为表明其实施恐怖活动犯罪的目的。通常情况下，刑法中的目的只要求存在于行为人的内心即可，而不需要通过客观行为表现出来。《乌干达2002年反恐法》之所以要求行为人必须通过公开行为表现其目的，笔者认为，主要还是为了限制恐怖活动犯罪未遂的成立范围。

其三，未达到犯罪人主观上的犯罪目的。犯罪目的未达到是恐怖活动犯罪未遂与犯罪既遂相区别的根本标志。在此意义上说，已经着手实行恐

---

[1] 参见张明楷著：《刑法学》(上)(第5版)，法律出版社2016年版，第337页。

怖活动犯罪却又没有达到犯罪人主观目的的,就是犯罪未遂。

其四,未达到犯罪人主观上的犯罪目的是由于犯罪人意志以外的原因。犯罪人意志以外的原因,是指始终违背犯罪人意志的,客观上使犯罪不可能既遂,或者使犯罪人认为不可能既遂从而被迫停止犯罪的原因。根据该条第 2 款(a)项和(b)项的规定,犯罪人因为客观原因阻碍而无法实现犯罪目的的,或者在犯罪人未知的情况下,事实上不可能实现犯罪目的的,均应成立犯罪未遂。

(二)中乌两国关于恐怖活动犯罪未遂规定的界限

1. 中乌两国关于恐怖活动犯罪未遂的规定模式有所不同

尽管中乌两国均处罚恐怖活动犯罪的未遂形态,但乌干达是通过特别条文明确规定的方式作为处罚恐怖活动犯罪未遂形态的依据,而我国是在《刑法》总则部分第 23 条中原则性规定了犯罪未遂形态,并未再在分论中针对恐怖活动犯罪的未遂形态作出特别规定。换言之,就理论上而言,包括恐怖活动犯罪在内的我国刑法分则中的所有故意犯罪,均具有犯罪未遂形态。而乌干达能否处罚某一类犯罪的未遂形态,则需要以刑法(包括刑法典和特别刑法)条文的明确规定作为依据。

2. 中乌两国恐怖活动犯罪未遂形态的特征有所不同

根据我国《刑法》第 23 条的规定,我国刑法中的犯罪未遂主要具有以下特征:第一,已经着手实行犯罪;第二,犯罪未得逞;第三,犯罪未得逞是由于犯罪人意志以外的原因。对比中乌两国恐怖活动犯罪未遂形态的特征,可以发现以下两点界限:首先,我国是以犯罪未得逞作为认定犯罪未遂的标准,这与乌干达以犯罪目的是否达到作为认定犯罪未遂的标准有所不同。在有些犯罪中,如诬告陷害罪等,只要犯罪人实施了诬告陷害的行为,不论其主观目的是否达到,都不影响犯罪既遂的成立。其次,乌干达以行为人通过公开行为表明其目的作为成立犯罪未遂的要件,而我国未作此规定。

3. 中乌两国关于恐怖活动犯罪未遂形态的处罚原则有所不同

根据我国《刑法》第 23 条第 2 款的规定,对于未遂犯,可以比照既遂犯从轻或者减轻处罚。这一规定表明,尽管未遂犯应受刑罚处罚,但由于未遂犯的不法性和有责性一般轻于相应的既遂犯的不法性和有责性,因而对于未遂犯,可以比照既遂犯从轻或者减轻处罚。与此同时,我国刑法分则都是以一个人犯一个既遂罪作为设定标准的,因此,如果法官决定要对恐怖活动犯罪的未遂形态从轻或者减轻处罚,就需要参照刑法分则所规定的相关具体恐怖活动犯罪的法定刑。而根据《乌干达 2002 年反恐法》第 24 条的规定,如果相关犯罪本身的刑罚为死刑、14 年以上监禁刑或其他附加刑,对于该种犯罪的未遂形态就应当单处或并处 7 年以下的监禁刑或不超过 350 货币单位的罚金;如果相关犯罪本身的刑罚是 14 年以下监禁刑,对于该种犯罪的未遂形态就应当单处或并处 2 年以下监禁刑或不超过 100 货币单位的罚金。对比可见,我国是由法官裁量是否需要对恐怖活动犯罪的未遂形态从宽处罚,而乌干达规定对于恐怖活动犯罪的未遂形态必须从宽处罚。此外,乌干达对于恐怖活动犯罪未遂形态的法定刑幅度做了单独且明确的规定,而我国刑法并未对此作出单独且明确的规定。

二、共谋的概念及处罚

《乌干达 2002 年反恐法》第 25 条规定:"行为人与他人共谋实施本法规定之犯罪,或者与他人共谋在世界任何地方实施行为,该行为在行为地属于犯罪、在乌干达属于本法之犯罪,如果没有规定其他刑罚,将处以 7 年以下监禁刑;如果该犯罪人应处的最高刑为 7 年以下监禁刑,则处以该较轻的刑罚。"据此,该条文针对单纯共谋实施恐怖活动犯罪的刑事责任问题作出了相关规定。

(一)共谋的特征

所谓"共谋",是指二人以上为实现一定的犯罪而共同进行的商议与策划,是形成故意联络的外在表现。对于单纯的共谋行为也属于刑法中的犯罪行为,刑法理论界基本上不存在异议。这可以从以下两点予以说明:首先,共谋是一种行为。在单独犯罪的情况下,犯意表示只是个人犯罪意思的流露而已,属于思想的范畴。而共同犯罪的意思是二人以上通过交流犯罪思想而形成共同犯罪故意,这种思想交流已经发生了人与社会之间的社会关系,因而已经属于行为的范畴。[1] 其次,共谋又是一种犯罪行为。因为共谋是二人以上为实现一定的犯罪而进行的商议与策划,这种商议与策划可能是明示的通谋,也可能是默示的合意,无论以何种方式,皆是为进行犯罪而创造条件。这种共谋行为无论是出于行为人意志以外的原因被迫放弃还是自动放弃,均可构成犯罪,前者构成犯罪预备,后者构成犯罪中止。而刑法对所有犯罪预备或犯罪中止均可进行刑事处罚,因而共谋不但是一种行为,而且是一种犯罪行为。[2]

需要注意的是,《乌干达 2002 年反恐法》第 25 条根据行为人与他人是共谋在乌干达境内还是共谋在乌干达境外实施恐怖活动,规定了不同的犯罪构成要件。具体而言,如果行为人与他人是共谋在乌干达境内实施恐怖活动,则其共谋实施的行为应当属于《乌干达 2002 年反恐法》中所规定的犯罪;如果行为人与他人是共谋在乌干达境外实施恐怖活动,除了要求其共谋实施的行为属于《乌干达 2002 年反恐法》中所规定的犯罪以外,其共谋实施的行为还应当属于行为地法律所规定的犯罪行为。至于对共谋行为的处罚,按照《乌干达 2002 年反恐法》第 25 条的规定,如果行为人与他人共谋实施的相关恐怖活动犯罪的法定最高刑为 7 年以下监禁刑的,按照相关恐怖活动犯罪的法定刑予以处罚;如果行为人与他人共谋实施的相关恐怖活动犯罪的法定最高刑超过 7 年以上监禁刑的,则应当处 7 年以下监禁刑。由此可见,对于共谋行为的处罚,不会超过 7 年监禁刑。

(二)中乌两国关于共谋实施恐怖活动犯罪规定的界限

根据我国《刑法》第 22 条(犯罪预备)、第 24 条(犯罪中止)的规定以及刑法基本理论,对于单纯共谋实施恐怖活动犯罪的行为,我国可以按照犯罪预备或者犯罪中止追究行为人的刑事责任。就需要对单纯共谋实施恐怖活动的行为人追究刑事责任而言,我国和乌干达并无不同。但对比两国的相关规定,可以发现以下几点界限:

首先,中乌两国针对行为人共谋在本国境外实施恐怖活动构成犯罪所

---

〔1〕 参见陈兴良著:《共同犯罪论》,中国人民大学出版社 1992 年版,第 86 ~ 87 页。
〔2〕 参见刘宪权主编:《刑法学》(上)(第 4 版),上海人民出版社 2016 年版,第 226 页。

设置的要件有所不同。就乌干达而言，该国要求行为人共谋实施的行为同时属于《乌干达 2002 年反恐法》和行为地法律所规定的犯罪行为。就我国而言，根据我国《刑法》第 7 条的规定，中华人民共和国公民在中华人民共和国领域外犯本法规定之罪的，适用本法，但是按本法规定的最高刑为 3 年以下有期徒刑的，可以不予追究。中华人民共和国国家工作人员和军人在中华人民共和国领域外犯本法规定之罪的，适用本法。由此可见，国家工作人员或军人与他人共谋在我国领域外实施恐怖活动的，只要其共谋实施的行为属于我国《刑法》规定之罪即可；除国家工作人员和军人以外的我国公民与他人共谋在我国领域外实施恐怖活动的，如果其共谋实施的行为属于我国《刑法》规定的法定最高刑为 3 年以下有期徒刑之罪的，则可以不予追究。例如，我国《刑法》第 120 条之五强制穿戴宣扬恐怖主义、极端主义服饰、标志罪以及第 120 条之六非法持有宣扬恐怖主义、极端主义物品罪的法定最高刑都为 3 年有期徒刑，属于我国《刑法》规定的法定最高刑为 3 年以下有期徒刑之罪。因此，如果行为人与他人共谋在我国领域外实施上述两种犯罪行为，则可以不追究其刑事责任。

其次，中乌两国关于行为人共谋实施恐怖活动犯罪的处罚原则有所不同。如前文所述，如果共谋实施的行为是出于行为人意志以外的原因被迫放弃，应当构成犯罪预备；如果共谋实施的行为是行为人自动放弃的，应当构成犯罪中止。而根据我国《刑法》第 22 条和第 24 条的规定，对于预备犯，可以比照既遂犯从轻、减轻处罚或者免除处罚。对于中止犯，没有造成损害的，应当免除处罚；造成损害的，应当减轻处罚。由此可见，在我国，对于单纯共谋行为的处罚，需要在参照《刑法》中相关恐怖活动犯罪法定刑的基础上，予以从宽处罚。而根据《乌干达 2002 年反恐法》第 25 条的规定，如果共谋实施的相关恐怖活动犯罪的法定刑为 7 年以下监禁刑的，就应当按照相关犯罪的法定刑规定直接对单纯共谋行为予以处罚，无需从宽处罚；但如果共谋实施的相关恐怖活动犯罪的法定刑为 7 年以上监禁刑的，则应当在 7 年以下监禁刑的范围内对单纯共谋行为予以处罚，这实际上限制或者说降低了对共谋行为处罚的力度。

三、帮助的概念及处罚

《乌干达2002 年反恐法》第26 条至第29 条规定了恐怖活动犯罪事前帮助犯和事后帮助犯的概念及处罚。其中,第 26 条、第 27 条规定的是事前帮助犯;第 28 条、第 29 条规定的是事后帮助犯。《乌干达 2002 年反恐法》第26 条规定:“行为人直接或间接建议、促成、命令任何人实施本法之犯罪,即因其建议、促成或命令构成犯罪实施前的帮助犯。”第 27 条规定:“(1)除非本法另有规定,对本法犯罪实施前的帮助犯应当以其教唆他人实施的罪行予以处罚。(2)为明确第(1)款的规定,事前的帮助犯包括为恐怖主义行为或本法之其他犯罪行为指示目标的行为人。”第 28 条规定:“(1)行为人明知他人实施本法之犯罪,仍接收、帮助他人以使其逃避惩罚,即属于犯罪实施后的帮助犯。(2)如果行为人接收、帮助其配偶使其逃避惩罚,不构成其配偶犯罪实施后的帮助犯;如果行为人的配偶与他人共同参与犯罪,行为人接收、帮助其他犯罪人使其逃避惩罚,亦不构成其配偶犯罪实施后的帮助犯。”第 29 条规定:“任何人属于本法之实施犯罪后的帮助犯,如果没有规定其他刑罚,应单处或并处 3 年以下监禁刑和不超过 150 货币单位的罚金。”

(一)帮助的特征

首先,根据《乌干达2002 年反恐法》第26 条和第27 条的规定,恐怖活动犯罪的事前帮助犯具有以下特征:其一,在客观方面,行为人必须有唆使他人实行恐怖活动犯罪的教唆行为,即引起他人实行犯罪决意的行为。教唆行为的方式没有限制,既可以是直接的,也可以是间接的;既可以是口头的,也可以是书面的,还可以是诸如做手势、使眼色等示意性的动作。教唆行为的方法主要包括建议、促成、命令指示目标等。教唆行为必须是唆使他人实施《乌干达 2002 年反恐法》规定的具体恐怖活动犯罪,唆使他人实施非恐怖活动犯罪或者不特定的恐怖活动犯罪,难以认定为事前帮助犯。此外,教唆行为还必须引起他人实施恐怖活动犯罪的意思。其二,在主观方面,行为人必须有引起他人实施恐怖活动犯罪的故意。从建议、促成和命令这三种行为方式来看,事前帮助犯的主观故意应当是认识到他人尚无实施恐怖活动犯罪的故意或者犯罪决心尚不坚定,同时能够预见到自己的建议、促成或命令行为将可能引起被教唆人产生实施恐怖活动犯罪的故意进而实行相关犯罪。当然,从条文内容来看,构成事前帮助犯只需要有教唆他人产生实施恐怖活动犯罪的故意即可,至于事实上被教唆人是否因其教唆而产生实施恐怖活动犯罪的故意,并不影响事前帮助犯的成立。其三,在法定刑方面,除有特别规定的以外,《乌干达2002年反恐法》并未针对事前帮助犯规定独立的法定刑或处罚原则,其刑罚与其教唆他人实施的恐怖活动犯罪的法定刑相同。

其次,根据《乌干达2002年反恐法》第28条和第29条的规定,恐怖活动犯罪的事后帮助犯具有以下特征:其一,在客观方面,行为人接收或帮助实施了恐怖活动犯罪的人,使司法机关不能或难以发现犯罪的人。"接收"和"帮助"的具体方式包括:为其提供隐蔽住所、财物;向犯罪的人通报侦查或追捕的信息;向犯罪人提供躲避侦查使用的虚假身份证、武器、服饰、工具等;向司法机关提供虚假证明,使犯罪人逃避刑事追诉;其他方式帮助犯罪人逃匿的方式。其二,在主观方面,行为人必须明知是实施了恐怖活动犯罪的人而予以接收或帮助。如果行为人在开始实施接收或帮助行为时不明知对方是实施了恐怖活动犯罪的人,但在发现对方是实施了恐怖活动犯罪的人后仍然继续实施帮助行为的,应当成立本罪。当然,需要注意的是,根据《乌干达2002年反恐法》第28条第2款的规定,如果行为人接收、帮助其实施了恐怖活动犯罪的配偶或者其配偶的共犯的,不以本罪论处。之所以作出这一出罪规定,笔者认为,主要还是考虑到这类行为缺乏期待可能性,亦即无法期待行为人不实施接收或帮助其配偶的行为。其三,在法定刑方面,在《乌干达2002年反恐法》没有作出特别规定的情况下,恐怖活动犯罪的事后帮助犯的法定刑为"单处或并处3年以下监禁刑和不超过150货币单位的罚金"。

(二)中乌两国关于帮助实施恐怖活动犯罪规定的界限

针对《乌干达2002年反恐法》规定的恐怖活动犯罪事前帮助犯和事后帮助犯的情形,我国《刑法》第29条(教唆犯)、第310条(窝藏、包庇罪)同样作出了规定。但对比两国的相关规定,可以发现以下几点界限:

其一,就恐怖活动犯罪的事前帮助犯而言,中乌两国相关规定的最大区别体现在处罚原则方面。如前文所述,根据《乌干达2002年反恐法》的规定,事前帮助犯的刑罚与其教唆他人实施的恐怖活动犯罪的法定刑相同。

然而,根据我国《刑法》第 29 条的规定,对于教唆他人实施恐怖活动犯罪的人的处罚,分为三种情况:一是教唆他人实施恐怖活动犯罪的,应当按照他在共同犯罪中所起的作用处罚。教唆他人犯罪的,是指被教唆人已经实施了被教唆的恐怖活动犯罪的情况。在这种情况下,对教唆犯应当按照他在共同犯罪中所起的作用大小进行处罚,如果起的是主要作用,就应当根据《刑法》第 26 条关于主犯的规定处罚,即应当按照其所指挥的全部犯罪处罚;如果起的是次要作用,则应当根据《刑法》第 27 条关于从犯的规定处罚,即应当从轻、减轻或者免除处罚。二是教唆不满 18 周岁的人实施恐怖活动犯罪的,应当从重处罚。由于未成年人身心发展的特殊性,为了保护未成年人的健康成长,我国《刑法》规定对于教唆未成年人实施恐怖活动犯罪的教唆犯,应当从重处罚。三是如果被教唆的人没有犯被教唆的恐怖活动犯罪,对于教唆犯可以从轻或者减轻处罚。据此,只要行为人实施了教唆行为,即使被教唆的人并未因其教唆形成犯罪故意或者并未实施被教唆的恐怖活动犯罪,对于教唆犯也应处罚,但可以从轻或者减轻处罚。

其二,就恐怖活动犯罪的事后帮助犯而言,中乌两国相关规定的最大区别体现在事后帮助犯的出罪情形方面。如前文所述,根据《乌干达 2002 年反恐法》第 28 条第 2 款的规定,如果行为人接收、帮助其实施了恐怖活动犯罪的配偶或者其配偶的共犯的,不以本罪论处。尽管我国刑法理论界也有学者认为犯罪人的近亲属对犯罪的人实施窝藏、包庇行为的,由于缺乏期待可能性,不应以窝藏、包庇罪论处。[1] 但笔者认为,期待可能性理论只是刑法理论中探讨的一个概念,这一概念能否直接运用到我国司法实践中尚存在较大争议,就规范角度而言,由于我国《刑法》第 310 条窝藏、包庇罪的条文中并未明确规定出罪情形,因而当前不宜对窝藏、包庇实施了恐怖活动犯罪的配偶的行为作出罪处理。除了上述区别之外,在情节严重的情况下,我国《刑法》中窝藏、包庇罪的法定刑为 3 年以上 10 年以下有期徒刑,这一法定刑显然要高于《乌干达 2002 年反恐法》中事后帮助犯的法定刑(单处或并处 3 年以下监禁刑和不超过 150 货币单位的罚金)。

---

〔1〕 参见张明楷:《刑法学》(下)(第 5 版),法律出版社 2016 年版,第 1096 页。

第六章　美国防止恐怖主义利用《生物武器法》

张潇文

近年来,随着全球化浪潮席卷世界,恐怖主义的规模和带来的恐慌也随之与日俱增,成为严重破坏各国国家和国际社会的稳定和繁荣的全球性现象。从 2001 年的"9·11"事件,到 2008 年在印度孟买发生的多起恐怖袭击事件,以及索马里海域数量见长的海上抢劫,都说明恐怖主义已经侵入多国民众的常规生活之中。近年来,针对层出不穷的恐怖主义活动,世界各国纷纷对原有法律进行修改、完善,进行专门反恐立法的趋势日益明显。20 世纪中期开始,一些国家就因为受到恐怖主义的荼毒,而较早迈出了反恐立法的步伐。20 世纪 90 年代以来,随着苏联的解体和冷战的结束,恐怖主义迅速向世界各个角落蔓延,新型恐怖组织开始兴起,跨国恐怖主义网络逐渐形成。在严峻的局势下,越来越多的国家制定了专门的反恐法,以加大预防和打击恐怖主义的力度。[1] 综观各国反恐实践,在立法层面,许多国家都通过制定专门性反恐法或修改刑事程序立法,来满

[1] 参见赵秉志等编译:《外国最新反恐法选编》,中国法制出版社 2008 年版。

足反恐怖主义犯罪诉讼实践对程序资源的需要。“9·11”事件的爆发意味着恐怖主义已经成为国际社会所面对的共同威胁,之后,随着联合国安理会通过第1373号等一系列决议以防止恐怖袭击的发生,包括美国、英国、意大利、德国、法国、俄罗斯等在内的一系列国家均相继推出新的反恐法,以此为节点,通过立法制裁恐怖主义活动已然成为国际社会之共识。

一般来说,反恐立法作为各国打击恐怖主义的法律,都伴随特定的爆炸、暗杀等恐怖袭击事件而发生,因而其立法一般包括具体的修正案,以允许国家根据必要的情况,依据其自身条件来制定法律,以打击恐怖主义。

就国际社会而言,打击恐怖主义这一主题自1934年以来就处于国际议程之中,国际联盟(the League of Nations)作为联合国(the United Nations)曾制定过一项防止并惩治恐怖主义的公约,该公约虽然于1937年通过,但从未生效。时至今日,全球范围内已经有包括《东京公约》(Tokyo Convention 1963),《海牙公约》(Hague Convention 1970),《蒙特利尔公约》(Montreal Convention 1975)等在内的15个反恐国际公约生效,它们是在联合国及其专门下设机构和国际原子能机构(The International Atomic Energy Agency)的主持下制定的。2006年9月8日,在联合国大会上通过了《全球反恐战略》(Global Counter-Terrorism Strategy)。

除了国际公约,世界各国也由于其原有的法律体系难以应对恐怖主义造成的危害,因而在反恐立法方面迈出各自的步伐,其中比较具有代表性的包括英国的《恐怖主义法案》(Terrorism Act),澳大利亚的《反恐怖主义法案》(Anti-Terrorism Act)等。在诸多国家的反恐立法活动之中,尤其以美国在反恐以及反恐立法方面的渊源最长,作为自冷战结束后至今世界上的唯一超级大国以及全球化程度最高的国家,美国自20世纪60年代,恐怖主义之势开始蔓延以来,一直是恐怖主义攻击的首要目标,而在2001年经历过“9·11”事件后,美国大幅度增强其反恐力度,而反恐立法也随之成为常态,一跃成为美国对外政策日程的首位。

美国作为世界上遭受恐怖主义威胁最严重的国家之一,其反恐立法一直走在世界前列,自20世纪80年代,政府就制定了包括《人质拘禁之防止及处罚法》《反破坏飞机法》《禁止支援恐怖主义活动法》《提供恐怖主义活动情报奖励法》《外交安全与反恐怖主义法》在内的一系列专门的反恐法律,这一系列法律从组建专门反恐机构、扩大有关机构的司法权、严惩恐怖主义分子、奖励反恐有关人员、提供预防恐怖主义活动的措施、打击帮助恐怖主义分子的国家等方面组成了一个系统、完备的法律体系。[1] “9·11”事件后,美国政府认识到打击恐怖主义的迫切性,因而加大了各项反恐措施的力度。2002 年 9 月,美国公布《国家安全战略》(The National Security Strategy),细述“9·11”事件后的国家安全战略,进一步明确反恐已经成为美国国家安全战略的重中之重。与此同时,政府也在遭遇袭击后的短时间内开展了新一轮保卫国家与公民安全的反恐立法,陆续出台了 2001 年的美国《爱国者法案》、《航空与交通安全法》以及 2002 年的《加强边境安全与出入境改革法案》等。

迄今为止,美国的反恐法主要由美国联邦政府反恐基本法(2001 年美国《爱国者法案》USA PATRIOT Act)、反恐单行法(主要包括 1983 年的《关于国际恐怖主义活动的总统特别令》,1984 年《人质拘禁之防止及处罚法》《禁止支援恐怖主义活动法》《反破坏飞机法》《提供恐怖主义活动情报奖励法》,1986 年《外交安全与反恐怖主义法》以及 1996 年《反恐怖主义和有效死刑法》等)和反恐国际公约三部分组成。

在美国政府颁布的这一系列反恐法条中,有一大类在以往的反恐法律体系中并不常见,这就是与生物国防和生物恐怖主义挂钩的,关于安全处理生物制剂的法律和行政法规。本章内容将以美国政府 1989 年出台的《美国生物武器与反恐怖主义法》(以下简称《生物武器法》)、1996 年出台的《反恐怖主义和有效死刑法》以及 2001 年出台的《防止恐怖主义利用生物武器法》为例,通过对上述三部法典的文本及内容进行描述性介绍,以分析美国在“9·11”事件发生前后,在反恐立法、特别是在生物反恐立法方面的历程以及上述三部法案所各自侧重解决的反恐存在之问题,以期能为个人反恐法理研究提供有益借鉴。

---

〔1〕 参见王立民:《反恐立法评述》,载《犯罪研究》2003 年第 1 期。

第一节　《生物武器法》

一、《生物武器法》概述

《生物武器法》全称为《美国生物武器与反恐怖主义法》(S. 993 – The Biological Weapons Anti-Terrorism Act of 1989,BWATA)是1990年通过的一项美国法案。如其自身所称,该法案的目的在于施行《生物武器公约》的相关条款并保护美国不受生物恐怖主义的威胁。其最初由美国伊利诺伊州大学国际法专家弗朗西斯·博伊尔(Francis A. Boyle)教授起草,议案于1989年5月首次由民主党人、参议员Herbert Kohl向参议院司法委员会提交,并最终于同年11月通过修正后的版本;后该议案于1990年5月向众议院提交,于该月无异议通过。最终该法案在1990年5月22日由时任美国总统的乔治·W.布什(George H. W. Bush)正式签署生效。

如法案上文字说明,事实上,该生物武器法案是对1972年签署、1975年3月26日生效的联合国《生物武器公约》的强化规定。《生物武器公约》(Biological Weapons Convention,BWC)全称为《禁止细菌(生物)及毒素武器的发展、生产及储存以及销毁这类武器的公约》[The Convention on the Prohibition of the Development,Production and Stockpiling of Bacteriological (Biological) and Toxin Weapons and on their Destruction]是首个禁止生产一整类武器的多边裁军条约。该公约是在国际社会的长期努力下达成的对1925年日内瓦协议关于禁止使用但不限制拥有或开发化学和生物武器规定的补充。公约中对禁止的范围做了具体规定,即包括所有微生物和其他生物制剂或者毒素及其运输。截至2016年12月已经有178个国家签字加入了公约,但由于缺乏官方的有效监管体系,公约的执行力度受到相当的限制。

而从美国生物武器法案的内容来说,它不仅对《生物武器公约》的施行作出了相关规定,此外,其还就违反公约相关条款的刑罚作出了具体规定。《生物武器法》在其实施以来,通过其他反恐法案的实施,对其内容进行过两次修改与扩充,第一次扩充是通过1996年《反恐怖主义和有效死刑法》的施行,对《生物武器法》在起诉困难等问题方面修正了相关漏洞;而第二次扩充则是在2001年,通过《美国爱国者法案》的施行得以实现。

《生物武器法》在通过并得以签署实施后成为公法101~298,该法案将生物战争物资管理的范围扩大,将个人与非政府组织也囊括其中,并且明确规定买卖或制造生物制剂以用作武器的行为是违法的,并对违反上述规定的行为作出了明确的刑事处罚规定;授权总检察可签发手令以扣押被禁生物制剂、毒素或运输系统,在紧急情况下可对其采取销毁或其他适当措施;授权美国政府针对该法所禁止的行为发布禁令;授权在特殊情况下相关机构截取与生物武器犯罪相关的电报、口头通话或电子通信。此外,该法案还特别豁免了以和平为目的,防御性的生物武器研究。

在量刑方面,该法案明文规定:"任何在知情状况下开发、生产、储存、转让、获取、保留或者拥有任何作为武器的生物制剂、毒素或运输系统,或者故意协助外国或其他组织从事此类行为的,将依据本条款予以罚款或(及)处以有期徒刑或终身监禁。"此外,法案还规定在非和平目的情况下,一定数量的生物制剂或毒素会被缉获并予以销毁,为此,该法案允许首席检察官持有搜查令。

作为推行联合国《生物武器公约》的法律保障,生物武器与反恐怖主义法案的推行和实施有着相当的意义,然而其量刑标准的界定较为宽泛,使法官在对违法行为进行裁决时自由过大,以及条款中对"以和平为目的,防御性生物武器的研究"的豁免,使检方须在上诉时证明被告进行的是非和平目的生物制剂武器研究,大大增加了成功检控的难度,由此法案出台后亦受到众多法学界评论家的诟病。

二、《生物武器法》对《美国法律》的修订

如前文所提,《生物武器法》的出台是为保护美国免受生物恐怖主义的威胁,因此,其对《美国法律》的相关内容也作出了修改。修改的内容主要包括三部分:

1. 在《美国法律》第18卷罪行和刑事诉讼(Crimes and Criminal Procedure)中的第九章后插入了对生物武器所做的相关规定作为第十

章——生物武器(Biological Weapons),具体包括了四节内容,分别是第175条禁止生物武器(prohibitions with respect to biological weapons)、第176条扣押、没收和销毁(seizure, forfeiture and destruction)、第177条禁令(injunctions)以及第178条定义(definitions)。其中,第175条规定对任何在知情状况下开发、生产、储存、转让、获取、保留或者拥有任何作为武器的生物制剂、毒素或运输系统,或者故意协助外国或其他组织从事此类行为的人加以刑事处罚并对美国国民所犯或者针对美国所犯罪行提供联邦域外管辖(以预防、保护或者与和平目的的上述行为除外);第176条授权总检察长可按照与搜查令相同的方式要求签发授权扣押第175条中规定的任何被禁的生物制剂、毒素或者运输系统或一类或一定数量的不能被证明出于预防、保护或者出于和平目的的上述物品的手令,对于根据本条规定没收和检取的任何生物制剂、毒素或运输系统,总检察长可予以销毁或采取其他适当的处置方式(可以对所持生物制剂、毒素或运输系统以预防、保护或和平目的并在合理种类与数量范围内进行积极辩护);第177条规定针对第175条中所禁行为或准备、谋划、企图从事第175条中所禁行为或在不能证明出于预防、保护或和平目的的情况下开发、生产、储存、转让、获取、保留或占有,或尝试开发、生产、储存、转让、获取、保留或占有任何类型或数量的生物制剂、毒素或运输系统的民事诉讼,美国可发布禁令(可以对所持生物制剂、毒素或运输系统以预防、保护或和平目的并在合理种类与数量范围内进行积极辩护);第178条对《美国法律》中的这一新增章节所出现的专有名词做了定义,这些专有名词包括"生物制剂"(biological agent)、"毒素"(toxin)、"运输系统"(delivery system)和"载体"(vector),该条内容会在本节下一部分展开细说,此处不再赘述。

2. 在《美国法律》第18卷罪行和刑事诉讼第一百一十九章电报与电子通信拦截及口头通信拦截(Wire and Electronic Communication Interception and Interception of Oral Communication)第2516条拦截电报、口头或电子通信的授权(Authorization for interception of wire, oral or electronic communications)中对于在特定情况下授权或批准联邦调查局(FBI)或其他联邦机构截取电报或口头通信,将生物武器犯罪也囊括进其范畴,即授权联邦有关部门在特定条件下截取与生物武器犯罪有关的电报、口头或电子通信。

3. 文字文本的修改，在《美国法律》第 18 卷第一部分的章节目录中加入了第十章生物武器及其所包含的四节内容。

三、“生物制剂”与“毒素”

由于《生物武器法》是针对在非和平目的下，将生物制剂与毒素作为武器进行开发、生产、储存等的违法行为，因而该法案在内容里也对与“生物战争”(biological warfare)相关的特定概念，包括载体(vector)、毒素(toxin)、生物制剂(biological agent)以及运输系统(delivery system)等进行了界定，这其中最为关键的，也是作为该法案核心内容而存在的就是“生物制剂”与“毒素”的定义。

就“生物制剂”(biological agent)这一概念来说，《生物武器法》中对其界定与美国之前就《生物武器公约》中所禁止的生物制剂作出的法律解释基本保持一致，定义如下：

任何能够导致人类、动物、植物或其他生物体死亡、生病或引发生理性不适；以及造成食物、水源、设备、用品或材料的恶化或危害环境的微生物、病毒、感染性物质或者可能由生物科技合成的生物制品，以及任何上述微生物、病毒、感染性物质或生物制品的天然或人工成分。

但不同于《生物武器公约》中对于生物武器“永不得取得或者持有”的条款，美国政府则认为对于非致命性生物制剂(non-lethal biological agents)，这一条并不适用。事实上，美国当前对于非致命性生物制剂的大大放宽要求，远远超过了《生物武器公约》中所规定的限制性条件。

除了“生物制剂”外，《生物武器法》中对于另一重要概念“毒素”(toxin)的界定如下：“无论其来源或生产方法，由生物体产生的任何有毒物质，或任何有毒同分异构体、同源物或者上述物质的衍生物”。

《生物武器法》对于“生物制剂”和“毒素”这两种概念的界定在之后的美国反恐立法中又得以进一步发展。在“9 · 11”事件后，美国的反恐局势大变，紧急启动反恐立法程序，在“9 · 11”事件发生后仅 9 个多月的时间里，2002 年 6 月 12 日由时任美国总统乔治 · W. 布什签发，通过并生效了《2002

年公共卫生安全和生物恐怖防范应对法》(Public Health Security and Bioterrorism Preparedness and Response Act of 2002),以该法案的制定与生效,“生物恐怖主义”乃至“生物反恐”的概念正式进入美国法律,因此这一法案也被称为美国的第一部生物国防法。该法案共包含5个章节,在第二章“加强对危害性生物制剂和毒素的控制”(Enhancing Controls on Dangerous Biological Agents and Toxins)中对“生物制剂”和“毒素”的定义做了进一步细化。

在第一部生物国防法推出的8年后,美国白宫发布了由时任总统巴拉克·奥巴马签署的行政命令——“优化控制布萨特(BSAT)行动部署”,也就是第二次生物国防令,在该文本当中,对于指代特定“生物制剂”和“毒素”的概念布萨特首次被提出。布萨特(Biological Select Agent and Toxins, BSAT),即“特定生物制剂和(生物)毒素”,简称“特定制剂”(Select Agents),而在第二次生物国防令中,该概念被描述如下:

“生物制剂和(生物)毒素,具备对公共健康与安全、动植物健康和动植物产品构成严重威胁或造成严重伤害的潜在可能性,其持有、使用、传播,须接受卫生部和农业部的生物物质的监督和管理规定。”

由“生物制剂”“毒素”及其衍生概念布萨特的定义过程看来,由刚开始根据生物武器公约的条款衍生而来的概念发展至今,越发明确、清晰地指向以生物工程等方法制造出的有害于人类、生物及环境等的物质,而不再是同先前类似法律一般单纯指代细菌病毒。

第二节　《反恐怖主义和有效死刑法》

一、《反恐怖主义和有效死刑法》

在经历了1993年世贸中心爆炸案和1995年的俄克拉荷马城爆炸案后,美国前参议院多数派领袖Robert Dole于1995年4月向参议院司法委员会提出议案,后得到两党绝大多数人的支持,同年6月参议院以91∶8的票数通过该议案,1996年3月该议案被提交至众议院,最终于同年4月以293∶133的压倒性优势通过了该议案,并于 1996 年 4 月 24 日由美国第 42 任总统比尔·克林顿签署生效成为法案——《反恐怖主义和有效死刑法》(S. 735 - Antiterrorism and Effective Death Penalty Act of 1996,AEDPA)。

该法案在提交国会时的全称为"一项防止和惩罚恐怖主义行为及其他目的"的法案(A bill to prevent and punish acts of terrorism, and for other purposes)。总体来说,该法案是一部综合性法律,旨在摧毁或减少恐怖主义组织,该法规定了对国家恐怖主义提起诉讼的管辖权,同时规定了为恐怖主义活动的受害者提供补偿的条款。该法规定执法机构可以采用预防性措施直接打击恐怖主义组织,而不是在恐怖主义活动之后逮捕恐怖分子并提起追诉。基于预防性措施,该法授权执法机构使用刑法和诉讼法规定的措施,如冻结资产、针对那些支持恐怖主义的国家提起诉讼等。除了增加新的罪名以外,该法还提高了对现有犯罪的惩罚力度。该法还规定,在特定的情况下,如果获得法院的批准,执法机构还可以调取移民申报记录。[1] 根据该法案开头语,这是一部涵盖了包括"遏制恐怖主义,给受害者以公正,提供有效死刑及其他多种目的"(deter terrorism, provide justice for victims, provide for an effective death penalty, and for other purposes)在内的法案。

在内容方面,反恐怖主义和有效死刑法的条款大致包括:人身保护令改革;为恐怖袭击中的受害者提供援助;禁止资助国外恐怖组织;驱逐国外恐怖分子并修改庇护程序;限制核武器、生物武器与化学武器;涉及恐怖分子罪行的刑法变更,增加刑罚与刑事诉讼程序;开展对限制制造炸弹材料的合宪性研究;恐怖主义威胁相关的执法活动的资金变动与管辖权澄清等。针对驱逐国外恐怖分子,该法案还制定了一个新的遣返外来恐怖分子(alien terrorists)的法律程序(所谓外来恐怖分子包括不是美国公民的任何个人,包括永久性居民)。该特别遣返程序适用于任何从事、从事过或在来美国后任意时间里从事过任何移民规划法案(Immigration and Naturalization Act, INA)所界定的恐怖活动的非美国公民。对于任何符合上述恐怖分子定义的

---

〔1〕 参见赵秉志主编:《国际恐怖主义犯罪及其防治对策专论》,中国人民公安大学出版社 2005 年版,第 86 页。

非美国公民，将为其指定一个由 5 名联邦地方法院法官组成的移民法院，对其所犯罪行进行裁决后将其驱逐出境。

尽管该法案的主要内容是针对恐怖主义，然而其在通过并得以施行的几十年时间里，所引发的大量争议和批评确是来自于法案中就另一法律概念“人身保护令”(habeas corpus)的执行所做的修改。

“人身保护状”，也称“人身保护令”，源自中世纪的英国，指在普通法下由法官所签发的手令，命令将被拘押的人交送至法庭，以决定该人的拘押是否合法，目的是通过援引被称作“大令状”的人身保护令来对死刑判决进行上诉，主要适用于死刑案件，因此可以被视为死刑的复核程序。早在 12 世纪，亨利二世时就有签发具备此类效用的法庭手令。至 1640 年，英国首次通过人身保护的法例，而在 1679 年正式通过人身保护条例定下签发保护令的细节规定。至于美国，其在宪法第一章第九段中明确规定了人身保护的权利不能被暂缓，除非在叛乱或者被入侵的情况下，保护公众安全所需而为之。[1] 1789 年在美国宪法当中初步规定了联邦之人身保护令程序，之后在 1867 年，各州的人身保护令程序又在国会中得以通过。至此，美国的人身保护令程序已规模初备，即人身保护令已经成为以法律程序保障个人自由的重要手段，在美国亦可作为联邦法院审查各州刑事程序的重要途径。在美国历史上，人身保护令的签发有数次被中止，其中包括美国内战及战后重建时期，时任总统亚伯拉罕 · 林肯(Abraham Lincoln)与尤利西斯 · 格兰特(Ulysses Simpson Grant)在数地终止了某些情形下签发人身保护令；“二战”时期，时任总统富兰克林 · 罗斯福(Franklin D. Roosevelt)一度中止过执行人身保护令。在“9 · 11”事件后，由于受到恐怖主义威胁，时任总统乔治 · 布什试图中止执行关押在关塔那摩被拘留人员的人身保护令，但最终被美国最高法院驳回。

20 世纪 90 年代中期以来，人身保护令被数次用来挑战刑事定罪的改革，因此在《反恐怖主义与有效死刑法》中，该手令的申请与批准均被做了调

〔1〕 参见孙妍：《浅议人身保护令制度》，载中国人大网：www. npc. gov. cn/npc/xinwen/rdlt/fzjs/2007 - 10/09/content_372953. htm。

整。具体来说,该法案在内容方面基于时任众议院院长的纽特·金里奇(Newt Gingrich)所著题为《与美国的契约》的宣言,对人身保护令的相关规定作出重要修改,对申请时限、批准理由进行了规范,借此杜绝对人身保护令的重复连续申请,以避免人身保护令程序在实践中被当事人利用。对于人身保护令,反恐主义与有效死刑法对其的定位是"作为州法院裁判合理性的复核机制",而这一规定则改变了州法院和联邦法院之间在人身保护令申诉问题上的权力平衡。该法案规定,只有当州法院审理过程"导致与已确立的联邦法律背道而驰的判决结果,或是由美国最高法院认定审理过程不合理地运用了联邦法律",或是"判决结果是基于对呈堂证据不合理的实施裁定时",联邦法院才能介入。换句话说,通过对相关规定的修改,该法案限制了人身保护令状的程序性和实质性范围。在程序方面,它禁止了同一个人进行连续申请,要求被告人将所有要求集中于一个申请文件之中;而在实质方面,法案缩小了能够成功申请到人身保护令的情况,规定只有在定罪违反"明确的联邦法"或"根据证据做出的不合理的事实推定"时,令状的申请才能够被批准。

从积极方面来看,上述规定在一定程度上有利于实现联邦与各州之间司法权的平衡,法案支持者们也认为这可以防止有罪之人通过不断上诉申请人身保护令从而逃避法律的惩罚;然而还有许多批评家们则认为,对多次申请保护令的禁止则增加了无辜者被判死刑而杀害的风险。从现实看来,在过去的20年里,最高法院对这些字句不留余地的解释引起了联邦法院法官们的极大不满。更有甚者,如第九巡回上诉法院的两位颇具影响力的法官——持自由派观点的斯蒂芬·莱因哈特(Stephen Reinhardt)和比较保守的艾克利斯·科辛斯基(Alex Kozinski)均呼吁废除这一法案("该法案残酷,不公,也没有必要,它的实际效果是使联邦法官们没有权力防范司法不公。该法案已经,也会持续给人们带来痛苦和折磨,该法案应该被废除")。[1] 他们认为,经由最高法院保守派大多数的阐释,该法案成了试图

---

〔1〕 参见[苏联]艾利克斯·科辛斯基:《年度刑事诉讼评论》,载《乔治城大学法律期刊》2009年。

纠正不公正判决的联邦法官的绊脚石。在这一阐释下,联邦法官没有权利问询审理过程中的不公正;最糟糕的是,这种阐释阻止了联邦法官要求重申或者释放一个有可能无辜的人,或是叫停对他/她执行死刑。

二、对 1996 年《反恐怖主义和有效死刑法》的修改

从其自身来说,在 1996 年通过的《反恐怖主义和有效死刑法案》,对包括“人身保护令”程序等作出了大量修改,其中除了对涉及所有人身保护令案件的修改外,对于实施州法院法官质量控制方案的州,该法案针对来自它们的死刑案件(定罪后阶段),制定了特别的审核条款,即对于实施质量控制的州,其死囚申请人身保护令的时间被加以严格限制,并且在案件涉及联邦法律的部分将被仔细审核;该法案的其他条款还涉及制定全新的成文法,如根据滥用令状的原则(abuse-of-the writ doctrine),限制人身保护令的多次申请,而反恐怖主义和有效死刑法案则废除了该原则,全面禁止二次或多次申请人身保护令。此外,该法案撤回了最高法院审查上诉法院驳回人身保护令申请的权利,从而将最终权力放在了联邦上诉法院之上。

1996 年《反恐怖主义和有效死刑法案》共包含 56 项修正案(S. Amdt. 1198 – 1254),分别就人身保护诉讼,授权总检察长在涉及大规模杀伤性生化武器的紧急状况下向国防部要求提供援助,明确驱逐外国恐怖分子的程序,授权总统放弃对援助恐怖分子的国家的援助禁令,使用炸药或进行纵火的罚则,对美国恐怖主义行为受害者提供援助和赔偿,确保境外航线的安全,禁止对不与美国在反恐领域充分合作的国家援助,禁止知晓该类信息将被用于犯罪的情况下发布制作爆炸性材料的信息,扩大对“恐怖主义国家”的制裁范围以及修改对爆炸性物品贴标签的授权要求等内容对法案作出修订。

除上述修正案外,共和党人 W. J. Tauzin 于 2001 年 10 月向众议院提出“修改 1996 年反恐怖主义和有效死刑法案关于卫生与公众服务部长在生物制剂与毒素之责任,并就此类制剂与毒素对《美国法律》第 18 卷进行修正;对有线电视系统隐私要求在新有线服务中的应用进行说明以及加强某些核设施的安全”议案,但该议案并未在众议院得以通过。

具体来说,该议案提出修改联邦刑法典,对以下行为予以惩罚:(1)在知情状况下，以无视公共卫生与安全的方式拥有、使用或掌握某种制剂（1996年《反恐怖主义和有效死刑法》中所列出且不被豁免的生物制剂或毒素）；（2）行为对他人造成人身伤害；（3）拥有此类制剂未进行登记；（4）将此类制剂转让给未登记的个人。该议案还禁止受限人员（根据《美国法律》规定禁止持枪的特定人群）拥有特定生物制剂或采取特定行为。授权卫生与公众服务部部长可指定某一类或个人能够以非移民签证的方式入境美国，以便他们能够更好地研究此类制剂。修改《反恐怖主义和有效死刑法》，强化卫生与公众服务部部长职责，包括：（1）加强规范，通过强化保护措施防止生物制剂或毒素落入国内外恐怖分子或其他罪犯之手等方法，制定和执行管理及使用生物制剂的标准和程序，以保护公众的健康与安全；（2）颁布临时性的最后规定。此外，议案还提出由卫生与公众服务部部长向国会就是否遵守现有的管控生物制剂的相关规定进行汇报，并就这方面的行政或立法举措提出建议。对于违反《反恐怖主义和有效死刑法》中关于转让特定生物制剂行为的个人处以高达250 000美元的民事处罚，对于存在违法行为的实体则处以高达500 000美元的民事处罚。

此外，该议案还提出为保护此类生物制剂与毒素，除非出于保护公共健康与安全的目的外，禁止根据《信息自由法案》泄露相关注册人的地理位置或所在单位信息以及特定生物制剂或毒素的数量以及具体种类等。

第三节 《防止恐怖主义利用生物武器法》

一、《防止恐怖主义利用生物武器法》概述

正如本章开头所述，在“9·11”事件前，有重大影响的恐怖袭击事件虽时有发生，但恐怖主义犯罪尚未被认为是全球性安全威胁，而该事件的发生则意味着恐怖主义犯罪和全球反恐斗争进入了一个前所未有的新阶段，由美国主导的全球“反恐战争”也随之成为恐怖主义犯罪治理的主要方式之一。[1] 而

〔1〕 参见倪春乐：《恐怖主义犯罪特别诉讼程序比较研究》，群众出版社2013年版，第185页。

《防止恐怖主义利用生物武器法》(Bioterrorism Prevention Act of 2001)也是本章所列三部法案中唯一一部于“9·11”事件后经众议院通过并生效的。

“9·11”事件后,美国政府在海关一些往来邮件中发现了白色粉末,而其中部分经查实证明为炭疽病菌,这一发现引起了官方的高度重视,立即将之与“生物恐怖主义”挂了钩。以此为契机,共和党人 W. J. Tauzin 于 2001 年 10 月初向众议院提交了“修改 1996 年《反恐怖主义和有效死刑法案》关于卫生与公众服务部长在生物制剂与毒素之责任,并就此类制剂与毒素对《美国法律》第 18 卷进行修正;对有线电视系统隐私要求在新有线服务中的应用进行说明以及加强某些核设施的安全”议案,后因其未能在众议院通过,共和党人、众议员 W. J. Tauzin 在其基础上做了修正,于同年 10 月 23 日向众议院提出“修改 1996 年《反恐怖主义和有效死刑法案》关于卫生与公众服务部长在生物制剂与毒素之责任,并就此类制剂与毒素对《美国法律》第 18 卷进行修正”的议案,众议员能源和商务委员会(House Energy and Commerce Committee)和司法委员会(House Judiciary Committee)于当日未修改通过该议案,并将其简称为《2001 年防止恐怖主义利用生物武器法案》。

《2001 年防止恐怖主义利用生物武器法案》修改了 1996 年《反恐怖主义和有效死刑法》中有关卫生与公众服务部长对于生物制剂以及毒素的责任规定并修订有关《美国法律》第 18 卷有关此生物制剂和毒素的规定。其内容大致包括以下两个方面:

1. 对《美国法律》第 18 卷罪行和刑事诉讼中的有关内容作出修改,规定任何人持有、使用或者管理特定制剂或毒素但却不顾公众的健康与安全,将按相关规定予以处罚;任何人违反规定造成他人人身伤害,则按照规定判处罚金外(和)并处 10 年以下监禁,导致他人死亡的,依规定判处罚金外(和)并判处监禁刑乃至终身监禁刑;任何人明知生物制剂或毒素为特定之管制物质而未按照 1996 年《反恐怖主义和有效死刑法》进行登记的,将被判处罚金或(和)并判处监禁刑;任何人已知其为管制物品而将之转移给未按照《反恐怖主义和有效死刑法》规定进行登记之人,将按规定被判处罚金或(和)并判处监禁刑;任何受限制人员,在知情状况下收存、运输或转移售卖受控物品至他州或出境,将按规定判处罚金或(和)并判处监禁刑。此外,该法案还对受限制人员的范围作出了界定，即根据美国法律规定禁止持枪之人，以及无合法永久居留权的外籍人士。而针对外籍人士，议案也授予卫生与公众服务部长以权力，在与司法部长协商后可确定该人是否拥有根据《移民与国籍法》相关规定的非移民签证及拥有对于美国具有鉴定相关制剂的宝贵专业知识。

2. 对1996年《反恐怖主义和有效死刑法》作出修改，此部分内容将在本节第二部分展开叙述，此处不做多余说明。

二、《防止恐怖主义利用生物武器法》对《反恐怖主义和有效死刑法》的修改

如前文所提，《防止恐怖主义利用生物武器法》是在同一时期(2001年10月)"修改1996年《反恐怖主义和有效死刑法案》关于卫生与公众服务部长在生物制剂与毒素之责任，并就此类制剂与毒素对《美国法律》第18卷进行修正；对有线电视系统隐私要求在新有线服务中的应用进行说明以及加强某些核设施的安全"议案的基础上由同一人(共和党人 W. J. Tauzin)修正并提出的，因此两项议案在内容方面有诸多类似之处，特别是在对1996年《反恐怖主义和有效死刑法》的修改方面，然而相较之下《防止恐怖主义利用生物武器法》对其的修改更为细致，具体修改内容如下：

1. 在1996年《反恐怖主义和有效死刑法》中加入对卫生与公众服务部长职责的规定，包括在总则中规定部长将依法制定管理与拥有特定制剂与毒素的标准与程序，以维护公众健康与安全，包括防止上述制剂和毒素流入家庭或落入国际恐怖主义及其他犯罪分子之手；以及在法案第511条中加入部长向国会进行相关内容汇报的内容，即在防止恐怖主义利用生物武器法案生效后最迟1年内，卫生与公众服务部长在跟其他相关联邦机构协商后，向国会报告美国政府与私人实体对于本法案的同意程度，包括法案生效前以及法案生效后的同意程度；向国会介绍卫生与公众服务部长根据本法案相关规定采取的实际行动和计划；向国会提供卫生与公众服务部长有关行政与立法方面的建议。[1]

---

〔1〕 参见赵秉志等编译：《外国最新反恐法选编》，中国法制出版社2008年版，第196页。

2. 在1996年《反恐怖主义和有效死刑法》中加入关于信息透露的相关规定，在该法案第511条(f)款附加以下内容作为(g)款，即根据信息自由法案(Freedom of Information Act)规定凡美国联邦机构掌握有关个人，个人所在地依照《反恐怖主义与有效死刑法》申请拥有相关生物制剂与毒素的信息，及相关具体地点、种类和数量的信息以及其采取的对此种制剂和毒素的安保措施和地点的信息，依照《美国法律》第五章第522条之规定不得外传。但出于保护公众健康以及安全理由向国会公布情况，该法案也允许在(a)为保护公众健康与安全；(b)经由法律核准并经过申请等情况下任何联邦机构首脑向国会之下大小机构提供上述信息。

3. 在1996年《反恐怖主义和有效死刑法》中加入关于民事处罚的相关规定，在该法第511条(g)中加入民事处罚的相关规定，任何人若违反本条规定，即转让特定生物制剂，则应按照美国民法之规定对个人处以250 000美元以下的罚款；而对于存在此类违法行为的实体则处以500 000美元以下的罚款。

4. 在1996年《反恐怖主义和有效死刑法》中修改了拥有并使用生物制剂与毒素的相关规定，除要求在该法生效后30天内，由美国卫生与公众服务部长依法制定并颁布执行拥有及使用特定生物制剂与毒素的标准与程序(该临时执行条例将于颁布后60天生效)，该条例对拥有及使用特定生物制剂与毒素的管理规则进行了规定，并要求按照该法之新规定，在临时执行条例颁布后30天内提出申请，呈交注册申请书以拥有特定生物制剂与毒素。

5. 对1996年《反恐怖主义和有效死刑法》在文本措辞上作出的修改，由于在本法中，“毒素”和“生物制剂”之定义得以进一步明确，在某些特定情形下排除了在自然环境中自生的生物物质或毒素，除非是经过人为培养、种植、采集或从其自然原料中萃取的。因此，在对1996年美国《反恐怖主义和有效死刑法》第511条中，在(d)(e)下各款中在“各种制剂”与“制剂”的措辞之后分别加上了“与各种毒素”和“毒素”，并在第511条中各小节标题中也作出了将“制剂”一词修改为“制剂与毒素”的一致性修改。

6. 此外，在本法中还对恐怖主义(terrorism)与管制下制剂规定(select agent rule)之范围作出了进一步明确。

正如前文所提,随着全球化浪潮席卷,恐怖主义的规模和带来的恐慌也与日俱增,成为严重破坏国际社会的稳定和繁荣的全球性现象,而多年应对恐怖主义的实践经验也使打击恐怖主义需要以法律为基础这一理念成为当今国际社会的共识。近年来,针对数量上层出不穷,且严重程度与日俱增的恐怖主义活动,世界各国,尤其是遭受恐怖主义袭击最为频繁且严重的国家,纷纷对其原有法律进行修改、完善,进行专门反恐立法的趋势日益明显。当前,对于美国政府来说,恐怖分子与恐怖势力仍然被其视为对美国安全最严重的威胁,而作为当今世界上实力最强的行为者,美国在反恐立法方面也算起步早、成果多。尽管其在"9·11"事件后出台的反恐法案数量巨大,但大都因为立法过于匆忙,以及受到反恐大环境的左右而呈现出对恐怖主义的定义过于宽泛、警察权力扩大化、打击手段军事化、犯罪行为前置化以及比例原则突破等特点,[1]而这些立法也由于涉及人权以及主权等敏感问题,引发地区性人权问题和人道主义危机,从而饱受争议。因而,在看到美国在反恐立法方面取得丰硕成果的同时,我们也要认清恐怖主义作为一种政治行为,必须以综合的政治反应予以应对,这就需要美国政府以更加有效的方式整合各种类型的反恐工具,包括结合法律、金融、经济、执法、情报以及其他多个领域的措施来对恐怖主义加以应对。然而,从美国当前情况来看,其反恐工具的整合仍然处于一种非常原始的状态,美国前总统巴拉克·奥巴马(Barack Obama)在任期间已经对美国反恐政策进行了较大的改变和调整,包括将全球反恐怖变为重点反恐怖、强调多边主义和国际合作、增加对有关国家的援助、努力改善与穆斯林民众和伊斯兰国家之间的关系等,但其面临的恐怖主义威胁并没有发生根本性的变化。

总而言之,恐怖主义具有相当深厚的历史渊源和社会土壤,因而恐怖袭击也永远不会有尽头,完备的法治是从根源上消除恐怖主义的有效途径之一,但却不是唯一途径。因而只有更明智、内部联系更为紧密的做法,通过调动更多的联邦、州和当地的劳动力大军,利用全球化时代的技术,并避免工业化官僚国家的过时态度,美国才可能逐渐在减少恐怖主义威胁方面有

---

〔1〕 参见于改之、贾配龙:《美国反恐立法评析》,载《山东社会科学》2013 年第 9 期。

连续且稳定的进展。在国内采取相关反恐措施的同时,还需加强国际间的反恐合作,积极参加区域的、多边的和双边的国际合作,与其他国家联手,共同打击恐怖主义。

附录:

《1989 美国生物武器与反恐怖主义法》(原文)

—S. 993—

S. 993

One Hundred First Congress of the United States of America

AT THE SECOND SESSION

Begun and held at the City of Washington on Tuesday, the twenty-third day of January, one thousand nine hundred and ninety

An Act

To implement the Convention on the Prohibition of the Development, Production, and Stockpiling of Bacteriological (Biological) and Toxin Weapons and Their Destruction, by prohibiting certain conduct relating to biological weapons, and for other purposes.

Be it enacted by the Senate and House of Representatives of the United States of America in Congress assembled, SECTION 1. SHORT TITLE.

This Act may be cited as the "Biological Weapons Anti-Terrorism Act of 1989".

SEC. 2. PURPOSE AND INTENT.

(a) PURPOSE-The purpose of this Act is to—

(1) implement the Biological Weapons Convention, an international agreement unanimously ratified by the United States Senate in 1974 and signed by more than 100 other nations, including the Soviet Union; and

(2) protect the United States against the threat of biological terrorism.

(b) INTENT OF ACT-Nothing in this Act is intended to restrain or restrict peaceful scientific research or development.

SEC. 3. TITLE 18 AMENDMENTS.

(a) IN GENERAL-Title 18, United States Code, is amended by inserting after chapter 9 the following:

"CHAPTER 10—BIOLOGICAL WEAPONS

"Sec.

"175. Prohibitions with respect to biological weapons.

"176. Seizure, forfeiture, and destruction.

"177. Injunctions.

"178. Definitions.

"Sec. 175. Prohibitions with respect to biological weapons

"(a) IN GENERAL-Whoever knowingly develops, produces, stockpiles, transfers, acquires, retains, or possesses any biological agent, toxin, or delivery system for use as a weapon, or knowingly assists a foreign state or any organization to do so, shall be fined under this title or imprisoned for life or any term of years, or both. There is extraterritorial Federal jurisdiction over an offense under this section committed by or against a national of the United States.

"(b) DEFINITION-For purposes of this section, the term 'for use as a weapon' does not include the development, production, transfer, acquisition, retention, or possession of any biological agent, toxin, or delivery system for prophylactic, protective, or other peaceful purposes.

"Sec. 176. Seizure, forfeiture, and destruction

"(a) IN GENERAL - (1) Except as provided in paragraph (2), the Attorney General may request the issuance, in the same manner as provided for a search warrant, of a warrant authorizing the seizure of any biological agent, toxin, or delivery system that—

"(A) exists by reason of conduct prohibited under section 175 of this title; or

"(B) is of a type or in a quantity that under the circumstances has no apparent justification for prophylactic, protective, or other peaceful purposes.

"(2) In exigent circumstances, seizure and destruction of any biological agent, toxin, or delivery system described in subparagraphs (A) and (B) of paragraph (1) may be made upon probable cause without the necessity for a warrant.

"(b) PROCEDURE-Property seized pursuant to subsection (a) shall be forfeited to the United States after notice to potential claimants and an opportunity for a hearing. At such hearing, the government shall bear the burden of persuasion by a preponderance of the evidence. Except as inconsistent herewith, the same procedures and provisions of law relating to a forfeiture under the customs laws shall extend to a seizure or forfeiture under this section. The Attorney General may provide for the destruction or other appropriate disposition of any biological agent, toxin, or delivery system seized and forfeited pursuant to this section.

"(c) AFFIRMATIVE DEFENSE-It is an affirmative defense against a forfeiture under subsection (a) (1) (B) of this section that—

"(1) such biological agent, toxin, or delivery system is for a prophylactic, protective, or other peaceful purpose; and

"(2) such biological agent, toxin, or delivery system, is of a type and quantity reasonable for that purpose.

"Sec. 177. Injunctions

"(a) IN GENERAL-The United States may obtain in a civil action an injunction against—

"(1) the conduct prohibited under section 175 of this title;

"(2) the preparation, solicitation, attempt, or conspiracy to engage in conduct prohibited under section 175 of this title; or

"(3) the development, production, stockpiling, transferring, acquisition, retention, or possession, or the attempted development, production, stockpiling, transferring, acquisition, retention, or possession of any biological agent, toxin, or delivery system of a type or in a quantity that under the circumstances has no apparent justification for prophylactic, protective, or other peaceful purposes.

"(b) AFFIRMATIVE DEFENSE-It is an affirmative defense against an injunction under subsection (a) (3) of this section that—

"(1) the conduct sought to be enjoined is for a prophylactic, protective, or other peaceful purpose; and

"(2) such biological agent, toxin, or delivery system is of a type and quantity reasonable for that purpose.

"Sec. 178. Definitions

"As used in this chapter—

"(1) the term 'biological agent' means any micro-organism, virus, or infectious substance, capable of causing—

"(A) death, disease, or other biological malfunction in a human, an animal, a plant, or another living organism;

"(B) deterioration of food, water, equipment, supplies, or material of any kind; or

"(C) deleterious alteration of the environment;

"(2) the term 'toxin' means, whatever its origin or method of production—

"(A) any poisonous substance produced by a living organism; or

"(B) any poisonous isomer, homolog, or derivative of such a substance;

"(3) the term 'delivery system' means—

"(A) any apparatus, equipment, device, or means of delivery specifically designed to deliver or disseminate a biological agent, toxin, or vector; or

"(B) any vector; and

"(4) the term 'vector' means a living organism capable of carrying a biological agent or toxin to a host.

(b) WIRE INTERCEPTION-Section 2516 (c) of title 18, United States Code, is amended by adding 'section 175 (relating to biological weapons),' after

'section 33 (relating to destruction of motor vehicles or motor vehicle facilities),'.

(c) CLERICAL AMENDMENT-The table of chapters for part I of title 18, United States Code, is amended by inserting after the item relating to chapter 9 the following new item: 175."

Speaker of the House of Representatives.

Vice President of the United States and President of the Senate.

《1996年反恐怖主义与有效死刑法》(原文)(节选)

ANTITERRORISM AND EFFECTIVE DEATH PENALTY ACT OF 1996

An Act

To deter terrorism, provide justice for victims, provide for an effective death penalty, and for other purposes.

Apr. 24,1996 – [S. 735]

Be it enacted by the Senate and House of Representatives of the United States of America in Congress assembled, SECTION 1. SHORT TITLE.

This Act may be cited as the "Antiterrorism and Effective Death Penalty Act of 1996".

SEC. 2. TABLE OF CONTENTS.

The table of contents of this Act is as follows:

Sec. 106. Limits on second or successive applications.

Sec. 107. Death penalty litigation procedures.

Sec. 108. Technical amendment.

TITLE II—JUSTICE FOR VICTIMS

Subtitle A—Mandatory Victim Restitution

Sec. 201. Short title.

Sec. 202. Order of restitution.

Sec. 203. Conditions of probation.

Sec. 204. Mandatory restitution.

Sec. 205. Order of restitution to victims of other crimes.

Sec. 206. Procedure for issuance of restitution order.

Sec. 207. Procedure for enforcement of fine or restitution order.

Sec. 208. Instruction to Sentencing Commission.

Sec. 209. Justice Department regulations.

Sec. 210. Special assessments on convicted persons.

Sec. 211. Effective date.

Subtitle B—Jurisdiction for Lawsuits Against Terrorist States

Sec. 221. Jurisdiction for lawsuits against terrorist states.

Subtitle C—Assistance to Victims of Terrorism

Sec. 231. Short title.

Sec. 232. Victims of Terrorism Act.

Sec. 233. Compensation of victims of terrorism.

Sec. 234. Crime victims fund.

Sec. 235. Closed circuit televised court proceedings for victims ofcrime.

Sec. 236. Technical correction.

TITLE III—INTERNATIONAL TERRORISM PROHIBITIONS

Subtitle A—Prohibition on International Terrorist Fundraising

Sec. 301. Findings and purpose.

Sec. 302. Designation of foreign terrorist organizations.

Sec. 303. Prohibition on terrorist fundraising.

Subtitle B—Prohibition on Assistance to Terrorist States

Sec. 321. Financial transactions with terrorists.

Sec. 322. Foreign air travel safety.

Sec. 323. Modification of material support provision.

Sec. 324. Findings.

Sec. 325. Prohibition on assistance to countries that aid terroriststates.

Sec. 326. Prohibition on assistance to countries that provide military equipment to terrorist states.

Sec. 327. Opposition to assistance by international financial institutions to terrorist states.

Sec. 328. Antiterrorism assistance.

Sec. 329. Definition of assistance.

Sec. 330. Prohibition on assistance under Arms Export Control Act for countries not cooperating fully with United States antiterrorism efforts.

TITLE IV—TERRORIST AND CRIMINAL ALIEN REMOVAL AND EXCLUSION

Subtitle A—Removal of Alien Terrorists

Sec. 401. Alien terrorist removal.

Subtitle B—Exclusion of Members and Representatives of Terrorist Organizations

Sec. 411. Exclusion of alien terrorists.

Sec. 412. Waiver authority concerning notice of denial of applicationfor visas.

Sec. 413. Denial of other relief for alien terrorists.

Sec. 414. Exclusion of aliens who have not been inspected and admitted.

Subtitle C—Modification to Asylum Procedures

Sec. 421. Denial of asylum to alien terrorists.

Sec. 422. Inspection and exclusion by immigration officers.

Sec. 423. Judicial review.

Subtitle D—Criminal Alien Procedural Improvements

Sec. 431. Access to certain confidential immigration and naturalization files through court order.

Sec. 432. Criminal alien identification system.

Sec. 433. Establishing certain alien smuggling-related crimes as RICO-predicate offenses.

Sec. 434. Authority for alien smuggling investigations.

Sec. 435. Expansion of criteria for deportation for crimes of moralturpitude.

Sec. 436. Miscellaneous provisions.

Sec. 437. Interior repatriation program.

Sec. 438. Deportation of nonviolent offenders prior to completion ofsentence of imprisonment.

Sec. 439. Authorizing State and local law enforcement officials toarrest and detain certain illegal aliens.

Sec. 440. Criminal alien removal.

Sec. 441. Limitation on collateral attacks on underlying deportation order.

Sec. 442. Deportation procedures for certain criminal aliens who are notpermanent residents.

Sec. 443. Extradition of aliens.

TITLE V—NUCLEAR, BIOLOGICAL, AND CHEMICAL WEAPONS RESTRICTIONS

Subtitle A—Nuclear Materials

Sec. 501. Findings and purpose.

Sec. 502. Expansion of scope and jurisdictional bases of nuclearmaterial prohibitions.

Sec. 503. Report to Congress on thefts of explosive materials fromarmories.

Subtitle B—Biological Weapons Restrictions

Sec. 511. Enhanced penalties and control of biological agents.

Subtitle C—Chemical Weapons Restrictions

Sec. 521. Chemical weapons of mass destruction; study of facility fortraining and evaluation of personnel who respond to use of chemical or biological weapons in urban and suburban areas.

TITLE VI—IMPLEMENTATION OF PLASTIC EXPLOSIVES CONVENTION

Sec. 601. Findings and purposes.

Sec. 602. Definitions.

Sec. 603. Requirement of detection agents for plastic explosives.

Sec. 604. Criminal sanctions.

Sec. 605. Exceptions.

Sec. 606. Seizure and forfeiture of plastic explosives.

Sec. 607. Effective date.

TITLE VII—CRIMINAL LAW MODIFICATIONS TO COUNTER TERRORISM

Subtitle A—Crimes and Penalties

Sec. 701. Increased penalty for conspiracies involving explosives.

Sec. 702. Acts of terrorism transcending national boundaries.

Sec. 703. Expansion of provision relating to destruction or injury ofproperty within within special maritime and territorialjurisdiction.

Sec. 704. Conspiracy to harm people and property overseas.

Sec. 705. Increased penalties for certain terrorism crimes.

Sec. 706. Mandatory penalty for transferring an explosive material knowing that it it will be used to commit a crime of violence.

Sec. 707. Possession of stolen explosives prohibited.

Sec. 708. Enhanced penalties for use of explosives or arson crimes.

Sec. 709. Determination of constitutionality of restricting thedissemination of bomb-making instructional materials.

Subtitle B—Criminal Procedures

Sec. 721. Clarification and extension of criminal jurisdiction overcertain terrorism offense overseas.

Sec. 722. Clarification of maritime violence jurisdiction.

Sec. 723. Increased and alternate conspiracy penalties for terrorism offenses.

Sec. 724. Clarification of Federal jurisdiction over bomb threats.

Sec. 725. Expansion and modification of weapons of mass destructionstatute.

Sec. 726. Addition of terrorism offenses to the money launderingstatute.

Sec. 727. Protection of Federal employees; protection of current orformer officials, officers or employees of the United States.

Sec. 728. Death penalty aggravating factor.

Sec. 729. Detention hearing.

Sec. 730. Directions to Sentencing Commission.

Sec. 731. Exclusion of certain types of information from definitions.

Sec. 732. Marking, rendering inert, and licensing of explosivematerials.

TITLE VIII—ASSISTANCE TO LAW ENFORCEMENT

Subtitle A—Resources and Security

Sec. 801. Overseas law enforcement training activities.

Sec. 802. Sense of Congress.

Sec. 803. Protection of Federal Government buildings in the District ofColumbia.

Sec. 804. Requirement to preserve record evidence.

Sec. 805. Deterrent against terrorist activity damaging a Federalinterest computer.

Sec. 806. Commission on the Advancement of Federal Law Enforcement.

Sec. 807. Combatting international counterfeiting of United States currency.

Sec. 808. Compilation of statistics relating to intimidation ofGovernment employees.

Sec. 809. Assessing and reducing the threat to law enforcement officersfrom the criminal use of firearms and ammunition.

Sec. 810. Study and report on electronic surveillance.

Subtitle B—Funding Authorizations for Law Enforcement

Sec. 811. Federal Bureau of Investigation.

Sec. 812. United States Customs Service.

Sec. 813. Immigration and Naturalization Service.

Sec. 814. Drug Enforcement Administration.

Sec. 815. Department of Justice.

Sec. 816. Department of the Treasury.

Sec. 817. United States Park Police.

Sec. 818. The Judiciary.

Sec. 819. Local firefighter and emergency services training.

Sec. 820. Assistance to foreign countries to procure explosive detectiondevices and other counterterrorism technology.

Sec. 821. Research and development to support counterterrorism technologies.

Sec. 822. Grants to State and local law enforcement for training and equipment.

Sec. 823. Funding source.

TITLE IX—MISCELLANEOUS

Sec. 901. Expansion of territorial sea.

Sec. 902. Proof of citizenship.

Sec. 903. Representation fees in criminal cases.

Sec. 904. Severability.

《2001 防止恐怖主义利用武器法》(原文)

AN ACT

To amend the Antiterrorism and Effective Death Penalty Act of 1996 with respect to the responsibilities of the Secretary of Health and Human Services regarding biological agents and toxins, and to amend title 18, United States Code, with respect to such agents and toxins.

Be it enacted by the Senate and House of Representatives of the United States of America in Congress assembled,

SECTION 1. SHORT TITLE.

This Act may be cited as the "Bioterrorism Prevention Act of 2001".

SECTION 2. EXPANSION OF BIOLOGICAL WEAPONS STATUTE.

(a) Select Agents. —

(1) In general. —Section 175 of title 18, United States Code, is amended—

(A) by redesignating subsection (b) as subsection

(c); and

(B) by inserting after subsection (a) the following subsection:

"(b) Select Agents. —

"(1) Unsafe handling. —

"(A) In general. —Whoever possesses, uses, or exercises control over a select agent in a manner constituting reckless disregard for the public health and safety, knowing the select agent to be a biological agent or toxin, shall be fined under this title, imprisoned for not more than one year, or both.

"(B) Aggravated offense. —Whoever, in the course of a violation of subparagraph (A), causes bodily injury to another shall be fined under this title, or imprisoned for not more than 10 years, or both; except that if death results from such violation, the person committing the violation shall be fined under this title, or imprisoned for any term of years or for life, or both.

"(2) Unregistered for possession. —Whoever knowingly possesses a biological agent or toxin where such agent or toxin is a select agent for which such person has not obtained a registration under section 511 (f) of the Antiterrorism and Effective Death Penalty Act of 1996 shall be fined under this title, or imprisoned for not more than 5 years, or both.

"(3) Transfer to unregistered person. —Whoever knowingly transfers a select agent to a person who has not obtained a registration under section 511 (e) of the Antiterrorism and Effective Death Penalty Act of 1996 shall be fined under this title, or imprisoned for not more than 5 years, or both.

"(4) Restricted persons. —Whoever is a restricted person and knowingly ships or transports a select agent in interstate or foreign commerce, or knowingly receives a select agent so shipped or transported, or knowingly possesses a select agent in or affecting interstate or foreign commerce, shall be fined under this title, or imprisoned for not more than 5 years, or both. The preceding sentence does not apply with respect to any duly authorized governmental activity under title V of the National Security Act of 1947."

(2) Definitions. —Section 175 of title 18, United States Code, as amended by paragraph (1) of this subsection, is amended by amending subsection (c) to read as follows:

"(c) Definitions. —As used in this section:

"(1) The terms 'biological agent' and 'toxin' have the meanings given such terms in section 178, except that, for purposes of subsection (b), such terms do not encompass any biological agent or toxin that is in its naturally occurring environment, if the biological agent or toxin has not been cultivated, cultured, collected, or otherwise extracted from its natural source.

"(2) The term 'bodily injury' has the meaning given such term in section 1365.

"(3) The term 'for use as a weapon' includes the development, production, transfer, acquisition, retention, or possession of any biological agent, toxin, or delivery system, other than for prophylactic, protective, or other peaceful purposes.

"(4)(A)The term 'restricted person' means a person—

"(i)who is described in section 922(g),as such section was in effect on the day before the effective date of this paragraph; or

"(ii)who is an alien,other than an alien lawfully admitted for permanent residence or an alien who under subparagraph (B) is considered not to be a restricted person.

"(B)For purposes of subparagraph(A)(ii):

"(i) An alien is considered not to be a restricted person if the alien is within a category designated under clause(ii)of this subparagraph.

"(ii)The Secretary of Health and Human Services,in consultation with the Attorney General,may designate categories of individuals who have—

"(I) nonimmigrant visas as defined in section 101 (a) (26) of the Immigration and Nationality Act; and

"(II)expertise valuable to the United States regarding select agents.

"(5)The term 'select agent' means a biological agent or toxin,as defined in paragraph(1),that—

"(A)is on the list that is in effect pursuant to section 511(d)(1)of the Antiterrorism and Effective Death Penalty Act of 1996(Public Law 104 – 132); and

"(B) has not been exempted from the applicability of regulations under section 511(e)of such Act."

(3)Effective date regarding restricted persons; regulations.—

(A)Effective date.—Section 175(b)(4)of title 18,United States Code, as added by subsection (a) (1) (B) of this section, takes effect upon the expiration of the 90 – day period beginning on the date of the enactment of this Act.

(B)Regulations.—Not later than 30 days after the date of the enactment of this Act,the Secretary of Health and Human Services shall determine whether the Secretary will designate any categories or individuals for purposes of section 175(c)(4)(B)of title 18,United States Code,as added by subsection(a)(1)(B)of this section. If the Secretary determines that one or more such categories will be designated, the Secretary shall promulgate an interim final rule for purposes of such section not later than 60 days after such date of enactment.

(4) Conforming amendment. —Section 175(a) of title 18, United States Code,is amended in the second sentence by striking "under this section" and inserting "under this subsection".

(b) Amendments to Antiterrorism and Effective Death Penalty Act of 1996. —

(1) Possession and use. —

(A) In general. —Section 511 of the Antiterrorism and Effective Death Penalty Act of 1996(Public Law 104 - 132) is amended—

(i) by striking subsection(f);

(ii) by redesignating subsection(g) as subsection(i); and

(iii) by inserting after subsection(e) the following subsection:

"(f) Possession and Use of Listed Biological Agents and Toxins. —

"(1) In general. —The Secretary shall by regulation provide for the establishment and enforcement of standards and procedures governing the possession and use of biological agents and toxins listed pursuant to subsection (d)(1) in order to protect the public health and safety, including safeguards to prevent access to such agents and toxins for use in domestic or international terrorism or for any other criminal purpose.

"(2) Registration. —Regulations under paragraph (1) shall provide for registration requirements regarding the possession and use of biological agents and toxins listed pursuant to subsection(d)(1)."

(B) Regulations. —

(i) Date certain for promulgation; effective date regarding criminal and civil penalties. —Not later than 30 days after the date of the enactment of this

Act, the Secretary of Health and Human Services shall promulgate an interim final rule for carrying out section 511 (f) of the Antiterrorism and Effective Death Penalty Act of 1996, as added by subparagraph (A) of this paragraph. Such interim final rule takes effect 60 days after the date on which such rule is promulgated, including for purposes of—

(I) section 175(b)(2) of title 18, United States Code (relating to criminal penalties), as added by subsection (a)(1)(B) of this section;

and

(II) section 511(h) of the Antiterrorism and Effective Death Penalty Act of 1996 (relating to civil penalties), as added by paragraph (3) of this subsection.

(ii) Submission of registration applications. —In the case of a person who, as of the date of the enactment of this Act, is in possession of a biological agent or toxin that is listed pursuant to section 511 (d) (1) of the Antiterrorism and Effective Death Penalty Act of 1996, such person shall, in accordance with the interim final rule promulgated under clause (i), submit an application for a registration to possess such agent or toxin not later than 30 days after the date on which such rule is promulgated.

(2) Disclosures of information. —

(A) In general. —Section 511 of the Antiterrorism and Effective Death Penalty Act of 1996, as amended by paragraph (1) of this subsection, is amended by inserting after subsection (f) the following subsection:

"(g) Disclosure of Information. —

"(1) In general. —Any information in the possession of any Federal agency that identifies a person, or the geographic location of a person, who is registered pursuant to regulations under this section (including regulations promulgated before the effective date of this subsection), and any site-specific information relating to the type, quantity, or identity of a biological agent or toxin listed pursuant to subsection (d) (1) or the site-specific security mechanisms in place to protect such agents and toxins, shall not be disclosed under section 552(a) of title 5, United States Code.

"(2) Disclosures for public health and safety; congress. —

Nothing in this section may be construed as preventing the head of any Federal agency—

"(A) from making disclosures of information described in paragraph (1) for purposes of protecting the public health and safety; or

"(B) from making disclosures of such information to any committee or subcommittee of the Congress with appropriate jurisdiction, upon request."

(B) Effective date. —The effective date for the amendment made by subparagraph (A) shall be the same as the effective date for the final rule issued pursuant to section 511 (d) (1) of the Antiterrorism and Effective Death Penalty Act of 1996 (Public Law 104 – 132).

(3) Civil penalties. —Section 511 of the Antiterrorism and Effective Death Penalty Act of 1996, as amended by paragraphs (1) and (2) of this subsection, is amended by inserting after subsection (g) the following subsection:

"(h) Civil Penalty. —Any person who violates a regulation under subsection (e) or (f) shall be subject to the United States for a civil penalty in an amount not exceeding $250,000 in the case of an individual and $500,000 in the case of any other person."

(4) Clarification of scope of select agent rule; terrorism; responsibilities of secretary of health and human services. —

(A) In general. —Section 511 of the Antiterrorism and Effective Death Penalty Act of 1996 (Public Law 104 – 132) is amended—

(i) in each of subsections (d) and (e)—

(I) by inserting "and toxins" after "agents" each place such term appears; and

(II) by inserting "or toxin" after "agent" each place such term appears; and

(ii) in subsection (i) [as redesignated by paragraph (1) of this subsection], in paragraph(1), by striking "the term 'biological agent' has" and inserting "the terms 'biological agent' and 'toxin' have".

(B) Effective date.—The effective date for the amendments made by subparagraph (A) shall be as if the amendments had been included in the enactment of section 511 of the Antiterrorism and Effective Death Penalty Act of 1996(Public Law 104 – 132).

(5) Conforming amendments.—Section 511 of the Antiterrorism and Effective Death Penalty Act of 1996(Public Law 104 – 132) is amended—

(A) in subsection (d) (1) (A), by striking "shall, through regulations promulgated under subsection(f)," and inserting "shall by regulation";

(B) in subsection(e), in the matter preceding paragraph(1), by striking "shall, through regulations promulgated under subsection (f)," and inserting "shall by regulation";

(C) in subsection(d)—

(i) in the heading for the subsection, by striking "Agents" and inserting "Agents and Toxins"; and

(ii) in the heading for paragraph(1), by striking "agents" and inserting "agents and toxins"; and

(D) in the heading for subsection(e), by striking "Agents" and inserting "Agents and Toxins".

(c) Report to Congress.—Not later than one year after the date of the enactment of this Act, the Secretary of Health and Human Services, after consultation with other appropriate Federal agencies, shall submit to the Congress a report that—

(1) describes the extent to which there has been compliance by governmental and private entities with applicable regulations under section 511 of the Antiterrorism and Effective Death Penalty Act of 1996(Public Law 104 – 132), including the extent of compliance before the date of the enactment of this Act, and including the extent of compliance with regulations promulgated after

such date of enactment；

(2) describes the future plans of the Secretary for determining compliance with regulations under such section 511 and for taking appropriate enforcement actions；and

(3) provides any recommendations of the Secretary for administrative or legislative initiatives regarding such section 511.

第七章　土耳其反恐怖主义法

关保英

第一节　恐怖主义的定义和恐怖主义犯罪

一、恐怖主义的概念

(一)恐怖主义的定义

全球各国的反恐怖主义法中词汇“恐怖主义”涉及的次数最多,“恐怖主义”源于一个事实即政治、情感,涉及政治、哲学、意识形态、种族、民族、宗教。单一的恐怖主义定义并不能满足于每个国家的政治需求,也不符合每个国家对恐怖犯罪定义。各国及国际组织对恐怖主义的定义无法达成一致意见,也无法均匀。“恐怖主义”这个词诞生于两个多世纪之前,但是,就在这两个世纪里,它已经被赋予了一百多个定义。第八届联合国预防犯罪和罪犯待遇大会制定的《打击国际恐怖主义的措施》就曾指出,国际社会一直未能就“国际恐怖主义”一词的含义达成普遍一致的看法。为什么会这样？个人认为一个很重要的原因是“恐怖主义”是一个政治概念,持不同立场的机构、团体或个人都会有不同的解读。例如,美国国务院认为“恐怖主义”是指为了影响观众由次国家集团或秘密代理人针对非战斗人员基于政治动机而有预谋地使用暴力的行为。[1] 联合国认为,“恐怖主义”是“旨在损害人权、基本自由和民主,威胁领土完整、国家安全、颠覆合法组成的政府的行为”。

概括来说,就是恐怖主义有三个属性:有目的性、暴力性和非国家性(这里 GTD 基本没有考虑沃尔兹说的国际恐怖主义和战争恐怖主义)。而录入全球恐怖主义数据库(Global Terrorism Database,GTD)的恐怖主义行动要符合以下三个标准中的至少两个:该活动有政治、经济、宗教或社会目的;须有证据表明该活动有意胁迫或恐吓直接受害者之外的更大的观众群体,或者有意传递其他信息;行为已经超过了合法的战争行为的范畴。

根据《土耳其打击恐怖主义法》(2010 年修订版)第一章第 1 条的规定,由属于某一组织的个人或多人实施的任何犯罪行为,旨在改变“宪法”规定的共和国性质及其政治、法律、社会、世俗和经济制度,破坏国家不可分割的统一领土和民族国家,危害土耳其国家和共和国的存在,削弱、摧毁或夺取国家权力,剥夺基本权利和自由,损害国家内部和外部安全,公共秩序或总体健康,这样的行为被定义为恐怖主义行为。

(二)恐怖分子的定义

恐怖分子(terrorist)是对恐怖组织中的成员的普遍称谓。根据《土耳其打击恐怖主义法》(2010 年修订版)第一章第 2 条的规定,如果为实现第 1 条规定的目标而成立的组织成员,与其他人或个人,为促进这些目标而实施特定的犯罪行为,即使未能实施犯罪行为,作为该组织的成员,也被定义为恐怖分子。即使该犯罪分子不是恐怖组织成员,但以组织名义犯罪的,也被视为恐怖主义罪犯,应当作为这些组织的成员受到相同的惩罚。

二、恐怖主义犯罪

(一)恐怖主义犯罪的概念

根据《土耳其打击恐怖主义法》(2010 年修订版)第一章第 3 条的规定,根据 5237 号决议于 2004 年 9 月 25 日通过的《土耳其刑法》,其规定的第

---

[1] See US State Department:1999 Patterns of Terrorism,p. 2.

302、307、309、311、312、313、314、315、320 条以及第 310 条第 1 款所列的行为属于恐怖主义犯罪。

（二）为恐怖主义目的实施的犯罪

根据《土耳其打击恐怖主义法》（2010 年修订版）第一章第 4 条的规定，下列规定的犯罪行为，如果在恐怖主义组织的活动范围内实施，被视为恐怖主义罪行：

1. 根据《土耳其刑法典》第 79、80、81、82、84、86、87、96、106、107、108、109、112、113、114、115、116、117、118、151、152、170、172、173、174、185、188、199、200、202、204、210、213、214、215、223、224、243、244、265、294、318、319 条和第 310 条第 2 款所规定的罪行。

2. 于 1953 年 7 月 10 日通过并出台的《枪支、刀和其他器具法》（6136 号法案）所规定的罪行。

3. 1956 年 8 月 31 日通过的《森林法》（6831 号法案）第 110 条第 4 款和第 5 款所规定的有意森林纵火罪。2003 年 7 月 10 日通过的《反对对峙法》（4926 号法案）界定的可判处监禁的罪行。

4. 在根据《宪法》第 120 条宣布紧急状态的地区内犯下与导致宣布紧急状态有关的事件的罪行。

5. 于 1983 年 7 月 21 日通过的《保护文化和自然资产法》（2863 号法案）第 68 条所界定的罪行。

（三）判决的加重

根据《土耳其打击恐怖主义法》（2010 年修订版）第一章第 5 条的规定，如果行为人实施第 3 条和第 4 条规定的犯罪行为，对其判处的监禁和司法罚款处罚应加重一半。因此，相应裁定的罚则可能超过该罪行为任何类型的惩罚而订明的罚则的正常上限。但在无期徒刑的情况下，判处转为加重无期徒刑。

如果定义犯罪的条款规定，当犯罪行为在犯罪组织活动范围内犯罪时，判刑将会加重，判决将仅根据该条款加重。然而，恶化可能不会少于 2/3 的罚款。

此外，该条规定不适用于儿童。

（四）披露与公布

根据《土耳其打击恐怖主义法》(2010年修订版)第一章第6条的规定，任何人宣布或出版关于某人将会被恐怖组织实施某种犯罪的行为，无论是否披露了这些人的姓名和身份，但是，可以通过某种方式确定这些人的姓名和身份，或者披露或公布打击恐怖主义的国家公共人员的相关信息的行为，或者以相同的方式使任何人成为恐怖分子的目标的行为，对于犯以上行为的处以1~3年的监禁。

对于打印或者发布恐怖组织声明或者公告的，处3年以下有期徒刑。

违反该法第14条规定，披露或者发布举报人身份的，处3年以下有期徒刑。

如果上述所示犯罪行为是以大众传媒的方式进行，未参与犯罪行为的主编应处以1000天至15 000天的利润的司法处罚。但是，主编处罚的上限是5000天的利润。

在恐怖组织的活动范围内公开煽动犯罪活动的期刊，根据法官作出的决定，可以在15天至1个月内暂停公开煽动犯罪行为或者犯罪分子的罪行或恐怖组织的宣传活动。另外，如果检察官认为拖延将导致更大的危害，检察官可临时作出命令要求暂时停止活动，但在这之后，检察官应在24小时最高限度内通知法官他或她的决定。在这种情况下，如果法官在48小时内未获得批准，则暂停执行的决定将被视为无效。

三、恐怖主义组织

恐怖组织是一些反社会和反国家的人组织在一起，而恐怖分子就是这个恐怖组织的成员，他们有组织有目的对人民和对国家进行惨无人道的恐怖可怕的行动。恐怖组织从根本上说是政治组织，它与黑社会组织的主要区别在于追求的目的不一样。黑社会性质组织主要以追求经济利益为主，而恐怖组织以政治目标为主。

恐怖组织专注于政治和民族斗争，目前来看他们为了达到其政治目标可以不惜滥杀无辜（这是人们极端憎恨他们的原因所在），可以说它是政治上的极端派；而黑社会性质组织为了追求经济利益，则倾向于使当权者保持他们当前的成功现状,它更倾向于政治上的保守派。

根据《土耳其打击恐怖主义法》(2010 年修订版)第一章第 7 条的规定,任何人建立、领导依照第 1 条规定的目的的恐怖组织,或者是恐怖组织的成员,通过使用武力、恐吓,镇压或威胁的方式进行犯罪活动,应《土耳其刑法典》第 314 条的规定,依法受到惩罚。组织活动的人员应当被视为恐怖组织的领导人加以处罚。以下行为和表现也应依前述进行处罚。

任何为恐怖组织宣传的人员,处以 1 ~ 5 年的监禁徒刑。如果这种犯罪是通过大众媒体的方式进行的,那么刑罚就会加剧一半。未参与犯罪行为的主编应处以 1000 天至15 000天的利润的司法处罚。但是,主编处罚的上限是 5000 天的利润。下列行为也应当按照本款的规定予以处罚:

(1)在已经转化为宣传恐怖主义的活动的公开会议和示威游行中,部分或全部遮挡脸部,目的在于隐藏身份的行为;

(2)作为恐怖组织的成员或追随者,携带属于该组织的徽章和标志,用声音设备喊出有关恐怖主义的口号或发布公告,或穿着印有徽章的恐怖组织制服。

如果根据第 2 款所述的罪行是在属于协会、基金会、政党、工会或专业组织或其子公司的建筑物、地点、办事处或其分支内,在教育机构、学生宿舍或其分支内犯下的,则处罚根据本款应翻倍。

四、对恐怖主义的资助

恐怖组织发动恐怖袭击需要大量的资金支持,其筹措资金的渠道:一是靠在公开的经济领域内投资;二是通过走私、贩毒、倒卖军火、洗钱等非法的经济活动;三是依靠外来的资助。研究恐怖组织犯罪的经济来源问题,对切断恐怖组织的财路,打击恐怖犯罪,具有重要的现实意义,切断恐怖分子获得资助的渠道,就从源头上控制了恐怖主义的行动,能够将恐怖行为扼杀在计划酝酿阶段,是预防现代恐怖主义的有效手段。有关禁止和预防对恐怖主义进行资助的法律较多,在联合国主持下也签订过相关条约,同时土耳其国民议会也在 2013 年 2 月通过了《预防对恐怖主义资助》的法律。

根据《土耳其打击恐怖主义法》(2010 年修订版)第一章第 8 条的规定,

任何人在有目的或者知情的情况下，知晓该资助将完全或部分用于实施恐怖主义罪行，仍然提供向其提供资助的，应当以恐怖主义组织的成员进行惩罚。即使该资助仍未被使用，也要对犯罪者进行处罚。该条第1款所述的“资助”一词，表示从转换中获得的任何货物、权利、索赔、收入、利益和价值。

如果该法规定的犯罪行为是由滥用公职职能所产生的影响，则刑罚加重一半。

如果属于该法范围的犯罪行为是在法律实体的活动范围内进行的，则根据《土耳其刑法典》第60条，对其适用的特殊预防措施予以裁定。

第二节　刑事程序

一、审理法庭的选择

依照《土耳其打击恐怖主义法》(2010年修订版)第二部分第9条之规定：“犯罪由国家安全法庭审理，如果行为人实施或参与上述犯罪，则适用本法与国家安全法院的建立与审判程序法的相关规定。”由此可以看出，基于恐怖主义犯罪的特殊性质，土耳其法律给予了一些区别对待，以便能够更加合理地裁断该类案件。适用特别法院审判可以使得案件的审理和判决更加顺利和专业，以此达到维护国家安全和司法权威的目的。

同时，为了保障被告人的合法权益，土耳其法律允许被告人在面临恐怖主义犯罪的指控时，即要求律师介入，但应遵循一定的约束。例如，《土耳其打击恐怖主义法》(2010年修订版)第二部分第10条提到：“为适用本法：1.被告人和介入者最多可由三名律师代理。2.审前羁押的被告人和囚犯可在羁押中心或监狱官的监督下同律师联系。”即是说，律师人数应不超过3人，可能出于司法资源的合理分配考虑。当然，为了能够切实保障嫌疑人的合法权益，而非仅保护被告人，对于审前羁押的犯人可在符合条件后，在受到监督的情况下申请与律师联系或联系其律师，以便律师能够及时获知信息，进行调查取证，对司法机关进行监督，并采取合理的辩护策略。

二、拘留的期限

国际刑事司法准则是刑事诉讼发展文明化、民主化、科学化的世界性趋势的必然结果，是在总结、归纳各国刑事诉讼立法和司法经验的基础上，对刑事诉讼机制内在规律的揭示，具有普适性。国际刑事司法准则一般以“基本原则”、“标准”或“准则”的形式存在于一系列由联合国通过的有关刑事司法活动的国际法律文书之中。根据《世界人权宣言》和《公民权利和政治权利国际公约》等国际性文件的规定，被羁押者享有“不受任意和非法羁押的权利”。

程序法定原则的设立是近现代以来世界法治国家刑事诉讼制度发展的基本态势和趋势。羁押完全剥夺了被羁押人的人身自由，是一种严厉的强制手段。因此，羁押的程序设计必须法治化，要由立法机关制定的法律明确规定，国家权力在运作过程中要受到法律的限制。执法机关仅能在法律有规定的情况下，并且遵循法定程序才能限制公民的人身自由。《公民权利和政治权利国际公约》第 9 条第 1 款规定：“人人有权享有人身自由和安全，任何人不得加以任意逮捕和拘禁。除非依照法律所确定的根据和程序，任何人不得被剥夺自由。”不受任意或非法羁押的权利，是嫌疑人权利中最根本的权利。

这项权利要求在有罪判决生效以前对犯罪嫌疑人进行羁押要有充足、合理的理由，必须符合法定的羁押条件。羁押的目的在于保障诉讼程序的顺利进行，但其实施以限制或剥夺公民的人身自由为代价。鉴于羁押本身的风险性，羁押措施的采取，首先，必须被限制在最需要的场合，公民的人身自由权才能得到保障；其次，采取羁押措施必须经由法定的羁押程序，履行一定的手续；再次，羁押的期限要受到严格的控制，犯罪嫌疑人的羁押期限必须确定的，得在合理的期限内被审判或释放，不受超期羁押；最后，羁押的场所、羁押的救济等都必须由法律严格规定并得到遵守。

则遵照以上基本前提，为了避免审前羁押被用于以权谋私或打击报复，同时也要防止错误的审前羁押对受害人造成更大的伤害，《土耳其打击恐怖主义法》(2010 年修订版)第二部分第 11 条规定：“应将依本法被羁押者于

48 小时内带至法官面前；在共同犯罪的情况下，应将被羁押者于 15 日内带至法官面前，从羁押场所至最近法庭所耗费的时间不计算在内。”里面所提到的两种情况均是对审前羁押的期限规定，同时在保障嫌疑人合法权益的前提下，也充分考虑到了侦查机关的需求，如对于共同犯罪案件，给予了更长的羁押期限，以便能够有充足的时间查明事件真相，辨明案件中的主次作用，以及抓捕犯罪嫌疑人。

但需要注意的是，第 11 条中的“从羁押场所至最近法庭所耗费的时间不计算在内”是否会成为一个法律上的疏漏，即路程时间被不安好心者非法利用以谋求达成一些非法目的。对于该点的抗辩能否实施一些有效的监督和合理的判别。

三、线人身份的保护

反恐司法中有必要给予证人特别保护。案件性质决定着证人（包括狭义上的证人、被害人、鉴定人）作证时所可能受到的现实及潜在影响大小的关键因素，也决定着证人需要保护的必要性程度。在通常情况下，侵犯人身安全类案件比侵犯财产类案件，更需要证人保护机制；在侵犯人身安全类的案件中，性犯罪案件或猥亵类案件比其他类的侵犯人身安全的案件，更需要证人保护机制；掺杂了暴力手段的案件比其他不掺杂暴力手段的案件，更需要证人保护机制；涉及权力荫护的黑恶犯罪比其他不涉及权力荫护的、非黑恶案件，更需要证人保护机制；以团伙性质的或者犯罪案件实施者的潜在同盟众多的案件比非团伙性质的或者犯罪案件实施者不存在潜在同谋众多的案件，更需要证人保护机制。

而对于恐怖主义犯罪案件而言，它的性质决定着该类案件往往包容了以上诸多需要证人保护机制的所有特征。具体而言，恐怖主义犯罪案件往往以侵害人身的方式，甚至可以说是不计代价的方式来实施犯罪；恐怖主义犯罪也往往掺杂着暴力，甚至可以说以最大限度地引发社会公众恐慌为宗旨；恐怖主义犯罪还往往采取渗透到国家权力机关，甚至直接得益于国家权力机关支持的方式而存在；恐怖主义犯罪主体往往是一个区域性的、宗教性的、甚至国际性的组织中的一员或数人，信奉恐怖主义观念的或者致力于实施恐怖主义行为的乃是一个极大的组织。也就是说,他们不是一个人在战斗! 至今并无具体的数据显示,到底有多少恐怖主义案件中的证人不愿意或不敢出庭作证,但关于黑恶犯罪或社会影响较大的案件中,证人被恐吓或被打击报复的情况却屡见报道。可以说,很多情况下,暴力恐怖主义犯罪分子往往就是借助于威胁或恐吓证人,以达到自己不被刑事追诉或法庭定罪的目的。例如,“据美国司法部的报告指出,在 1974 年至 1978 年,有 10% 的控方证人遭到谋杀,而皆可归因于组织犯罪”。当然,反过来讲,正如一位美国检察官所指出的,“对易受伤害的证人提供保护,已被认为是打击重大的集团组织刑事犯罪,最有效的工具之一”。

关于该点《土耳其打击恐怖主义法》(2010 年修订版)中主要从两个方面进行了规定,一是质证程序得以秘密进行;二是线人身份信息予以保密。“如果必要,依照本法询问犯罪嫌疑人、证人和做出事件书面报告的警长和官员可出庭作证。但是,如果他们被要求作证,质证程序应秘密进行。”《土耳其打击恐怖主义法》(2010 年修订版)第二部分第 12 条如是写道。该条主要是针对庭审过程中的证人证言的质证本应公开质证,但为了保护证人的人身安全,法庭在审理该类案件时可采取特别的诉讼程序,以秘密质证。但从另一个方面来讲,秘密质证的证据有效性如何界定,即如何保障秘密质证中的被告人权益,避免因秘密质证而导致被告人得不到合理、公正的判决,这是土耳其立法及司法机关需要关注的地方。

同时,《土耳其打击恐怖主义法》(2010 年修订版)第二部分第 14 条也规定:“不得披露提供本法规定犯罪和犯罪人信息的个人身份,除非线人给予许可,或者线人提供信息本身即构成犯罪。”该条是以线人身份信息为保护对象,禁止任何知情单位和个人未经其本人许可披露相关信息。由于在侦查、起诉以及审判环节中,尤其是在侦查环节中依据线人的情报能够更加顺利准确地锁定犯罪嫌疑人以及查明犯罪事实,故而为了保证他们的积极性,也为了保障他们的人身安全,土耳其法律给予他们得以信息保密的优待。但为了避免其本身为了逃避犯罪惩罚而提供情报,该条也规定了例外情形,“或者线人提供信息本身即构成犯罪”,在该种情况下,其身份信息可以经过正常的司法程序进行披露,以得到公正审判。

四、不羁押之审判

考虑到严峻的反恐形势和特殊的反恐需要，为避免恐怖分子滥用诉权，对警长、警官、情报人员和其他从事反恐斗争的官员进行打击报复，以阻断其侦查或审判进程或威胁其人身安全，土耳其反恐法对这些人在履行职责期间实施犯罪的指控给予了一定的差别对待，即不羁押之审判。其规定如下：

第 15 条不羁押之审判：

1. 当警长、警官、情报人员和其他从事反恐斗争的官员被指控在履行职责期间实施犯罪，应受到不羁押之审判。

2. 当警长、警官、情报人员和其他从事反恐斗争的官员被指控在履行职责期间实施犯罪，最多应由 3 名律师代理，律师费无论多少均由被告人所在机构支付。

3. 当警长、警官、情报人员和其他从事反恐斗争的官员被指控在履行职责期间实施犯罪，除了谋杀和试图谋杀等犯罪外，诸如过失和类似犯罪均应适用《起诉公务员法》的相关规定。

不难看出，该条的不羁押并非绝对的不羁押，而是受限制的不羁押。首先，该条的主体为特殊主体，“警长、警官、情报人员和其他从事反恐斗争的官员”，也正是考虑到他们工作环境的复杂性和斗争对象的危险性，土耳其法律才对其予以了特别的保护；其次，该条所豁免羁押的犯罪并非所有犯罪，而是“在履行职责期间实施的犯罪”，因为只有此种犯罪方能将其认定为执行职务中的犯罪，以保证被害人能够得到国家赔偿而非个人赔偿，也印证了该条第 2 款之规定，“律师费无论多少均由被告人所在机构支付”。而第 3 款则规定了在符合上述两款的条件后，除谋杀和试图谋杀以外的犯罪均应适用《起诉公务员法》，即其他犯罪均将被视为职务犯罪。

不得不说，这条是对恐怖主义斗争一线人员的特殊保护，但也要警醒，该种保护是否会沦为不法分子逃避制裁的工具。因此，在认定是否适用不羁押审判时，审判人员应当充分全面慎重地进行考量，而得到公正合理的裁判。

第三节　判决的执行

一、判决执行前与审前羁押者处遇

在此前我们对恐怖主义和恐怖主义犯罪的概念进行了定义，鉴别了什么行为属于恐怖主义，什么样的行为对应怎样的判决，并对类似问题做了甄别，其后根据相关法律步入刑事程序。接下来在此节我们主要讨论判决的执行，在《土耳其 1991 年打击恐怖主义法》中对此部分有 3 款条款进行规定。

要涉及判决的执行，我们首先要对土耳其法律体系及判决体系做一个大概的描述，而且对该部分讨论涉及人权、司法公正、时代背景、国际局势、国家现状等不同方面。土耳其的司法制度已经完全融入欧洲大陆制度。例如，《土耳其民法典》已经通过纳入主要包含瑞士民法典和义务法的要素以及对《德国商法典》进行了修改。“行政法”与法国对应方面有相似之处，“刑法典”与意大利对应方面也有类似的部分。土耳其采取权力分立的原则。根据这一原则，独立法院代表土耳其国家行使司法权力。法院的独立和组织，法官和检察机关任职的安全，法官和检察官的职业，法官和检察机关，军事法庭及其组织的监督以及高等法院的权力和义务由土耳其宪法规定。根据《土耳其共和国宪法》第 142 条，法院的组织，职责和管辖权，法律职能和审判程序受法律规定。根据《土耳其共和国宪法》和有关法律的上述条款，土耳其的法院制度可分为三大类别：司法法院、行政法院和军事法院。每个类别包括一审法院和高等法院。此外，“司法管辖权争端法院”对不能归类为一个法院制度的范围的案件作出规定。

土耳其的执法由几个部门（如安全总局和宪兵总司令部）以及机构执行，这些部门都是由土耳其总理或大多数内政部长领导的。根据司法部公布的数字，截至 2008 年 11 月，土耳其监狱有 10 万人，自 2000 年以来翻了一番。这就需要对在押或审前羁押者作出更明确的规定，并完善假释制度。自 2013 年以来，土耳其司法机构的独立性和诚信越来越被土耳其内外的机构、议员和记者怀疑,由于政治干预促进法官和检察官以及追求公务。欧盟委员会在2015年土耳其报告中指出,“司法机关的独立性和尊重权力分立原则受到损害,法官和检察官受到强大的政治压力”。

有一个案例可以来说明土耳其对于审前羁押者的态度。据报道,2016年7月希腊法院当地时间21日将政变失败后逃到希腊的8名土耳其军官判处2个月徒刑,缓期执行。土耳其政府则要求将这8人押回国进行军事审判,但这些人在希腊请求庇护。在他们的请求获得受理前,他们将持续被希腊警方羁押。据报道,参与土耳其未遂政变并逃往希腊的8名土耳其军官,于当地时间2016年7月21日,在警察的陪同下前往当地法庭,8名土耳其军官虽申请政治庇护,但仍因被指控“非法入境”出席法庭审判。另外,土耳其21日宣布,土耳其要暂时中止执行欧洲人权公约土耳其国营的新闻社引述副总理柯土尔穆斯的话说,指出“土耳其将暂时中止欧洲人权公约,期间将不会与土耳其自身的国际义务相冲突”。该人权公约第15条允许缔约国,在战时或重大紧急状态下,暂时中止部分权利。8名土耳其军官虽申请政治庇护,但仍被指控“非法入境”出席法庭审判。

在判决执行前及审前羁押者的处置关联因素很多,审前羁押是在有罪判决生效之前剥夺嫌疑人或被告人的人身自由的一种法律状态。大陆法系国家通常称“未决拘禁”,即在有罪判决生效之前的羁押,而英美法系的称谓通常仅指审判开始以前的羁押,《土耳其1991年打击恐怖主义法》第16条规定:1.基于本法之有罪判决应在特殊的行刑机构执行,该机构的每个房间可容纳1人至3人。在上述机构中,不允许自由探视,亦不允许犯罪人之间进行联系和交谈。在对外部环境进行规范后,可保持司法公正性与合理性。2.如果犯罪人行为良好,并且已经执行原判刑罚的1/3;或者犯罪人在有权假释前仅余3年刑期,则可以转移至其他的封闭性监狱。3.依据该法规定,审前羁押者应羁押于符合第1款规定之羁押中心。4.第2款规定亦适用于审前羁押者。人权问题探究是世界各国讨论已久的问题,对于罪犯该怎样对待呢?特别是对于审前羁押者的处遇,需要针对不同情况提出不同的解决方案,并且立足于基本法来设置一个普遍适用的法律条款。但是根据《土耳其打击恐怖主义法》(2010年修订版),该条款被废除,究其原因有很多,包括国际反对恐怖主义形式变化，土耳其本国经济发展，土耳其本国国家安全战略转变，后面我们将会对此做进一步解释。

二、假释的条件

假释，是指对被判处有期徒刑、无期徒刑的罪犯，在执行了一定时间的刑罚之后，如果确有悔改表现，不致再危害社会，予以附条件提前释放的一种刑罚执行制度。

从世界范围观之，假释有法定假释与裁定假释两种。法定假释，又称必然假释，即法律规定对已执行一定刑期的罪犯应当交付监督机关在社会上考察，不予关押，而不需要考虑罪犯在行刑中的表现情况如何。裁定假释指裁量假释，也称任意假释或假释的个别主义，是指执行原判自由刑的一定期限之后，斟酌罪犯的犯罪性质、原因、经过，被监禁的经历，行刑中的表现以及对犯罪的危害后果有无赔偿之意和释放后有无继续危害社会的可能等情况而决定的附条件释放。

其目的在于通过提前释放这样的优待鼓励犯人更积极地接受改造，悔过自新。但假释的意义何在？有学者指出在狱中服刑的罪犯都有提前出狱、重新获得自由的强烈愿望。为了鼓励罪犯认真学习、服从监管、遵守制度、认真改造、真诚悔改，刑法规定了假释制度，是罪犯重新融入社会的桥梁。刑罚不仅仅是惩罚罪犯的手段，更重要的是成为教育、改善罪犯的手段。假释有利于刑罚目的的实现，促进社会的稳定，降低监管成本，有利于社会参与罪犯的改造。此外，假释体现了刑罚经济的原则。因为假释具有减少监管的成本、狱政费用。假释减轻了执行机关的压力与负担。正确地适用假释，将符合条件不必继续在监管场所内服刑的罪犯假释，这不仅有利于假释犯的改造，也有利于狱政部门对其他罪犯的改造。但是什么情况下可以申请假释呢？从各国对假释的立法来看，假释的适用在以下四个方面有着类似的规定：

1. 假释的适用对象

假释只适用于被判处自由刑的罪犯，这是世界各国的通例。假释作为对罪犯附条件提前释放的一项刑罚执行制度，对生命刑、财产刑、资格刑及名誉刑不宜适用。因此,各国立法均未对上述之刑作假释规定。

2. 罪犯的狱内表现

各国的刑事立法大多把悔罪作为假释的重要依据。刑罚之目的是改造罪犯,使之弃恶从善,不致再危害社会。而设置假释制度的目的是激发服刑者积极改造,促进其加速改恶从善,悔过自新,能够成为有益于社会的人,推动刑罚目的之实现。如此,考察某一罪犯能否适用假释,关键取决于服刑者在服刑期间的悔改表现。所以,服刑者有悔改表现成为各国关于假释立法必不可少的规定。

3. 受刑者服刑必须达到法定期限

罪犯被判刑后,将其送入服刑场所接受改造。在服刑过程中,使罪犯得到教育,令其认识到自己行为给社会造成的危害,自己所作所为的错误性,促使其悔改,消除其人身危险。再者,监督机关只有对罪犯在必要期间内的服刑情况观察、分析,才能判断罪犯是否改恶从善,不致再危害社会,以确定能否对其适用假释。鉴于此,各国从本国国情出发,在刑事立法中对受刑者必须达到的服刑期限皆有要求。

4. 罪犯的人身危险性

罪犯的狱中表现与罪犯的人身危险性有着内在的一致性。强调罪犯的狱中表现更侧重于强调根据罪犯在狱中的客观表现判断其经过改造后的主观恶性,而将罪犯的人身危险性作为假释适用的实质条件,则更强调用某一预定的标准而不仅仅是罪犯的狱中表现所体现的主观特性来判断罪犯回归社会的可行性。

《土耳其1991年打击恐怖主义法》第17条第1款规定:“在以下情况下,本法之犯罪人应获得假释:行为人被判处死刑,如果土耳其大国民议会未批准执行死刑,在执行36年监禁刑之后应予假释;行为人被判处终身监禁刑,在执行30年监禁刑之后应予以假释;行为人被判处其他监禁刑,如果行为人服刑期间表现良好,在执行原判刑期的3/4之后应予以假释。”土耳其立法机构立足于当时国家发展状况,对假释条件、适用对象作出了规定,并且区分不同的条件提出不同的对策,而如果涉及以下条款的则不可以假释,包括第2、3、4款规定:“如果行为人在审前羁押和服刑期间逃跑,试图逃跑或者被认定在狱中暴乱，作为规训性的惩罚，行为人将被单独监禁且不得假释。如果本法之犯罪人在判决确定后实施本法之其他犯罪，不得假释。《判决执行法(第 647 号)》第 19 条第 1、2 款和附加第 2 条的规定不应适用于上述犯罪人。”

而现在土耳其国内政局动荡，很多法律条款已经偏离了最初的目的，而且为了应对现在出现的新状况，继续出台新的修正案来解决现状。据法新社报道，土耳其从 2016 年 8 月 17 日起释放38 000名未涉及政变的监狱囚犯，以便腾出监狱关押在 1 个月以来在未遂政变清洗行动中被控参与政变的人。据英国《卫报》消息，该法令允许剩余刑期少于 2 年的犯人获释，并允许服刑过半的狱犯申请假释，但有谋杀、家暴、性侵、恐怖主义和其他反国家罪行的犯人不在释放范围内。这种措施虽然是为了时局变化而作出的措施，但是，在一定程度上削弱了法律的权威性。如果想进一步巩固法律的权威，完善土耳其的法律规范，则需要根据时代的变化与时俱进，从长远发展角度来确保国家的稳定。

第四节　相关规定的完善

一、对恐怖主义受害者的完善

当今世界的恐怖主义自 20 世纪 60 年代产生以来，危害越来越严重，它导致大量的人员伤亡和财产损失，破坏一些国家的国家安全、社会稳定，甚至威胁到国际和平与安全。在土耳其这个恐怖组织频发的国家里，如果不确定一个对受害者完善的制度，那么每一次恐怖活动发生之后所带来的危险和伤害将是巨大无穷的。

在《土耳其打击恐怖主义法》(2010 年修订版)第 22 条中规定了关于对恐怖主义受害者予以援助的规定。土耳其在这几年逐渐成为欧洲恐怖主义的中心，从恐怖主义受害者救济的角度来说，首先，当然要追究恐怖主义实施者的责任。对土耳其来说，应该借鉴《联合国打击跨国有组织犯罪公约》提供的一个思路，那就是通过国际合作将犯罪分子被没收的犯罪所得或财产交给有关国家用来赔偿和补偿受害者。其次,恐怖主义受害者可以向对恐怖主义事件承担责任的机构,如那些航空公司、航运公司等,提出一定比例的请求。但是,根据国家的法律的规定,按照过错赔偿的原则,受害者往往要证明这些机构在某些领域或者某个地方存在过错,而这样就无疑增加了其难度。最后,受害者可以请求国家赔偿或补偿。受害者可以向公共权力机关请求赔偿,如果这些机构在防止恐怖主义犯罪方面存在过错的话。如果一国公共权力机关在防止恐怖主义犯罪方面存在过错的话,受害者可以向这些机构请求赔偿;国家在不存在过错的情况下也可能基于社会和谐和公平的考虑给予受害者补偿。土耳其这个作为横跨亚洲和欧洲的国家,与欧洲主要的国家签订了《关于赔偿暴力犯罪的受害者的欧洲公约》。该公约对给予暴力犯罪的受害者赔偿的原则进行了规定,即将具体赔偿事宜交给各缔约国处理。恐怖分子所实施的恐怖活动在很大程度上是一种暴力犯罪,因此恐怖主义受害者完全可以按照这个公约里规定的方法寻求救济。土耳其本国应该参照这个公约,对自己国家反恐法中增加相关的条文,来保护恐怖活动受害者的权益。

从赔偿能力来看,恐怖组织强于恐怖分子,国家强于恐怖组织。土耳其作为一个经济发展迅速的国家,对于恐怖活动受害者的责任应该逐步转向由国家承担责任,那么受害者获得赔偿的权利就能较好地得以实现。在2017年1月1日,这个新年开始的第一天,土耳其首都伊斯坦布尔一家夜总会遭遇恐怖袭击,2名身着圣诞老人服装的枪手进入夜总会,向人群射击,造成39人死亡,69人受伤。自从土耳其加大了对叙利亚局势的介入力度之后,土耳其面临的安全风险也随之增加。而在已经过去的2016年对于土耳其来说是血腥的一年,几乎每个月都会发生袭击事件。除了“伊斯兰国”(ISIS)外,土耳其还发生过多起来自库尔德武装的袭击和一场未遂政变。恐怖主义在土耳其实施的一系列的恐怖活动表面上是对人民的生命、健康、自由、财产等造成严重的危害,实质上是想通过这种危害产生一种令人恐惧的社会氛围,从而使社会公众产生焦虑、恐慌等心理不安定的情绪,使人们的生活有一种不安全感,进而利用这种心理状态迫使土耳其政府屈服于自己的意志,在这样的一次又一次冲击之下,土耳其政府应该加大国家财政在这方面的预算。土耳其应该加大在医疗和社会救济方面的投入,因为国家补偿主要是直接的经济救济形式,如给予经济救济、免费发放一些生活用品等,或者是以免除医疗费、服务费等方式予以的救济。《土耳其打击恐怖主义法》(2010 年修订版)规定,“非公务人员的公民因恐怖主义活动遭受生命和财产损害的,应当从社会福利和团结基金中获得特别援助”。在这样的法律背景之下,规定了社会恢复的具体措施,如保证国家财政的必要支出,以及为恐怖活动受害者提供各种形式的社会援助等在进行一定的经济救济之后,土耳其政府不得不面对这些因为受到恐怖主义的受害者的精神问题和心理问题。可以说恐怖主义犯罪在形式上虽然表现为一种恐怖的袭击行为,但在某种意义上也是恐怖组织与人民群众的一种心理战争。因此,对恐怖主义犯罪被害人进行精神支持就显得尤为重要。首先,为恐怖主义犯罪被害人提供心理咨询和心理治疗。犯罪被害人在遭受恐怖袭击之后会产生一定的精神创伤,所以,对于恐怖主义犯罪被害人由专业的心理工作人员进行心理咨询和治疗,就好比在发生重大的地震泥石流山洪等这些自然灾害之后对受害者由专业的心理工作人员进行心理干预,同样是恐怖主义犯罪之后的重要环节。其次,对恐怖主义犯罪被害人进行情感支持和情感疏导。这些都将是恐怖主义犯罪被害人重返社会的重要基础。最后,加强对恐怖主义犯罪被害人人生观、价值观的巩固教育。在世界各地发生恐怖活动之后,很大一部分恐怖主义犯罪被害人难以接受现实,失去面对生活的勇气或者采取自暴自弃的生活态度。所以,土耳其政府应该避免这样的情况发生,就应该在适当的时机运用适当的方式对恐怖主义犯罪被害人进行人生观和价值观的教育,防止其产生恶逆变。

由于恐怖主义犯罪往往存在受害面广、人数众多、危害程度极端严重等特点,其与普通刑事案件被害人的权利救济存在很多差异,特别是需要国家在弥补被害人创伤、恢复社会秩序、安定民众情绪方面承担起更大的责任。过去这个 2016 年土耳其充满了恐怖主义的硝烟,为了减少更多受害者的出现,因此,这种加大对被害人保护不仅仅是单纯的利益补偿,而应当放置于防范和打击恐怖主义的制度整体中予以考量,并将其视作依法反恐、以正义对抗邪恶的战略性措施。

二、对奖励方法的完善

在恐怖活动当中,会出现很多帮助政府协助抓获恐怖分子亦或是在生活中发现种种痕迹,及时报告给政府的人,对于这样的人政府应该及时给予起奖励,那么如何制定这样的奖励办法呢,在土耳其1991年颁布的反恐法条例中进行了规定,但是,随着时间的推移,这样的规定并不能完善整个奖励体系,所以,应该完善奖励办法,鼓励更多的人积极地参与反恐活动当中。

土耳其在反恐趋势不断严峻的大背景之下,应该吸取其他国家的奖励办法。在许多国家,他们将自己的奖励办法用悬赏广告的方式对外公布。这样的刑事悬赏广告的发布人可以是政府也可以是民间组织。例如,美国的刑事悬赏广告可以由国务院、司法部、联邦调查局等政府机构发出,也可以是私人或民间组织。而在我国,刑事悬赏广告的发布人只能是司法机关,其他任何组织和个人都不可以成为发布人。根据相关的法律解释,1998年颁布的《公安机关办理刑事案件程序规定》第270条第1款规定:"为发现重大犯罪线索,追缴涉案财物、证据,查获犯罪嫌疑人,必要时,经县级以上公安机关负责人批准,可以发布悬赏通告。"但在实践中存在经司法机关同意,由个人提供悬赏资金的情况。但此时,发布人仍然是司法机关,出资者的身份应该是捐赠者。司法机关必须对刑事悬赏广告的公信力负绝对责任,当因出资者的问题而发生悬赏金纠纷时,即使是出资者的捐赠无法落实,司法机关也负有对相对人支付悬赏金额的义务。[1]

土耳其正在成为恐怖袭击的多发区和重灾区,恐怖活动的风险前所未有,反恐必将呈现出常态化持久战模式,严厉打击暴力恐怖主义犯罪既是政府的责任,也成为公众的安全需求。为有效打击暴恐犯罪,相关职能部门在法律的框架内积极探寻应对之策,通过悬赏寻找恐怖主义逃犯或预备犯的线索,就是典型措施之一。但从当前举报人的境况来看,对举报人的"保护"比"奖励"显得更为重要,倘若举报人的人身安全得不到应有的保护,奖励的

---

〔1〕 参见赵秉志:《我国反恐怖法律体系的初步形成》,载《法制日报》2011年11月16日,第12版。

意义就会大打折扣。举报人即使得到了“重奖”，可要是再遭遇到被举报人的打击报复，其举报的“成本”则远远不是举报奖励所能够弥补得过来的，其举报的积极性也会随之一落千丈。再说，向社会极力渲染举报有奖，多少会给举报人涂抹上“图利”的暗影，对鼓励举报也会产生负面效应。鼓励举报，保护比奖励更重要。在我们人民大众的眼中，恐怖活动其危险性极高，如果举报可能会遭遇前所未有的威胁。加大对举报有功人给予一定的奖励并且向社会公开奖金数额，无疑会激发群众的举报热情，调动其举报积极性，有利于反恐机关获取更多查案线索，加大对反恐活动的查处。

三、对证人的保护方法的完善

在反恐的大背景下，证人保护成为暴恐犯罪能否被成功追诉的重要因素之一。较之普通案件的证人保护，反恐案件中的证人保护有其特殊的必要性。在反恐案件中，提供线索的证人往往出于个人的人身安全考虑而不愿提供线索，即便是在重赏之下也难有勇夫出现。土耳其在国内外武装势力的威胁下，国内的恐怖事件不断增多，民族矛盾不断激化。在土耳其频发的暴力案件、黑恶案件、有组织犯罪案件，尤其是恐怖主义犯罪中，考虑证人的个人安全因素，仍显得极其必要。因此，结合反恐司法现状，构建该类案件中证人特别保护机制，成为弥足迫切的话题。[1]

土耳其在大背景之下应该吸收世界上那些反恐经验丰富的国家。在反恐案件中证人保护方式的选取问题，涉及证人保护措施与被告对质诘问权之权衡问题，显然，两种诉讼价值均需要给予关注和重视。然而，对于司法实践中，如何保障这两种价值的有机权衡，各国司法实务中却并无一定之规。笔者认为，土耳其应当贯彻比例原则之适用，同时以严格的审查密度，选取较佳的证人保护措施。例如，美国所实施的诸多立法所例示的，蒙面、变声、变像、视讯传送，四种隔离方式，也应个案评估其特性与限制，进而选择最小侵害手段并采取平衡防御权损失的补偿措施。美国不仅在刑事法律

---

〔1〕 参见万毅：《新刑诉法证人出庭制度的若干法解释问题》，载《甘肃政法学院学报》2013 年第 6 期。

中规定了证人的特殊保护，而且有一套便于操作的具体的程序性规定，在恐怖活动犯罪中可以启动马歇尔项目计划，为证人提供安全服务，在打击恐怖活动犯罪中发挥了重要作用。意大利、德国等国对恐吓、胁迫证人的行为也有特殊的规定。2012 年我国在修订《刑事诉讼法》时也对某些特定犯罪案件的证人规定了特殊的保护措施，加大了对证人的保护力度，恐怖活动犯罪案件就在其中。法定的证人保护方式，包括在诉讼中作证采取不公开姓名、不暴露外貌等形式，对解除证人的后顾之忧，破解证人作证难问题有一定的积极作用。

在反恐怖法中构建完善的证人保护机制，有助于提升反恐侦查能力和水平。例如，为确保保护的有效性和针对性，对面临不同危险的证人采取不同等级的保护措施；对每一个需要保护的证人，根据其自身特点、案件情况等因素制订具体的保护措施和计划；对卧底侦查的工作人员，任何人不得泄露其身份，否则处以刑罚。又如，为了分化瓦解恐怖组织，争取同化恐怖分子，可贯彻宽严相济原则，对污点证人实行特殊的证人保护，并对其实行从宽处理。

第八章　特立尼达和多巴哥反恐怖主义法

周　舟

近年来,随着拉美地区政治民主化的推进以及各国反恐力度的加大,该地区以传统游击武装为主的恐怖源头受到遏制,鲜有重大恐怖活动发生,反恐形势总体趋于平稳。但也应当看到,一些贩毒组织、洗钱团伙、黑社会组织等有组织犯罪集团与该地区残余反政府武装勾结,形成了庞大而复杂的犯罪网络,实施暴力恐怖活动,对部分国家和地区的安全构成了严重威胁。此外,“基地”组织“伊斯兰国”等各种伊斯兰激进力量等国际恐怖主义势力持续加强对拉美地区的渗透,或图谋开辟拉美新据点,或企图加大影响力,亦带来不小的潜在威胁。[1] 应该看到,尽管拉美地区一直以来都不是国际反恐斗争的焦点,但不少拉美国家政府与国内的恐怖主义作斗争长达数十年之久。打击恐怖主义,维护国内和地区和平与安全,始终是拉美国家共同追求的目标。当前,大多数拉美国家继续拥护美国领导的国际反恐联盟,不断采取各种反恐措施,以维护拉美地区的安全与稳定。在法律上,“9·11”事件之后,许多拉美国家相继制

---

〔1〕 参见傅小强主编:《国际恐怖主义与反恐怖斗争年鉴》(2015),时事出版社2016年版,第247~248页。

定了专门的反恐法,加大对恐怖分子的处罚力度,以满足新形势下反恐怖斗争的需要。例如,古巴、哥伦比亚、秘鲁、巴巴多斯、特立尼达和多巴哥等拉美国家均在“9·11”事件后制定了新的反恐法。

特立尼达和多巴哥处于中美洲加勒比海南部,紧邻于委内瑞拉外海,是拉丁美洲34个国家和地区之一。该国议会于2005年9月5日审议通过了《特立尼达和多巴哥反恐怖主义法》(该法于2005年9月13日生效,以下简称《特立尼达和多巴哥2005年反恐法》),该法案旨在将恐怖主义行为犯罪化,并为针对恐怖主义活动的侦查、预防、起诉、定罪和量刑以及没收、扣押和追缴恐怖分子资产提供法律依据。《特立尼达和多巴哥2005年反恐法》[1]共包括9个部分及一个附件,其中,《特立尼达和多巴哥2005年反恐法》正文的9个部分分别为:第一部分,前言,该部分主要界定了“公约”“指定机关”“爆炸物或其他致命装置”“金融机构”“终身监禁刑”“国际组织”“法官”“船长”“部长”“货币”“操控者”“财产”“恐怖主义行为”“恐怖分子财产”“船舶”“武器”等用语的含义;第二部分,犯罪,该部分主要规定了国内恐怖主义犯罪的类型及法定刑;第三部分,公约犯罪,该部分主要规定了国际恐怖主义犯罪的类型及法定刑;第四部分,犯罪调查,该部分主要规定了警察调查恐怖活动犯罪案件的权限;第五部分,犯罪的管辖,该部分主要规定了恐怖活动犯罪案件的管辖权行使原则及管辖权冲突等问题;第六部分,信息共享、引渡和刑事司法协助,该部分主要规定了信息共享、引渡和司法协助等反恐国际合作事项;第七部分,披露和共享信息,该部分主要规定了知情公民的涉恐信息披露义务;第八部分,扣押、没收恐怖分子财产,该部分主要规定的是相关部门和官员扣押、没收恐怖分子财产的权限和程序;第九部分,其他权力,该部分主要规定的是航空器运营者、船舶船长或部长的其他一些权力。《特立尼达和多巴哥2005年反恐法》的附件规定的是有关被羁押人员的监禁记录内容等事项。

在拉美国家中,笔者拟以《特立尼达和多巴哥2005年反恐法》为对象,

---

[1] 本章中有关《特立尼达和多巴哥2005年反恐法》的条文内容,参见赵秉志等编译:《外国最新反恐法选编》,中国法制出版社2008年版,第936~959页。需要说明的是,笔者对其中部分条文的译文做了一定调整。

重点介绍上述《特立尼达和多巴哥2005年反恐法》的第五部分、第六部分和第八部分的内容,以期能使读者较为深入地了解《特立尼达和多巴哥2005年反恐法》的主要内容,并通过将我国的反恐立法和特立尼达和多巴哥的反恐立法进行一些比较研究,取长补短,从而达到改进、完善我国反恐立法的目的。需要注意的是,与前文所述的《乌干达2002年反恐法》的情况相同,《特立尼达和多巴哥2005年反恐法》中针对恐怖活动犯罪规定了独立的法定刑,因此,这部专门的反恐法同样具有特别刑法的性质。

第一节　恐怖活动犯罪的管辖

《特立尼达和多巴哥2005年反恐法》第五部分专门以3个条款(第25~27条)对恐怖活动犯罪的管辖问题进行了规定。综观《特立尼达和多巴哥2005年反恐法》第五部分的规定,可以发现,该部分主要规定了以下四部分内容:其一,恐怖活动犯罪的管辖权(第25条第1~2款);其二,恐怖活动犯罪管辖权的冲突与解决(第25条第3~7款);其三,《特立尼达和多巴哥1986年引渡法(联邦及海外领地)》的相应修正(第26条);其四,武器、危险物、放射物、有害物、有毒化学制剂、微生物、其他生物制剂或毒素的判断(第27条)。相关内容具体介绍如下。

一、恐怖活动犯罪的管辖权

恐怖活动犯罪的管辖权,主要是指一国法院依法在受理恐怖活动犯罪案件方面的职权。《特立尼达和多巴哥2005年反恐法》第25条第1款和第2款针对恐怖活动犯罪管辖权的行使原则作出了具体规定,其中,该条第1款规定:“特立尼达和多巴哥法院对本法规定的任何罪行都享有管辖权,如果:(a)犯罪行为人在特立尼达和多巴哥境内、在特立尼达和多巴哥注册的船舶或航空器上被逮捕;且(b)犯罪实施于:(i)特立尼达和多巴哥境内,或是发生在别处,但根据包含本法在内的特立尼达和多巴哥国内法或特立尼达和多巴哥履行的国际法义务应受到处罚;(ii)特立尼达和多巴哥注册的船舶、轮船或固定平台,或在犯罪实施时根据特立尼达和多巴哥法律注册的飞机;(iii)特立尼达和多巴哥境外,但犯罪人在犯下罪行之后出现在特立尼达和多巴哥境内;或(c)证据表明法律认可的其他任何基础。”该条第 2 款规定:“如果行为人出现在特立尼达和多巴哥境内,且不能被引渡到有权管辖此罪行的国家。在这种情况下,尽管某行为实施于特立尼达和多巴哥境外,但是,如果该行为在特立尼达和多巴哥境内构成本法之犯罪,应被认为是在特立尼达和多巴哥境内实施。”

(一)恐怖活动犯罪管辖权的行使原则

有学者认为,在各国长期实践的基础上,国际刑法形成了若干行使刑事管辖的原则,现有的反恐怖主义条约基本上都覆盖了这些管辖权原则。这些原则主要有属人管辖权原则、属地管辖权原则、保护性管辖权原则、普遍性管辖权原则和“旗国”管辖权原则等。[1] 根据上述《特立尼达和多巴哥2005 年反恐法》的规定,该国针对恐怖活动犯罪主要规定了以下管辖权原则:

其一,属地管辖权原则(也被称为领土原则或者地域管辖权原则)。属地管辖权原则从维护国家领土主权出发,主张以地域为标准,凡在本国领域内犯罪,不论犯罪人是本国人还是外国人(包括无国籍人),都适用本国刑法。[2] 根据上述《特立尼达和多巴哥 2005 年反恐法》第 25 条第 1 款(a)项和(b)项(i)前半段的规定,只要犯罪行为人在特立尼达和多巴哥境内实施该法规定的任何恐怖活动犯罪,并且在特立尼达和多巴哥境内、在特立尼达和多巴哥注册的船舶或航空器上被逮捕,特立尼达和多巴哥法院即可行使管辖权。这实际上规定的就是属地管辖权原则。至于此处所谓的特立尼达和多巴哥“境内”,是指特立尼达和多巴哥国境以内的全部区域,具体应包括领陆(国境线以内的陆地以及陆地以下的底土)、领水(内水、领海及其以下的地层)和领空(领陆、领水之上的空气空间)。

其二,“旗国”管辖权原则(也被称为浮动领土原则或者拟制领土原则)。

〔1〕 参见陈静娴:《论对恐怖主义犯罪的刑事管辖权》,载《中国人民公安大学学报(社会科学版)》2002 年第 3 期,第 64 页。

〔2〕 参见刘宪权主编:《刑法学》(上)(第 4 版),上海人民出版社 2016 年版,第 44 页。

一般认为,挂有本国国旗的船舶与航空器,属于本国领土,不管其航行或停放于何处,对在船舶与航空器内的犯罪,都适用旗国的刑法,这便是旗国主义,是属地管辖原则的补充。[1] 根据上述《特立尼达和多巴哥 2005 年反恐法》第 25 条第 1 款(a)项和(b)项(ii)的规定,只要犯罪行为人是在特立尼达和多巴哥注册的飞机、船舶、轮船或固定平台上实施该法规定的任何恐怖活动犯罪,并且在特立尼达和多巴哥境内、在特立尼达和多巴哥注册的船舶或航空器上被逮捕,特立尼达和多巴哥法院即可行使管辖权。应该看到,飞机、船舶、轮船或固定平台只是一种法律上的拟制,并非真正意义上的领土,通常称为"拟制领土"或"浮动领土"。需要注意的是,上述规定并未要求飞机、船舶、轮船或固定平台(如公海上的石油钻井台)悬挂有特立尼达和多巴哥的旗帜,而只是要求在特立尼达和多巴哥注册即可。因而此处的飞机、船舶、轮船或固定平台不仅包括标识了特立尼达和多巴哥国旗的飞机、船舶、轮船或固定平台,还应包括标示了特立尼达和多巴哥国徽等表明特立尼达和多巴哥所有的标志的飞机、船舶、轮船或固定平台,以及没有悬挂任何国家的国旗、国徽等标志,但事实上属于特立尼达和多巴哥国家、法人或者国民所有的飞机、船舶、轮船或固定平台。

其三,属人管辖权原则。属人管辖权原则是指本国公民在国外犯罪的,也应当适用本国刑法。根据上述《特立尼达和多巴哥 2005 年反恐法》第 25 条第 1 款(a)项、(b)项(i)后段、(b)项(iii)的规定,哪怕特立尼达和多巴哥公民是在特立尼达和多巴哥境外实施犯罪,只要根据包含《特立尼达和多巴哥 2005 年反恐法》在内的特立尼达和多巴哥国内法或特立尼达和多巴哥履行的国际法义务应受到处罚,且其出现在特立尼达和多巴哥境内并被逮捕,特立尼达和多巴哥法院即可行使刑事管辖权。

其四,普遍管辖权原则。普遍管辖权原则以保护各国的共同利益为标准,认为凡是国际条约所规定的侵犯各国共同利益的犯罪,无论犯罪人的国籍,无论犯罪发生在哪国领域内,也无论犯罪侵犯了哪国国家或公民的利益,缔约国和参加国发现犯罪分子在其领域之内时便可以行使刑事管辖权。

---

[1] 参见张明楷著:《刑法学》(上)(第 5 版),法律出版社 2016 年版,第 70～71 页。

根据上述《特立尼达和多巴哥2005年反恐法》第25条第2款的规定，如果外国人（包括无国籍人）出现在特立尼达和多巴哥境内，且不能被引渡到有权管辖其所实施的罪行的国家，但其实施的犯罪行为在特立尼达和多巴哥境内构成《特立尼达和多巴哥2005年反恐法》规定的犯罪，则应被认为是在特立尼达和多巴哥境内实施，特立尼达和多巴哥法院可以行使刑事管辖权。据此，特立尼达和多巴哥行使刑事普遍管辖权必须具备以下条件：(1)追诉的恐怖活动犯罪必须是《特立尼达和多巴哥2005年反恐法》所规定的罪行；(2)追诉的恐怖活动犯罪必须是发生在特立尼达和多巴哥领域之外的；(3)犯罪人必须是外国人（包括无国籍人）；(4)犯罪人必须是出现在特立尼达和多巴哥境内；(5)犯罪人必须不能被引渡到有权管辖其所实施罪行的国家。

（二）中特两国关于恐怖活动犯罪管辖权行使原则的界限

我国关于恐怖活动犯罪的管辖权原则，主要是由《刑法》第6条至第9条以及《反恐法》第11条加以规定的，其中，《刑法》第6条至第9条是我国行使刑事管辖权原则的一般规定，《反恐法》第11条是有关恐怖活动犯罪刑事管辖权的特别规定。通过对比可以发现，中特两国关于恐怖活动犯罪管辖权行使原则主要存在以下界限：

其一，除属地管辖权原则、“旗国”管辖权原则、属人管辖权原则和普遍管辖权原则以外，我国还针对恐怖活动犯罪规定了保护管辖权原则。根据我国《刑法》第8条的规定：“外国人在中华人民共和国领域外对中华人民共和国国家或者公民犯罪，而按本法规定的最低刑为三年以上有期徒刑的，可以适用本法，但是按照犯罪地的法律不受处罚的除外。”根据这一规定，在中华人民共和国领域外对我国国家或者公民犯罪，适用中国刑法有两个限制条件：一是法定最低刑为3年以上有期徒刑；二是按照犯罪地的法律也应当受到处罚。根据《反恐法》第11条的规定，对在中华人民共和国领域外对中华人民共和国国家、公民或者机构实施的恐怖活动犯罪……或者实施的中华人民共和国缔结、参加的国际条约所规定的恐怖活动犯罪，中华人民共和国行使刑事管辖权，依法追究刑事责任。对比上述我国《刑法》第8条和《反恐法》第11条的规定，我国立法机关认为，考虑到恐怖主义和恐怖活动犯罪是国际公认的罪行及其严重危害性和极端危险性，我国《反恐法》第11条对在领域外对我国实施恐怖活动犯罪，我国行使刑事管辖权作了规定，对上述《刑法》第8条的规定有所突破。[1] 亦即这一规定不再要求法定最低刑为3年以上有期徒刑和按照犯罪地的法律也应当受到处罚的条件限制。当然，笔者认为，从法律位阶的角度来看，上述我国立法机关的解读是否正确，尚有探讨的空间。囿于篇幅所限，在此不作展开。

其二，我国针对属地管辖权原则和属人管辖权原则均作出了一定的限制性规定。根据我国《刑法》第6条关于属地管辖权的规定，凡在中华人民共和国领域内犯罪的，一般都适用本法，但法律有特别规定的除外。此处"法律有特别规定的"，即指《刑法》第11条关于对"享有外交特权和豁免权的外国人"的特别规定、《刑法》第90条关于民族自治地方的特别规定、《刑法》实施后立法机关所指定的特别刑法、附属刑法的规定、《中华人民共和国香港特别行政区基本法》《中华人民共和国澳门特别行政区基本法》的特别规定等。根据我国《刑法》第7条关于属人管辖权的规定："中华人民共和国公民在中华人民共和国领域外犯本法规定之罪的，适用本法，但是按本法规定的最高刑为三年以下有期徒刑的，可以不予追究。中华人民共和国国家工作人员和军人在中华人民共和国领域外犯本法规定之罪的，适用本法。"据此，除国家工作人员和军人以外的我国一般公民在我国领域外犯罪的，如果法定最高刑为3年以下有期徒刑的，可以不予追究。

其三，我国针对普遍管辖权的行使规定了与特立尼达和多巴哥不同的适用条件。我国《刑法》第9条规定，对于中华人民共和国缔结或者参加的国际条约所规定的罪行，中华人民共和国在所承担条约义务的范围内行使刑事管辖权的，适用本法。我国《反恐法》第11条规定，对……实施的中华人民共和国缔结、参加的国际条约所规定的恐怖活动犯罪，中华人民共和国行使刑事管辖权，依法追究刑事责任。对比可见，我国与特立尼达和多巴哥关于恐怖活动犯罪普遍管辖权的行使条件有以下区别：一方面，我国并未规

---

[1] 参见王爱立主编、全国人大常委会法制工作委员会刑法室编著：《中华人民共和国反恐怖主义法解读》，中国法制出版社2016年版，第50页。

定犯罪分子不能被引渡到有权管辖其所实施的罪行的国家这一限制性条件;另一方面,我国规定犯罪分子实施的犯罪行为属于我国缔结或参加的国际条约规定的恐怖活动犯罪即可,而不仅仅包括本国《刑法》和《反恐法》规定的恐怖活动犯罪。

二、恐怖活动犯罪管辖权的冲突与解决

《特立尼达和多巴哥2005年反恐法》第25条第3款至第7款针对恐怖活动犯罪管辖权的冲突与解决问题作出了规定,其中,该条第3款规定:"当检察长知悉本法罪行之犯罪嫌疑人出现于特立尼达和多巴哥境内,检察长应当:(a)发起关于该指控的调查;(b)迅速将调查进展通知其他可能具有管辖权的国家;且(c)迅速向其他可能具有管辖权的国家表明,根据其知识、信息和证据来判断,是否由检察官提起诉讼。"该条第4款规定:"为促进第(3)款,检察官需考虑不利于被告人的证据是否充分,以决定是否提起诉讼。"该条第4A款规定:"检察长和检察官应根据第(4)款在权力行使上进行下列协商:(a)考虑国际法、实践和礼让;(b)国际关系;以及(c)其他任何国家正在或将要提起的诉讼。"该条第5款规定:"如果依据本条对行为人予以监禁,以确保起诉或递交他国之目的,则检察官在该人被监禁后立刻通知检察长。"该条第6款规定:"检察长应直接或通过联合国秘书长通知可能对相关罪行有管辖权的国家,以及他认为有必要告知的国家:(a)某人已被监禁的事实;以及(b)对该人进行监禁的合理依据。"该条第7款规定:"当检察官决定不起诉,且其他国家对相关罪行拥有管辖权,他应当通知其他国家,以便将行为人引渡至其他国家提起诉讼。"

(一)普遍管辖权优先原则

为了避免国家间发生不必要的法律冲突,《特立尼达和多巴哥2005年反恐法》第25条第3款至第7款明确了该国关于恐怖活动犯罪管辖权冲突的解决原则,这不仅有助于避免管辖权的冲突,同时也有利于妥善解决国家主权和管辖权冲突之间的关系问题。针对恐怖活动犯罪刑事管辖权的冲突与解决,有学者指出,在起诉恐怖活动犯罪时,由于可以适用诸多的管辖原则,所以无论适用哪个原则都会发生管辖权冲突,反而不利于通过法律手段

有效地惩治恐怖主义犯罪。因此,在管辖权冲突中,各国乃至国际社会普遍推崇属地原则应作为管辖权行使的首选原则。[1] 然而,从上述《特立尼达和多巴哥2005年反恐法》第25条第3款至第6款的规定可以看出,在发生管辖权冲突时,特立尼达和多巴哥并未采取属地管辖权优先原则,而是采取的普遍管辖权优先原则。亦即只要恐怖分子出现在特立尼达和多巴哥境内,检察长或检察官就可以适用普遍管辖权而对其提起诉讼。

在适用普遍管辖权起诉恐怖活动犯罪时,特立尼达和多巴哥亦十分尊重他国的国家主权和民族自治权,并注意维护恐怖分子的人权,遵循了法治原则。例如,《特立尼达和多巴哥2005年反恐法》第25条第3款(b)项和(c)项规定,检察长应当迅速将恐怖活动犯罪的调查进展情况通知其他可能具有管辖权的国家,并迅速向其他可能具有管辖权的国家表明,根据其知识、信息和证据来判断,是否由检察官提起诉讼。再如,《特立尼达和多巴哥2005年反恐法》第25条第6款规定,检察长应直接或通过联合国秘书长将恐怖分子已被监禁的事实以及对该人进行监禁的合理依据,通知可能对相关罪行有管辖权的国家以及他认为有必要告知的国家。正如有学者所指出的,在适用普遍管辖权惩治恐怖主义犯罪中,依照法律程序的规定,遵守"国际正当程序"原则是国际社会形成的统一认识,如此则可避免出现忽略国际合作基本原则和侵犯主权与人权方面的现象,杜绝不打击或过分打击。[2]

(二)或起诉或引渡原则

或起诉或引渡这一来自于格劳秀斯《战争与和平法》的古老原则有助于开展国际间司法合作,在防止犯罪分子逃避惩罚,达到制裁国际犯罪、维护国际社会的安宁和秩序方面具有重大意义。[3] 根据上述《特立尼达和多巴哥2005年反恐法》第25条第7款的规定,如果检察官决定不起诉,且其他国家对相关罪行拥有管辖权,检察官则应当通知其他国家,以便将行为人引渡

---

〔1〕 参见赵秉志、王秀梅:《国际恐怖主义犯罪及其惩治理念》,载《江海学刊》2002年第4期,第123~124页。

〔2〕 参见王秀梅、杜澎、赫兴旺:《惩治恐怖主义犯罪国际合作中的普遍管辖》,载《法学评论》2003年第4期,第84页。

〔3〕 参见吴玉梅:《关于国际恐怖主义犯罪引渡问题的探讨》,载《河北法学》2001年第2期,第115页。

至其他国家提起诉讼。这实际上就是或起诉或引渡原则的具体体现。当然,笔者认为,尽管《特立尼达和多巴哥 2005 年反恐法》明确规定了或起诉或引渡原则,但这一原则在社会防卫中仍然存在一定漏洞,并不一定能够保证被指称的恐怖分子会受到有效的惩罚。这是因为,或起诉或引渡原则仅是提供了一种自由选择权,一个国家很有可能基于某一恐怖活动具有政治上的合理性或者是出于政治上的权宜之计考虑,而不对犯罪分子进行起诉。那么,这个国家很有可能以"政治犯不引渡"或者基于其他和不起诉相同的理由而拒绝引渡犯罪分子。退一步而言,即使根据法律的规定,国家必须要惩罚未引渡的犯罪分子,该国检察官也只是需要向本国审判机关提起诉讼,但其提起诉讼的实际效果无法确定,该国审判机关甚至有可能出于政治动机而判决释放犯罪分子。据此,尽管一些国家在反恐法中确立了"或起诉或引渡"的原则,弥补了国家之间合作框架上的法律漏洞,但很多情况下"或起诉或引渡"的选择权是基于各个国家利益的考虑,仍然存在政治上的漏洞。

此外,需要注意的是,根据《特立尼达和多巴哥 2005 年反恐法》第 26 条的规定,在该法通过后,《特立尼达和多巴哥 1985 年引渡法(联邦及海外领地)》中的诉讼程序将根据该法第 25 条有关引渡的部分进行适当修改。这也就是说,根据新法优于旧法的规则,《特立尼达和多巴哥 1985 年引渡法(联邦及海外领地)》中与上述《特立尼达和多巴哥 2005 年反恐法》第 25 条第 7 款确立的"或起诉或引渡"原则相冲突的条款作出相应修正。

三、武器及相关危险物质的范围与证明

《特立尼达和多巴哥 2005 年反恐法》第 27 条规定:"本法中任何罪行的诉讼程序都面临着一个问题,那就是如何判断一件事物或物质是武器、危险物、放射物、有害物、有毒化学制剂、微生物、其他生物制剂或毒素。因此,有资质的机构出于此目的签署证明,以表明所描述的事物或物质是武器、危险物、放射物、有害物、有毒化学制剂、微生物、其他生物制剂或毒素。此类证明可被采纳为证据且无须验证签署人的签名或资质,当缺乏相反证据时,该证明所述皆为事实。"据此,该条明确界定了《特立尼达和多巴哥 2005 年反

恐法》中所称武器及相关危险物质的范围，并规定了证明机构以及将证明结果作为证据使用的规则。

（一）武器及相关危险物质的范围

《特立尼达和多巴哥2005年反恐法》中涉及的事物或物质主要包括武器、危险物、放射物、有害物、有毒化学制剂、微生物、其他生物制剂或毒素，这些事物或物质的属性认定将直接影响相关恐怖活动犯罪的成立与否，因而较为重要。所谓"武器""危险物"，是指枪支、弹药、爆炸物、管制刀具、电棒、斧头等性质上或用法上足以杀伤他人的器物。所谓"放射物"，是指含有能自发放射出穿透力较强射线元素的物质。所谓"有害物""有毒化学制剂"，是指以较小剂量进入人体，能够导致疾病或死亡的物质，包括含有毒质的有机物或者无机物，如氰化钾、甲氟膦酸异丙酯、砒霜、水银、剧毒农药等。所谓"微生物""其他生物制剂或毒素"，包括传染病的病毒、细菌、真菌、螺旋体、原虫等，这种微生物通过某种方式在人群中传播，造成传染病流行。

《特立尼达和多巴哥2005年反恐法》之所以要对放射物、有害物、有毒化学制剂、微生物、其他生物制剂或毒素等非传统性危险物质的范围作出明确界定，实际上也是为了顺应恐怖分子实施恐怖活动手段的更新和发展。具体而言，随着社会的发展和技术的进步，恐怖分子实施恐怖活动的手段经历了全新的变革。尽管具有悠久历史的暗杀、袭击、绑架与劫持人质、爆炸、劫机（及车船）等方式仍然是恐怖主义活动最常见和最主要的手段，但从实施手段来看，近年来恐怖主义也衍生出了生物恐怖主义、化学恐怖主义、网络恐怖主义等新型恐怖主义。在这些新型恐怖主义中，恐怖分子使用生物武器、化学武器或者利用互联网、广播电视工具等高科技手段实施恐怖活动，极大地增加了社会对于恐怖主义的恐惧和不安。1995年3月20日发生的由日本奥姆真理教策划实施的东京地铁"沙林"毒气事件、从2001年9月18日开始发生的为期数周的美国"炭疽菌"信件攻击事件以及2001年以来各国经常接到恐怖组织在网上发布的恐怖信息等，表明恐怖分子使用生物、化学等大规模杀伤性武器或利用互联网等高科技手段实施恐怖活动已经成为现实，对人类社会造成了严重危害。以奥姆真理教为例，在1994年6月的长野县松本市沙林毒气事件中，就造成了7人死亡，500人受伤的严重危害后果。而在 1995 年 3 月 20 日的东京地铁沙林毒气事件中,更是造成了 12 人死亡,至少 5500 人受伤的严重危害结果。[1] 正因如此,如何有效预防和惩治化学恐怖主义、生物恐怖主义甚至核恐怖主义等新形式的恐怖活动,将成为国际社会在今后较长时间内面临的一项突出的反恐任务。

(二)武器及相关危险物质的证明

根据《特立尼达和多巴哥 2005 年反恐法》的规定,要认定相关事物或物质属于该法所称的武器、危险物、放射物、有害物、有毒化学制剂、微生物、其他生物制剂或毒素,必须要由有资质的机构出于此目的签署证明。这一规定实际上包含了两个条件:一是必须由有资质的机构签署证明;二是有资质的机构必须是出于判断相关事物或物质是否属于该法所称的武器等危险物质的目的而签署证明。此外,由有资质的机构签署的能够证明相关事物或物质属于《特立尼达和多巴哥 2005 年反恐法》中所称的武器等危险物质的材料,可以在刑事诉讼中作为证据加以使用,且无须验证签署人的签名或特定资质。当然,如果犯罪嫌疑人或其辩护人能够提出相反证据,充分证明相关事物或物质并非属于《特立尼达和多巴哥 2005 年反恐法》中所称的武器及其他危险物质的,则相关证明材料不得作为刑事诉讼中的证据加以使用。例如,犯罪嫌疑人可以对相关机构的证明资质、证明程序、证明过程和方法等提出质疑,并可以申请重新证明等。应当说,赋予犯罪嫌疑人反证推翻的权利,正是保障恐怖犯罪嫌疑人合法权利的一种具体体现。

第二节　信息共享、引渡和刑事司法协助

《特立尼达和多巴哥 2005 年反恐法》第六部分对恐怖活动犯罪的信息共享、引渡和刑事司法协助问题进行了规定。综观《特立尼达和多巴哥 2005 年反恐法》第六部分的规定,可以发现,该部分主要规定了以下三部分内容:

---

〔1〕 参见[日]黒井文太郎:《世界のテロと組織犯罪》,ジャパン・ミリタリー・レビュー 2001 年版,第 327 页。

其一,信息的共享(第 28 条);其二,引渡(第 29 条)与刑事司法协助(第 30 条);其三,“政治犯不引渡原则”的排除(第 31 条)。具体内容介绍如下。

一、信息的共享

时下,国际恐怖组织的活动日益猖獗,恐怖分子可以跨越国界实施犯罪,而一国司法机关却难以自由地跨越国界行使管辖权,这就使得任何一个国家单独应对国际恐怖主义变得十分困难。为此,国际反恐合作不断突破原有的传统合作模式,国家间和国内部门间在涉恐情报信息领域的相互协调已成为反恐合作的重要环节。应该说,涉恐情报信息对治理非传统安全问题至关重要,它能够帮助一国更好地预防、打击、控制和侦查本地区的恐怖主义犯罪活动。为此,《特立尼达和多巴哥 2005 年反恐法》第 28 条特别针对涉恐信息的共享问题作出了规定,根据该条规定:“在不触犯任何法律且部长认为不会危害国家安全或公共安全的前提下,部长在征求检察长的意见后,可应外国适格机关的请求,提供他所掌握的,或经必要许可后提供其他政府、部门或机构所掌握的下列信息:(a)涉嫌从事恐怖主义行为的人员的行为或动向;(b)涉嫌从事恐怖主义行为的人员伪造或篡改的旅行文件;(c)涉嫌从事恐怖主义行为的人员进行的关于爆炸物、其他致命装置或敏感材料的交易;(d)涉嫌从事恐怖主义行为的人员所使用的通信技术。”

根据上述规定,特立尼达和多巴哥政府可以向外国适格机关、其他政府、部门或机构共享的涉恐信息主要包括以下几种类型:其一,涉恐人员的行为或动向,亦即涉恐人员准备实施及已经实施的恐怖主义行为的信息情报,已经查明及破获的企图实施恐怖主义行为的信息情报;其二,涉恐人员的虚假身份证明文件,亦即涉恐人员伪造或篡改的护照、国际驾驶证等旅行文件,这将为其他国家及时抓获涉恐分子,有效防范恐怖袭击事件的发生提供极大帮助;其三,涉恐武器等危险物质的交易信息,亦即涉恐人员为实施恐怖主义行为,非法制造、获取、储存、转让、运输、贩卖和使用烈性有毒和爆炸物质、放射性材料、武器、引爆装置、枪支、弹药、核武器、化学武器、生物武器和其他大规模杀伤性武器及可用于制造上述武器的原料和设备的信息情报;其四,涉恐通信技术信息,亦即涉恐人员为实施恐怖主义行为所采用的通信方法和手段的信息情报。

在国际反恐合作中,涉恐信息的共享无疑具有十分重要的意义。首先,涉恐信息的共享是维护国家利益的需要。反恐行动就其性质和范围而言通常具有跨国性,这就要求各国政府能够与其他国家的政府或相关机构展开密切合作,跨越国界共享信息、收集证据,如此才能有助于各国强力部门掌握恐怖分子及其组织的动向、实施抓捕并进行司法诉讼,进而维护国家利益。其次,涉恐信息的共享是反恐现实的需要。目前世界各国都逐渐认识到,仅依靠本国自己的力量,已经难以有效地遏制和防范恐怖活动犯罪的发生和蔓延。为了保护人类共享的国际共同利益,开展刑事司法合作,联手对付各类国际恐怖主义犯罪,需要各国从全球视野构建涉恐信息情报共享机制。再次,涉恐信息的共享是突破管辖区障碍的需要。正如有学者所指出的,"国际恐怖组织往往在一个以上司法辖区内实施犯罪,这意味着犯罪的行为和结果常常发生在一个以上的国家,或者犯罪行为人与被害方不属于同一国家,或者犯罪地与犯罪人国籍不属于同一国家。国家管辖区的界限,使得追诉国际恐怖主义犯罪存在很多困难,也决定了国际反恐侦查环境的复杂性和查处的艰难性。为避免国际恐怖分子利用各国不同执法机制的漏洞,各国司法机关需要分享国际恐怖主义的犯罪情报,缔结双边或多边条约进行司法合作"。[1] 最后,涉恐信息的共享是履行国际条约义务的需要。国家之间只要缔结了含有涉恐信息情报共享规定的双边或多边条约,在符合条约规定的情况下,缔约国就有义务分享涉恐信息情报。随着越来越多的国家之间就反恐问题缔结国际条约,为履行条约规定的义务而进行信息情报共享的情况也将日益增多。

二、引渡和刑事司法协助

所谓刑事司法协助制度,是指一国司法机关和外国司法机关之间,根据其国家缔结或者参加的国际条约,按照互惠原则,相互请求,代为进行某些

〔1〕 参见刘仁文主编:《刑事法治视野下的社会稳定与反恐》,社会科学文献出版社 2013 年版,第 368～369 页。

刑事诉讼行为的一项制度。《特立尼达和多巴哥2005年反恐法》第29条和第30条分别针对涉恐犯罪分子的引渡以及恐怖活动犯罪案件的刑事司法协助问题作出了规定。其中,第29条规定:"(1)在特立尼达和多巴哥作为条约成员国,并且与其他条约成员国存在有效引渡协议的情况下,基于《引渡法》之目的,该协议应被认为包含条约涉及罪行的引渡条款。(2)在特立尼达和多巴哥作为条约成员国,但与其他条约成员国不存在有效引渡协议的情况下,基于《引渡法》之目的,检察长遵从议会的消极决定,将条约视为特立尼达和多巴哥与其他条约成员国之有效引渡协议,以提供条约涉及罪行的引渡。"第30条规定:"(1)在特立尼达和多巴哥作为条约成员国,并且与其他条约成员国存在有效刑事司法协助协议的情况下,基于《刑事司法协助法》之目的,该协议应被认为包含条约涉及罪行的刑事司法协助条款。(2)在特立尼达和多巴哥作为条约成员国,但与其他条约成员国不存在有效刑事司法协助协议的情况下,基于《刑事司法协助法》之目的,检察长遵从议会的消极决定,将条约视为特立尼达和多巴哥与其他条约成员国之有效刑事司法协助协议,以提供条约涉及罪行的刑事司法协助。"需要注意的是,从广义上而言,引渡也是刑事司法协助的内容之一,只是考虑到引渡具有不同于其他刑事司法协助形式的特殊性,所以特立尼达和多巴哥专门在刑事司法协助条文(第30条)以外单列一条(第29条)规定引渡事项。

通常而言,有关恐怖活动犯罪的刑事司法协助主要包括以下7项内容:其一,引渡涉恐犯罪分子,即一国把当时在其境内而被他国指控犯有涉恐罪行或判处刑罚的人,根据他国的请求,移交给该国审判或执行的一项制度。其二,涉恐犯罪案件的调查取证。包括代为听取诉讼当事人的陈述,询问证人、被害人和鉴定人,进行鉴定、勘验、检查、搜查、查封、扣押、辨认等。其三,送达法律文书。包括代为送达诉讼文书和诉讼外文书。其中,诉讼文书是司法机关在刑事诉讼过程中制作的各种法律文件和文书,如判决书、裁定书、决定书、传票、出庭通知等。诉讼外文书是诉讼文书以外的,与刑事诉讼程序相关的文书或者文字材料,如身份证、来往信函等。其四,移交犯罪证据。包括移交物证、书证、视听资料、电子数据等证据材料以及涉恐赃款、赃物。其五,通报诉讼结果。包括通报立案、侦查、采取强制措施、起诉或不起诉、判决或裁定的内容等。其六，移管被判刑的涉恐犯罪分子，即一国将触犯本国法律而判处自由刑的外国公民移送给其国籍国或惯常住所地国（居留国），以使其在熟悉的环境中服刑改造。其七，涉恐犯罪信息情报的交流与合作。

需要注意的是，一国司法机关和外国司法机关相互请求刑事司法协助，必须要有明确的依据，否则不得进行。根据上述《特立尼达和多巴哥2005年反恐法》第29条和第30条的规定，该国与他国进行刑事司法协助的依据主要有以下两类：其一，特立尼达和多巴哥与其他国家缔结的引渡条约、移管被判刑人条约等双边刑事司法协助条约；其二，特立尼达和多巴哥与其他国家共同参加的载有刑事司法协助条款的国际公约。在后一种情况下，即使特立尼达和多巴哥与某一国家之间没有缔结双边刑事司法协助条约，两国也可以根据共同参加的载有刑事司法协助条款的国际公约的规定，彼此提供刑事司法协助。例如，《联合国打击跨国犯罪公约》《联合国反腐败公约》《海牙公约》《蒙特利尔公约》《精神药物公约》等国际公约均规定，对于国际犯罪，缔约国对罪犯提起刑事诉讼时，应相互给予最大限度的司法协助，包括提供证据等。因此，即使特立尼达和多巴哥与上述国际条约的其他参加国之间并未缔结双边刑事司法协助条约，但只要两国均参加了上述国际公约，就可以据此国际公约相互给予最大限度的刑事司法协助。除了上述两类法律依据以外，还有学者认为，互惠原则也是两国司法机关进行刑事司法协助的重要依据。正如该学者所指出的，平等互利是现代国际法的一项基本原则，同样适用于司法活动领域。因此，在两国没有缔结司法协助条约，且没有共同参加载有司法协助条款的国际公约的情况下，如果一国司法机关根据另一国司法机关的请求提供司法协助，则另一国司法机关也应当根据一国司法机关的请求提供司法协助。这样做，有利于在平等的基础上发展两国的友好合作关系，也有利于一国涉外刑事诉讼活动的顺利进行和涉外刑事案件的正确处理。[1]

---

〔1〕 参见陈光中主编：《刑事诉讼法》（第6版），北京大学出版社、高等教育出版社2016年版，第492页。

三、"政治犯不引渡原则"的排除

政治犯不引渡原则，是指当被请求国认为请求国是基于政治信仰、种族、宗教、国籍等政治原因而追究逃亡犯罪人刑事责任的，被请求国不应将该逃亡犯罪人引渡给请求国的引渡原则。[1] 有学者指出，虽然引渡制度在惩治普通犯罪的国际合作中根深蒂固，但在处理现代恐怖主义犯罪中却显得捉襟见肘，其中大部分是由于政治犯不引渡的例外原因所致。国际社会逐渐将恐怖主义犯罪与政治犯罪的干扰因素相分离，并逐渐对恐怖主义犯罪形成较为一致的认识，而这种认识成为排除恐怖主义犯罪适用政治犯不引渡例外的基础。[2] 《特立尼达和多巴哥2005年反恐法》第31条即明确规定在恐怖活动犯罪中排除适用"政治犯不引渡"的原则，根据该条规定："无论《引渡法》和《刑事司法协助法》存在任何规定，基于引渡或刑事司法协助之目的，本法之犯罪或构成恐怖主义行为的其他犯罪，不应被认为是政治犯罪、与政治犯罪有关的犯罪或政治动机引发的犯罪。"

特立尼达和多巴哥之所以要将恐怖活动犯罪排除出"政治犯不引渡原则"的适用范围，笔者认为，主要还是考虑到恐怖活动犯罪是具有严重社会危害性的国际性刑事犯罪，违反人类社会的共同价值观，侵犯国际社会的共同利益，这类犯罪本身带有的一些政治色彩并不足以将其认定为应当适用"政治犯不引渡原则"的政治犯罪。正如有学者所指出的："恐怖主义犯罪侵犯的客体具有复杂性，不能仅以某些恐怖行为带有政治色彩的特殊现象而认定恐怖主义行为必然具有政治性。"[3] 如果在国际反恐引渡合作等刑事司法协助过程中适用"政治犯不引渡原则"，则可能造成涉恐犯罪分子凭借政治犯这一庇护伞而不被引渡，甚至不被追诉和惩罚，这显然不利于国际恐怖活动犯罪的预防和控制。因此，有学者认为，随着对政治犯不引渡原则限制

---

[1] 参见叶俊著：《国际恐怖主义犯罪人引渡的法律困境》，上海人民出版社2015年版，第77页。

[2] 参见赵秉志、王秀梅：《国际恐怖主义犯罪及其惩治理念》，载《江海学刊》2002年第4期，第120页。

[3] 参见赵秉志、王秀梅：《国际恐怖主义犯罪及其惩治理念》，载《江海学刊》2002年第4期，第121页。

的不断增多，随着形势的发展，尤其在恐怖主义活动日益增加的情况下，应当取消该原则。[1] 实际上，包括特立尼达和多巴哥在内的一些经常受到国际恐怖主义犯罪侵害的国家，为了有效遏制和打击恐怖主义，已经将恐怖活动犯罪非政治化，并在法律中明确将"政治犯不引渡原则"从恐怖活动犯罪中排除出去了。

第三节　扣押、没收涉恐财产

在恐怖犯罪案件中，如果不能及时扣押、没收与犯罪相关的财物，不仅不能有效惩治恐怖活动犯罪，而且由于不能采取有力的措施切断恐怖分子的经济来源，也不能有效防止有关恐怖活动犯罪的继续发生。因此，为了加大对恐怖活动犯罪的打击力度，包括特立尼达和多巴哥在内的世界各国纷纷在法律中规定有关涉恐财产扣押和没收的程序，以便能够及时追缴恐怖分子的违法所得及其他涉案财物，尽可能切断恐怖分子及其组织的经济来源。这对于各国有效开展反恐怖主义工作，防范和制止恐怖活动，具有十分重要的意义。《特立尼达和多巴哥 2005 年反恐法》第八部分即针对涉恐财产的扣押和没收问题进行了规定。具体内容介绍如下。

一、涉恐财产的扣押

根据《特立尼达和多巴哥 2005 年反恐法》第 34 条的规定："(1)任何海关官员、移民官员或警察有理由相信任何人拥有的财产：(a)意图用以实施恐怖主义行为；或(b)是恐怖分子财产，则可向庭内法官申请关于该财产的控制令。(2)本条适用于下列财产：(a)被运至特立尼达和多巴哥境内以供出口的；(b)向特立尼达和多巴哥境外出口的；或(c)向特立尼达和多巴哥境内进口的。(3)根据第(4)款规定，第(1)款中控制令的有效期为 60 天。但是，可向高级法院法官提出申请，由其签发更新之控制令，再附加 60 天的有

---

〔1〕 参见刘亚军著：《引渡新论——以国际法为视角》，吉林人民出版社 2004 年版，第 104 页。

效期或在本法罪行的诉讼程序中呈交法庭相关财产的最低期限。(4)高级法院法官可对第(1)款中控制令所涉及的财产解除限制,如果:(a)他不再有合理理由怀疑该财产曾经、正在或将会被用于实施本法中的罪行;或(b)在控制令签发120天内高级法院受理关于此财产的诉讼。(5)第(1)款中出于善意扣押财产的官员不应承担民事或刑事责任。(6)对本条决定提起的上诉应提交至上诉法院。"据此规定,特立尼达和多巴哥关于涉恐财产的扣押程序主要具有以下特点:

其一,扣押财产的范围仅限于恐怖分子的财产或者任何人意图用以实施恐怖主义行为的财产,具体包括恐怖分子实施恐怖主义行为所取得的财物及其孳息、恐怖分子供实施恐怖主义行为所用的本人财物、恐怖分子非法持有的违禁品、恐怖分子的其他合法财物、其他任何人意图用以实施恐怖主义行为的财物等。如果相关财物不属于上述范围,则不能启动扣押程序。需要注意的是,特立尼达和多巴哥的扣押程序仅仅针对"财物",而并不涉及对恐怖分子人身的扣押。

其二,财产扣押程序的启动需要由海关官员、移民官员或警察向庭内法官提出扣押财产的申请。在有合理理由怀疑相关财产是涉恐财产的情况下,海关官员、移民官员或警察均可以向庭内法官提出申请,并由法官最终决定是否签发财产控制令。这种设计,一方面可以在很大程度上防止扣押程序被滥用,保证公民的合法财产权不被非法侵犯;另一方面,也可以使得扣押程序的庭审合理化。当然,鉴于涉恐财产来源的复杂性和隐蔽性,只要海关官员、移民官员或警察主观上是出于预防和打击恐怖主义的合理意图扣押财产,即使最终查明扣押的财产并非涉恐财产,相关官员亦不承担民事或刑事责任。

其三,财产扣押程序注重保障利害关系人的诉讼权利。通常而言,庭内法官签发的控制令的有效期为60天,最多可以延长至120天。如果高级法院在庭内法官签发控制令120天内未受理此财产诉讼或者高级法院法官认为不存在合理怀疑相关财产是涉恐财产的情况,则高级法院法官可对控制令所涉及的财产解除限制。此外,考虑到财产扣押程序涉及利害关系人的财产权的处分,而财产权是公民最为重要的基本权利之一,因此,《特立尼达和多巴哥2005年反恐法》在程序中保障了利害关系人的上诉权，亦即如果被扣押财产的利害关系人对控制令不服的，可以向上诉法院提出上诉。

二、涉恐财产的没收

《特立尼达和多巴哥2005年反恐法》第35条规定："（1）行为人构成本法之罪行，或触犯其他法律的犯罪构成恐怖主义行为的，法院可命令：（a）任何用来犯罪或与罪行相关的财产；或（b）任何通过犯罪获得的收益，将被国家没收。（2）法官在下达没收令之前，应提供机会以听取：（a）与该财产有利益关系的出庭人的意见；或（b）声称是财产拥有者的人的意见。（3）根据第（1）款规定，没收的财产将收归国家所有：（a）如果在上诉期满没有针对没收令的上诉；或（b）如果存在针对没收令的上诉，但最终判决结果有利于国家。"《特立尼达和多巴哥2005年反恐法》第38条规定："（1）特立尼达和多巴哥依照与其他国家达成的协定，在互惠的基础上共享根据本法没收的财产。（2）第（1）款所述的财产可用来赔偿本法犯罪的受害者。"根据上述规定，特立尼达和多巴哥关于涉恐财产的没收程序主要具有以下特点：

其一，没收财产的范围仅限于恐怖分子供犯罪所用的财物以及恐怖分子违法所得的一切财物，具体包括恐怖分子已经用于恐怖活动犯罪的财物、恐怖分子以实施恐怖活动犯罪为目的而准备使用的财物、恐怖分子非法持有的违禁品、恐怖分子通过实施恐怖主义行为所取得的财物、恐怖分子作为实施恐怖主义行为的报酬而得到的财物等。对比扣押财产程序的适用范围，可以发现，没收财产程序的适用范围相对较小，亦即没收财产的范围既不包括恐怖分子本身所有的合法财产，也不包括恐怖分子以外的其他人意图用于实施恐怖主义行为的财产。之所以要对没收财产程序的适用范围作出上述限制性规定，笔者认为，主要还是考虑到财产没收程序是将犯罪人所有财产的一部或全部永久性地强制收归国有，其严厉程度要高于临时性的财产扣押程序。

其二，财产没收程序的启动需要由检察官向庭内法官提出没收财产的申请，在法官认为有合理理由怀疑相关财产是涉恐财产时，可以决定将财产收归国有。需要指出的是，由于没收涉恐财产的程序和手续较为复杂，上述

《特立尼达和多巴哥2005年反恐法》第35条并未作出详细规定,而是通过单列两个条文(第36条和第37条)的方式加以具体规定的。考虑到涉恐财产没收程序的特殊性和复杂性,笔者将在下文中详细介绍相关内容。

其三,财产没收程序注重保障利害关系人的诉讼权利。与财产扣押程序相同,考虑到财产没收程序涉及利害关系人财产权的处分,特立尼达和多巴哥亦十分注重在该程序中保障利害关系人的诉讼权利。根据上述《特立尼达和多巴哥2005年反恐法》第35条第2款的规定,法官在下达没收令之前,应当提供机会听取与该财产有利益关系或主张是该财产所有者的出庭人的意见。此外,根据《特立尼达和多巴哥2005年反恐法》第35条第3款的规定,利害关系人还具有针对财产没收程序的上诉权,亦即利害关系人可以在上诉期内针对没收令提出上诉,上诉的最终判决结果存在有利于利害关系人的可能性。

其四,没收的财产可用于特定的用途。根据《特立尼达和多巴哥2005年反恐法》第35条的规定,被没收的财产将收归国家所有。但对于被没收财产的具体用途,该条并未作出规定。根据《特立尼达和多巴哥2005年反恐法》第38条的规定,没收的财产具体可以用于以下两个用途:第一,国家间共享。在特立尼达和多巴哥与其他国家就财产没收问题缔结了相关条约的情况下,如果另一国与特立尼达和多巴哥共享没收的财产,那么,特立尼达和多巴哥也应当根据互惠的原则,与他国共享没收的财产。第二,赔偿受害者。对于没收的财产,可以用来赔偿恐怖活动犯罪的受害者。其中,没收的财产中属于恐怖活动犯罪受害者的合法财产的,应当及时予以返还;恐怖活动犯罪对受害者的人身权造成侵害的,可以用没收的财产支付死亡赔偿金、丧葬费、残疾赔偿金、医疗费、护理费、交通费、误工费等;恐怖活动犯罪对受害者的财产权造成侵害的,首先应从没收的财产中追缴、返还相关物品,如果相关物品已被用掉、毁坏或挥霍的,则应从没收的财产中予以退赔。

三、涉恐财产没收程序的启动与相关手续

作为一项涉及公民基本财产权利的特别程序,涉恐财产没收程序的启动和适用应当具有严格的程序和手续要求。为此,《特立尼达和多巴哥2005

年反恐法》第36条和第37条围绕涉恐财产没收程序的启动和手续问题作出了明确规定。

(一)涉恐财产没收程序的启动

《特立尼达和多巴哥2005年反恐法》第37条规定:"(1)检察长可向高级法院法官提出没收恐怖分子财产的申请。(2)检察长应在第(1)款申请中指明拥有或控制资产者的姓名。(3)检察长应以法官可能采取之方式,通知第(1)款申请中被指明的人。(4)当法官认定申请涉及的财产在某种程度上可能是恐怖分子财产,法官应命令将财产收归国有。(5)当法官拒绝第(1)款申请时,应下令描述该财产并申明其不是恐怖分子财产。(6)如果法官认为除第(1)款申请所指明者之外的其他任何人与该财产有利益关系,法官可要求对其进行通知,并可将其添加为申请相关人。(7)当法官认定某人:(a)与申请涉及的财产有利益关系;且(b)经查证已确保该财产不是恐怖主义行为收益,而且不会被用以实施或便利实施恐怖主义行为,法官应命令该利益不受第(4)款命令的影响,并通过命令指明上述利益的性质和范围。(8)行为人声称与被没收的财产有利益关系,并且其不是第(6)款申请相关人,则在没收令签发60日之内,向高级法院提出申请,以变更或暂缓执行第(4)款的命令。(9)在根据本条所述情况对没收令进行裁决的等待过程中,根据第36条对财产实施的限制依然继续,根据该条对该财产的扣押将顺延,任何根据该条被指定控制、管理或处理该财产的人将继续履行职责。(10)本条规定不应影响本法案中其他关于没收的条款的效力。"由此可见,特立尼达和多巴哥有关涉恐财产没收程序的启动主要具备以下要件:

其一,没收涉恐财产的申请需由检察长向高级法院的法官提出。与前文介绍的涉恐财产扣押程序是由海关官员、移民官员或警察向庭内法官提出申请有所不同,涉恐财产没收程序的启动需要由检察长向高级法院的法官提出没收涉恐财产的申请。因此,海关官员、移民官员或警察等人员均不能直接向高级法院的法官提出没收申请,而是只能向检察长提出没收涉恐财产的建议,由检察长决定是否向高级法院的法官提出没收涉恐财产的申请。

其二,检察长向高级法院的法官提出没收涉恐财产的申请,还应当提供恐怖分子的姓名,并及时通知拟没收其财产的恐怖犯罪嫌疑人。尽管《特立尼达和多巴哥2005年反恐法》第37条并未要求检察长提供其他信息,但笔者认为,在实践中,检察长在向高级法院的法官提出没收涉恐财产的申请时,还应当提供恐怖分子的姓名以外的一些基本情况,如性别、出生年月日、出生地、户籍地、身份证号码、民族、文化程度、职业、住址、犯罪事实等。此外,检察长还应当向高级法院的法官提供拟没收财产的种类、数量、所在地等情况。

其三,高级法院的法官在受理检察长提出的没收涉恐财产的申请后,应当及时审查并作出处理。如果高级法院的法官认定检察长申请没收的财产在某种程度上确有可能是涉恐财产的,高级法院的法官应当作出将财产收归国有的命令。如果高级法院的法官认定检察长申请没收的财产并非恐怖主义行为的收益,而且也不会被用以实施或便利实施恐怖主义行为,则可以拒绝作出没收财产的命令时,并应下令描述相关财产的来源、性质、范围等情况,申明相关财产并非涉恐财产。

其四,高级法院的法官可以将财产利害关系人列为申请相关人,以保障其诉讼权利。在检察长申请没收财产的恐怖分子以外,如果高级法院的法官认为还有其他人与拟没收的财产有一定利益关系的,法官可以通知相关财产利害关系人,并将其添加为没收财产申请相关人,以保障其诉讼权利。此外,即使行为人未被高级法院的法官认定并添加为没收财产申请的相关人,只要行为人自己声称与被没收的财产有一定利益关系,该行为人就可以在没收令签发60日之内,向高级法院提出申请,以变更或暂缓执行高级法院的法官作出的没收财产命令。

其五,在对没收财产命令进行裁决的诉讼过程中,法官依法针对财产作出的限制性措施继续有效,如对相关财产的扣押将顺延、被法官指定控制、管理或处理相关财产的人员将继续依法履行相关职责等。

(二)涉恐财产没收程序的相关手续

《特立尼达和多巴哥2005年反恐法》第36条规定:“(1)检察官单方面向庭内法官提出申请,且法官认为有理由相信在任何建筑、场所或船舶内有财产需要依据第37条开具没收令,则法官需要签发:(a)搜查证,使得警察有权在任何建筑、场所或船舶搜查财产，并扣押警察有合理理由相信需根据第37条没收之财产；或(b)限制令，除了该限制令载明之外，禁止任何人处置或处理该财产的相关利益。(2)法官收到第(1)款中提出的申请后，应检察长的要求并且该法官认为情况需要：(a)指定某人根据法官的指示全部或部分地控制、管理或处理该财产；并且(b)要求任何拥有该财产的人向(a)项指定的人转移财产。(3)第(2)款中管理或处理财产的权力包括变卖易腐坏或迅速处理易贬值财产的权力，以及损毁价值极低或没有价值财产的权力。(4)在第(2)款指定的人根据第(3)款损毁任何财产之前，他应向高级法院法官申请损毁令。(5)法官在下达损毁令之前，应以可行的方式，向其认为与享有该财产利益的人直接或间接地传达通知。(6)法官可下令损毁第(4)款申请涉及的任何财产，如果法官认定该财产价值极低或没有价值。(7)当财产被依法返还申请人或收归国有时，第(2)款关于财产的管理命令将停止生效。(8)检察官可在任何时候向高级法院法官提出申请，以取消或更改根据本条所签发的许可或命令。"由此可见，在受理没收涉恐财产申请并决定签发没收命令后，法官主要应履行以下手续：

其一，法官应签发搜查证或限制令。法官在受理了检察官提出的没收财产申请，并且认为确有理由作出没收命令的情况下，应当签发搜查证或限制令。所谓搜查证，是指赋予警察对任何建筑、场所或船舶进行搜索检查并扣押有合理理由怀疑是涉恐财产的权力的证明文件。所谓限制令，是指禁止限制令所载明以外的其他任何人处置或处理相关财产的限制性处分命令。搜查令和限制令的签发，主要是为了防止恐怖分子或相关人员转移、隐匿、毁弃涉恐财产，进而确保涉恐财产的没收程序能够顺利进行。

其二，法官应指定相关人员控制、管理或处理相关财产。为保障将来的没收财产的生效判决能够得到执行或者避免涉恐财产遭受损失，法官在受理检察长提出的没收财产申请后，如果检察长提出请求且法官认为确有必要的，法官应当指定某人根据其指示全部或部分地控制、管理或处理相关财产。除法官指定的人员以外的任何实际控制或拥有相关财产的人员，则应当向法官指定的人员转移相关财产。所谓"控制、管理或处理"，实际上指的就是诉讼中的一些财产保全措施。例如，有些财产是容易腐烂、变质的物品

(如水果、水产品等),如果不及时变卖或降价处理,将会造成较大的财产损失,无法保存价款,从而影响财产没收程序的执行。再如,还有一些财产的价值极低甚至没有价值(如大型破旧家具、破烂纸盒等),如果不及时损毁这类物品,则会耗费较其自身价值更大的保管费用,这显然不具有经济性。当然,鉴于损毁财物将直接影响到他人的财产所有权,因而《特立尼达和多巴哥2005年反恐法》对此设置了较为严格的适用条件,亦即在依法损毁任何财产之前,被法官指定控制、管理或处理相关财产的人员需向高级法院的法官申请损毁令。高级法院的法官在下达损毁令之前,还应当以可行的方式直接或间接传达通知其认为与该财产具有一定利害关系的人。此外,即使被法官指定的人未向法官申请损毁财产,高级法院的法官亦可直接下令损毁其认定的价值极低或没有价值的任何财产。需要注意的是,一旦关于没收财产命令的诉讼程序终结,无论相关财产是被收归国有还是被依法返还申请人,法官作出的关于财产的控制、管理或处理命令均将停止生效。

其三,检察官可在任何时候向高级法院的法官提出申请,以取消或更改法官作出的搜查证、限制令、损毁令、财产管理命令等许可或命令,以保障相关财产利害关系人的基本权利。该项申请权利实际上是一种救济性权利,即赋予检察官一定的申请权限,防止法官滥用权力,保证公民的合法财产权不被非法侵犯。

第九章　新西兰制止恐怖主义法

王丽群

反对恐怖主义,已成为当今国际社会在安全领域的重要议题,以刑事法律为依据,通过特别诉讼机制来应对恐怖主义,越来越成为世界各国反恐的主要途径。新西兰出台制止恐怖主义的法案有三部,《新西兰2002年制止恐怖主义法》、《新西兰2003年制止恐怖主义法修正案》和《新西兰2005年制止恐怖主义法修正案》。

第一节　新西兰制止恐怖主义法的历史法律背景

为了更好地理解新西兰制止恐怖主义法,本节简要介绍新西兰与制止恐怖主义相关的历史法律背景、制止恐怖主义的现状和措施及其法律体系的特点。

一、新西兰的历史法律背景

新西兰(New Zealand),位于太平洋西南部,是个经济蓬勃的现代、繁荣的发达岛屿国家。新西兰经济为具有国际竞争力的工业化自由市场经济。新西兰气候宜人、环境清新、森林资源丰富,生活水平相当高,排名联合国人类发展指数第3位。新西兰有460万人口,大部分是英国移民后裔,15%的人口是新西兰原住民——毛利族。官方语言为英语、毛利语。[1]

1642年荷兰探险家阿贝尔·塔斯曼(Abel Tasman)在一次远洋冒险中发现该岛。1839年,英国政府发布《英王制诰》,将新西兰纳入英国殖民地新南威尔士。同年,威廉·霍布森(William Hobson)上校受英国政府指派与毛利人签署条约,旨在使英国政府从毛利人手中取得新西兰主权。1840年2月6日,为以上目的而拟定的《怀唐伊条约》终获签署。此后,更多的人开始来到新西兰定居。此后,新西兰成为英国殖民地。1947年,根据1931年通过的《威斯敏斯特法》,新西兰成为主权国家,是英联邦的成员国之一。

新西兰是拥有独立主权的君主立宪制国家,由女王任命的总督作为女王代表行使职权。新西兰政府组织架构依据三权分立原则建立。新西兰法主要部分以英格兰法为基础,主要法律来源就是新西兰议会通过颁布的新西兰法律、法规和新西兰法院的司法判例,法律基础是三个相关的原则:议会主权、法治和分权。

新西兰没有确定的、单独的宪法文本,其宪法由一系列宪法法源组成,包括宪法、制定法、国际条约、法治原则,判例法等。宪法主要包括《怀唐伊条约》(The Treaty of Waitangi 1840)、1986年宪法法案、宪法惯例、总督特许令。制定法由政府提案众议院通过的以书面形式公布的法律章程,是新西兰具有最高法律效力的法律渊源,可明确否定既定的普通法规则,使这些规则不会应用在法律范围内,同时可以撤销以前的法规(优先或取代于以前的法规,以便使它们作为法律不再适用)。国际条约包括国际多边条约和一些重要的双边条约,将由内阁分析利弊后递交众议院审查通过,国会批准后成为新西兰正式的法律渊源。一些非重大意义的双边条约,由相关部长向内阁推荐,一旦通过,内阁便具有履行条约的权利。新西兰的判例法系统由等级严密的法院系统支撑,法院在审理案件之时首先考虑制定法的相关规定,

---

[1] 参见《新西兰》,载搜狗百科:http://baike.sogou.com/v50364.htm?fromTitle=新西兰,2017年3月22日访问。

无成文法可依时,则参照先前的判例。上级法院的判例是下级法院的直接判决依据。最高法院作为新西兰的终审法院,其判例对下级所有法院均有效。[1] 这些法源共同构筑了新西兰政治体系。

二、新西兰制止恐怖主义现状和措施

新西兰强调对外政策,根本目的是维护世界、特别是太平洋地区的和平,以保障新西兰主权与安全,维护经济利益。但新西兰也受到恐怖组织渗透,面临着一系列恐怖主义威胁。特别是2001年美国"9·11"事件,以及之后世界各地相继发生的重大恐怖事件,造成了重大的人员伤亡和财产损失,且其规模和影响的扩大更让许多国家认识到恐怖主义已然成为国际社会不得不面对的共同威胁,相继制定或推出了新的反恐法,加大预防和打击恐怖主义的力度。新西兰针对恐怖主义制定了相应的政策和运作方式,并积极参与国际反恐合作。早在1948年,新西兰、美国、加拿大、澳大利亚等西方盟国就签订了安全合作协议,建立了情报与军事方面的实质性合作,实现了情报与信息共享,建立了长期性的制度化的多边合作机制,并通过反恐进一步加强了合作。

2004年12月,新西兰成立了一个威胁评估联合小组,以加强新西兰对恐怖活动等威胁评估的能力。[2] 该联合小组设在新西兰安全情报局,由警察、新西兰安全情报局、新西兰国防军和政府通讯安全局等部门抽调的人员组成,主要任务是集中来自所有渠道的情报和信息,对恐怖活动威胁、新西兰人所访问的国家的犯罪情况及其他对新西兰及其利益构成的潜在威胁进行评估,保护新西兰及其利益免遭损害。该小组还与澳大利亚、美国和英国等国的威胁评估机构建立联系。[3] 为确保新西兰不成为恐怖袭击目标,也不要为支持恐怖组织的人提供繁殖的土壤,新西兰首次将没有登上联合国

---

〔1〕 参见刘璐:《论新西兰的法律渊源》,载《法制与社会》2010年第11期。

〔2〕 参见黄建明:《成立威胁评估机构应对恐怖威胁》,载网易新闻中心:http://news.163.com/10/0210/14/5V5TRAVC000120GU.html,2017年3月21日访问。

〔3〕 参见《新西兰将四外国组织视为恐怖组织或冻结其资产》,载网易新闻中心:http://news.china.com.cn/rollnews/2010-02/10/content_564733.htm,2017年3月22日访问。

黑名单的西班牙埃塔组织、土耳其库尔德工人党、哥伦比亚革命武装力量与索马里青年党4个组织列为恐怖组织。这反映了新西兰在履行国际反恐承诺方面作出了切实努力,对全球反恐行动是重要的一步。

针对"伊斯兰国"(IS)的活动扩散到世界多地,特别是2014年IS势力突起,伊斯兰国(IS)整合各地恐怖组织,直接实施恐怖袭击,掀起全球恐怖主义新浪潮,极端化和自极端化思潮开始扩散和蔓延,许多国家迅速出台和通过了一系列的法律法规予以打击,完善和强化国家反恐防范机制,防范该势力在本国的活动。2014年10月,新西兰提出重新审查安全法,提出在不经授权的情况下对涉嫌出境参加IS活动的人员进行48小时监视,对私人住宅进行视频监控,内政部有权对相关人员取消护照2~3年,紧急情况下可在10个工作日内终止护照的使用。[1]

2014年12月10日,新西兰议会批准了新的制止恐怖主义法,旨在对抗因海外极端人群引发的国内威胁。该法案在周二晚些时候以94:27的票数得以通过。该法案允许对那些被怀疑与恐怖主义相关联的人实行24小时监控而无须正当理由或取缔护照长达3年,约翰·基总理说,以上是面对不断演变的形势而做出的反应。"新西兰面临的威胁已经增长,我们有能力对此做出反应,这一点是非常重要的。"约翰·基总理在声明中说道。[2]

2015年3月,新西兰警方说,政府于2014年11月遭到威胁,如不在2015年3月底前禁用一种名为"1080"的剧毒农药,新西兰配方奶粉将被投毒。联合农民协会和新西兰乳业公司"恒天然"于2014年11月分别接到匿名恐吓信件,信中裹挟小包含有致命剂量农药的奶粉,声称如政府不接受条件,配方奶粉产品将被投毒。新西兰初级产业部部长内森·盖伊说,以威胁对新西兰配方奶粉投毒的方式,胁迫政府停用争议农药的行径"毫无疑问是生态恐怖主义"。[3]

---

[1] 参见贾宇、张金平:《世界各国打击"伊斯兰国"反恐立法的焦点与困境》,载《云南师范大学学报》(哲学社会科学版)2015年第11期。

[2] See "New Zealand approves new anti-terror laws", Accessed March 23, 2017. http://www.daargroup.com/daar-group/latest-news/bbc_world-asia-30407920.

[3] 参见佚名:《不禁用农药就对奶粉投毒 新西兰遭生态恐怖威胁》,载中华网经济:http://finance.china.com.cn/consume/kxp/20150311/2996311.shtml,2017年3月23日访问。

新西兰安全情报部门2015年曾明确表示,过去几年里,新西兰受到的恐怖袭击威胁正持续增加。[1] 新西兰安全情报服务部门(SIS)负责人Rebecca Kitteridge在接受Radio NZ采访时说,过去一年里,很多新西兰人因和伊斯兰国家有联系而受到监控,与11个月前上任SIS负责人的时候相比,她越来越担心恐怖袭击的潜在威胁。

三、新西兰的法律体系特点

(一)新西兰法律属于英美法系

英美法系又称普通法法系或判例法系,起源于11世纪诺曼人入侵英国后逐步形成的以判例形式出现的普通法,为世界主要法系之一。[2] 新西兰原住民是毛利人。英国与新西兰签订的《怀唐基条约》和新西兰1986年宪法法案等立国文献,构建了新西兰的宪政秩序。英国法律逐步渗透,从法律渊源、法律结构、法官的权限和诉讼程序等方面深刻影响新西兰法律。其主要特点是以英国为中心,英国普通法为基础;以判例法为主要表现形式,遵循先例;注重法典的延续性,变革相对缓慢且保守,思维习惯是“向后看”;在法律发展中,法官具有突出作用;体系庞杂,缺乏系统性;注重程序的“诉讼中心主义”。

(二)新西兰法律体系的特点

1. 法律思维

其法律思维是归纳型的,属于普通法和衡平法。

2. 法律渊源

正式法律渊源是各种自然法和判例法,且判例法在整个法律体系中占有非常重要的地位。现代新西兰自身的立法仍会参考英国威斯敏斯特议会的立法,以及上级法院对在其自己的法院中的英国判例。英国上议院和上

---

〔1〕 参见佚名:《专家新西兰在恐怖主义面前犹如“待宰羔羊”》,载中国宁波网:http://www.cnnb.com.cn/s/sterm/2015/04/20/008302566.shtml,2017年3月21日访问。

〔2〕 它首先产生于英国,以英国普通法为基础发展起来,18世纪至19世纪时随着英国殖民地扩张,被传入曾经是英国殖民地、附属国的许多国家和地区,包括美国、加拿大、印度、巴基斯坦、孟加拉、马来西亚、新加坡、澳大利亚、新西兰以及非洲的个别国家和地区。

诉法院的决定仍然非常有说服力。但新西兰也期待更新颖的立法模式，如新西兰的商业法和公平交易法就是直接以澳大利亚贸易行为法为蓝本的。新西兰更期待从北美寻找立法渊源。新西兰法院期待从各种其他普通法法域，如加拿大、澳大利亚、美国、英国寻找判例法的资源。

3. 法律分类

习惯用单行法的形式对某一类问题做专门的规定，其法律体系在结构上是以单行法和判例法为主干而发展起来的。法官既可以援用成文法也可以援用已有的判例来审判案件，且可在一定的条件下运用法律解释和法律推理的技术创造新的判例，从而，法官不仅适用法律，也在一定的范围内创造法律。

4. 诉讼程序和判决程式

诉讼程序以原告、被告及其辩护人和代理人为重心，法官只是双方争论的“仲裁人”而不能参与争论，与这种对抗式（也称抗辩式）程序同时存在的是陪审团制度，陪审团主要负责作出事实上的结论和法律上的基本结论（如有罪或无罪），法官负责作出法律上的具体结论，即判决。[1]

5. 法典编纂

很少制定法典，如法典编纂则强调单行性。

（三）新西兰宪法

新西兰没有确定的最高效力的法律，也没有设立能够否决议会立法的宪法法院。新西兰遵循“分权原则”，这一原则正如法国伟大的启蒙思想家、法学家孟德斯鸠所表述的那样：政府的权力被分为三个部分即行政权、立法权和司法权。各部分各司其职、相互制衡以确保其不逾越自身的权限范围。新西兰奉行“议会至上”的原则，这意味着议会拥有最高立法权，可以制定或废止任何法律。新西兰宪法由几部重要的法律文件组成，包括1839年《英王制诰》、[2]1993年《选举法案》、1986年《宪制法令》、[3]其他重要的法律文件包括1840年《怀唐伊条约》和1990年《新西兰权利法案法》。

---

〔1〕 参见赵迪、王博：《英美法系与大陆法系的联系与区别》，载《企业导报》2015年第20期。
〔2〕 该法规定了总督之职并授予了他代表女王的权力。
〔3〕 该法规定了选举制度及政府职能部门的运行规则。

(四)司法体系

司法部长是新西兰国家首席法律事务官员,他既不是内阁成员也不是咨询委员会成员,除了要行使其专有职权外,还负责领导律政事务处、议会律师办公室和严重欺诈办公室,还负责向政府提供法律建议。法院组织体系沿用四级法院制,除四级法院外,还有一些特别法庭和机构,专门处理涉及资源管理和劳工法等特殊问题。处于法院组织体系最底层的是地方法院(一般只有一名法官审理案件)、高等法院(具有初审法院的司法权,并可审理地方法院的上诉,一般只有一名法官审理案件)、上诉法院(受理上诉案,一般有3名法官审理案件),处于最顶端的是最高法院(一般由5名法官审理案件)。高等法院拥有普遍管辖权,继承了英国诸如衡平法院等高等法院的管辖权体制。衡平法院通过为向国王申诉的案件提供解决的途径而发展起来,这些案件一般在普通法体系中无法得到适当解决。衡平法院根据良心与公正的原则作出裁判,并在此基础上发展出衡平法。根据1908年《司法法》第99节之规定,如普通法规则与衡平法规则发生冲突,则优先适用衡平法规则。衡平法在新西兰多见于信托法、获取证据的程序性规则等法律以及禁令和强制履行等救济性措施中。[1]

(五)新西兰制止恐怖主义法的立法模式

因为各国在立法传统、法律框架、反恐局势和国际环境上差异较大,反恐立法的模式也多种多样。根据反恐法律形式划分,有独立式、附属式和复合式;根据反恐法律内容划分,有平面防御型和立体防御型;根据反恐法律效力划分,有一般法和特别法;根据反恐立法权限划分,有集权型和分权型。新西兰制止恐怖主义法的立法模式属于复合式立体防御型:既有条款独立规定主体间的权利、义务关系,也有条款对其他法律文件加以修订、删改;采用多层次、跨法律部门的法律手段惩治恐怖主义活动,不只局限于刑事法内容,能够在不同层面上,以多种渠道预防和打击恐怖主义活动。该法是集权型的一般法,内容包括概念界定、机制建设、预防措施、应急处置、制裁打击

〔1〕 参见[新西兰]托尼·安杰罗:《新西兰法律制度简介》,赵冉初、杨炎辉译,载《朝阳法律评论》2010年第1期。

和保障会服等多重内容,能应对多种类型的恐怖活动且该法自王室同意之日起生效,不存在有效期限或自动失效的问题。中央政权享有唯一的反恐立法权,地方只能遵循中央的相关规定,无权进行反恐立法。[1]

第二节 《新西兰2002年制止恐怖主义法》

与世界上许多国家的反恐法律已然形成的惯例不同,新西兰制止恐怖主义法深受英国影响,《新西兰 2002 年制止恐怖主义法》(以下简称主法)(Principal Act)和两个修正案(Amendment Act)没有专辟条款对反恐法基本原则进行规定。

主法法案内容较为丰富,分为绪则、制止恐怖主义和附件三大部分。

绪则中,宣告了主法生效的时间、制定主法的目的、[2]对主法中出现的系列词语进行了阐释、详细定义了恐怖主义行为,并注明主法对王室有约束力。第二部分制止恐怖主义中详细规定了恐怖主义爆炸、资助恐怖主义等一系列惩治恐怖主义的罪名和刑罚、刑事管辖权等程序性内容,详细规定了恐怖组织的认定、认定通知、公示认定的司法审查与撤销、认定的期限、程序认定,明确了制止恐怖主义法的打击对象;规定了恐怖组织资产及其管理处置;规定了资助恐怖主义及其他帮助恐怖主义相关财产、资金或相关服务的犯罪;规定了关于塑胶炸药、核材料、放射性物质等恐怖爆炸犯罪及其域内外法庭的管辖权,强调了处置恐怖事件的条件、方式和授权;其他相关事宜,构成了较为完备的制止恐怖主义法律框架。

主法同时还列举了一些与制止恐怖主义相关的法律,并对其有悖于制止恐怖主义法的内容进行了删改,例如《1999 年引渡法修正案》《1996 年金

---

〔1〕 参见赵秉志、杜邈:《反恐立法模式的理性选择》,载《法学》2008 年第 3 期。

〔2〕 2002 年 10 月 18 日,《新西兰 2002 年制止恐怖主义法》自王室同意之日起生效,第 18 条、第 63 ~ 66 条、第 68、69、76、79、80 条自立法委员会指定之日起生效。其立法目的是:对新西兰的制止恐怖主义法律作更进一步的规定,以及履行《制止恐怖主义爆炸公约》、《制止资助恐怖主义公约》、《制止恐怖主义决议》、《核材料实物保护公约》和《关于制造可塑炸药公约》。

融交易报告法修正案》《1987 年移民法修正案》《制止恐怖主义爆炸公约》附表的修正案、《1991 年犯罪收益法修正案》等，从而使上述法律与主法的新规定相衔接。

国际恐怖主义行为的次数和严重性很大程度上依赖于恐怖主义分子可以获得多少的资助，因而向恐怖主义提供资助引起了整个国际社会的严重关注。《制止向恐怖主义提供资助的国际公约》于 1999 年 12 月 9 日在第 54 届联合国大会获得通过，并于 2002 年 4 月 10 日生效，对"资助恐怖主义罪"做了较为详细的界定，要求缔约国采取相应的立法、司法、执法及金融监管措施，对此种罪行予以预防和打击，规定了缔约国对"资助恐怖主义罪"行使管辖权的法律依据，并要求缔约国为此在引渡和刑事司法协助方面开展国际合作，旨在断绝恐怖主义的资金来源，堪称国际社会共同打击恐怖主义犯罪的一项重要举措。

一、资助恐怖主义的定义

主法第一部分绪则第 4 条对"资助恐怖主义"（Financing of Terrorism）的规定是："（a）意味着违反主法第 8 条（1）款或（2A）款；但是（b）尽管（a）款有规定，'资助恐怖主义'在第 18、68、69 条中则意味着实施了第 5 条（1）款（b）项或（c）项[1]规定的恐怖主义行为。"

主法第二部分规定了资助恐怖主义的定义，[2]具体包括：

（1）直接或间接地、蓄意且无合法辩解或合理理由，提供或筹集资金，计划将该资金用于或明知该资金会被全部或部分用于实施一项或更多的恐怖主义行为。

---

〔1〕 此处提及的"第 5 条（1）款（b）项或（c）项规定的恐怖主义行为"指的是：除非主法另有规定，该法所称违反某特定反恐怖主义公约的"行动"指的是：实施了特定反恐怖主义公约界定为犯罪的行为；以及该行动并不排除特定反恐怖主义公约的适用（例如，由于主法并未规定国际方面的条款）。武装冲突中的恐怖主义行为指下列行动：该行动发生在武装冲突之时；该行动的目的以及其性质是胁迫公众，或强迫某国政府或某一国际组织采取或放弃采取某项行动；该行动意图造成武装冲突中高端平民或并非敌对方积极分子的人员死亡或严重肉体伤害；该行为在《制止资助恐怖主义公约》第三章的适用范围之内。

〔2〕 赵秉志等编译：《外国最新反恐法选编》，中国法制出版社 2008 年版，第 195 页。

(2)为避免争议,需要指出的是,提供资金或筹集资金意图用于或明知该资金会被用于维护民主政府或保护人权,该行为并不构成(1)提及的犯罪活动。

(3)实施直接或间接地、蓄意地且无合法理由或合理理由,提供或筹集资金,意图使该资金有助于或明知该资金会有助于某组织,而行为人明知该组织实施或参与了一项或多项恐怖主义行为构成犯罪。

(4)在资助恐怖主义犯罪的起诉过程中,检察官不必要证明行为人筹集的或提供的资金事实上已经全部或部分用于实施恐怖主义行为。

(5)犯资助恐怖主义行为罪的应当被判处14年以下监禁刑。

主法还对新西兰外的资助恐怖主义罪进行了规定,即虽然是在新西兰境外资助恐怖主义行为,但如果其资助的恐怖主义行为发生在新西兰境内,或针对新西兰公民实施的,或针对新西兰境外的新西兰国家或政府设施而实施的(例如,新西兰大使馆或其他新西兰外交或领事机构场所),或意图迫使新西兰政府采取或放弃采取某项行动,则新西兰境内法庭对该行为具有司法管辖权。

二、恐怖组织的认定[1]

主法对于恐怖组织的临时认定、最终认定作出了明确规定,包括对交与被认定组织、大众以及其他人员的通知,作出认定的进一步公示、认定期限,对认定的司法审查、申请、上诉、审理、复核的程序和机构。

总理有权认定或撤销恐怖组织。在临时认定某组织是恐怖主义行为组织或相关组织之前,总理必须参考司法部长和外交部长的意见以及被提议的条约。某组织在被认定为恐怖组织或相关组织之后,总理以及总检察官必须(如可行的话,在公示作出之前;如不可行,在公示之后尽可能快的时间内)就作出认定事宜,向反对党领导提出建议;以及如反对党领导有所要求,应向其简要陈述作出认定的事实依据。不论怎样,在未事先与总检察长商议的情况下,总理不能认定恐怖组织,也不能拒绝针对要求撤销作出的认定

---

〔1〕 赵秉志等编译:《外国最新反恐法选编》,中国法制出版社2008年版,第312页。

的申请。

在决定是否作出或是撤回一项认定之时,总理可以对任何相关的信息即在没有相反证据的情况下,相关的充足证据,予以考虑,包括机密安全信息。总理可以获得的信息以及适用于包含下列内容的信息:联合国安理会依据《联合国宪章》第七章运作,或安理会设立的一个委员会根据宪章作出的一项决议运作,认为该组织是实施或参与实施了一起或多起恐怖主义行径的组织;或通过参与的形式,协助实施了一起或多起恐怖主义行为的组织;或代替或受上述提及的组织指使的组织;或直接或间接地由上述所提及的组织全部所属或是有效控制的组织。

如总理可以获得该信息且指出该组织符合下述情形之一,则应当以对待上条中所提及的信息的方式对待该信息:该组织是经安理会一项或多项有关阿富汗的决议认定。该组织与乌萨马·本·拉登有联系。在这些决议中规定了对该组织的制裁条款,类似条款将通过主法中得以实施;或该组织是经安理会一项或多项有关阿富汗的决议认定。该组织为塔利班组织所有或控制(直接或间接),或是与塔利班组织有联系。在这些决议中规定了该组织的制裁条款,类似条款将通过主法中得以实施。

除了总理外,新西兰法院可以通过申请认定或依法判定,认定恐怖组织。高级法院可以根据总检察长的申请,延长认定期限。

(一)恐怖组织或相关组织的临时认定

1. 根据主法第二部分规定,如总理有充分理由怀疑该组织蓄意地实施了或蓄意地参与实施了一起或多起恐怖主义行为,则总理可以认定该组织是恐怖组织。在认定某组织为恐怖组织同时或之后,总理可以认定一个或多个组织为相关组织。总理仅在具备充分理由怀疑其他组织具备下述情形之时,才能行使主法赋予其的权力:通过参加恐怖组织,蓄意帮助实施一起或多起恐怖主义行为(如对恐怖主义行为进行完全地或部分地资助):其活动宗旨是为了下述情形之一:为恐怖组织的利益,且明知该恐怖组织已经实施了犯罪活动;为了被认定为相关组织的组织的利益,且明知该组织在实施恐怖活动。由恐怖组织或相关的组织直接或间接地完全拥有或有效控制的组织。

2. 对某一组织的临时认定只能认定一次。因此,对以下组织不能认定:

即该组织之前已被认定,且该认定尚未期满或被撤销;或该组织已被认定,该认定已经期满或被撤销。

(二)恐怖组织或相关组织的最终认定

1. 如总理有合理理由推断某一组织故意实施或是参与实施了一起或是多起恐怖主义行为,总理可以认定该组织为恐怖组织。在认定某一组织为恐怖组织之时或之后,总理可以认定其他一个或多个组织为相关组织。如总理有合理理由相信其他组织从事了下列行为,总理可以行使被赋予的权力:

(1)该组织通过参与的形式,如通过为恐怖组织全部或部分筹措资金,故意协助实施了一起或多起恐怖主义行为。

(2)代替下列恐怖组织实施或接受下列恐怖组织指示——明知该恐怖组织已实施了以上提及的行径,或该组织已被认定为相关组织,明知该相关组织正在实施以上提及行径。

(3)该组织(非个体),直接或间接地由恐怖组织或是认定的组织全部所属或有效控制。

在最终认定某一组织为恐怖组织或是相关组织之前,总理必须就此认定与总检察长进行磋商。

2. 最终认定可能针对具备下述条件的组织:该组织未曾被作为第20条规定的认定对象;根据第20条规定,该组织已被认定,且认定尚未期满或是尚未被撤销;根据第20条规定,该组织已被认定,该认定已期满或是被撤回。

如认定的对象之前已被认定,且该认定尚未期满或是被撤回,则撤销该认定需根据第20条规定。

另外,被认定的组织可以是先前根据第22条规定已经认定的对象,且该认定已经期满或是已被撤销的,但还需要满足下列条件:作出该认定所依据的信息是在先前的认定期满或是撤销之后成为有效的信息,且显著不同于先前的认定所依据的信息。

(三)认定的通知与公示

1. 认定的通知方式

临时认定以通知的形式(如有规定格式,需采用规定格式)告知该认定已经作出,并在尽可能快的时间内刊登于政府报刊上,也可以以总理指定的任何其他方式公示。最终认定也必须以下述方式进行通报：以通知的形式（如有规定格式，需采用规定格式）告知该认定已经作出，并正以最快的速度递交（如有规定形式，需采用规定形式）在新西兰被认定组织或其代表和总理指定的任何人员或组织。

2. 认定通知的内容

（1）交与被认定组织的通知内容。告知被认定组织认定已经作出的通知，必须注明作出该认定的依据条款，以及该组织是被认定为恐怖组织还是相关组织；可通过参考某一名称或多个名称或是相关者，或是通过参考可能帮助鉴别该组织的详细信息来描述相关组织；必须注明该认定的最长有效期限；或注明其在未被延长情况下的最长有效期限；必须包含怎样才能申请复审以及撤销的总体信息；必须包括该法所规定的为执行本段落之目的的其他一切信息。

（2）向大众以及其他人员通知的内容。已被认定后作出的通知，应即向公众公示，或即告知指定人员或是组织。该通知必须注明作出该认定的依据条款，注明该组织是被认定为恐怖组织或是相关组织；可通过参考某一名称或多个名称或是相关者，或通过参考可能帮助鉴别该组织的详细信息来描述相关组织；必须注明该认定的最长有效期限；或注明其在未被延长情况下的最长有效期限；必须包括该法所规定的为执行本条款之目的的其他一切信息；必须包括之前根据该法作出的，尚未期满或尚未被撤销的认定的详细信息，以提供根据该法认定的目前所有组织的详细信息。

3. 认定的公示

认定必须公示。总理可以指定对作出的认定进行公示（不限于政府报刊，如有规定的方式或格式，需采用规定的方式或格式或两者均采用，或以总理认为恰当的方式或格式或是两者）；或指令将作出的认定通知（以规定的方式或其他任何总理认为合适的方式）送交其认为合适的任何个人或组织（比如，送交任何注册银行或是可能拥有财产的人员；或该人员可能提供财产或服务）。

4. 认定被废除、期满终结或无效力的通知

如该法规定的认定期限届满、被废除或发现有残缺的，根据主法规定，

或任何的司法修正意见(根据《1972年司法修正法》第一部分的规定或其他规定),或其他在开庭前的一切程序,总理必须履行下列职责:确保将认定被废除、期限届满或无效的通知以现实可行的最快速度刊登在政府公报上;采取合理的步骤,确保将该废除、期满终结或无效的通知以规定的方式和形式,告知每一位尚不知情的个人或团体。

(四)认定的效力与期限

1. 认定效力

经总理书面签署同意,临时认定或最终认定即生效。

从临时认定之日起,除非总理提前撤销该认定或是已经作出关于该组织的最终认定,该认定在30天内期满;在期满或撤销之前,该认定一直有效。但如该认定接受司法复审(不论是根据《1972司法修正法》第一部分还是其他法)或是在法庭接受其他司法审核且未被提前撤销,该认定继续有效,直到以上司法程序全部结束或是终止。

认定不因下列原因而失去效力:在认定作出之前,相关组织没有被告知,或是没有给予其就此发表意见的机会,或是两种情况均存在;对作出认定,没有进行通知,或是该通知没有按照要求的方式或格式给出。

在最终认定生效之日起3年后期满,除非提前由总理根据第34条规定撤销;或是高级法院要求延长其期限,或是作出了延期的申请,但尚未撤回或终止。在期满或撤回之前,该认定一直有效,但如该认定接受司法复审(不论是根据《1972司法修正法》第一部分还是其他法)或在法庭接受其他司法审核,且该认定不会被立即撤回,则该认定继续有效,直到以上司法程序全部结束或终止。

2. 认定期限

最终认定在其生效之日起3年后失去效力,除非在此之前该认定已被撤销,或期限被高级法院延长,或成为提出的申请的主体,在此条件下,认定继续有效,直到该申请被撤回或是最终裁定。一经收到总检察长为延长某认定的有效期限的申请,判决期满之前,高级法院可以确认作出的某一认定在作出3年以后继续有效,即将有关认定的期限延长3年。就同一认定,总检察长可提出两起或多起申请;法院可给出两项或多项指示。提出的申请必须送达(以法院可能要求的任何方式以及在规定时间内)法庭可能指定的有关人员。

(五)对认定的撤销

1. 总理可以在任何时候撤回作出的某一认定,这既可是总理的自主行为,也可以是因由被认定的对象提出的书面申请而作出的撤回,也可以是因由对该认定有利益的第三方提出,且在总理看来,此利益不同于普通大众所享有的利益。

2. 某人可能因为下列原因会对认定怀有大众普通利益之外的利益:拥有或控制该财产,或是对该财产有利益,且该财产因为认定的作出而适用第9条的规定;向因为认定的作出而适用第10条的组织提供可以利用的财产或服务;与被认定组织有着非常紧密的联系,或是与其利益和目标有着非常紧密的联系。

3. 要求撤销认定的申请必须具备下列理由:因为被认定的相关组织并不满足第20条第(1)款或第(3)款,或(因案情需要)第22条第(1)款或第(3)款的规定,认定不能生效;或该有关组织不再以任何方式涉及曾经或将会导致该组织被认定的活动。

4. 第(1)款对该法的各个条款具有约束力。

(六)对已认定组织描述的改变

如确定某一被认定的组织应被赋予新的描述,而非该组织被认定时的描述(或是在最新的通知中有关该组织的描述),总理可以通过签署书面通知为该组织给出新的描述。通过参照下列资料,通知必须鉴别组织近期的描述以及政府公报上刊登的相关描述的通告。新的描述对组织的认定不产生影响。

(七)认定相关的系列程序

1. 申请以及其相关程序

在裁定某一申请的当时或之前,高级法院可就案件的具体情况,给出其认为适合的任何指示和命令。在所获信息的基础上,法庭必须决定是否准予该申请(不论该信息是否已透露给涉及诉讼的各方或是各方对此信息已作出反应)作出适用性的裁决之前,如该认定接受或将接受司法复审(不论是根据《1972 司法修正案》第一部分还是其他法）,或在法庭接受其他司法审核,则在这些诉讼程序被撤回或最终裁决之后,高级法院必须终止该申请（如有必要继续如此）;如在诉讼过程中不会出现或没有出现无效的情况,认定继续生效,直至高级法院终止该申请。

如提出申请之时,总检察长获悉到,在新西兰存在某一具体财产,该财产由被认定的有关组织（直接或间接）所属或控制,或是存在由该类财产衍生出的财产:总检察长可提出申请,要求就该财产作出指示;高级法院必须审理并就两项申请同时作出裁决,除非不能实行。

2. 申请的处理结果的上诉

申请的当事人可以针对高等法院对申请作出的处理结果向上诉法院提起上诉。上诉程序必须符合法院的规定。

如为了支持申请而提供的信息或是被王室提议提供的信息,包括机密安全信息,除上诉法院的诉讼程序外,该诉讼过程应有高级法院首席法官或是 1 名或多名由高级法院首席法官提名的法官审理并裁定,或是高级法院首席法官和被其提名的法官均参与审理并裁定;一经收到总检察长为此目的的请求,且有充分理由表明应对该机密安全信息（部分或全部）采取保护措施,则法庭必须在接收或审理机密安全信息（相关的部分或全部）时回避被认定的相关组织、代表该组织的所有出庭律师或事务律师（如果有的话）及公众代表。[1]

如被认定的相关组织参与诉讼:法庭必须批准由总检察长提供的类似信息摘要,除非该摘要中的某一部分会导致信息泄露,并可能会对第 32（3）条[2]中提及的利益构成危害;一经法庭核准,声明的复印件必须送交相关组织。

该条及第 39 条（其他涉及机密安全信息的案件的程序）中的任何规定都不能限制《1950 王权诉讼法》中第 27 条规定,不能限制批准（或请求）保

〔1〕 此段内容为第 38 条(3)的内容。

〔2〕 第 32(3)条内容为:损害新西兰国家安全或是国防,或损害新西兰政府的国际关系;或对别国政府或是别国政府的任何机构或是任何国际组织基于对新西兰的信任而委托的信息造成损害;损害法律所维持的秩序,包括预防犯罪、调查、侦查犯罪,以及公正审判的权力;或危机任何个人人身安全。

留某一文件或批准(或请求)拒绝回答某一问题的法令。其理由是,泄露该文件或是回答该问题可能会危及公众利益。

3. 其他涉及机密安全信息案件的审理程序

(1)该条适用于法庭中所有符合下列条件的诉讼程序:应根据该法作出的认定而产生或与该认定相关,且政府作为被告。

(2)在确定诉讼程序之时或之前,根据案件的具体情况,法院可在其认为恰当的情况下,给予任何指令或命令。

(3)如政府部门提供的或建议提供的信息包含机密安全信息,则第 38 条第 3 款将适用于诉讼程序,并可作必要修改,但如该诉讼是由上诉法庭受理,此条不适用。

(4)在决定诉讼程序的当时,法庭可以对任何相关的,能够获得的机密安全信息予以考虑,即使其他方尚未就诉讼程序泄露此信息,或是对此信息作出反应。

4. 对认定的司法审查

主法的任何规定都不能阻止任何个人提出司法复审(不管是根据《1972 司法修正案》或是其他法)或是在法庭前提出与根据主法规定所作出的认定相关的其他诉讼程序。

5. 保护机密安全信息的一般配套措施及程序

一切对于执行规定的程序是必需的以及确保机密安全信息在相关程序进行过程中受到保护的配套措施和程序,必须由首席大法官和总检察长在该条款开始执行后尽快达成共同协议,并可随时修改。

在不限制适用分款的一般性适用效力的情况下,可就以下问题达成一般配套措施和程序的共识:在程序进行的全过程中对该信息进行物理保护的措施、可能将信息呈交法庭的方式、保护该信息完整(直至上诉被撤回或最终裁决产生)的措施。

(八)作出指令的依据

1. 高级法院不能发出指令,除非总检察长就可能性的权衡说服法院,有关被认定的组织是国内或国际法庭或军事法庭(位于新西兰或在新西兰以外)刑事诉讼的对象,或已被该法庭宣告有罪,没有任何上述权力,且已给出最终裁决。该犯罪与实施或参与实施一起或多起恐怖主义行为有关;或通过参与的形式,协助其他组织实施一起或多起恐怖主义行为;或代替另一组织实施或是接受另一组织的指示,该组织已经实施了或正在实施以上提及行为。

2. 具备下列任一情形:蓄意实施,或蓄意参与实施一起或多起恐怖主义行为;或通过参与的形式,蓄意协助另一组织实施一起或多起恐怖主义行为;或代替另一组织实施或是接受另一组织的指示,该组织已实施了或正在实施以上提及的行为。

3. 其为一组织(非个体),直接或间接地由恐怖组织全部所属或有效控制,该恐怖组织已经实施或正在实施以上提及行径。

(九)《中华人民共和国反恐法》[1]对恐怖组织等的认定

《中华人民共和国反恐法》对恐怖活动组织和人员的认定申请、公告、复核与撤销、资金冻结与解冻等进行了规定,总计5条。国家反恐怖主义工作领导机构和有管辖权的中级及以上人民法院为认定的权威机构,国家反恐怖主义工作领导机构为公告、复核与撤销恐怖活动组织的权威机构。具体为:

(1)国务院公安部门、国家安全部门、外交部门和省级反恐怖主义工作领导机构向国家反恐怖主义工作领导机构提出认定申请,或根据《刑事诉讼法》规定,有管辖权的中级及以上人民法院依法判决认定恐怖活动组织。

(2)对认定的复核申请,需提交国家反恐怖主义工作领导机构的办事机构,国家反恐怖主义工作领导机构复核后维持或撤销认定的决定,复核决定为最终决定。

(3)国家反恐怖主义工作领导机构的办事机构对认定和复核结果予以公告。

(4)金融机构和特定非金融机构在恐怖活动组织认定或撤销认定后,对其资金或其他资产立即予以冻结或解冻,并按照规定及时向国务院公安部门、国家安全部门和反洗钱行政主管部门报告。

《中华人民共和国反恐法》没有对恐怖组织的认定期限、司法审查、上

---

[1] 2015年12月27日第十二届全国人民代表大会常务委员会第十八次会议通过。

诉、审理及程序，以及对国家反恐怖主义工作领导机构最高领导人、司法部长、外交部长、检察长、最高法院院长在认定中的权责没有规定。反恐怖主义的执法机构中，公安机关、中国人民解放军、中国人民武装警察部队、国家安全部门、人民法院和人民检察院没有形成合作联动的法律机制。

三、对反恐怖主义个人或组织的保护

主法对反恐怖主义个人或组织的保护主要体现在信息保护、举报形式、人身保护、身份保护、财产处置等方面。

1. 信息保护

主法规定，金融机构或其他个人基于合理的理由，怀疑其拥有的或直接控制的财产有可能是恐怖组织的财产，一旦产生这种怀疑就必须要立即以现实的最快速度向警察局长举报被怀疑为指定组织拥有或控制的财产等。但本规定并不能要求律师透露任何特别讯息。任何人故意违反本规定并构成犯罪的，且应当被判处 1 年以下监禁刑。

2. 举报可疑财产报告的形式

(1) 金融机构或其他个人报告上有举报人的署名，其举报要么以专员和金融机构之间或专员和相关个人之间一致同意的书面形式送达位于惠灵顿的国家警察总局警察总长，或以传真、电子邮件或其他类似的信息传递方式。若发生紧急情况，可口头形式以可实现的最快速度向公安部门专员授权的特定的警察局的任何成员报告。警察局专员可授权给任何警察局的特定成员或特定级别的警察局成员，或授权给警察局的任何单个或多个成员接收报告。

(2) 如有关某一财产的报告是由某一金融组织作出或是以该金融组织的名义作出（该财产通过经该金融组织办理的或提议经该金融组织办理的业务而由该金融组织拥有或其直接控制），则该金融组织不必针对此业务或是被提议的业务作出可疑交易报告，除非警察处处长要求该金融组织如此作，或是该金融组织以警察处处长的名义如此作。

3. 人身保护

若行为人按照主法要求行动，不与恐怖组织、相关组织及源自上述组织

的财产交易，不为其提供财产、资金或相关服务，为遵守主法作出善意、合理而谨慎的行为；或根据主法规定向警察局专员报告可以事项；或向警察局专员透露与该种可疑报告相关的信息，由报告或泄露信息而产生的任何后果，则不受主法规定的民事、刑事或纪律训诫程序的追溯，除非报告或泄露信息是出于恶意或由于没有合理注意而造成的，在报告或泄露之前财产是或可能是主法适用的财产。

4. 对提供信息的有关人员身份的保护

拥有可疑财产的金融机构或其他个人准备了或已经作了报告举报可疑财产，该报告信息的揭露将会识别或很可能会识别该人员的身份属于政府公务员、政府雇员或金融机构的代理人，且拥有报告所指的财产。信息透露或有理由相信其很可能透露报告存在。主法规定警察机关的所有成员均不得透露提供信息人员的任何信息，除非其目的是为了执行本法，或为了侦查、调查和起诉主法规定的犯罪行为，但并不限制适用《1992 年犯罪案件互助法》的协助规定。

在一切司法程序（参见《1961 年犯罪法》）中，任何人不得透露主法适用的任何信息，除非法官，或（根据具体案件需要）司法程序的主持人认为该信息的透露对于维护司法公正而言是必需的。任何故意违反规定的人均构成犯罪，且应当被判处10 000元以下的罚金。

5. 财物处置

对被怀疑为恐怖主义财产的货物的扣留海关官员或经授权的人可以查封和扣留符合下列情形的货物，而无须授权证书：（1）在根据下列法规所作的搜查、调查、稽核或检查中，引起其注意的货物：《1996 年海关与货物税收法》；或《1996 年金融交易报告法》的第五部分（与先进进出口报告相关）；（2）货物位于新西兰境内且他或她认为他们满足下列条件之一：正在或意图从新西兰出口；或正在或已经进口，如新西兰境内；（3）他或她有充足理由怀疑：该货物属于被某组织以直接或间接的形式拥有或控制的任何种类的财产，且该组织属于被该法认定为恐怖组织或有关组织的组织；（4）他或她有充足的理由怀疑：该货物是有由某组织直接或间接地拥有或控制的现金或与现金相当的等价物,[1]且该组织是该法认定为恐怖组织或相关组织的组织。

6. 退回维持基本生活所需的资金

如海关认为扣留的现金或物品对于维持日常生活是必需的,那么扣留货物的权利并不延伸至该现金或物品;但如已经扣留,则海关必须以可实行的最快速度立即归还。所谓"维持日常生活是必需的"是指对于被扣留资金或物品的个人而言,且是对于从该资金或物品被扣留的影响出现之日起。

7. 我国《反恐法》对反恐怖组织和个人的保护[2]

我国《反恐法》规定了反恐怖主义应当依法进行,尊重和保护人权,维护公民和组织的合法权益。在反恐怖主义工作中,应当尊重公民的宗教信仰自由和民族风俗习惯,禁止任何基于地域、民族、宗教等理由的歧视性做法。

因报告和制止恐怖活动,在恐怖活动犯罪案件中作证,或从事反恐怖主义工作,本人或者其近亲属的人身安全面临危险的,经本人或其近亲属提出申请,公安机关、有关部门应当采取下列一项或者多项保护措施:不公开真实姓名、住址和工作单位等个人信息;禁止特定的人接触被保护人员;对人身和住宅采取专门性保护措施;变更被保护人员的姓名,重新安排住所和工作单位;其他必要的保护措施。

公安机关、有关部门应当依照前款规定,采取不公开被保护单位的真实名称、地址,禁止特定的人接近被保护单位,对被保护单位办公、经营场所采取专门性保护措施及其他必要的保护措施。对依照该法规定查封、扣押、冻结、扣留、收缴的物品、资金等,经审查发现与恐怖主义无关的,应及时解除有关措施,予以退还。

---

〔1〕"与现金相当的等价物"包括(但是不限于)无记名债券、宝石、订单、邮政汇票、贵金属和旅行支票。

〔2〕《中华人民共和国反恐法》,2015年12月27日第十二届全国人民代表大会常务委员会第十八次会议通过。

第三节 《新西兰2003年制止恐怖主义法修正案》[1]

《新西兰2003年制止恐怖主义法修正案》于2003年10月30日生效，目的是在主法基础上附加了《核物质公约》和《塑胶爆炸物公约》。该法规定凡是参加恐怖组织、包庇和隐藏恐怖分子的，处置核物质、放射性物质以及塑胶炸弹装置不当的，污染或威胁污染食品、饮用水和农作物给人们的生命和财产安全造成重大损失或危险的，传播病菌病毒、威胁新西兰牲畜健康和安全的，都构成恐怖犯罪。该法增加了窝藏恐怖分子罪、实施与塑料爆炸物和核物质有关的犯罪、进口、获得、持有或控制放射性物质、对特殊财务的海关权限（返还现金、拘禁、没收的货物返还、没收或暂扣货物的调查时间之延长、特定被罚没物的保管事项、与特定罚没物品相关的犯罪）等方面的规定，细化了恐怖行为，扩大了警察和海关打击恐怖行动的权利，包括搜查、查封可疑物品、使用跟踪装置、强制被调查人提供电脑密码等。

该法对主法有修正、补充，列举了一些与制止恐怖主义相关的法律，并对其有悖于制止恐怖主义法的内容进行了删改，如《1992年刑事司法互助法》《核材料实物保护公约》等，从而使上述法律与该法的新规定相衔接。

一、13A－13D之间插入的新标题和新条

（一）窝藏恐怖分子罪

窝藏恐怖分子罪是指故意协助他人逃避逮捕、逃避法律监禁或避免被起诉，以及一切窝藏恐怖分子的行为。明知他人意图实施恐怖主义行为或对此存在轻率；或明知他人已实施恐怖主义行为或对此存在轻率。违反者将处以7年以下的监禁刑。

---

〔1〕 参见赵秉志等编译：《外国最新反恐法选编》，中国法制出版社2008年版，第207页。

（二）实施与塑料爆炸物和核物质有关的犯罪

1. 使用或运输未标注塑胶爆炸物的犯罪

包括实施以下行为受到单处或并罚 10 年以内或500 000新西兰元刑罚的定罪或指控。持有、使用或制造非标注塑胶爆炸物，明知其未标注，或从新西兰进口或向新西兰出口未标注爆炸物，明知其为未标注的。本款不适用在该节实施之前制造或进口到新西兰的未标注塑胶爆炸物，依据《1996 年危险物品和新有机物法》，由下列人员运输或持有：从该章生效到其后 15 年内实施军事、警察行动的人，或从该章生效到其后 3 年内实施军事、警察行动。这一章不应用于以下未标注塑胶爆炸物的管理：经环境危机管理机构授权可制造一定数量或持有限量的塑胶爆炸物，并仅适用于以下用途：研究，开发或实验新的或改进的塑胶爆炸物；或进行危险爆炸物侦查训练或检验爆炸物侦查装置；或法庭科学活动；或在该章生效后的 3 年之内，必然成为新西兰军事装备合法授权的一部分。

2. 涉及核物质的实体保护的犯罪

行为人实施以下行为视为犯罪：明知其为核物质，无合法授权接受、持有、使用、转让、改装、处理或传播核物质。该行为导致他人死亡、受伤、疾病或使他人财产受到侵犯、或故意或放任导致他人死亡、受伤、疾病或使他人财产受到侵犯；或明知其为核物质，而实施《1961 年犯罪法》第 219 章规定的偷窃行为；或明知其为核物质，通过欺诈或诈骗的手段非法占有核物质的行为；或蓄意威胁或武力或恐吓获取核物质的行为；或蓄意威胁或挟持使用核物质致使以下结果发生的行为：致使他人死亡，受伤，致病；或致使他人财产受到重大损失；或蓄意强迫他人、国际组织或国家使用核物质采取或不采取行动，胁迫偷窃核物质。违反者单处或并处 10 年监禁刑以内或500 000新西兰元以内罚金。

（三）进口、获得、持有或控制放射性物质

蓄意进口、获得、持有或控制任何放射性物质，意图实施人身伤害和暴力威胁者被处以 10 年以内监禁刑。

二、47A－47G之间插入的新标题和新条：对特殊财物的海关权限

1. 所指的罚没财物应该是恐怖分子的财物

(1)在检查、搜查时，海关检查员或经法律授权的公务人员可根据《1996年海关和货物税法》《1996年金融交易报告法》第V部分(其中有关现金进出口报告的内容)，在无授权书的情况下扣押或留置引起海关检查员注意或由其持有特定的物品，或者是来自新西兰的货物，或海关检查员认定正在或将要从新西兰出口或进口的货物。海关检查员有正当理由怀疑该货物是由恐怖分子或组织直接或间接持有或控制的现金或等价现金、该组织是恐怖组织。[1]

2. 为满足重要人身需要而返还现金

如海关认为依据该法没收的现金(或用现金交换的物品)是满足重要人体需要必要的，则没收财物的权力不能被扩大到该物品，且海关检查员在实际可行的情况下应该立即归还该类现金或物品(被没收现金的某人或依靠该物生活的人需要；及在拘禁生效后的7日之内产生的需要)。如海关确信不需返还任何相关现金，则不要求海关归还。如没收或暂扣货物的7天调查时间期限延长了，应该被理解为在原来基础之上延长7天(不超过21天)。

3. 关于拘禁的其他规定

基于以下目的可使用适当的强制手段：为缴获或没收规定的货物。如实施的缴获或没收发生时，货物所有人身份已经证实，但是其不在现场(如此种货物是通过邮寄、水运或分批运输)，海关必须尽力尽快通知被缴没人。被没收的货物只能放置在海关等安全部门或其他合法人员保管，否则依法处理。[2]

---

〔1〕 经授权的公务人员，主要执法机关，海关，海关检查员或官员，出口物，进口物的意义与《1996年海关和货物税法》中第2(1)条中的规定一致。现金等价物包括(不完全罗列)无记名债券、宝石、汇兑、汇票、贵金属以及旅行支票等。

〔2〕 通过尽可能的修正，《1996年海关和货物税法》(保护当事人合法行为的)第175章适用于该法自第47A到第47F中关于行使权限的规定。该法第47A中的规定均不限制或影响以下法律规定的权限：《1996年海关和货物税法》《1996年金融交易报告法》《1992年双边刑事司法援助法》《1991年刑事诉讼法》。

4. 没收的货物返还的问题

货物被没收或暂扣的调查时间：自货物被没收或暂扣之日开始的 7 天；包括由最高法院授权延期的天数。如调查取证结果能够证实该货物不是该法规定应该没收的，或该组织不是该法规定的，或取证调查期满，缴获或没收的物品必须返还给货物所有人。如这些货物是某机构直接或间接拥有或控制的，或这些组织被定义为恐怖组织，海关由总理建议或代表总理，则海关无须依前款归还货物，直至大法官作出指示由官方受让人掌管和控制。

5. 对没收或暂扣货物期限中 7 天规定的延长

如果有以下情节，经最高法院授权，原来规定的 7 天可再延长 14 天（但只能延长 1 次）。在 7 天期限快结束时被罚没人提出书面申请并呈交（如果被罚没人身份和所在地能够确定），申明事由，如最高法院认定货物是该法中规定的可疑物；以及必须延期以保证在新西兰境内外展开的调查取证能够完成，则可延期。

申请必须包括以下具体内容：对被罚没物的描述、没收货物的起始日期、关于货物属有非法嫌疑的表述、关于必须延期以确保在新西兰境内外展开对被罚没物品或组织的调查能够完成的论证。

对于调查过程，被罚没人有知情权，并有资格出庭。海关必须确保提前通知被罚没人，正式出庭前 24 小时内提前通知被罚没人出庭的时间和地点。

6. 特定被罚没物的保管事项

如被罚没物是手工艺品、交通工具或动物，海关可允许被罚没物品的直接经手人或任何经海关授权或同意保管该物品的人代为保管。任何保管罚没物品的人，在依据该法作出是否返还决定之前都必须保证物品的安全，不得向王室提出收费要求，并随时听候海关命令。还必须确保海关能随时接触该物品；除海关特许的情况外，保管人不能任意改变、处置或将物品转移出新西兰；服从海关命令及时返还物品。

7. 与特定的被罚没物品相关的犯罪

保管被罚没物者违反该法规定，都构成犯罪；凡违反者将被处以不超过 5000 新西兰元的罚金；任何违反该法将被罚没物占为己有者构成犯罪；将被判处不超 12 个月的监禁刑，或被判处不超过原物品价值 3 倍的罚金。

第四节 《新西兰2005年制止恐怖主义法修正案》[1]

《新西兰2005年制止恐怖主义法修正案》于2005年6月22日生效，对资助恐怖主义进行了更详细的界定，细化了判决之上诉的申请程序，对主法案特定称谓进行了延伸，对《1987年移民法》《1991年犯罪收益法》中有悖于制止恐怖主义法的内容再次修订，从而使之与本法的新规定相衔接。

一、对主法的修订

1. 资助恐怖主义

主法中“资助恐怖主义”的定义被修订，删去了“第8条第(1)款”并替代为“第8条第1项或(2A)”。

主法中“资助恐怖主义”的定义第8条第(1)款内容是：“直接或间接地、蓄意且无合法辩解或合理理由，提供或筹集资金，计划将该资金用于或明知该资金会被全部或部分用于实施1项或多项的恐怖主义行为。”

这也就是说，该法保留了上述第8条第(1)款内容，并在第2项后加上下面一项内容：“(2A)一个人无论是直接或间接地故意作案，且无法律上正当之理由或原因，而向自己知道的实施或参加过1次及以上恐怖主义行为的组织提供或筹集资金，或明知道其将受益而为之的行为被视为触犯本法。”

主法中的“第8条(2A)”内容为：“实施直接或间接地，蓄意地且无合法或合理理由，提供或筹集资金，意图使该资金有助于或明知该资金会有助于某组织，而行为人明知该组织实施或参与了一项或多项恐怖主义行为构成犯罪。”

与主法相比，该法用“无法律上正当之理由或原因”替代了“无合法理由或合理理由”，表明了理由必须合法并且正当合理；用“参加过1次及以上恐怖主义行为”替代了“参与了1项或多项恐怖主义行为”；放弃使用“意图使

[1] 参见赵秉志等编译：《外国最新反恐法选编》，中国法制出版社2008年版，第216页。

该资金有助于或明知该资金会有助于某组织”这个表述,取而代之使用“向自己知道的”“组织提供或筹集资金”“或明知道其将受益而为之”;用“被视为触犯本法”替代“构成犯罪”,意思表达上更细化、明确、合法、严谨。

2. 申请程序(对判决之上诉)

主法第 38 条第(3)款有(a)(b)两项,(a)项原来内容为:“该诉讼过程应有高级法院首席法官或是 1 名或多名由首席法官提名的法官出席并由其决定,或是首席法官和提名法官均参与”,该法将之修订为:“(a)程序需经高等法院大法官、1 名或多名由高等法院大法官指定的法官听审并裁决。”

这也就是说,主法第 35 条规定,除非依据相关规定撤回或重新开始,作出的恐怖组织或相关组织最终认定在 3 年后会失去效力,如总检察长提出申请延长该认定的有效期限,高级法院可以确认或判决将有关认定的期限延长 3 年;第 66 条规定了被拘留的特定当事人与领事代表沟通的权利,若其发生诉讼,则诉讼过程中听审并裁决的法官必须是高等法院的大法官,或是 1 名或多名由高等法院大法官指定的法官,明确了诉讼的程序和人员。

二、根据主法对特定称谓的延伸

该法根据主法对特定称谓进行了延伸规定:[1]

(1)根据法律规定,“具体日期”是指该法案获得皇家同意之日起至选择委员会向众议院作出汇报之后的 2 年期间。

从以上延伸,可以看到,主法中的“具体日期”延伸指新西兰 2005 年制止恐怖主义法修正案第 6 条第(1)款的定义:“指该法案获得皇家同意之日起至选择委员会向众议院作出汇报之后的 2 年期间”。

(2)第(3)款适用于在“具体日期”届满之后的“主法”第 22 条[2]的命令(要不是那一项的话)。

第(3)款的内容如下可见,其中所指命令适用于在“具体日期”届满之后的“主法”第 22 条对恐怖组织或相关组织的最终认定情形。

---

〔1〕 参见赵秉志等编译:《外国最新反恐法选编》,中国法制出版社 2008 年版,第 217 页。

〔2〕 第 22 条是对恐怖组织或相关组织的最终认定,共有 4 条规定。根据规定,总理可以认定行使该法赋予他的权力,与总检察长磋商后,给出对恐怖组织或相关组织的最终认定。

(3)本项所适用之命令从生效之日3年后不届满,且至“具体日期”最后一天前仍然有效。

这里的命令自总理签字之日起生效,生效的当天开始计算,3年后不届满,而且从该法案获皇家同意之日起至选择委员会向众议院作出汇报之后的2年期间有效,直至这2年的最后一天都有效。

(4)第(3)款撤销“主法”中第23条(g)款[1]和第35条第(1)款[2]的规定。但依该法第33条和第34条为准。

第23条(g)款的具体规定是“根据第35条规定,在其生效之日起3年后期满,除非提前——由总理根据第34条规定撤销;或是高级法院根据第35条(2)款[3]的规定要求延长其期限,或是做出了延期的申请,但尚未撤回或终止”。

第35条第(1)款的具体规定是“根据第22条规定做出的认定在其生效之日起3年后失去效力,除非在此之前该认定已符合下述条件之一:(a)依据第34条被撤回;或(b)根据分条款(2)规定,其期限被延长;(c)成为根据第(2)项规定提出的申请的主体,在此条件下[不对第36条第(1)款进行限制],认定继续有效,直到该申请被撤回或是最终裁定”。

该法将上述两条全部撤销,转而规定依该法第33条[4]和第34条[5]为准。

(5)对于第3条规定适用之命令,“主法”在“具体期间”之内有效,犹如:“主法”中第23条(g)款中“生效之后的3年”替代“在具体日期最后日

---

〔1〕 第23条(g)款是对恐怖组织或相关组织的最终认定的进一步规定。

〔2〕 第35条第(1)款规定,根据第22条规定作出的认定将在3年后失去效力,除非高级法院延长期限。

〔3〕 第35条(2)款规定,一经收到总检察长为延长某认定的有效期限的申请,高级法院可以确认根据第22条规定作出的某一认定在作出3年以后继续有效。

〔4〕 第33条是对认定的司法审查,即主法的任何规定都不能阻止任何个人提出司法复审(不管是根据《1972司法修正案》或是其他法)或是在法庭前提出与根据主法规定所作出的认定相关的其他诉讼程序。

〔5〕 第34条规定了对认定的撤销,即总理可以在任何时候撤回作出的对恐怖组织作出的认定,这既可以是总理的自主行为,也可以是因由被认定的对象提出申请,或有对该认定有利益的第三方提出,并且在总理看来,此利益不同于普通大众所享有的利益。但总理若没有就提出的拒绝先询问总检察长,则可能不能拒绝依据第20条或第22条提出的撤回认定之申请。

截止"[《2005年制止恐怖主义法修正案》第6条第(1)款的定义]。"主法"中的第35条[1]的"3年后"替代"具体日期届满之时"。"主法"中的第35条第(1)款规定的"生效之后的3年"替代"在具体日期最后日截止"[《2005年制止恐怖主义法修正案》第6条第(1)款的定义]。

三、对《1987年移民法》的修订

《1987年移民法》第2条第1项被修订为从(d)中删除"第8条第(1)款对恐怖主义行为的定义",代之为2002年新西兰制止恐怖主义法的"第8条(1)款或(2A)款。"[2]

这也就是说,《1987年移民法》第二条第1项(d)保留了主法第8条第(1)款内容,并增加了(2A)的内容。这样《1987年移民法》关于恐怖主义行为的定义更细化、明确、严谨,充分保持了与2005年修订后的主法的一致性。

四、对《1991年犯罪收益法》的修订

《1991年犯罪收益法》第2条第(1)款被修订为从(c)和(d)两段中删除"第8条(1)款"对受污染财产定义,代之为"第8条(1)款或(2A)款"。

这也就是说,《1991年犯罪收益法》第2条(1)款(c)和(d)两段在定义受污染财产时,保留了主法第8条第(1)款内容,并增加了(2A)的内容。这样《1987年移民法》关于受污染财产的定义更细化、明确、严谨,充分与2005年修订后的主法衔接起来。

新西兰政府通过不断修正新西兰制止恐怖主义法,努力预防并用法律应对国际恐怖主义带来的强大威胁,同时尽可能从立法上减少其对新西兰的公民自由和权利的影响。在新西兰政府、议会、官员和公众的共同努力下,该法案吸收了一些其他特别行之有效的司法管辖途径,但带着一丝独特

---

〔1〕 第35条规定,根据第22条规定作出的认定将在3年后失去效力,除非高级法院延长期限。

〔2〕 第8条第(1)款内容为,直接或间接地、蓄意且无合法辩解或合理理由,提供或筹集资金,计划将该资金用于或明知该资金会被全部或部分用于实施一项或更多的恐怖主义行为。(2A)的内容为,直接或间接故意且无法律上正当之理由或原因,而向自己知道的实施或参加过一次以上恐怖主义行为的组织提供或筹集资金,或明知道其将受益而为之行为被视为触犯本法。

的新西兰风格。尽管法案和修正案的立法及其实施尚不完美,但是新西兰政府成功地平衡好了新西兰公民与国家和国际社会的需求。[1]

经济与和平研究所(IEP)发布的 2016 年全球恐怖主义指数报告(Global Terrorism Index 2016)显示,一些国家恐怖主义态势加剧,恐怖主义扩散到新的国家和地区,显示了现代恐怖主义活动的流动性。尽管如此,在统计中的 130 个国家中,新西兰位列 112 位,[2] 安全指数名列前茅。由此,新西兰制止恐怖主义法的效力也显见一斑。

---

〔1〕 See John E Smith, New Zealand's Anti-Terrorism Campaign: Balancing Civil Liberties, National Security, And International Responsibilities. December, 2003.

〔2〕 参见《经济与和平研究所(IEP):2016 全球恐怖主义指数报告》,载 Useit 知识库:http://www.useit.com.cn/thread-14235-1-1.html,2017 年 3 月 22 日访问。

第十章　英国反恐怖主义立法

赵运锋　张温娴

由于特殊的历史背景以及国际社会地位，英国在历史上受到多重来源的恐怖主义威胁，从北爱尔兰恐怖主义到伊斯兰恐怖主义再到各色各样的国际恐怖主义，世界上现被记录的多数恐怖组织都对英国发布过将会在英国实施恐怖袭击的警告。面对严峻的反恐形势，对其自身的司法体系有着绝对骄傲的英国人依然选择通过法律来面对恐怖主义犯罪。

相较于一般刑事犯罪，恐怖主义犯罪具有的公众心理破坏力使其对社会的稳定产生着严重的威胁，预防恐怖主义犯罪不再是简单的事后惩治可以实现，有效的预防需要从恐怖主义在社会中的思想传播开始入手，鼓励恐怖主义犯罪、传播恐怖主义出版物罪就此出现在英国的法案中。

同时，由于恐怖组织面对各国政府的封杀有着越来越高的隐秘性，对恐怖犯罪的有效侦查难度一直在提升，政府需要更大的行政权力来保证其反恐行动的效率，但同时也有人对政府借助反恐获取的过大行政权力是否对公民的基本权利产生威胁提出了质疑。英国通过设立法案实施情况独立审查人制度，由被内务大臣任命的皇家律师作为独立审查人对每年的反恐法案的实施情况进行独立审查并出具报告,而后政府需要对该报告中提出的建议采纳与否进行公开的回应。

第一节 反恐背景介绍以及立法进程

英国对于恐怖主义方面的立法最早可以追溯到1922年由于北爱尔兰和大不列颠发生的暴力活动而制定的《北爱尔兰特别权力法》,其后英国制定了一系列的临时法案对发生在北爱尔兰与大不列颠之间的暴力犯罪进行规制。20世纪70年代之后,英国主要面对的恐怖主义威胁不再是本土历史上的"北爱尔兰恐怖主义"而是来自国外的"伊斯兰恐怖主义"。面对造成人类历史上单次恐怖袭击死亡最高纪录——2001年9月11日美国双子塔撞机事件的"伊斯兰恐怖主义",英国认识到恐怖主义犯罪的打击需要更加完善的法律系统进行保障,其开始加快对相关反恐立法的完善。

一、反恐背景介绍

英国目前的恐怖主义威胁势力主要包括三个部分:伊斯兰恐怖主义势力、北爱尔兰恐怖主义势力以及以恐外主义为代表的其他恐怖主义势力。[1]三股强大的恐怖主义势力在英国本土造成了严重的民众伤亡以及社会安定危机。

自2005年7月7日伦敦地铁遭受恐怖组织袭击以来,2006年至2011年,英国的恐怖主义威胁警告一直持续在"极度危险"的水平上,[2]即英国极有可能遭到伊斯兰恐怖主义恐怖分子袭击的可能性;2014年8月,英国再次宣布进入"极度危险"状态。2015年共有34名英国公民在海外遭到恐怖分子的袭击并死亡,但2015年在大不列颠本土并没有发生一例公民因为恐

---

〔1〕 See THE TERRORISM ACTS IN 2015: Report of the independent review on the operation of the Terrorism Act 2000 and part 1 of the Terrorism Act 2006, para 2. 21.

〔2〕 See THE TERRORISM ACTS IN 2015: Report of the independent review on the operation of the Terrorism Act 2000 and part 1 of the Terrorism Act 2006, para 2. 5.

怖袭击受伤或者死亡的案例。[1] 这一成绩被视为英国有效的反恐机制带来的良好反馈。但与此同时,2015 年 12 月法国巴黎以及 2016 年 3 月布鲁塞尔发生的两起恐怖袭击被认为是针对以欧盟共同体为代表的西方文化发起的挑战,这对当时作为欧盟共同体的英国同样产生了威胁。

二、反恐立法进程

20 世纪中后期,英国通过制定一系列相关的临时立法和地区性法律来规制恐怖主义,其先后制定了《预防恐怖主义(暂时规定)法》(Prevention of Terrorism〔Temporary Provisions〕Act 1974)、《1989 年预防恐怖主义(暂时规定)法》(Prevention of Terrorism〔Temporary Provisions〕Act 1989)。进入 21 世纪后,鉴于国内外反恐局势的变化对完整反恐法律体系的需求,英国先后制定了《2000 年反恐怖主义法》(Terrorism Act 2000)、《2001 年反恐怖主义、犯罪和安全法》(Anti-terrorism Crime and Security Act 2001)、《2005 年预防恐怖主义法》(已废除)(Prevention of Terrorism Act 2005,已废除)、《2006 年反恐怖主义(北爱尔兰)法》(Terrorism〔Northern Ireland〕Act 2006)、《2006 年反恐怖主义法》(Terrorism Act 2006)、《2008 年反恐怖主义法》(Counter-Terrorism Act 2008)、《2010 年恐怖分子资产冻结法案》(Terrorist Asset-Freezing Etc. Act 2010)、《2011 年恐怖主义预防与侦查措施法案》(Terrorism Prevention and Investigation Measures Act 2011)、《2015 年反恐怖主义和安全法案》(Counter-Terrorism and Security Act 2015)。

其中,《2000 年反恐怖主义法》构成了英国当前反恐怖主义法律体系的基石,该法案中对相关恐怖组织的禁止、恐怖主义财产的处分、对恐怖分子的调查措施以及限度等方面作出了相较于先前法案更为详细的规定,但其中产生深远影响的是其对“恐怖主义”的全新定义带来的无尽争议。在发生伦敦爆炸案之后迅速得以通过的《2006 年反恐怖主义法》在英国的反恐怖主义法律体系中同样具有重要的地位,该法案增加了 5 个全新的恐怖主义犯罪

---

〔1〕 See THE TERRORISM ACTS IN 2015:Report of the independent review on the operation of the Terrorism Act 2000 and part 1 of the Terrorism Act 2006,para 2. 6.

罪名,其中包括备受争议的煽动恐怖主义行为罪、预备恐怖主义活动罪、参与恐怖主义行为训练罪、出席恐怖主义训练现场罪、传播恐怖主义出版物罪。同时,该法案对“恐怖主义”的内涵进行了一定程度上的扩充。该法案的主要作用在于极大程度上对政府在反恐领域的权力扩张提供了诸多法律依据。《2010 年恐怖分子资产冻结法案》是英国历史上第一部有关恐怖分子财产冻结的法案。《2011 年恐怖主义预防与侦查措施法案》以及《2015 年反恐怖主义和安全法案》则主要把修改的重心放在了对政府在相关案件中的侦查权细则规定以及相关的监督机制建设上。

第二节 主要犯罪类型

英国在反恐怖主义立法上设定的犯罪罪名繁多,其中对英国反恐行动的实施起到重要作用的罪名包括鼓励(煽动)恐怖主义罪、传播恐怖主义出版物罪、资助恐怖主义活动犯罪、准备实施恐怖主义活动犯罪等。前两者的罪名设立在英国具有很大的争议,其被质疑可能与英国宪法所保护的公民言论自由权所冲突。本书挑选其中的鼓励(煽动)恐怖主义罪、传播恐怖主义出版物罪以及准备实施恐怖主义犯罪三个罪名从概念、特点以及司法现状进行更为详细的阐述。

一、鼓励(煽动)恐怖主义行为罪

自 2002 年以来,英国政府就制定了一系列反伊斯兰恐怖主义的政策,该一系列政策中包括了减少因受到伊斯兰恐怖主义的激化成为恐怖主义分子的公众的人数。[1] 根据该政策的内容,可以判断此时英国政府已经开始对恐怖主义的鼓励行为进行规制。2005 年 7 月 7 日发生伦敦地铁爆炸案之后,联合国安理会会议重申了联合国关于恐怖主义对国际和平与安全造成

〔1〕 See Intelligence and Security Committee, Report into the London Terrorism Attacks on 7 July 2005, p. 5.

的威胁的关切，该会议通过了第1624（2005）号决议，安理会通过该决议表示"深为关切煽动基于极端主义和不容忍的恐怖行为的行径对人权的享受日益构成严重的威胁，危及所有国家的社会和经济发展，破坏全球稳定和繁荣，联合国和所有国家必须紧迫地、积极主动地处理这个问题，并强调需要在国家和国际两级根据国际法采取一切必要和适当保护生命权"。[1] 经过7月7日伦敦爆炸事件的警示以及对该决议所呼吁的国际责任承担的回应，英国议会于2006年3月30日通过了《2006年反恐怖主义法》，在该法案中英国专门针对煽动恐怖主义犯罪制定了系列条款，条款包括对煽动恐怖主义犯罪的定义以及针对该类犯罪法案赋予内政大臣的相关权力。在该法案颁布之初，由于其中含有的定义极其模糊地间接煽动恐怖主义犯罪可能带来的法律不确定性，从而给权力机关侵害普通公民自由表达权留有空间而饱受质疑。

（一）定义

在英国颁布的《2006年反恐怖主义法》相关条款规定："发表直接或间接煽动或鼓励他人实施恐怖行为或某些特定犯罪的言论为刑事犯罪，前提是被告当时企图鼓励恐怖主义或某项特定犯罪，或毫不顾及他人是否会受到这种鼓励。间接鼓励包括美化恐怖主义或特定犯罪，只要可合理推断，被美化的行为应在现有情况下加以效仿。这些犯罪若通过电子手段（包括互联网）实施，则应纳入本法的范围。公司机构以及自然人可能犯下这种罪行。按普通法规定，个人若煽动他人实施犯罪同属犯罪行为，而不必有人企图实施或实施该项犯罪。"[2]

在《2006年反恐怖主义法》第1条第1款规定了直接煽动和间接煽动两种犯罪的定义，即如果一项言论可能被全部或部分公众理解为直接或间接煽动了恐怖行为的实施，则该行为构成煽动恐怖活动罪。直接煽动，是指行为人煽动他人实施特定的恐怖行为；间接煽动则是指赞美、颂扬恐怖主义行

---

[1] 《联合国安全理事会第1624（2005）号决议》，2005年9月14日安全理事会第5261次会议通过。

[2] 《〈联合国安全理事会第1624（2005）号决议〉的执行情况：联合王国根据反恐怖主义委员会（反恐委员会）的提问提出的报告》，S/2006/398。

为或者为恐怖主义行为辩护的行为。[1]

该条第3款则规定了"赞扬恐怖主义活动"的判断标准:赞美恐怖行为或者预备实施恐怖行为(不论此犯罪行为发生在过去、将来还是现在),这种言论或者出版物能使那些可能的社会公众从中推断出什么行为是被赞美的,并且在现实环境中应当为他们所效仿,则该行为为间接煽动恐怖行为罪。[2]

根据第3款与第1款对于对象同为"恐怖分子"的不同煽动行为的不同文字描述,可以推论出,第3款的"赞扬恐怖活动"行为应当被视为第1款所指之间接煽动恐怖活动的行为。但"间接煽动"并不只是局限于"赞扬"的行为,即即使某行为不符合第3款所指之赞扬,也可能因为该行为符合第一款间接煽动恐怖活动而被定罪。

(二)特点

1. 不要求有实质的犯罪(所追求的犯罪)发生或所追求的危害出现。2005年7月的伦敦恐怖袭击案件发生后3个多月,英国下议院于2005年10月12日提出了《2006年反恐怖主义法》的提案,建议增加煽动恐怖主义行为的罪名。[3] 关于"煽动"的立法表述,英国并未使用联合国第1624(2005)号决议中的"incitement",也未使用欧洲理事会《预防恐怖主义公约》中的"provocation",而是使用了"encouragement"。根据英国律师专家的解释,鼓励(encourage)与煽动(incitement)具有相同含义,且包含有"劝说"(persuading)、"鼓励"(instigating)之意。从英国政府提交给议会的各种立法说明和解释文件来看,这几个词也是混用的,没有实质差别。[4]

Incite(煽动)源自拉丁语"*incitare*"一词,原意是进行迅速的提议、激励、刺激(to set in rapid motion, rouse, stimulate),现意为敦促、驱使、鼓励、唆使

---

〔1〕 See Terrorism Act 2006, Section 1 Article 1.

〔2〕 See Terrorism Act 2006, Section 3 Article 1.

〔3〕 参见李哲、张一:《中英煽动恐怖主义犯罪比较》,载《国家检察官学院学报》2016年第9期。

〔4〕 参见李哲、张一:《中英煽动恐怖主义犯罪比较》,载《国家检察官学院学报》2016年第9期。

或刺激(to urge or spur on; to stir up; animate, instigate, stimulate)。[1] 所有的这些解释都指向了一种对情感的影响,使得接受讯息的人产生一种情绪上的兴奋使其失去控制并无法作出决策。在英美普通法系中,煽动行为与未遂、共谋统称为初始罪。初始罪的成立并不要求有实质性的犯罪发生或所追求的危害出现。煽动恐怖主义行为罪也被视为初始罪,对这种煽动行为的惩罚与其是否实际导致恐怖活动无关。[2]

2. 对"煽动"行为具有公开性的要求

英国《2006 年反恐怖主义法》将煽动区分为以"发布言论"方式进行和以"传播出版物"方式进行,关于"煽动"行为公开性的要求仅适用于前者。根据《2006 年反恐怖主义法》第 1 条的原文表述,言论的作出必须具有"公开"性,即针对的是"公众"(public)或者"公众的一部分"(some or all of the memberof the public),"私下"(private)发布言论是不能构成本罪的。英国议会发布的《关于"2006 年反恐怖主义法"的解释性说明》中指出,对于在会议或者团体内发布言论的行为能否构成本罪,根据第 20 条第 3 款的规定,如果这一会议或者团体是公众能够参加的,则能够构成本罪,至于公众是以付款、入会还是其他何种方式参加,则在所不问。[3] 根据上述规定,如果一个由 50 位穆斯林组成学经班的老师在讲授伊斯兰教义的过程中宣扬圣战的好处,号召学院进行圣战,铲除异教徒,该班级如果不是向公众开放而仅限于该班的学员参加,则属于私下的言论,不能构成煽动恐怖主义行为罪。

对于"公开煽动"中"煽动"的含义,如果某人在某一公开场合针对 1000 人发布了煽动恐怖主义的言论,而该 1000 人中的两个人将言论理解为煽动其实施恐怖活动,那么该人的煽动行为是否符合本罪的"煽动"要求是具有争议的。英国法院在"*DPP v Whyte*"案中主张,关于煽动犯罪中人数的判断,应当遵循"最低限度原则"(the de minimis principle),如果人数微乎其微

---

〔1〕 参见李哲、张一:《中英煽动恐怖主义犯罪比较》,载《国家检察官学院学报》2016 年第 9 期。

〔2〕 参见李哲、张一:《中英煽动恐怖主义犯罪比较》,载《国家检察官学院学报》2016 年第 9 期。

〔3〕 See The Terrorism Act 2006 (Commencement No. 1) Order 2006.

甚至可以忽略不计的话,即便多于一人,也不符合法律的规定。正如三位英国法学专家 Alun Jones Q. C. ,Rupert Bowers,Hugo D. Lodge 所指出的,虽然法院关于《淫秽出版物法 1959》的相关判例与此相关,但《2006 年反恐怖主义法》应当进一步对这一问题作出成文法上的界定,在判断是否符合多数人的要求时,结合个案情况,建议应当适用“最低限度原则”。根据法院的上述判决以及法学专家的报告意见,在对此罪进行考量时,必须有相当比例的受众认为该言论是煽动其实施恐怖活动的,才可以认定符合本罪的基本构成要求。

考虑到上述对法条基本概念的争议带来对基本人权的侵害可能性的考虑,英国在其后颁布的《2006 年反恐怖主义法》第 19 条对该煽动罪名的起诉权力作出了规定:“对于煽动恐怖主义行为犯罪的起诉,应当经过检察长的批准方可进行。”[1]这一规定剥夺了地方检察官对于煽动恐怖行为犯罪的起诉权,同时这一规定要求检察长在考虑是否提出起诉时要考量“公共利益”,从而希望在立法层面避免了不公平或不公正的起诉。

(三)司法概况

《2006 年反恐怖主义法》颁布后,第一个以间接煽动恐怖主义罪名被起诉的人是 Abu Izzabeen,他因发布赞美伦敦“7 · 7”爆炸案和嘲笑美国“9 · 11”恐怖袭击受害者的言论而被以“间接煽动恐怖活动罪”起诉,最终法院判决其煽动恐怖主义罪不成立。在 Malcolm Hodges 案中,被告人 Hodges 通过书写“攻击这一目标将更能伤害异教徒”的方式煽动对会计师的攻击,最终其被判煽动恐怖主义罪。[2]

二、传播恐怖主义出版物罪

(一)定义

《2006 年反恐怖主义法》(Terrorism Act 2006)第 2 条规定:“传播恐怖主义出版物罪(Dissemination of terrorism publications),行为人参与实施分

---

〔1〕 Terrorism Act 2006, Article 19.

〔2〕 参见李哲、张一:《中英煽动恐怖主义犯罪比较》,载《国家检察官学院学报》2016 年第 9 期。

发、售卖等传播恐怖主义出版物的行为，并试图通过其行为直接或间接地煽动或者诱导公众实施、预备实施或教唆煽动实施恐怖主义行为或其行为有助于实施或准备实施恐怖活动的，构成本罪。"[1]

（二）特点

1. 对传播行为不具有公开性的要求。

在立法上，英国区分了"发布恐怖主义言论"和"传播恐怖主义出版物"两种不同方式的犯罪。对于发布恐怖主义的言论，要求必须公开进行，而对于传播恐怖主义出版物，包括图书、音视频及其他方式的出版物，只要其具有"永久"或者"半永久"的性质，即认为其已经具有"公开"的性质，而不再有求其传播方式的"公开性"。[2] 即便是私下的传播，传播的对象仅为一人，均可构成犯罪。同时，关于恐怖主义的出版物，也并不一定是宣扬恐怖主义或者煽动恐怖主义，只要该出版物的内容有助于他人实施恐怖主义犯罪，即可满足本罪之要求。

2. 本罪的成立不需要传播的出版物具有可能造成实施恐怖行为的危险。

欧洲理事会《预防恐怖主义公约》第 5 条第 1 款规定，无论是直接还是间接煽动恐怖主义，只要该煽动行为造成一个或者多个恐怖行为可能被实施的风险，该煽动行为即构成犯罪。[3] 欧洲理事会与欧洲人权法院在关于该公约的解释性报告与判例中指出，在考虑某一危险是否会被引起时，应当对行为人的意图和所发布信息针对的对象以及信息内容进行综合考量。仅仅作出煽动恐怖主义活动的行为，综合各种情况而言，如果这种行为没有造成被煽动人有可能实施恐怖活动的危险的，不成立本罪。

英国《2006 年反恐怖主义法》第 1 条第 1 款以及第 2 条第 3 款指出，如果该言论或者出版物可能被公众或部分公众理解为对实施恐怖活动的煽动

---

〔1〕 Terrorism Act 2006, Article 2.

〔2〕 参见李哲、张一：《中英煽动恐怖主义犯罪比较》，载《国家检察官学院学报》2016 年第 9 期。

〔3〕 See Europe Convention on the Prevention of Terrorism, Section 1 Article5.

的话,则该煽动行为构成犯罪。[1] 根据上述条文,言论或者出版物无论是否可能造成实施恐怖行为的危险,只要其受众理解为该言论或者出版物的目的是煽动其实施恐怖行为,该罪名即告成立。英国法案的该标准低于欧洲理事会的公约,同时这一标准也是十分模糊的,某人的煽动行为是否构成犯罪,取决于受众是否理解了其煽动的意图。

三、预备实施恐怖主义行为罪

《2006 年反恐怖主义法》第 5 条规定:“预备实施恐怖主义行为罪”(Preparation of Terrorist Acts),行为人以实施恐怖主义行为或者协助实施恐怖主义行为为目的,参与任何实现其目的的恐怖主义行为预备活动的,构成本罪。上述预备行为的目的并不影响本罪的成立与否。依此罪判处行为人终身监禁的,证明标准需要达到确信的程度。[2] 上述预备行为包括对炸药材料的收集活动、对砍头行动的准备以及向境外恐怖分子寄送活动装备等行为。[3]

第三节　恐怖组织的禁止与恐怖分子的羁押

英国《2000 年反恐怖主义法》赋予英国内政大臣对她认为“与恐怖主义相关”的组织颁布禁止令的权力,根据《2000 年反恐怖主义法》第 3 条第 5 款的规定,英国内政大臣不仅有权对参与或者协助恐怖活动的组织颁布禁令,对于准备参与恐怖主义活动或者煽动、倡导恐怖主义活动的组织同样可以认定其尚属于“与恐怖主义有关”的具体情形从而向其颁布禁令。《2006 年反恐怖主义法》在《2000 年反恐怖主义法》的基础上增加了赞美恐怖主义的允许颁布禁令情形。时至今日,国务大臣所享有的该项禁止权与《2010 年恐

---

[1] See Terrorism Act 2006, Section 1 Article 1, Section 3 Article2.

[2] See Terrorism Act 2006, Section 1 Article 1, Article 5.

[3] See THE TERRORISM ACTS IN 2011: Report of the independent review on the operation of the Terrorism Act 2000 and part 1 of the Terrorism Act 2006, para 10. 17.

怖分子资产冻结法案》中的资产冻结权以及《2011 年恐怖主义预防与侦查措施法案》中的恐怖主义预防与侦查措施组成了英国反恐怖主义领域的政府三大行政权力,[1]并在英国反恐实践中得到了广泛的运用。

恐怖分子的审前羁押不需要经过独立法庭的审理由侦查机关可以直接对犯罪嫌疑人采用,侦查机关在该羁押中享有的充分自由裁量权是否会使其将该权力作为从事越权行为的理由备受关注。此类羁押由于羁押期限相较于其他犯罪的羁押措施更长,因而涉及对公民人身自由权的侵犯可能性而受到更加谨慎的对待。英国在几个主要的反恐怖主义法案中都对该审前羁押的期限、措施进行了注释。同时,由政府任命的反恐法案实施现状独立调查人向政府提交的年度独立调查报告中均专门设章节对有关该项羁押的批评与建议进行了呈现。

一、恐怖组织禁止的基础

出于对反恐怖主义领域的行政权力行使不需要经过独立第三方的参与从而带来的对个人自由的直接与间接侵犯的可能性,英国对于反恐领域中的行政权力行使有着较为严格的限制。[2] 与英国反恐怖主义领域的政府三大行政权力的其他两个行政权力相比较而言,向恐怖组织颁布禁止令这一行政权力的行使几乎从未受到过法律方面的挑战,同时该项权力的行使条件相对于其他两项行政权力而言更容易被满足,法律对于内政大臣这一项“几乎不受限制”的权力的限制主要通过对被禁止的组织认定基础之“与恐怖主义有关”的标准与具体情形的限定来实现。

(一)立法对于“与恐怖主义有关”组织禁止令的规定

对于“与恐怖主义有关”的内涵,根据《2000 年反恐怖主义法》第 3 条第 5 款的规定,认定一个组织是否“与恐怖主义有关”需要满足以下条件之一:(a)协助或者参与恐怖主义活动的实施;(b)准备实施恐怖主义行为;(c)宣

---

[1] See THE TERRORISM ACTS IN 2011:Report of the independent review on the operation of the Terrorism Act 2000 and part 1 of the Terrorism Act 2006,para 4.2.

[2] See THE TERRORISM ACTS IN 2011:Report of the independent review on the operation of the Terrorism Act 2000 and part 1 of the Terrorism Act 2006,para 4.2.

扬或者鼓励恐怖主义活动；(d)其他与恐怖主义相关的情形。[1]《2006年反恐怖主义法》在第1条通过将赞美恐怖主义活动等间接的鼓励行为加入“鼓励恐怖主义犯罪”中“鼓励”的内涵之中，《2000年反恐怖主义法》上述条款中第(c)款的“鼓励”内涵也因此发生了扩充。

对于禁止令的具体实施而言，对于满足上述禁止令颁布条件的组织，内政大臣可以向其颁布无限期延长的禁止令，即一旦颁布自动推定禁止令无限延长期限，除非有任何个人因受到组织被颁布禁令后受到影响向政府提出解除禁令的申请，对该申请政府通过审查后对被申请组织从被禁止的名单中移除作出决定。[2]

(二)司法判例对于“与恐怖主义有关”组织禁止令的立法规定补充

对于《2000年反恐怖主义法》中“与恐怖主义有关”的界定标准的司法实践具体适用，英国上诉法院在“伊朗人民圣战组织”的案件中通过对上述法案满足第3条第5款第(a)－(c)项条件的“与恐怖主义有关”行为认定标准加上了该行为必须具有现时性和当下性的要求实现了对该法令适用条件一定程度上的限制，对于适用同条款下(d)项的兜底条款将某一组织认定为应当被禁止的恐怖组织，法院认为该组织可以不具有现时活跃性但是必须满足其本身具有一定的军事能力基础实施相关的恐怖活动。[3] 在对该案件的判决中，法院同时指出，如果一个组织没有能力去实施恐怖主义活动或者没有采取行动去进一步获取实施恐怖主义活动的能力，同时也没有宣扬或鼓励恐怖主义活动的，该组织不能被认定为可以被颁布禁止令的“与恐怖主义有关”的组织。[4] 这一意见则对恐怖组织的禁止需要以实际的威胁可能性为条件提出了要求。

同时，为了加强对内政大臣的该项“禁止令”颁布权力的限制，英国通过官方对《2000年反恐怖主义法》的“与恐怖主义有关的组织”认定因素解读，

---

〔1〕 See Terrorism Act 2000. Section5 Article 3.

〔2〕 See The government response to the annual report on the operation of the terrorism acts in 2014 by the independent reviewer of terrorism legislation.

〔3〕 See THE TERRORISM ACTS IN 2011：Report of the independent review on the operation of the Terrorism Act 2000 and part 1 of the Terrorism Act 2006，para 4. 5.

〔4〕 See SSHD v *Lord Alton of Liverpool* [2008] EWCA Civ 443，[36]－[37].

在实践中形成了对内政大臣具有约束效力的“与恐怖主义有关”的具体认定要素，即如果内政大臣欲将某一组织认定为需要颁布禁令的组织，其需要对组织的以下几个方面的满足进行认定：(a)该组织活动的性质与规模；(b)该组织针对英国本土发布了相关的威胁；(c)该组织针对英属海外领地发布了相关威胁；(d)该组织在英国本土的活跃度、行动的统一性以及能力范围；(e)英国对该组织所在国家的反恐行动具有直接的协助之必要。[1]

二、恐怖活动犯罪嫌疑人的羁押期限及其延长规定

英国对于警方在普通案件中的逮捕与羁押行为优先适用《警察与恐怖证据法案》(Police and Criminal Evidence Act)的规定，但是对于与恐怖主义有关的规定，优先使用相关的恐怖主义法案。2001 年 11 月，英国议会通过了《反恐怖主义、犯罪和安全法》(ATCSA)，该法案的第四部分对恐怖分子犯罪嫌疑人创设了预防性羁押制度，该制度的核心是，英国政府可以对因人权法缘故无法驱逐出境，又无法提起刑事诉讼的外国恐怖嫌疑人剥夺自由，进行无限期羁押直至其自愿离开英国或有他国愿意接收为止。[2] 该制度最终因 2004 年 12 月 16 日被上议院裁定其歧视外国人而遭到废止。2005 年 12 月，英国议会通过了《预防恐怖主义法》(PTA)，该法案赋予国务大臣针对其有理由怀疑与恐怖主义有关的个人颁布“控制令”(Control Order)的权力，相对于先前被废止的法案中的预防性羁押制度，该预防性羁押制度进行了去歧视化、去囚禁化的改造，其将预防性羁押措施的适用主体扩大到了本国国民，同时废止法案中预防性羁押制度的剥夺自由的羁押方式改为了一定程度的限制人身自由。由于该法案中“控制令”的颁布决定过程中被怀疑人并不享有申诉的权利，同时“控制令”的人身自由限制程度达到了软禁的程度，该法案最终于 2011 年 12 月 14 日被英国议会通过的《恐怖主义预防和侦查措施法案 2011》(TPIM)废止。2011 年的法案创设了“恐怖主义预防与调查令”(TPIMs Notice)，该调查在保留 PTA 法案中“控制令”的大部分规定

---

〔1〕 See Hansard HL Vol. 613, Col. 252(16 May 2000), Lord Bassam.

〔2〕 参见王新清、李响：《英国〈恐怖主义预防和侦查措施法(2011)〉对构建我国预防性控制制度的启示》，载《云南师范大学学报(哲学社会科学版)》2014 年第 5 期。

的基础上针对有争议的部分作出了修改，就限制期限而言，每项限制措施的初始有效期为1年，该有效期从能够实际发生作用之日起开始计算，期限届满，如果国务大臣根据原认定事实仍然认为对当事人继续实施调查令的，可以将原先的调查令的有效期限延长1年，但只能延长一次，如果出现新的事实，国务大臣可以颁布新的调查令《反恐怖主义和安全法案》2015（Counter-Terrorism and Security Act 2015），该法案赋予政府针对恐怖主义活动的参与嫌疑人进行限制入境的权利，除非该嫌疑人同意处于政府的监管之下；同时该法案允许政府暂扣伊斯兰圣战的嫌疑分子的护照，并要求航空公司应当配合提供乘客信息。

1. 法律对羁押期限的规定

按照英国普通的刑事法律的相关规定，预防性羁押指的是国家基于合理的证据证明犯罪分子实施了特定的犯罪，而为了防止该嫌疑分子继续实施犯罪危害社会或防止其逃跑不允许对其进行保释而对其进行羁押到刑事判决的宣布实行。根据《警察与刑事证据法案》的规定，普通刑事案件的审前羁押期限最长不得超过96小时。[1]《2000年反恐怖主义法》第41条将对恐怖嫌疑分子的庭前羁押由48小时延长到经过司法授权的7天。[2]《2001年反恐怖、犯罪与安全法案》赋予国务大臣在怀疑某团体或个人从事涉及委托、准备和煽动国际恐怖主义的情况下可以对其颁布许可令对其执行不确定的拘留，移民局拥有对该拘留最初6个月的审查权以及之后3个月的审查权。[3]《2003年刑事司法法案》第306条将该羁押期限延长到了14天。[4]《2006年恐怖主义法案》第23条、第24条将最长庭前羁押时间从14

---

〔1〕 See THE TERRORISM ACTS IN 2012：Report of the independent review on the operation of the Terrorism Act 2000 and part 1 of the Terrorism Act 2006，para 7.7.

〔2〕 参见杜晓霏：《英国反恐立法研究》，山东大学诉讼法学专业2011年硕士学位论文，第13页。

〔3〕 参见杜晓霏：《英国反恐立法研究》，山东大学诉讼法学专业2011年硕士学位论文，第17页。

〔4〕 参见杜晓霏：《英国反恐立法研究》，山东大学诉讼法学专业2011年硕士学位论文，第22页。

天延长到了 28 天。[1] 2011 年 1 月 23 日,英国联席委员会将该庭前羁押最长期限限定在 14 天的同时赋予内政大臣颁布行政命令[2]延长羁押期限至 28 日的权力,但同时要求内政大臣在行使该项权力时需要出具书面报告待由恐怖主义立法委员会下的独立审查员进行审查。[3] 英国时任政府部门在 2005 年将审前羁押的最长期限延长到 90 天,但这一做法随后遭到了议会的反对;在此之后的 2008 年,英国时任政府部门将该期限减短至 42 天,但依旧遭到了议会反对。[4] 时至今日,英国现行有效法律制度下,恐怖主义相关案件的犯罪嫌疑人一般情形下最长审前羁押期限为 14 天。

上述对于恐怖主义犯罪嫌疑分子的羁押期限适用依然应当遵守普通法中的羁押相关原则:"如果办案人员能够认定现有针对被羁押人员犯罪行为的首要证据不能得到后续审问或者其他证人证词的验证,办案人员应当无条件释放该被羁押人员。"[5]

2. 法律对延长羁押期限的规定及其实践适用情况

根据《2000 年反恐怖主义法》附件八第三部分的规定,对于超过 48 小时后的羁押时限延长需要由检察官或者高级警官进行申请并由司法机关进行授权。[6] 该种超过 48 小时的羁押延长授权只能适用于因违反《2000 年反恐怖主义法》第 41 条被逮捕的犯罪嫌疑人。同时,该审前羁押期限的延长司法授权只能出于以下目的:获取相关证据、保全相关证据以及等待正在进行中的相关证据测试;同时该司法授权必须在相关调查同时满足谨慎性以及高效率的条件下才可能获准。此外,该类审前羁押程序的适用受到《欧洲人权法案》第 5 条的规制。

---

〔1〕 参见杜晓霏:《英国反恐立法研究》,山东大学诉讼法学专业 2011 年硕士学位论文,第 22 页。

〔2〕 Draft Detention of Terrorist Suspects (Temporary Extension) Bills, Session 2010 – 2012 HL Paper 161, HC p. 893.

〔3〕 THE TERRORISM ACTS IN 2011: Report of the independent reviewon the operation of the Terrorism Act 2000 and part 1 of the Terrorism Act 2006, para 7. 16.

〔4〕 See THE TERRORISM ACTS IN 2011: Report of the independent review on the operation of the Terrorism Act 2000 and part 1 of the Terrorism Act 2006, para 7. 7.

〔5〕 Holagte-Mohammed v Duke[1984] 1 AC 437, 443 G-H.

〔6〕 See Terrorism Act 2000, Section 3 Schedule 8.

2011 年有 54 人在大不列颠因触犯《2000 年反恐怖主义法》第 41 条被逮捕,其中 3 人被羁押 10 天至 12 天后才被起诉;[1] 2012 年,在大不列颠有 49 人因触犯《2000 年反恐怖主义法》第 41 条被捕,其中 1 人被羁押 11 ~ 12 天,3 人被羁押 13 ~ 14 天;[2] 2013 年共有 40 人在大不列颠因触犯《2000 年反恐怖主义法》第 41 条被逮捕,其中最长的被羁押期限不超过 8 天;[3] 2014 年共有 65 人在大不列颠因触犯《2000 年反恐怖主义法》第 41 条被逮捕,其中 14 人(22%)被羁押超过 10 天,在 11 个被起诉的人当中有 8 人在被羁押的第 14 天才被提起公诉;[4] 2015 年共有 55 人在大不列颠因触犯《2000 年反恐怖主义法》第 41 条被逮捕,其中 4 人被羁押期限超过 7 天,3 人在被羁押的第 14 天才被决定释放。[5]

三、对恐怖行为(主义)的定义

英国法律在《1989 年预防恐怖主义(暂时规定)法》对"恐怖主义"进行了第一次规定,其后在《2000 年反恐怖主义法》中对恐怖主义行为进行了适用至今的重要定义,该定义在《2006 年反恐怖主义法》和《2008 年反恐怖主义法》中得到了内涵的扩充。[6] 英国法律对"恐怖主义"行为的定义采取了一种广泛定义的方式,且其内涵在各个相关的立法文件中一直处于被扩充的状态,过于宽泛和模糊的定义界限让英国法律在此类案件上的人权保护问题受到来自国内外的诸多质疑声音,诸如受到英国政府任命的反恐法案实施情况独立调查人以及国外的诸多研究学者都对英国三个反恐法案一反

---

[1] See THE TERRORISM ACTS IN 2011: Report of the independent review on the operation of the Terrorism Act 2000 and part 1 of the Terrorism Act 2006, para 7. 21.

[2] See THE TERRORISM ACTS IN 2012: Report of the independent review on the operation of the Terrorism Act 2000 and part 1 of the Terrorism Act 2006 para 8. 10.

[3] See THE TERRORISM ACTS IN 2013: Report of the independent review on the operation of the Terrorism Act 2000 and part 1 of the Terrorism Act 2006, para 8. 5.

[4] See THE TERRORISM ACTS IN 2014: Report of the independent review on the operation of the Terrorism Act 2000 and part 1 of the Terrorism Act 2006, para 7. 9.

[5] See THE TERRORISM ACTS IN 2015: Report of the independent review on the operation of the Terrorism Act 2000 and part 1 of the Terrorism Act 2006, para 8. 7.

[6] See THE TERRORISM ACTS IN 2011: Report of the independent review on the operation of the Terrorism Act 2000 and part 1 of the Terrorism Act 2006, para 7. 31.

常态地扩张“恐怖主义”的内涵提出了自己的质疑。

(一)立法对“恐怖主义”的定义

《2000年反恐怖主义法》第1条:“恐怖主义”是指旨在影响政府或恐吓全体或部分公众,出于政治、宗教或意识形态目的,从事或者威胁从事以下行为:(1)涉及对个人的严重暴力;(2)涉及对财产的严重损坏;(3)危及他人生命;(4)对全体或部分公众的健康或安全构成严重威胁;(5)精心策划干扰或破坏电子系统。这些恐怖主义“行为”包括发生在联合王国之内和之外,“公众”包括本国和外国公众,“政府”也包括本国政府和外国政府或相关部门。[1]

《2006年反恐怖主义法》第34条对恐怖活动犯罪中的“政府”的含义进行了扩充,除对传统意义上的政府的影响决定行为可能构成恐怖活动,对现代国际性的政府组织的影响决定行为也被纳入恐怖活动犯罪的规制范围。[2] 同时,该法案规定,只要是基于影响政府、恐吓公众或为实现特定的政治、宗教目的,除针对公民生命、健康和安全实施的暴力行为和危险行为,还包括针对财产实施的严重侵害行为和对电子设备进行干扰的行为。《2008年反恐怖主义法》第75条将“种族”的特定诉求也加入了恐怖主义认定的目的范畴之中。[3]

至此,《2000年反恐怖主义法》第1条条款中的“恐怖主义”的定义内涵主要包括:所涉及严重暴力威胁不仅包括对人身生命造成威胁的暴力行为、对人身健康和安全造成严重威胁的暴力行为,也包括对财产造成严重损害的暴力行为;在涉及枪支、弹药的暴力犯罪中(包括直接使用枪支或者弹药以及威胁使用枪支或者弹药),只要该暴力是以政治、宗教、种族、意识形态的特定诉求为目的即可构成恐怖主义行为;在其他不涉及枪支、弹药的案件中,认定该案件中的行为是恐怖主义犯罪除了需要满足上述特定诉求的要件还需要满足该犯罪行为是为了影响政府(包括国际性政府组织)的行动以及恐吓公众;行为是否构成英国法律意义上的恐怖主义犯罪并不受到该行为发生地点的限制,只要该行为威胁了某一政府(即使该政府并非民主的政

---

[1] See Terrorism Act 2000. Article 1.

[2] See Terrorism Act 2006. Article 34.

[3] See Counter-Terrorism Act 2008. Aarticle 75.

府)或者恐吓了一国部分民众即构成本条所称的恐怖犯罪。[1] 此外,影响政府的行为即使在国际人道主义法律下不成立犯罪也有可能触犯本条构成恐怖主义犯罪,如暴力反抗压迫政府,即使暴力反抗的目标仅仅只是军事目标同时行为者将平民的附带伤害降到了最低,该行为在本条款下仍然会被认定为恐怖主义犯罪。[2]

(二)司法判例对"恐怖主义"的定义细化

与"恐怖主义"自身的定义直接相关的案件在英国的司法实践中并不多见,其中具有重要意义的判例案件包括"*R v Gul*"案件以及"*R* (*Miranda*) *v SSHD and MPC*"案件。

"*R v Gul*"案件是英国最高法院针对英国反恐法案对"恐怖主义"的定义第一次作出评价。[3] 在案件中,名为 Mohammed Gul 的学生在 2008 年 3 月至 2009 年 1 月向 YouTube 网站以及 Anti-Imperialist Forum 网站上传了 30 个包含暴力内容以及涉及赞美"恐怖主义"的视频因而受到起诉。[4] 被起诉的罪名为"以煽动恐怖主义犯罪为目的传播赞美恐怖主义出版物罪",触犯的法条为《2006 年反恐怖主义法》第 2 条,Mohammed Gul 最终被判处 5 年有期监禁。判决作出后,Mohammed Gul 向法院提起了两次上诉直至最高法院。[5] 虽然两次上诉均以失败告终,但是,最高法院的判决中对"恐怖主义"的相关定义解读具有深刻的意义,其中对与"恐怖主义活动"以及"具有政治诉求的暴力冲突"的区分意见在司法意义上对立法上的"恐怖主义"进行了细化。最高法院在判决中指出,不管是团体还是个人参与非恐怖主义犯罪的武装冲突犯罪应当受到国际人权法的条约规制,其可能构成相关的战争犯罪但无论如何不会构成恐怖主义犯罪。根据该界定意见,诸如在阿

---

〔1〕 See THE TERRORISM ACTS IN 2011:Report of the independent review on the operation of the Terrorism Act 2000 and part 1 of the Terrorism Act 2006,para 3. 1.

〔2〕 See Court of Appeal in R v Mohammed Gul [2012] EWCA Crim 280.

〔3〕 See THE TERRORISM ACTS IN 2013:Report of the independent review on the operation of the Terrorism Act 2000 and part 1 of the Terrorism Act 2006,para 4. 3.

〔4〕 参见 http://www. bbc. com/news/uk-england-london - 12576973,最后方访问日期:2017 年 3 月 19 日。

〔5〕 See THE TERRORISM ACTS IN 2013:Report of the independent review on the operation of the Terrorism Act 2000 and part 1 of the Terrorism Act 2006,para 4. 3.

富汗与伊拉克对北大西洋公约军队的反抗活动以及斯里兰卡、土耳其、利比亚和叙利亚的暴乱行动被排除在恐怖主义犯罪的规制范畴之外。[1]

在“R（Miranda）v SSHD and MPC”案件中，David Miranda 在 Heathrow 机场由于携带斯诺登从美国国家安全局获取的机密材料而遭到英国反恐警察的逮捕，随后英国检方以 David Miranda 触犯了《2000 年反恐怖主义法》附件七条款为由向法院提起了公诉，在法院一审判决后 David Miranda 向上诉法院提起了上诉，在 2016 年上诉法院作出的判决中，法院针对这类行为在何种情况下会构成法律意义上的恐怖犯罪发表了以下意见：“对特定材料的公开非满足以下条件不能构成恐怖主义行为：(i)材料的公开会将任何个人的生命置于危险之中或者对公众的生命健康造成威胁，(ii)材料的公开者对于公开行为可能带来的危险应当知晓而未得预知或者置之不理。”上述对记者报道行为可能构成恐怖活动的具体标准界定对于限制由于《2000 年反恐怖主义立法》中“恐怖主义”过于宽泛的定义带来的权力滥用具有重要的意义。

第四节 对反恐立法的审查

对立法进行独立审查的传统在英国由来已久，《2006 年反恐怖主义法》第 36 条对恐怖主义立法的审查作出了规定，该法条要求内政大臣任命一个个人对《2000 年反恐怖主义法》以及《2006 年反恐怖主义法》第一部分的实施进行审查。[2] 内政大臣的上述任命职责在《2010 年恐怖分子资产冻结法案》第 31 条以及《2011 年恐怖主义预防与侦查措施法案》第 20 条都得到了阐述。受到时任独立审查人 David Anderson. QC 的报告建议，《2015 年反恐怖主义和安全法案》对独立审查的规定作出了一定的改变，该法案对独立审查人的审查范围进行了扩张，同时对独立审查人的报告提交时限进行了更加灵活的规定。

---

〔1〕 See THE TERRORISM ACTS IN 2013：Report of the independent review on the operation of the Terrorism Act 2000 and part 1 of the Terrorism Act 2006，para 4. 6.

〔2〕 See Terrorism Act 2006. Article 36.

一、独立审查职能的承担者

自 1986 年以来,英国在该领域的独立审查工作都是由具有资质的皇家律师兼职承担,被任命的皇家律师需要一年一度提交其对该领域的审查报告,其对该报告的全部内容负责。在 2005 年 7 月 7 日伦敦爆炸事件之后,该类独立审查人的社会地位受到了重视,有人认为应当建立专门的委员会由全职的工作人员来专门承担相关的审查职责,但是,时任独立审查人 David Anderson. QC 在其提交的《2013 年反恐法案实施情况独立调查年度报告》中指出,自我雇用的律师是满足该项工作所需独立性和专业性的最佳人选,律师针对这一工作所拥有的最佳适应性并不会因为其兼职的工作形式受到影响,任命所要求的报告全责制度保证了皇家律师对该调查的专业投入。[1] 同时其认为,独立审查报告的重要价值来源于政府所赋予审查主体对相关涉密材料的阅读,如果通过设立相关委员会的方式进行相关的独立审查,该类涉密材料需要交予委员会下的每一个工作人员,这很可能会导致不良的后果,同时审查工作的效率也会因为委员会部门之间的职权分离受到影响。[2] 时至今日,虽然英国随后设立了与独立审查相关的委员会对独立审查者的审查工作提供相关的支持,但是,独立审查的模式仍然由个人律师进行兼职性的承担。

二、独立审查人的审查范围

《2015 年恐怖主义预防与侦查措施法案》第 44 条第 2 款规定,目前独立审查人的审查范围包括:(1)《2000 年反恐怖主义法》、《2006 年反恐怖主义法》第一部分、《2010 年恐怖分子资产冻结法案》、《2011 年恐怖主义预防与侦查措施法案》;(2)《2001 年反恐怖主义、犯罪和安全法》第一部分,即其中与恐怖分子财产有关的部分法律;(3)《2001 年反恐怖主义、犯罪和安全法》

---

〔1〕 See THE TERRORISM ACTS IN 2013:Report of the independent review on the operation of the Terrorism Act 2000 and part 1 of the Terrorism Act 2006,para 11.6 (a).

〔2〕 See THE TERRORISM ACTS IN 2013:Report of the independent review on the operation of the Terrorism Act 2000 and part 1 of the Terrorism Act 2006,para 11.6(c).

第二部分的财产冻结命令适用时的审查;(4)《2008 年反恐怖主义法》;(5)《2015 年反恐怖主义和安全法案》第一部分有关对旅行者护照暂扣的临时禁令以及驱逐出境的临时命令部分。[1] 其中对于第(1)项审查范围中的法案,除《2000 年反恐怖主义法》之外,[2] 在《2015 年恐怖主义预防与侦查措施法案》颁布之后,独立审查人仍然享有审查权但是不需要如往常一样对其中的每一个法案都进行年度审查。[3] 同时,根据《2015 年恐怖主义预防与侦查措施法案》第 45 条第(4C)项的规定,独立审查人需要在每一年的 1 月 31 日之前向内政大臣与财政部预告其今年对于除《2000 年反恐怖主义法》之外的审查计划。[4]

独立审查人的审查范围受到法律规定的严格限制,除上述法案中所列明的各项审查项目以外,独立审查人无权针对在恐怖主义相关案件中涉及的其他法律进行审查。虽然当下独立审查人对于《2014 年移民法》第 66 条规定授予内政大臣对英国原住民的驱逐权享有审查的权力,但是,这种权力来自于英国移民部长的邀请,而非法律的直接授权,因而具有临时性。当法律对此类权力的审查作出规定后,反恐法案下的独立审查人将不再对此类权力享有审查的权力,即使在该驱逐权被运用于恐怖主义相关的犯罪案件中也将不会受到该类独立审查人的审查,故此处不再对这一部分的审查权进行进一步阐述。

对于独立审查的上述审查范围,时任独立审查人 David Anderson. Q. C. 在其提交的《2013 年反恐法案实施情况独立调查年度报告》中指出,时下的独立审查范围并没有涉及反恐法律中的重要部分。[5] 其认为应当将独立审查的范围扩张到全部的反恐法律当中,其指出,考虑到被排除的审查范围往

---

[1] See THE TERRORISM ACTS IN 2014: Report of the independent review on the operation of the Terrorism Act 2000 and part 1 of the Terrorism Act 2006, para 10. 6 (a).

[2] See Terrorism Act 2006, Article 36.

[3] See THE TERRORISM ACTS IN 2014: Report of the independent review on the operation of the Terrorism Act 2000 and part 1 of the Terrorism Act 2006, para 10. 6(b).

[4] See Counter-Terrorism and Security Act 2015, Article 45.

[5] See THE TERRORISM ACTS IN 2014: Report of the independent review on the operation of the Terrorism Act 2000 and part 1 of the Terrorism Act 2006, para 10. 1.

往是政府更容易动手脚的地方，这种严格限制性的审查范围让独立审查人无法对反恐行为的整体法律体系进行全面的考察，因而也可能根本无法得出可以向公众和议会负责的答案。[1] 在《政府就2013年反恐法案实施独立调查年度报告的回复》中，政府作出了将会在《2015年反恐怖主义和安全法案》扩张独立审查人审查范围的答复，该答复在法案颁布之后得到了实现，但政府同时表示，将审查人的审查范围扩张至整个反恐法律体系是不必要的。[2]

三、独立审查的价值

英国作为一个议会制民主国家，议会与法院被赋予对相关法律的实施情况（主要是针对政府的相关权力实施是否存在侵犯公民基本权利的情况）进行审查的基本职责。[3] 在涉及国家安全的领域，国家利益与公民权利之间往往会产生激烈的冲突，且该类案件中的所涉信息往往具有一定的秘密性质。在此情况下，英国通过选取部分具有声望的个人对涉密材料进行阅读其后对相关的问题进行判断和报告的方式对政府的权力进行监督。[4] 这类由相关专业人士组成的独立审查人的审查在英国已经具有超过35年的历史，其间对英国警察在相关方面法定职权界定产生了直接或间接的重要影响。

---

[1] See THE TERRORISM ACTS IN 2013: Report of the independent review on the operation of the Terrorism Act 2000 and part 1 of the Terrorism Act 2006, para 11.23.

[2] See The Government Response to the Annual Report on the Operation of the Terrorism Acts in 2013 by the Independent Reviewer of Terrorism Legislation.

[3] See THE TERRORISM ACTS IN 2013: Report of the independent review on the operation of the Terrorism Act 2000 and part 1 of the Terrorism Act 2006, para 11.1.

[4] See THE TERRORISM ACTS IN 2013: Report of the independent review on the operation of the Terrorism Act 2000 and part 1 of the Terrorism Act 2006, para 11.3.

第十一章　加拿大反恐怖主义法

郝煜玮

加拿大地处北美洲最北端，是闻名于世的英联邦国家，被誉为枫叶之国，其首都是渥太华。加拿大土地面积辽阔，最西边可以达到太平洋，东至大西洋，北至北冰洋，南面接壤美国本土大陆，西北方毗邻美国阿拉斯加州。总国土面积为 998 万平方千米，居世界第二，其国土的大部分在北极圈之内，人口大多居于南部五大湖沿岸。加拿大是一个非常发达的资本主义国家，丰富的自然资源以及快速发展的科技，使其成为世界上拥有最蓬勃发展的经济、最富裕的社会、最高品格生活质量的国家之一。同时，加拿大在教育程度、政务公开以及信息资源透明、生活品质及经济自由等方面的世界排名中都名列前茅。但是，在这样的大环境之下，恐怖主义事件仍然发生，在 2001 年 12 月 8 日加拿大政府审议通过了《加拿大反恐怖主义法》，通过研究《加拿大反恐怖主义法》可以加强中加两国的反恐合作，推动全球反恐局势向前发展，具有重要的理论价值与现实意义。

第一节　加拿大反恐法的历史背景

一、全球面临的恐怖主义的发展趋势

进入21世纪后,恐怖主义犯罪越来越成为人们日益关注的热点话题。恐怖主义弥漫全世界各地,严重威胁人类文明发展与世界的和平。已经成为一个严重的世界性社会话题。

恐怖主义犯罪兴起于20世纪60年代初,在20世纪60年代末到70年代末这个阶段是国际恐怖主义迅猛膨胀、活动次数逐渐频繁的阶段。国际恐怖主义的活动每年平均发生大约500起,并呈现出逐年不断增长的趋势。进入21世纪,各国开始加强对国际恐怖主义的预防和控制,国际恐怖主义活动有慢慢减缓的迹象,每年发生的次数下降到400多起。

国际恐怖主义在21世纪的初期主要分布在欧洲、拉美,并呈现出逐渐向外扩大的势头,伴随着恐怖组织快速地国际化,恐怖主义的集中地带已经开始向南亚、西亚、北非和中东等地区渐渐转移,导致全世界各个角落都可能隐藏着恐怖主义的威胁。

国际恐怖主义活动针对的目标也发生了改变,从以外交、政府、军队等国际机构和其他人员作为主要目标渐渐地转向群众聚集的公共场所和商业目标。恐怖主义袭击的目标主要是各个国家的首都或者是各国当中较大的城市,危害的对象也转向了毫无防备及反抗力、手无寸铁的无辜平民和百姓。例如,2001年发生的"9·11"事件一共造成2998人遇难,遇难人员的名单显示:四架飞机上全部乘客246人,五角大楼125人,世贸中心2603人。并有411名援救职员因公殉职。2005年伦敦连环地铁爆炸案,造成52人死亡,这一次一次可怕的恐怖事件的背后,牺牲的绝大部分都是无辜的平民百姓。在如此惨痛的结果下,我们更应该加强对恐怖主义的打击,减少不必要的人员伤亡。

伴随着科技的迅速提高,经济的不断发展,现代交通、通信手段、信息与技术的飞速发展,世界经济一体化在很大程度上解除了恐怖分子流窜的障

碍。恐怖组织的发展也日益集团化、网络化，恐怖主义在活动的形式上除了用传统的劫持人质、爆炸、暗杀、劫持飞机公共汽车地铁等之外，还利用互联网手段以及最新研制的各种生化武器进行恐怖活动，造成更大的伤亡，使得被袭击的地区经济倒退、环境恶化，出现社会动荡不安。[1]

恐怖主义的国际化走势越发凸显，跨国恐怖主义活动在未来的几年内将越来越严重。伴随着世界一体化进程的加速和全球反恐意识的不断增强，各国之间的反恐合作也越来越密切，加之受到互联网等科技迅速发展的影响，恐怖组织在国际联系方面将日趋增强。越来越多的恐怖组织相互之间基于巨大的国际反恐压力，以及其自身生存和发展壮大的需要，都会加强组织之间的联系与合作，更有甚者会合成一个新的联盟体或组织。[2] 不管是组织内部间的人员来往、进行跨国恐怖主义活动还是活动资金的流动，都呈现出日益增长的国际化趋势。

从总体格局来看，全世界面临恐怖主义的威胁越来越大，给打击恐怖主义活动方面带来的挑战也越来越多。首先，恐怖主义的规模出现了分化的发展，大小规模的组织层出不穷，导致恐怖组织的数字不断增长，给打击恐怖组织的任务增加了难度。其次，除了以一些传统方式进行恐怖活动之外，新型的恐怖主义甚至超级恐怖主义使全社会不安的因素大大地增加了。这样的新型和超级恐怖组织神出鬼没，让人摸不着头脑，再一次增加了反恐打击的难度。

二、加拿大自身的安全现状

在全球的恐怖主义发展日益扩大的趋势之下，生活水平在全球名列前茅的加拿大仍然是世界上最和平的国家之一。虽然人口仅有 3300 多万，可加拿大却有着世界第二的国土面积。城市清洁安全、自然风光辽阔壮观。加拿大与美国尽管都在北美洲，但两者在反恐局势方面却截然不同，全球遭遇恐怖主义威胁最严重的国家即美国，尤其是“9·11”事件以及波士顿马拉

---

〔1〕参见李霖：《国际反恐法律架构的新发展：挑战与反思》，载《云南民族大学学报》（哲学社会科学版）2015 年第 1 期。

〔2〕参见严帅：《“独狼”恐怖主义现象及其治理探析》，载《现代国际关系》2014 年第 5 期。

松爆炸案这样可怕的恐怖袭击。加拿大却享受着它犹如世外桃源般的安宁。但是,就在这样安宁的环境中,发生了一起足以毁灭这个世外桃源的枪声,即2014年10月22日在加拿大首都渥太华发生的枪击事件。一个名叫迈克尔·泽哈夫·比博的枪手先枪杀了国家战争纪念碑的一位执勤士兵,之后便逃进旁边的议会大楼,同大楼警卫开始激烈的枪战,最后被警卫击毙。此案即是众所周知的加拿大国会山枪击案。[1] 在这一次足以震撼整个加拿大的枪击案后,加拿大政府陷入了恐慌。就在此前的两天2014年10月20日,加拿大魁北克省圣让黎塞留市两名士兵在当地时间20日遇袭,一名男子驾车将两人撞倒,其中一人身亡,驾驶员被当场击毙。加拿大安全部门表示,有证据显示,该男子所表现出来的行为和意识都与恐怖主义息息相关。接二连三的恐怖主义事件,使得这些生活在世外桃源的人们惊醒了。通过对比这两起加拿大比较严重的恐怖袭击事件,我们可以看出许多相同之处:

一是这两件案子的发起者都是同一人,这点不同于以往的多人恐怖袭击。多人恐怖袭击能通过明确的分工使得恐怖行为得以实施,具有一定的组织性。而这两起案子由同一人实施因此缺少组织性,即被称为独狼式的恐怖袭击。"独狼"恐怖分子通常通过网上招募形式,随后受到严格的训练,直到最后时刻暴露其本性。恐怖分子不论是实施爆炸还是其他危险行为都会在很短时间内发生,特别是自杀式炸弹攻击者选择以极端暴力的方式实现其目的。

二是事发地都是公共场所,这无疑会引起极大的惊惧与社会的广泛关注,这都是恐怖分子预期想要达到的目标。国会山更是加拿大当之无愧的中心标志性建筑。

三是恐怖袭击的时间都发生在日间。恐怖分子在白日里采取恐怖袭击活动,一方面,日间有更多的受袭击的目标可供选择;另一方面,也体现了恐怖分子不惜一切代价的决心。

---

〔1〕 See "Canada will Reap the Benefits of Counter-terrorism", Accessed 2014. http://beaconnews.ca/calgary/2012/02/canada-will-reap-the-benefits-ofcounter-terrorism/ .

在过去的数年里加拿大受到的恐怖主义威胁概略有如下三方面：一是国内外的逊尼派伊斯兰极端主义。该极端主义是加拿大国家安全面临的最大威胁。二是其余国际性的恐怖主义组织。依据加拿大的刑法，加拿大政府指出多个具有威胁性的恐怖组织团体利用加拿大法律的漏洞，将加拿大作为它们的避难地，实施融资休整甚至在加拿大招收恐怖分子等支持性工作。三是国内的极端主义团体。该极端主义团体虽然数量不多，但并不可以百分之百地排除它们采取特别暴力的恐怖主义手段和方式来吸引人们的注意，因此，仍需予以充分的关注与警惕。

但是这三个威胁当中最严重的还是来自国内产生的逊尼派伊斯兰极端主义。而且国内外恐怖主义势力依然准备随时随地利用加拿大作为发展和壮大自己恐怖势力的根据地。通过相关信息和已经有充分证据、迹象表明加拿大在最近 3 年内很可能即将成为恐怖主义热衷的目标。一系列恐怖主义的幕后推动者，都准备将加拿大作为恐怖袭击的目标，恐怖主义一定会通过周密而又细心的安排来实施这些计划。正是在遭受了影响如此之大的恐怖主义干扰之后，这个身处在世外桃源的国家觉醒了，它们觉得也是时候对自己国家的安全进行反思，完善自己国家的反恐怖主义法律，避免加拿大真的遭受到那些已经或正在预谋中的重大恐怖袭击。

第二节　加拿大出台反恐怖主义法的主要原因

一、保护海外利益

加拿大之所以会颁布自己国家的反恐怖主义法，具有国际和国内深层次的原因。在国际上的主要原因就是需要保护加拿大自己的海外利益。众所周知，加拿大属于世界上的大国强国，但是，其国内市场相对狭小，经济的对外依赖度很高，对外出口贸易是其发展经济的最大动力。加拿大主要出口产品有：木制品、纸产品、机械设备、矿产品和煤炭、农渔产品、食品、天然气。作为一个如此依赖于出口的国家，加拿大对外出口的地域会越来越广，中东和非洲等一些恐怖主义事件频频发生的地区也是加拿大极为重要的贸易伙伴。随着恐怖主义活动不断增多,在恐怖活动频发的地区进行出口带来的危险也在逐渐增大。2015 年世界范围之内的恐怖袭击事件在数量上比上一年下降 13% ,恐怖袭击导致死亡的人数下降 14% 。这是自 2012 年以来,在数值上出现的首次下降。但就在这样的下降趋势维持了一年之后,2016 年恐怖主义弥漫了一整年。恐怖袭击给人们造成精神上的打击和身体上的伤害,受到伤害的无辜平民的人数开始大幅增长,这严重影响了加拿大在海外的利益,同时缩小了其主要涉及的海外出口的市场,产品运输也受到很大困难。在国外的加拿大公民的个人人身安全也常常由于恐怖事件的大幅增加而遭受着更严峻的威胁,甚至一部分人可能无法进行正常的外事及商业活动。

在恐怖事件日益增长的今天,加拿大政府正确地认识到了海外出口所遇到的困难,加拿大积极地参与到国际反恐斗争当中,与世界各国加强了密切的联系。作为世界上第二大国家,加拿大政府与美国、中国、日本、英国、法国等国家就国际反恐问题达成了一致,加拿大会尽最大努力为国际反恐事业贡献自己的一份力量。加拿大不仅从自身加强了自己国家内部的安全保护,而且与那些经常依赖的较大出口国,如中东和非洲的国家建立合作治理原则,共同整治非洲中东棘手的恐怖主义问题。在这样一系列措施之下不仅能够保护加拿大的海外利益和加拿大国人的安全,同时也有利于塑造一个属于加拿大自己的世界大国、一个负责任的世界强国。另外,提升加拿大的国家形象可以推动其与世界各国的经济合作,在一个以出口为主的国家,既可以顺利加强与世界其他国家之间的经济方面的合作,又能够扩展自己国家出口的范围,一举两得,从而构成一个良性循环。

二、更好地维护加拿大国内的安全利益

在恐怖主义弥漫的今天,作为加拿大邻国的美国发生了一系列恐怖主义事件,如“9 · 11”事件和波士顿马拉松爆炸案,这些恐怖事件都给加拿大敲响了警钟。加拿大国家境内依然存在一些国际和国内的极端主义组织。这些组织当中,有一些恐怖组织会积极谋划并加入加拿大国内的恐怖活动,

而其余组织则会加入境外的恐怖主义组织。[1] 在移民趋势不断增长的今天,加拿大作为世界上福利待遇丰厚的国家,从全世界各地来的移民的数量不断增加。在这些移民中,绝大部分来自亚洲与非洲。[2] 在移民人数不断增多的大背景下,如何管理成为了最严肃的问题。加拿大对恐怖主义的思考将与世界的其他国家相同。[3] 面对威胁,无论是加拿大的情报、司法还是执法部门都做好了充足的准备,充分利用国家的力量在国内及国外实行反恐行动。这很大程度上令恐怖分子知道在加拿大国内进行招募、融资、训练等行为将会变得特别困难,这样一来恐怖袭击的失败率大大增加,则有助于提升加拿大的反恐能力,也能使民众知晓如何才能遏制极端思想的发酵,从而缓和恐怖袭击给加拿大带来的冲击,大大提升反恐的效率。

"9·11"恐怖袭击事件对美国人民的生活造成了无比巨大的创伤,同时也导致毗邻而居的加拿大政府忧心忡忡,加拿大政府在"9·11"事件之后就紧锣密鼓地将公共安全与反对恐怖主义作为政府工作的首要任务,力求确保人民生活的安定和营造更加良好的安全氛围,通过投资来建设和完善加拿大的反恐怖主义体系。加拿大政府迅速成立公共安全与反恐工作特别委员会,委员会由政府相关联的部门联合而成。其主要的工作任务就是预防恐怖袭击事件的发生,在防范的同时协助清除和排查国内恐怖分子,促进加拿大与美国政府这个超级合作伙伴之间的双边合作,提高自身在国际反恐协作中的积极性与主动性,并加强建设境内的基础设施。2004 年加拿大推出了国家安全的新政策,在维持社会公共安全与创建反恐特别委员会的基础上,对安全稳定工作作出了更长远的部署。根据相关数据显示,加拿大政府在 2001 年至 2009 年,公共安全与反恐工作的专项经费达到 129 亿美元,[4]这当中的绝大多数部分真正地用于公共安全与反恐工作的经费。在

---

[1] See Building Resilience against Terrorism: Canada's Counter-ter-rorism Strategy, Government of Canada, 2012.

[2] 参见邱贺:《加技术移民新政明年 1 月实施》,载《法制日报》2012 年 8 月 28 日,第 11 版。

[3] "Canada will Reap the Benefits of Counter-terrorism",载 http://beaconnews.ca/calgary/2012/02/canada-will-reap-the-benefits-of-counter-terrorism/.

[4] 参见陈宋生、曹雪、陈立欣:《好钢用在刀刃上——加拿大反恐经费支出审计》,载《审计与理财》2013 年第 11 期。

提高社会公共安全与反对恐怖主义专项费用后,我们不难发现大量经费被用于加强基础设施建设,加拿大政府注重对军事基地相关的军事设施、武器装备、人员配置的更新换代以及在加拿大所参加的国际性的体育赛事中主动地去配合东道国共同合作开展安保工作,[1]这样从另外一个角度来反映加拿大政府对于反恐怖主义的投入,从而保证自己国家真正的安宁。

三、树立正确的反恐怖主义观念

在当代这个恐怖主义遍布全球各地的格局之下,恐怖主义有很强的感召力和传染性,其影响力在不断增强,范围在不断地扩大,造成的不良后果也愈演愈烈。在这个经济发展如此高速、科技交流如此频繁、互联网络如此便捷的社会之下,恐怖主义分子无时无刻不在盯着世界的每一个角落,力求寻找可以开展恐怖主义活动的时机。而迅速发展的互联网更是为散布在全球各地的恐怖主义思想的交流和传播提供了方便,恐怖分子还能利用网络来讨论施行恐怖主义这一活动的前期准备工作或者在线上进行讨论制作恐怖主义作案工具等。[2] 如前文所述,当代恐怖主义的趋势在全世界的范围内不断蔓延,恐怖主义活动造成的伤亡数字也随着事件的恶劣性质的不断提高而明显上升,带来了一种无处不在、无时不在的不安全感。[3] 伴随着恐怖主义的流动性不断增强,全世界各地的恐怖分子活跃在各个国家,如果这些有经验的恐怖主义分子流动到了加拿大,在这个美丽的国土上去传播有关恐怖主义的思想,煽动周围人的情感,招募无辜的加拿大人民参加恐怖活动,这必然会对加拿大国家安全造成巨大的威胁。恐怖分子若要袭击重要的基础设备,必然会造成社会轰动、引起更多关注。最重要的则是基础设施,其健全与不健全关乎国家的正常运转和大众的正常生活秩序,如若遭遇破坏,后果极其惨重。正如加拿大发生的国会山枪击案,敢在加拿大的国会

---

〔1〕 参见郑远民、黄小喜:《论国际反恐怖的国际法律合作机制》,载《时代法学》2011 年第 6 期。

〔2〕 参见李寿伟、王思丝:《论反恐怖主义法的立法精神》,载《北京师范大学学报》(社会科学版)2016 年第 3 期。

〔3〕 参见[俄]B. M. 库拉金著:《国际安全》,纽菊生、雷晓菊译,武汉大学出版社 2009 年版,第 72 页。

附近实施恐怖主义事件可见带来的不利后果会弥漫在整个加拿大许久也难淡去。

作为一个在全世界最受欢迎的移民国家和旅游目的地,加拿大政府在这样的驱使之下不得不高度重视反恐,把反恐怖主义这件事情放在一个正确的态度之下,不仅要防止加拿大本土的恐怖分子回流到加拿大,加大对国外恐怖分子进入的监管与控制,而且要阻拦加拿大那些隐蔽在普通人群里的恐怖分子流出并参与到恐怖袭击案件当中,并从这其中取得有关经验,从而维护好本国的安全利益。

正如上文所说要树立正确的反恐怖主义的观念,需要从各个角度对恐怖主义进行监管,而网络无非是加拿大乃至全世界最需要监管的一种方式。在加强互联网监管的压力之下,加拿大政府出台了一系列的信息安全保护法来防止恐怖分子对网络的破坏,信息安全法从如何传递信息的方法、如何判断经济间谍、外国恐怖分子影响下的威胁和暴力等多个方面来维护加拿大的网络信息安全。这样的信息安全保护法可以切断恐怖主义的传播路径,极大地限制了恐怖主义想利用网络这一手段来传播恐怖主义思想的这个途径,在限制的同时也很大程度地保护着加拿大人民大众的财产安全和加拿大网络的自由。

四、在反恐领域与美国密切合作,同时加紧与全球其他强国的联系

众所周知,加拿大与美国同属在北美洲,美国在全球世界霸主的地位至今无人可以撼动。加拿大邻近美国,地广而人稀,并且由于殖民时期的相似经历,使其与美国保持着千丝万缕的联系。由于其特殊的地理位置和特殊的历史背景,加拿大与美国签署了防卫协议,该协议指出美国负责保护加拿大的安全,加拿大则着重发展经济,而无须具备强大的军事实力。换言现在美加两国已经结盟为友,但实际上加拿大仍十分依赖美国。

加拿大和美国互为邻国,有着漫长的边境线,经济与政治关系非常密切,两国的交流也时刻进行着。两国的政治制度和体制都十分接近、相似,宪法和法律体系也互为参照。换言之,美国则是加拿大的升级版本。加拿大的公民在美国享有的权利包括完全的司法、医疗和公共权利。美国人与

加拿大人更有着深层的血缘关系,在北美国家体系成立的这 300 年之中,两国进行了数次探讨与协商,从而解决了各方面的问题。在"9·11"事件发生之后,加拿大政府也开始加重了对反恐方面的研究,加拿大在美加边境区域加强了控制与管理,力求尽最大力度去保护和美国共同使用的基础设施。

现如今,在美国恐怖主义事件的出现概率如此之高的情况下,加拿大把美国作为当今世界最大的贸易伙伴,同时也是加拿大最大的外国投资者,它的反恐怖主义战略也必然会追随美国,美国作为加拿大的一道大大的保护伞,在加拿大面前抵挡着许许多多的灾难,使得加拿大可以免于恐怖主义的袭击。而加拿大政府自身的安全保卫措施和反恐怖主义法也明确确立了这一点。在建设自身的安全保障机制之下,加拿大政府必须同美国同仇敌忾,共同面对来自世界各地的恐怖主义势力。

自成立国家之日起至今的 150 年里,加拿大逐渐成为全世界最为发达的国家之一,毫无疑问主要是得益于开放的市场经济模式和其与美国互相依存的经济交流与联系。美国经济的快速发展仍然影响着加拿大的经济周期,带动加拿大经济的努力提高。假如说,一国适应全球经济一体化的程度应当由该国从这种一体化中取得的利益程度决定,那么以此为出发点,加拿大人仍然需要寻求一个能够同时保持加美经济相对依存和有效维护国家自身利益的最佳方法。当然,只有建立了合理的反恐怖主义的良好秩序之下,才能够带动经济的发展,如果没有一个良好的社会秩序支撑着,那么再快速的发展也会因遭受到沉重的打击而毁于一旦。

在加拿大自身的经济体制之下,加拿大不仅要加强与美国之间的关系,同时还需要加强与世界各个强国、大国之间的紧密联系。在注重出口的加拿大,只有与世界上更多的国家建立起更加广泛的联系,才能带动与其他国家共同抵御恐怖势力的袭击,建立一个全球经济发展的格局,从而更加有利于促进加拿大的经济发展,使得加拿大双管齐下,带动经济和反恐一起发展,尽力建立一个属于加拿大自己的完美的社会秩序。

第三节　加拿大反恐法的具体解释

一、加拿大反恐法基本原则

加拿大制定反恐怖主义法的最根本目的在于保证加拿大国家安全和公民日常生活中最根本的利益，综观整部法律有下列几个原则一直贯穿其中：

第一个就是正义战争原则。如何理解战争这一词的内涵，战争即一种组织和集体之间相互施行暴力、虐袭等行为的过程，是相互敌对的双方想实现一定的经济、政治与领土的完整等目的而实行的武装战斗。战争大抵可以分为正义之战与非正义之战。正义之战是指基于自保、保卫国家主权及领土的完整性、保卫国家和平、自由和尊严而进行的战争。非正义之战则是实施以侵略、征服、压迫、掠夺等目的而发动的战争。加拿大作为一个国家安全系数很高的国家，自然很反感发生大规模战争这种行为。伴随着两次世界大战带给人们的冲击，战争带给世界各个国家的人民巨大的灾难使得人们不断意识到要限制乃至禁止战争。加拿大作为当代世界安全系数较高的国家，自然不希望卷入不必要的麻烦当中。加拿大政府制定反恐怖主义法的初衷就是为了减少参加到那些非正义的战争当中，让西方恐怖主义者将仇恨的眼光投放到加拿大的身上。这样的话加拿大就可以将正义战争论在国家反恐斗争中的负面影响降到最低，可以防止恐怖主义以此为借口滥用武力对加拿大实施恐怖主义活动。

第二个是尊重人权原则。人权的深刻内涵指出任何人都应受到合理合法的对待。人权有两大基本特点，即普适性和道义性。将人权与反恐行动相联系起来，虽然国际恐怖主义的行为具有强大的危害性，并且给国际社会带来了很多不安的因素，但是从根本上来说，任何一个恐怖分子都应该和其他人一样享有人权这些基本权利，恐怖分子也很有可能是被别的恐怖组织洗脑或者强迫去参加某项恐怖主义活动的，不能因为他们具有危害性就将其和普通人区分开。具体来说有以下几点：一是消除日益严重的种族歧视。种族问题一直是当今国际社会人权问题当中最严重和最敏感的话题。加拿大的法律明确指出要遏制种族歧视现象,但实际上以白种人居多的社会却对其他民族的歧视依然相当严重,特指对有色人种的歧视。以上所说的白人歧视所体现出的形式也越来越多样化,他们会利用各种事件和机会大做文章。在这样的社会趋势之下,那些经常被歧视的人们心里自然会受到扭曲,在著名的国会山枪击案事件中,被击毙的枪手就是一名被种族歧视困扰很久的黑人,所以加拿大政府出台反恐怖主义法很重要的一件事情就是控制种族歧视的继续和扩大,避免类似国会山事件的再次发生。二是反恐行动的方法和手段。众所周知,在反恐行动中,恐怖主义和政府的军队之间必然会存在一系列的武装冲突,造成一定人员的伤亡。2004 年俄罗斯别斯兰人质事件导致大量人质伤亡,震惊了全世界。在与车臣恐怖分子周旋很长时间之后,俄罗斯"阿尔法"特种部队通过强攻来结束此次战斗。此次事件中虽然大部分人质获救,但是造成重大人质伤亡,整个营救行动以失败而告终。这样的恐怖事件在全世界每年都有很多例发生。2016 年堪称"恐怖之年",恐怖袭击事件不断发生,恐怖事件遍布全世界各地。在这样的环境之下,我们应该控制反恐行动所采用的那些极端的手段和方法,采取一些积极有效果的手段去和恐怖分子交涉。这样不仅可以使国际反恐行动尽量减少人员的伤亡,而且也是对人道主义的人权思想最直接的贯彻。

第三个是加强全球的合作治理原则。全球合作治理原则的概念就是全世界每个国家,无论是南北之间,还是南南之间,都应当通过全面合作来实现共同繁荣和迅速发展。在面对反恐斗争的时候我们也应该深入地贯彻这一个原则。恐怖主义的范围贯穿全世界,危害到全世界任何一个国家的基本安全。如果只靠美国、英国、法国等这些国家的力量来对抗恐怖主义,是远远不够的。加拿大作为一个高度发达的资本主义国家,作为社会最富裕、经济最发达的国家之一同样也认为恐怖主义是一个全球化的问题,单单只靠一个国家的力量不可能打败恐怖主义。在当今社会发展如此迅速,国与国之间的交流和合作日益频繁的趋势之下,国际合作建立反恐怖主义联盟才是与恐怖主义斗争最有效的方法。加拿大是八国集团、20 国集团、北约、法语国家组织、世界贸易组织等国际组织的成员国。在这些国际组织之间,加拿大积极发挥自身的优势,与许许多多的国家都建立了国际反恐合作友好协议。在确保自身安全的前提之下,加拿大政府还积极地帮助其他成员国去完善自己国家的反恐机制。如果国际社会能够在全球的范围内,以全球合作治理为原则,以加拿大为榜样,加强国与国之间的联系和合作,创造出一种新型的国际反恐合作的机制,相信2019年恐怖主义事件的数量将会减少,国际反恐斗争也会更上一个台阶。

二、加拿大反恐法的具体规定

第一,中加两国对恐怖主义犯罪相关概念的界定。恐怖主义相关概念的界定对于理论和实践都具有十分重要的意义,但是各个国家鉴于自己国家刑法的规定,在理论上存在较大的分歧。国际组织制定的国际公约对恐怖主义犯罪概念,都是通过相关列举的方式规定了其行为的表现形式。国际社会迄今为止并未也没有就何为"恐怖主义犯罪"问题达成一致意见。加拿大反恐法在第二章对什么是恐怖主义犯罪做了详细解释,主要涉及以下几个方面:1. 为了恐怖组织的利益,在恐怖组织的指导下或与恐怖主义有联系,实施本法或者议会制定的任何其他法律规定的可起诉之罪。2. 依反恐法或者议会制定的任何其他法律之规定,构成犯罪的作为或不作为亦构成恐怖主义行为的可诉之罪。3. 触犯《毒品和物质控制法》第5(3)或第(4),第6(3)或第7(2)规定之罪。4. 涉及或标的物为火器、弓、禁用的武器、限制的武器、禁用的设施、弹药、禁用的弹药或爆炸物。5.《信息安全法》第20(1)规定的犯罪,或者该法第21(1)或第22(1)或第23条规定的犯罪,该罪的实施与反恐法第20(1)规定的犯罪有关。加拿大反恐法中规定的主要恐怖主义犯罪有海盗行为、劫持飞机、威胁航空器或机场之安全、劫夺船舶或固定装置、使用爆炸物、参加实施恐怖组织活动、帮助实施恐怖主义行为、为恐怖组织实施犯罪、为恐怖组织指示实施犯罪、包庇或者窝藏罪犯等一系列行为。这一系列规定都是加拿大政府根据其自身的国家情况所列举,涉及治安、毒品、信息安全、航空器等方面,这与我国学者所界定的恐怖主义犯罪有较大区别。[1] 我国学者认为恐怖主义犯罪是指直接反对一个国家,而其

---

〔1〕 参见田宏杰:《恐怖主义犯罪的界定》,载《法律科学》(西北政法学院学报)2003年第6期。

目的和性质在个别人士、个人团体或公众之中制造的犯罪行为。恐怖活动是为了达到一定的政治目的,才对个人或团体采取的非常规的暴力或者准暴力的行为,突出政治目的的重要性。我认为,我国学者的观点和分歧与国外学者在立法上的相关分歧是相似的,主要都是对恐怖主义犯罪的主体或者犯罪的动机存在分歧和意见。[1]

第二,中加两国对恐怖主义犯罪的主观要件的分析。恐怖主义犯罪既是国内犯罪,也是国外犯罪。各个国家的立法对于恐怖主义犯罪主观要件都应该有所规定,加拿大反恐怖主义法在《加拿大个人信息保护法》《加拿大犯罪收益法》《加拿大电子文件法》《加拿大人权法》《加拿大证据法》《加拿大没收财产管理法》这些法律条文中规定了恐怖主义犯罪行为必须是故意实施的,必须是在主观意识支配下才可以实施的。在加拿大反恐怖主义法中所指的恐怖主义活动是指在加拿大境内业已实施、故意地通过使用暴力,致使他人死亡或者严重伤害、对公众或任何公众或部分公众的健康和安全造成严重危险或者是严重干扰和侵袭公共或个人的基础服务或者设施系统,而非因为辩护、罢工、抗议、异议等原因而遭受到的损害。且包括阴谋或企图或威胁实施的作为或者不作为,或构成事后从犯或教唆犯。[2] 恐怖主义活动的主观罪过被明确规定为"有计划或者故意的",这就是刑法学公认的犯罪故意。而我国刑法理论通说认为,犯罪目的是犯罪主观要件中希望意志的核心,在我国刑法的犯罪构成理论中,根据行为人对所造成的社会危害结果所持有的态度,可以分为直接故意、间接故意。其中直接故意要求行为人有追求危害结果发生的目的,而间接故意则是放任。[3] 我国的反恐怖主义法对恐怖主义活动明确规定了直接故意而为之。犯罪动机则是直接故意的源泉所在,规定了直接故意的指向。恐怖主义分子实施犯罪行为时,对其伤害的对象都是通过精挑细选选择出来的,恐怖活动都是经过精心准备

---

[1] 参见王秀梅:《论恐怖主义犯罪的惩治及我国立法的发展与完善》,载《中国法学》2002 年第 3 期。

[2] 参见中国现代国际关系研究所反恐怖研究中心编:《各国及联合国反恐怖主义法规选编》,时事出版社 2002 年版,第 98 页。

[3] 参见高铭暄主编:《刑法学原理》(第 2 卷),中国人民大学出版社 1993 年版,第 68 页。

周密策划才得以实施的。而且其行为必然会发生危害结果,恐怖分子仍然积极地去希望这种结果发生,这就是典型的直接故意。

第三,对个人信息保护的特殊规定。《加拿大个人信息保护法》的颁布有助于联邦政府建立一个全新的私有档案的框架,也对加拿大信息数据标准的统一作出巨大贡献,推动了加拿大信息的快速发展,使加拿大成为世界上电子商务的领头国。《加拿大个人信息保护法》中对特定业务信息和永久保密人、与国外的实体或者恐怖组织的联系、经济间谍的判断、外国恐怖分子影响下的威胁或暴力、包庇或者窝藏罪犯以及如何进行预谋等相关问题进行了探讨。这其中大部分问题都与恐怖分子息息相关。《加拿大个人信息保护法》中也对恐怖主义犯罪进行了特殊的定义,《加拿大个人信息保护法》中的恐怖主义犯罪是指:(a)《刑法典》第 83.02 条至第 83.04 条或第 83.18 条至第 83.23 条所规定的犯罪。(b)本法规定的最高刑罚为 5 年以上监禁刑或依照第 130 条规定构成《刑法典》或其他议会法规定的可诉罪,且该罪是为了恐怖组织或在其指导下或与恐怖组织相关而实施的。(c)本法规定的最高刑罚为 5 年以上监禁刑或依照第 130 条规定构成《刑法典》或其他议会法规定的可诉罪,且构成该罪的作为或不作为可能构成恐怖主义犯罪行为。(d)预谋或企图实施,帮助或教唆(a)项、(b)项或(c)项规定之罪的。通过《加拿大个人信息保护法》,我们可以清晰地看到在加拿大保护着大家信息安全的是加拿大通信安全局,作为加拿大公共服务组成部分的通信安全局有其自己应该行使的职责。其职责主要包括:(a)审查该机构的行为,确保其行为符合法律之规定。(b)反馈投诉,负责人认为必要可以开展调查。(c)向部长和加拿大总检察长汇报其认为机构不符合法律规定的任何行为。通信安全局作为公共安全部门,它的命令主要是:(a)根据加拿大政府情报优先权,为提供外国情报而从全球信息基地获取或使用的信息。(b)为帮助保护电子信息和至关重要的信息基地,为加拿大政府提供建议、指导和服务。(c)为了联邦执法与安全机构依法履行其合法职责,提供技术和业务支持。而我国的反恐怖主义法当中对个人信息保护的内容并没有进行详细的规定。当今社会互联网发展迅速,越来越多的信息会暴露在互联网之上,导致恐怖分子可以轻易地选择他们攻击的目标,并且了解到这个目标的相关信息。我国作为最大的发展中国家，人口众多，需要保护的信息量也就越大。我们应该借鉴加拿大这样的发达国家对信息保护相关立法，从源头出发进行整治，避免那些个人信息泄露造成无法弥补的后果，从而给恐怖分子可乘之机。

第四节　加拿大反恐法对我国的启示

恐怖主义的国际化趋势越来越明显，对国际关系的正常发展、各国和地区安全造成了严重的威胁，世界各地都遭受着恐怖主义的袭击，各个国家都必须重视恐怖主义势力，任何一个国家都不应该，也不可能以一己之力独自解决恐怖主义这一个重大问题。[1] 打击恐怖主义的国际合作势在必行。

作为世界上最大的发展中国家，中国所面临的恐怖主义问题日趋严重。在全球日益严峻的反恐氛围之下，特别是近两年来频发的暴恐事件，依法进行反恐活动成为我国经济社会稳定发展和人们生活安定的迫切需要。在2015年之前，我国现行反恐法律制度存在各种各样的漏洞，如立法格局不科学、反恐原则缺失、基础概念不明确、刑法反恐重心偏移、反恐程序立法空白、人权保护不力和执法体系不完备等问题。这些问题困扰着我们国家开展各种各样的反恐活动的实施。2015年12月我国《反恐法》正式通过，对于我国反恐事业的发展和反恐活动的推进具有非常重大的意义。

《反恐法》从无到有推动了我国反恐怖主义法律体系的完善，促使反恐向实战化转型，体现了国家在维护国家利益、公共利益以及国民利益等方面做到了积极的保护，十分符合我国总体国家安全观的要求。《反恐法》的颁布为我国反恐实际呈现了巨大的指导意义，世界性的反恐开始进入崭新的阶段，我国在国际反恐怖主义合作中也将更好地掌控主动权。

---

〔1〕 参见中国现代国际关系研究所反恐怖研究中心编：《国际恐怖主义与反恐怖斗争》，时事出版社2002年版，第17页。

一、加强国与国之间的反恐合作

根据上文我们看到加拿大作为世界上面积第二大国,世界上的发达国家,它的反恐怖主义法的优点所在,加拿大之所以可以成为世界上最安全的国家之一,与它自身独特的优势有着重要的联系。加拿大积极地与世界各地各个国家建立联系,旨在加强与其他国家的反恐合作,加强国与国之间的互相交流,从而促进本国反恐经验的提升,通过合作来带动自己国家反恐能力的提高。中国作为当今世界经济能力第二强的国家,也是世界上最大的发展中国家,也可以从加拿大的反恐策略中吸取他们的精华。

如何加强国与国之间的合作呢?我国应该更加多地加入一些国际反恐公约和条约,加入国际反恐公约既是各个国家实现国家反恐合作的一种方式和手段,也是各个国家去实现国内反恐机制完善的一个方面。同时加入国际条约,也就意味着一个国家需要承担更多的国际义务。中国作为世界大国,自始至终就是一个负责任的国家,所以,在反恐怖斗争中,作为恐怖主义袭击的重要受害国之一,中国应该积极地去行使自己的使命,支持和参加国际间的反恐合作。

目前来看,我国加入的主要国际反恐公约包括《制止恐怖主义爆炸的国际公约》《制止向恐怖主义提供资助的国际公约》《打击恐怖主义、分裂主义和极端主义上海公约》《全球努力打击恐怖主义的宣言》《消灭国际恐怖主义》《制止核恐怖行为国际公约》《关于国际恐怖主义的全面公约》《东盟反恐公约》。中国签署这些国际公约的目的就是为了借此机会来完善国内的反恐规范。我国主张以联合国为核心的国际合作为原则的反恐怖主义立场。这种立场就从侧面表明,只要是恐怖主义,无论是在什么时候发生,在哪里发生,中国政府都坚持反对的立场,而且在法律上不支持、不赞成、不资助任何形式的恐怖主义,并且强烈谴责、禁止、打击任何形式的恐怖主义国际事务。

在加入更多的国际公约的同时,中国还需要加强与周边国家、世界上各大洲的国家之间的交流与合作。中国需要加入更多国际反恐合作组织。在现有的众多国际反恐合作组织当中,反恐效果最好的莫过于“上海合作组织”的诞生。“上海合作组织”最初是由中国与俄罗斯、哈萨克斯坦、吉尔吉斯斯坦、塔吉克斯坦四国为了加强边境地区的信任和安全成立的。2001 年 6 月,乌兹别克斯坦也成功地成为“上海合作组织”一员。上合组织倡导着睦邻互信、平等互利、团结合作、共同发展的基本原则。“上海合作组织”开创了一种新型的安全观、国家关系和新型的区域合作模式。上合组织组建了各级情报、执法、军事等机构有效的合作机制,使反恐合作的措施得以更好地落实。上合组织不仅仅在区域的安全上起到了重要作用,它独一无二的运行模式已经得到了越来越多来自全世界各地的国际社会的认可,甚至已经成为国际反恐合作的典型模范,在全世界各地进行宣传。

随着“上海合作组织”的名气越来越大,越来越多的国家愿意加入到这个大家庭当中来。目前,观察员国家包括:阿富汗、白俄罗斯、伊朗、蒙古、巴基斯坦、印度;对话伙伴国家包括:阿塞拜疆、亚美尼亚、柬埔寨、尼泊尔、土耳其、斯里兰卡。这些国家的不断融入,可以更好地促进中国与世界上各个国家之间的反恐合作与交流,从而促进中国自身反恐机制的建设,推进反恐活动的进行。我国要更加积极地促进双边、多边国际反恐情报合作,支持联合国框架下的国际反恐情报相互合作。同时,在我国各个省份之间也要推进省内的各地区反恐情报部门的合作,各省之间应该学习别的省市优秀的反恐经验,去弥补自己省内反恐的不足。尤其要加强新疆和西藏两个地区与其他各个地区的交流,促进反恐情报信息资源共享,提高反恐情报信息的利用率,共同打击恐怖活动。

二、加强自身的情报收集

反恐战略要特别重视反恐情报的收集、分析、共享工作。在这信息高速发展、互联网传播速度越来越快的世界里,身处于全世界各个地方的我们要充分利用高科技搜寻恐怖分子可能留下的蛛丝马迹,了解他们的日常生活以及活动区域范围,从情报中发现恐怖分子,尤其要注重收集与恐怖分子相关能够反映恐怖分子的生活习惯及习俗的基础信息,如他们的通信内容与记录、网络聊天记录、购物习惯、常与哪些人交朋友等产生的各种信息。利用这些信息来进行反恐活动的事前预判性,从而启动反恐预警机制,而不是坐等恐怖事件的发生再去从发生过的恐怖活动中吸取经验总结自己的不足。那样的话就为时已晚了。

我国在 2015 年颁布了《反恐法》之后，反恐问题总体上已经步入了正轨，但是，依然存在反恐执法体系不够完善的问题。我们应该积极地借鉴美国、加拿大等国经验。加拿大在自己国家遭遇恐怖袭击之前，就做了一系列的反恐措施。他们从国家的信息安全保护法、加拿大证据法、加拿大人权法、加拿大的犯罪收益法等多个方面进行了法律的完善。而中国作为世界上的大国，同时也是世界上人口最多的国家，迄今为止却仅在公安部设置一个反恐局，各省、自治区、直辖市的厅级公安部门的反恐局仍在筹建中，如此便导致了我国在反恐问题上缺乏系统性。恐怖活动的犯罪以及相关的组织进行的犯罪具有高度的组织性、严密性和反侦察性，而且它们之间往往具有高度的紧密联系，相互渗透。如果不健全反恐方面的立法，将很难长期有效地对恐怖主义犯罪进行预防和打击。

从 2003 年开始，我国举行大规模的军事演习 20 多次，次数之频繁前所未有。在恐怖活动密布的今天进行大规模的军事演习，可以很好地提高自身的军事力量。在现有的科学技术之上，中国不断地进行自主研发和创新，每一次军事演习当中都可以见到中国自己制造的各种各样的新型武器。中国还积极地与上海合作组织的 5 个成员国进行军事演习，2014 年 8 月中国人民解放军和巴基斯坦的武装部队在中国新疆的塔什库尔干县进行联合反恐演习，这次演习大大挫败了“疆独”分子的势力。[1] 通过一系列的演习，威慑了国际恐怖分子，同时也威慑了国内的“藏独”、“疆独”分子。通过一系列反恐演习，不仅可以促进双方之间国家感情的加深，也可以进行反恐方面问题的探讨，从而补充自身不足的地方。同时也让国民见到了我们国家真正雄厚的实力，增强了反恐的意识，树立了反恐的信心。

《反恐法》第四章对情报信息的内容作出了相关规定，这个章节的规定为反恐情报的收集和处理提供了强有力的法律依据。伴随着科学技术迅速

---

〔1〕 参见刘晓林：《中国反恐行动》，载新浪新闻中心，http://News. sina. com. cn. /c/2004 - 11 - 15/15214923357. shtml，2014 年 11 月 18 日访问。

并深入的发展，以及公民法律意识的不断提升，相关反恐情报信息的法律、法规也要作出符合时代潮流的规定，从而确保相关部门收集反恐情报工作的顺利开展。一方面，要赋予相关部门足够的收集、处理反恐情报信息的职权，完善相关立法来保证收集情报不受到外界因素的干预，保证反恐情报收集的全面性、完整性、准确性；另一方面，要对相关部门的权力进行规范，防止相关部门在反恐斗争中对于职权的随意滥用，侵害公民的隐私权。

三、注重主动先发的反恐战略

众所周知，加拿大作为世界上的大国拥有自己独特的一套反恐体系，加拿大的政府在反恐问题上尤其注重主动先发的反恐战略。什么是主动先发的反恐战略？即把恐怖主义小苗头扼杀在摇篮中。加拿大的反恐战略目标在于预防恐怖事件的发生，其首先想让年轻人在思想观念上得到改造。21世纪的第二个10年开始之后，国际恐怖主义的呈现形式不同于从前，恐怖集团以如今发展迅速的网络为阵地对年轻人灌输非常极端的思想，对年轻人进行洗脑。事实上，确有很多加拿大年轻人被恐怖分子洗脑，被恐怖组织极端化，更为可怕的还属有些年轻人走出加拿大，转而加入境外恐怖组织去从事恐怖活动。这样一系列的事情发生之后，加拿大政府决定出台专门的措施进行解决，如加拿大公安部与司法部相互合作，开展了“安全议题跨文化圆桌会议”项目，由各社区对文化、社会问题有丰富经验的人士参加。他们与政府人员一起研讨国家安全问题，为国家的安全问题献计献策，从而真正地从人民利益出发去保护加拿大国土和人民的安全。[1] 加拿大还增强了情报的收集与共享力度，力求借此系列的完善来预防恐怖事件的发生。从《加拿大反恐法》中我们可以看到，加拿大情报工作主要由加拿大安全情报局负责，其主要负责收集加拿大国内相关的安全情报。除此之外，加拿大皇家骑警、加拿大通信安全局、加拿大边境管理局、加拿大交通部等部门也都在各自辖区从事相应的情报收集工作，从而做到情报工作的完整性。情报工作

---

〔1〕 See Buliding Reslience Against Terrorism：Canda ｛EB/OL｝.（2014 - 10 - 01）｛2015 - 08 - 10｝.

收集的完整性可以将恐怖活动杀死在摇篮之中,在实施恐怖活动前的恐怖组织就被瓦解,从而有效提升及保障加拿大的安全环境。这也是加拿大近几年当中没有发生大规模恐怖袭击案件的原因之一。

我国正在将反恐战略从多个角度、多个方面来完善,但是现如今在我国,互联网已经成为恐怖分子进行恐怖活动最主要的工具。互联网科技的发展与进步带给人们无限便利的同时恰恰为恐怖分子四处宣传恐怖主义打开了方便之门。恐怖分子借网络来宣传恐怖主义思想,招募恐怖主义成员,组织恐怖主义进行袭击等活动。在如此严重的趋势之下,想要有效打击恐怖主义,只有将恐怖主义的苗头掐死才能阻止其势力对外扩张,因此我们应当完善有关互联网的相关法律,尤其是与网上网下这两个主要平台相关的法律。我们应该将关注的焦点放在如何做好思想政治工作,尤其是年轻人的思想政治工作,因为年轻人在思想上和心智上并没有完全成熟,相比较成年人而言年轻人更加容易被极端思想迷惑。我国的反恐战略应当首先注重对思想政治工作能力进行培养,其次还要提高有效打击的强度与力度。

我国应该借鉴加拿大的反恐情报收集体制,在现有的基础上更加健全反恐情报的收集工作。我国反恐指挥体系主要包括外交部、公安部、武警、国家安全部等多个部门。每个省级市级政府都设有与反恐事务相关的办公室。但是这些部门并不足以应付我国发生的各种各样的、大小不一的恐怖袭击,所以我们要从以下几个方面来做到完善反恐情报的收集,从而做到主动先发:

第一,通过加强互联网监控来收集反恐情报信息。科学技术与网络的迅速发展,给人们带来了巨大的变化,尤其是将人们置身于方便快捷之中,人们的生活和生产也难以离开互联网。据权威数据统计,截至2016年6月我国网民的数量已超过6.98亿,网络的普及率达到48.8%。在互联网进入每家每户的同时,互联网也在进入中国那些恐怖分子的眼中。在国际国内对恐怖活动进行严打的今天,恐怖组织活动范围和空间不断缩小,在被逼无奈的情况下恐怖组织只能被迫把视线转移到互联网。这也就要求我国的反恐部门要尽可能地利用网络收集的第一手反恐信息,在分析和利用大数据这一高端且先进的技术对恐怖分子的活动轨迹进行追踪,从而做到“防患于未然”。我们也要注意一些恐怖主义网站或恐怖组织依托的网站,从中得到关于宣扬恐怖主义的信息,这也是我们反恐信息收集工作中不容忽视的来源之一。[1] 从互联网网站所展示的内容入手分析和借助现代高端的一些科技手段等来归纳整理有助于掌控恐怖组织的信息。

第二,通过新闻媒体的报道来收集反恐情报信息。恐怖主义问题早就受到全世界所有国家的重点关注,恐怖主义自然而然地是全世界媒体关注的焦点。新闻媒体应当利用其自身所具有的范围宽、数量多、及时性、传播迅速、便于检索和保存等特点,通过报纸、杂志、广播、电视、书籍等来传播大量有关反恐方面的信息。相关的政府部门可以利用新闻媒体这样一个平台来迅速掌握暴恐案件的现场情况,做到可以随机应变,在正确的场合实施正确的活动,要控制现场状况来避免事态的扩大,才能降低恐怖行为所造成的影响。使广大人民群众可以在第一时间及时了解真实信息,防止恐怖分子散发各种不正当的谣言来蛊惑民心,帮助政府辟谣。

第三,通过先进的技术手段收集反恐情报信息。科学技术日益迅猛的发展使得利用先进科技手段收集有关反恐的信息成为国际反恐最为主要的一个步骤。在西方发达国家都争先恐后实施相关的法律进行立法,为先进技术获取相关信息扫除障碍。我国作为世界大国强国,也应该更好地利用我国的科技资源,研发出更多高科技技术。当前国际反恐的高科技手段有三种:(1)电子监听,进行实时监控;(2)间谍卫星,扩大监控范围;(3)摄像“探头”设备,追踪嫌疑人踪迹。我国也可以将这三种高科技技术运用到各种各样的反恐活动当中,从而真正地解决反恐活动技术难的问题。[2]

第四,加强反恐人力情报的收集。在西方众多地发达国家已经设立数量众多的反恐情报机构,在恐怖组织日益集团化、国际化的今天,开展国际间反恐的相互合作必定不可缺少。如何能够实现与国外反恐情报部门进行情报共享与信息的正确对接是开展合作的重大前提保障。但是正是由于恐

---

〔1〕 参见侯睿:《大数据时代的反恐情报收集与分析》,载《山东警察学院学报》2014 年第 4 期,第 94 ~97 页。

〔2〕 参见丁红军、陈德俊:《JSIS 网络恐怖主义活动对我国反恐形势的影响及应对措施》,载《中国公共安全》(学术版)2015 年第 2 期,第 95 ~97 页。

怖活动的隐蔽性和分散性，使得很多高科技技术无法覆盖到那些区域，这样就要求我们要充分发挥人利情报的作用。反恐情报部门应重视群众基础，因为人民群众生活在我国的每一片土地上，与人民群众好好相处。恐怖分子筹备、策划、实行恐怖活动，都要与社会接触，如此便什么也逃不过人民群众充满正义的眼睛。要积极对人民群众开展广泛而深刻的反恐宣传教育，提高其反恐意识，让其在发现与恐怖分子有关的情况时能够积极、及时地向相关部门反映情况，这为反恐情报工作的开展与打击恐怖组织活动的进行提供了有效的途径。

第十二章　塔吉克斯坦共和国反恐怖主义法

贾少学

塔吉克斯坦共和国地处中亚东南部，西部和乌兹别克斯坦接壤、北部和吉尔吉斯斯坦相邻、南靠阿富汗、东接中国新疆，国家面积为 14.31 万平方公里。塔吉克斯坦是主权的、民主的、法制的、非宗教的单一制国家（见《塔吉克斯坦共和国宪法》第 1 条第 1 款），[1] 全国行政区域分为索格特州、哈特隆州、戈尔诺－巴达赫尚自治州、杜尚别市和一个中央直辖区。塔吉克斯坦是苏联国家中经济发展最为贫困的国家，自国家独立近 20 年以来频繁受到各类恐怖主义事件的困扰。塔吉克斯坦已成为防范来自阿富汗的暴力恐怖势力、民族分裂势力、宗教极端势力、毒品犯罪等的门户与重要区域。从维护我国国家安全的战略高度来看，了解与分析《塔吉克斯坦共和国反恐怖主义法》（"Закон Республики Таджикистан о борьбе с терроризмом"）的立法内容与最新发展，对于加强中塔反恐合作、预防和打击我国周边地区所面临的来自塔境内的恐怖主义威胁具有重要的理论价值与现实意义。

---

〔1〕 参见刘国胜、程静著：《中亚五国宪法制度概论》，知识产权出版社 2015 年版，第 89 页。

第一节　反恐怖主义法的基本范畴

关于恐怖主义(terrorism)的提法自18世纪90年代诞生至今,已存在几百种定义,但尚未取得国际社会的普遍共识。联合国也未给出恐怖主义的一个明确定义,《关于国际恐怖主义的全面公约》亦在讨论阶段。塔吉克斯坦立法机关为加强预防和打击恐怖主义犯罪活动,努力发展全球与区域性反恐合作,不断对本国立法进行调整,包括对于《塔吉克斯坦共和国反恐怖主义法》的基本范畴进行细致界定。[1]

一、恐怖主义的含义

恐怖分子进行恐怖活动以造成人们恐慌的恐怖心态是带有一定的目的与动机的,反恐怖主义立法同样涉及反恐主体、使用手段、实施对象等诸多要素,需要立法者一一加以细致区别,因而关于恐怖主义的含义在各国学界也存在不同定义。目前,关于恐怖主义的概念划分大体可分为以下几类:一是认为恐怖主义是一种意识形态,是一种主义、一种活动。二是从恐怖主义涉及范围出发,将之分为国内恐怖主义、跨国恐怖主义、国际恐怖主义。三是根据实施恐怖主义的主体不同,分为个人恐怖主义、有组织恐怖主义和国家恐怖主义。[2] 四是根据是否具有政治目的之属性,可以分为政治性恐怖主义和非政治性恐怖主义。如行为者出于某种反社会心理,所要实现的目的是个人报复或是其他社会目的等,则属于非政治性恐怖主义;如行为者攻击对象为国家政府或与种族、民族、教派等相关,其目的是迫使有关机构放弃或采取某种政策,则属于政治性恐怖主义。[3]

---

〔1〕 参见康海军著:《反恐刑事特别程序研究》,南开大学出版社2016年版,第11页。

〔2〕 参见康海军著:《反恐刑事特别程序研究》,南开大学出版社2016年版,第11~12页。

〔3〕 КАРИМОВ:"ТЕРРОРИЗМ И ОСОБЕННОСТИ ЕГО ПРОЯВЛЕНИЯ В СОВРЕМЕННЫХ УСЛОВИЯХ РЕСПУБЛИКИ ТАДЖИКИСТАН"http://www. tnu. tj/Dissertatsii/KarimovShK. pdf.

《塔吉克斯坦共和国反恐怖主义法》第 1 条即明确规定，本法之立法目的在于实施塔吉克斯坦国家反恐政策；履行塔吉克斯坦反恐的国际义务；对与打击恐怖主义相关的社会关系进行法律调整；形成国民对恐怖主义不容忍的社会态势；调查、预防与制止恐怖主义活动，消除滋生恐怖主义的成因与条件。《塔吉克斯坦共和国反恐怖主义法》对于"恐怖主义"定义也采取了相对宽泛的处理，特别是有意淡化关于恐怖主义的政治属性的严格限制。

《塔吉克斯坦共和国反恐怖主义法》第 3 条规定，"恐怖主义"即对自然人使用暴力或以暴力威胁，以及强制方式进行威胁，危及自然人生命，对法人进行威胁或胁迫，对自然人与法人的财产或其他物品进行损毁（破坏），造成人身死亡、重大财产损失或其他社会严重危害的后果，目的在于破坏社会稳定，通过恐吓居民或对政府施加影响，迫使接受有利于恐怖主义分子，作出满足其非法和（或）其他利益的决定；侵害政务人士及社会活动家的生命，破坏国家活动或其他政治活动或报复此类活动，以期动摇宪法制度基础和国家安全；因其政务活动或社会活动而谋害政务人士、社会活动家以及政府代表，目的在于破坏国家稳定或影响当局决策，或阻碍政治或社会公共活动；袭击外国代表或受国际保护的国际组织雇员，或共同居住的家庭成员，以及受国际保护人员的工作场所、住所、交通工具，上述行为目的在于挑拨战争或国际关系纠纷。

为与《塔吉克斯坦共和国反恐怖主义法》进行较好的立法衔接，《塔吉克斯坦共和国刑法典》第 179 条对于"恐怖主义"作出了严谨的、犯罪学意义上的规定：（1）恐怖主义是进行爆炸、纵火、枪械射击或其他对人生命造成危险，致使重大财产损失或其他公共危险后果的行为，目的在于破坏公共安全，恐吓居民或对权力机关决策施加影响，包括通过威胁完成上述目的，处 5～10年监禁。（2）进行上述行为人：①团伙合谋的；②再犯的，处 8～15 年监禁并没收财产。（3）进行本条第 1 款、第 2 款规定活动：①组织团体的；②采用大规模杀伤性、发射性物质，以及可造成大规模人员死亡的任何方式；③特殊累犯的；④过失致人死亡或其他严重后果的，处以 15～25 年监禁并没收财产，或处以死刑，或终身监禁并没收财产。本条注释：参与恐怖主义行动准备的人,如果本人及时向政府部门发出警告或采用任何方式去制止恐怖主义行动以及未有其他恐怖主义犯罪要件的,免除刑事处罚。如果之前进行本条以及本法典第179(1)、180、181、185、310条以及第402条规定某种或更多犯罪,又犯本条所列犯罪的,属于再犯。

同时,为了更好地查明和打击恐怖主义活动,在现行《塔吉克斯坦共和国反恐怖主义法》中界定了以下与"恐怖主义"有关的重要概念:

1."恐怖主义分子",即参加任何形式恐怖主义活动的人。

2."恐怖主义组织",指进行恐怖活动或承认存在恐怖主义活动可能性的组织,以及虽作为组织的某分支机构从事恐怖主义活动但经该组织某领导部门认可的,则该组织属于恐怖主义组织。[1]

3."恐怖主义性质犯罪",指《塔吉克斯坦共和国刑法典》第179、179.1、179.2、179.3、181、182、184、184.1、184.2、184.3、184.4、185、187、193、194、194.1、194.2、194.3、194.4、194.5、310、402条(款)所列犯罪。《塔吉克斯坦共和国刑法典》中其他为实现恐怖主义目的犯罪,属于恐怖主义性质犯罪,按照塔吉克斯坦共和国刑法典追究上述犯罪行为的法律责任。[2]

4."反恐怖主义",指调查、预防、制止恐怖主义活动以及使恐怖主义后果最小化的活动。

5."反恐怖主义行动",含义为旨在惩治恐怖主义行为,确保个人安全,消除恐怖分子危害,使恐怖主义后果最小化的专门行动。

6."恐怖主义团伙",《塔吉克斯坦共和国反恐怖主义法》对于"恐怖主义

---

〔1〕 关于"恐怖主义组织",《上海合作组织反恐怖主义公约》(2009年6月)第2条"(四)"规定:"恐怖主义组织"指:1.为实施本公约所涵盖的犯罪而成立的和(或)实施本公约所涵盖的犯罪的犯罪团伙、非法武装、匪帮和黑社会组织;2.以其名义、按其指示或为其利益策划、组织、准备和实施本公约所涵盖的犯罪的法人。

〔2〕 对于教唆行为的,《塔吉克斯坦共和国刑法典》第179条第(1)款规定,1)教唆他人进行本法典第179条,179(2)条,179(3)、181条、182条、184条、184(1)、184(2)、184(3)、184(4)、185条、193条、194条、194(1)、194(2)、194(3)、194(4)、194(5)、310条、402条规定之罪,或诱导他人参与恐怖主义活动,或为完成恐怖主义犯罪目的训练他人或提供类似协助,处以5~10年监禁。(2)再犯或利用职务进行上述行为的,处以10~15年监禁,并处剥夺担任一定的职务权利或从事一定活动最长期限为5年。注释:实施本条规定犯罪的人,如能自愿并及时通知有关国家机关或以其他方式制止恐怖主义性质犯罪,本人行为未有其他恐怖主义犯罪要件的,免除刑事处罚。

团伙”的概念做了专门规定，指其为实施恐怖主义活动而聚集的人员。（见塔吉克斯坦最高议会，2014 年 11 月 27 日第 1138 号立法决议）

二、恐怖主义行为的含义

塔吉克斯坦所加入的《上海合作组织反恐怖主义公约》第 2 条“（三）”在国际反恐合作层面对“恐怖主义行为”作出规定，指为影响政权机关或国际组织决策，实现政治、宗教、意识形态及其他目的而实施的恐吓居民、危害人员生命和健康，造成巨大财产损失或生态灾难及其他严重后果等行为，以及为上述目的而威胁实施上述活动的行为。对此，《塔吉克斯坦共和国反恐怖主义法》针对本国反恐需要对“恐怖主义行为”规定更为清晰与明确，该法第 4 条指出，“恐怖主义行为”意指直接实施恐怖主义性质的犯罪，包括爆炸、纵火，使用或威胁使用核爆炸装置、带有放射性的、生物性的、化学性的、易燃、易爆、有毒、有害的物质；损毁、破坏或劫持交通工具或其他设施；危害国务或社会活动家，以及民族、种族、宗教或其他社会团体代表的人身安全；劫持人质或绑架平民；通过人为制造事故、灾难及其危险威胁，危及不特定人的生命、健康或财产安全；以任何形式与手段散播恐怖主义威胁；实施其他行动危害生命安全；造成重大财产损失或其他危险后果。

此外，与恐怖主义有关的煽动民族、宗教仇恨、极端主义等在塔吉克斯坦的刑法和反恐法律中得以充分体现。《塔吉克斯坦共和国刑法典》第 182 条“夺取建筑物、武器、通信联系工具”、第 184 条“偷盗或夺取空中飞行器、水中航行器或铁路车辆”、第 185 条“组织非法武装组织”、第 187 条“犯罪共同体组织”（犯罪组织）等分别规定了与恐怖主义性质有关的罪名、并对其配置了不同级别的刑罚、实现罪有其罚。《塔吉克斯坦共和国刑法典》还规定如果其他犯罪形式是为达到恐怖主义目的而实行的、也属恐怖主义犯罪。由于核袭击所具有的物理破坏力十分巨大，其所引起的社会心理恐慌十分严重，已经成为恐怖分子追逐的目标。目前世界存在大量的可以用于核武器制造的裂变材料,极易成为恐怖分子的利用工具。[1] 因而,在《塔吉克斯坦共和国反恐怖主义法》关于"恐怖主义行为"的定义中,塔吉克斯坦关于核恐怖主义行为的规定具有特别的现实意义。

三、打击恐怖主义的法律基础

"9·11"恐怖主义事件发生之后,世界各国如美、加、德、法、俄、日等国纷纷进行相关立法,对本国立法进行修订、补充或新设。[2] "一国法律体系应当是内部和谐一致、有机联系的整体。作为一个新兴的法律部门,反恐法无疑对各国旧有的法律体系形成冲击,因此,如何处理反恐怖法与其他原有法律法规的衔接关系是立法中的重要问题。"[3]塔吉克斯坦打击恐怖主义以宪法为基础,包括刑法、反恐怖主义法、其他规范性法律文件以及塔吉克斯坦加入的国际条约(见《塔吉克斯坦共和国反恐怖主义法》第2条),塔吉克斯坦基本建立了本国打击恐怖主义的法律体系,具体阐释如下文。

(一)宪法

塔吉克斯坦于1991年9月宣布独立,1994年10月6日通过独立之后的第一部宪法,该宪法共10章100条。根据《塔吉克斯坦共和国宪法》第8条规定,国家保障塔吉克斯坦主权独立和领土完整,禁止一切分裂统一国家的

---

[1] 《塔吉克斯坦共和国刑法典》在预防与打击"核恐怖主义"方面作出了相应规定。例如,第193条"非法处理放射性物质"规定,(1)非法占有、使用、购买、保管、贮藏、运输、转移或销毁放射性物质的,处以3~5年监禁。(2)通过暴力威胁或采取暴力手段,或采用其他方式进行恐吓,以获得放射性物质的行为,处以5~8年监禁。(3)本条第1款或第2款所列行为因过失而致人重度或中度损害的,处以8~12年监禁。(4)本条第1款或第2款所列行为因过失致人死亡或其他严重后果的,处以10~15年监禁。第194条"盗窃放射性物质"规定,(1)盗窃放射性物质,包括威胁实施盗窃为迫使自然人或法人,国家或国际组织进行或放弃某行为。处以1000~2000倍月最低工资,或处以最长为5年的监禁。(2)实施上述行为:①再犯的;②团伙或团伙共谋的;③利用自身职务便利的;④采用暴力或暴力相威胁,未危及生命健康安全的,处以5~12年监禁,可并处没收财产。(3)实施本条第1款或第2款规定行为:①组织集团的;②采用暴力或暴力相威胁,危及生命健康安全的;③累犯或特殊危险累犯实施的,处以12~20年监禁,可并处没收财产。注释:本条以及本法典第199条与第202条所列再犯,是之前已经触犯这些法条以及第186条,第244~251条所列犯罪的一罪或数罪。

[2] 参见王燕飞著:《恐怖主义犯罪立法比较研究》,中国人民公安大学出版社2007年版,第30~43页。

[3] 赵秉志、杜邈:《俄罗斯与中亚诸国反恐怖主义法述评》,载《法学评论》2007年第1期,第116页。

宣传活动,维护国家统一是塔吉克斯坦公民的基本义务之一。社会团体要在宪法和法律范围内活动,禁止煽动推翻塔吉克斯坦宪法制度的一切社会团体活动,维护民族团结和国家稳定。各民族在法律面前人人平等,禁止民族歧视和压迫,任何人不论出身、职务、财产状况、性别、种族、民族、语言、信仰、居住地等受到不平等对待。塔吉克斯坦于 1999 年 9 月 26 日、2003 年 6 月 22 日、2016 年 5 月 22 日对该部宪法进行了相关修改和补充,尤其是塔吉克斯坦宪法对有关宗教方面的内容进行了修正,明确规定政教分离、禁止建立以宗教原则为基础的政党,以此来限制非法宗教活动在塔吉克斯坦国内的出现和蔓延。

(二)刑法

《塔吉克斯坦共和国刑法典》于 1998 年 5 月 21 日生效实施,共 15 编 35 章 405 条,其中涉及打击恐怖主义的内容包括,第八编"危害公共安全和人身犯罪"中第二十二章"危害公共安全犯罪"(第 179 ~ 199 条)、第二十三章"危害人身犯罪"(第 200 ~ 210 条)、第二十四章"危害交通运输安全犯罪"(第 211 ~ 219 条),第十三编"危害国家政权犯罪"(第 305 ~ 313 条)以及第十五编"危害人类和平与安全犯罪"(第 309 ~ 405 条)等。为应对塔吉克斯坦国内反恐形势的不断变化与实际需求,《塔吉克斯坦共和国刑法典》于 2009 年 8 月 5 日、2010 年 3 月 11 日、2010 年 7 月 21 日、2011 年 3 月 25 日、2011 年 8 月 2 日、2012 年 4 月 16 日、2012 年 7 月 3 日、2013 年 6 月 13 日、2013 年 11 月 12 日、2013 年 12 月 28 日、2014 年 3 月 14 日、2014 年 7 月 26 日、2015 年 3 月 18 日、2016 年 3 月 15 日、2016 年 5 月 14 日、2016 年 7 月 23 日、2016 年 11 月 14 日对相关法律进行了一系列修改与补充。[1]

(三)反恐怖主义法

塔吉克斯坦最高议会于 1999 年 11 月正式颁布了《塔吉克斯坦共和国反

---

[1] "О внесении дополнения в Уголовный кодекс Республики Таджикистан", http://base.spinform.ru/spisdoc.fwx#,2017 年 1 月 10 日。

恐怖主义法》,[1]并在2005年、2007年、2008年、2012年、2013年、2014年对该法进行一系列修改完善,最近一次修改则是在2015年12月25日,新增了关于反恐行动中电子通信设施与相关工具使用。[2]《塔吉克斯坦共和国反恐怖主义法》共分为9章30条,其体例结构如下:第一章"总则"(第1~5条)、第二章"反恐怖主义主体"(第6~9条)、第三章"恐怖主义活动与反恐怖主义活动"(第10~13条)、第四章"打击恐怖主义"(第14~18条)、第五章"反恐怖主义行动的实施"(第19~21条)、第六章"对恐怖主义行为所致损害的赔偿,恐怖主义行为受害者的社会性恢复"(第22~23条)、第七章"参与恐怖主义行动人员的法律与社会保障"(第24~25条)、第八章"恐怖主义活动的责任与免责"(第26~28条)、第九章"结束条款"(第29~30条)。

(四)规范性法律文件

塔吉克斯坦国内存在与反恐怖主义相关的若干规范性法律文件,在不同领域积极发挥着反恐怖主义的重要作用,包括《塔吉克斯坦共和国国家安全构想》《塔吉克斯坦共和国国家外交构想》《塔吉克斯坦共和国反极端主义法》《塔吉克斯坦共和国刑事诉讼法》《塔吉克斯坦共和国紧急状态法》《塔吉克斯坦共和国反洗钱和资助恐怖主义法》《塔吉克斯坦共和国外国投资法》《塔吉克斯坦共和国法院地位法》《塔吉克斯坦共和国作战调查活动法》《塔吉克斯坦共和国父母抚养与教育子女责任法》《塔吉克斯坦共和国国家安全机关法》《塔吉克斯坦共和国警察法》等。

(五)国际条约

塔吉克斯坦积极进行反恐怖主义领域的国际合作,根据《塔吉克斯坦共和国反恐怖主义法》第5条规定,塔吉克斯坦共和国根据国际条约在反恐怖主义领域与外国政府及其执法部门、专门机构以及国际组织合作共同打击

---

[1] 塔吉克斯坦最高议会(Ахбори Маджлиси Оли Республики Таджикистан)是塔吉克斯坦最高立法机关,最高议会代表由选举产生,任期为5年,履行职能包括颁布、修改和废除法律、决议以及解释宪法和法律等。

[2] "О внесении изменений и дополнения в Закон Республики Таджикистан О борьбе с терроризмом"http://base.spinform、.ru/spisdoc.fwx#,2017年1月15日访问。

恐怖主义。塔吉克斯坦独立之后加入了诸多与反恐怖主义相关的国际公约,包括《制止危及海上航行安全非法行为公约》(2005 年 8 月 12 日)、《关于制止危害民用航空安全非法行为、制止国际民用航空服务的机场上的非法暴力行为的补充议定书》(1996 年 2 月 29 日)、《打击恐怖主义、分裂主义和极端主义上海公约》(2001 年 6 月 15 日)、《关于在可塑炸药中添加识别剂以便侦测的公约》(2006 年 7 月 18 日)、《制止恐怖主义爆炸的国际公约》(2002 年 7 月 29 日)、《制止向恐怖主义提供资助的国际公约》(2004 年 7 月 16 日)、《上海合作组织成员国组织和举行联合反恐演习的程序协定》(2008 年 8 月 28 日)、《上海合作组织成员国政府间合作打击非法贩运武器、弹药和爆炸物品的协定》(2008 年 8 月 28 日)、《上海合作组织反恐怖主义公约》(2011 年 2 月)等。[1]

第二节 实施反恐怖主义斗争的主体

根据《塔吉克斯坦共和国反恐怖主义法》第 6 条“实施反恐的主体”规定,实施反恐的主体可分为直接实施反恐怖主义斗争的主体与参与实施反恐怖主义斗争的主体,塔吉克斯坦政府全面领导反恐工作。通过立法机关、执法机关进行反恐是塔吉克斯坦政府的优先任务之一。

一、直接实施反恐怖主义斗争的主体

根据《塔吉克斯坦共和国反恐怖主义法》第 7 条规定,直接实施反恐怖主义斗争的主体是指根据宪法、本法、其他规范性法律文件实施反恐的主体,包括以下机构:(1)国家安全委员会;(2)内务部;(3)国防部;(4)金融监管与反腐败局;(5)国家卫队;(6)紧急情况与民防委员会。直接实施反恐主体名单需要法律方能进行变更或补充。《塔吉克斯坦共和国反恐怖主义法》

---

〔1〕 参见古丽阿扎提·吐尔逊、阿地力江·阿布来提:《中亚反恐法律及其评析》,载《俄罗斯中亚东欧研究》2010 年第 5 期,第 26 页。

第 19 条规定,直接实施反恐怖主义斗争的主体实施打击恐怖主义行动的,可调派该法第 7 条所列主体专门从事反恐训练之军队、工作人员与专业技术人员以及特定情况下该法第 9 条第 1 款列举主体的人员、装备及设施进行反恐行动。

根据《塔吉克斯坦共和国反恐怖主义法》第 20 条规定,根据恐怖主义行为的社会危害规模与程度,由司令部首长确定打击恐怖主义行动的区域。在反恐怖主义行动的区域内,执行反恐指令人员有权进行以下活动:必要时采取措施临时限制或禁止道路行人与交通工具的通行;检查公民、公务人员的身份证明文件,在缺乏身份证明文件时可以进行扣留;对于作出或已作出阻挠反恐行动人员的合法要求,以及未经批准擅自闯入或企图闯入打击恐怖主义行动区域行为者,将之扣留并押送内务部;在制止恐怖主义行动,抓捕恐怖主义行动嫌疑者时,如迟延行动将造成人们生命、健康的现实危险,则对无论何种所有权形式的公民住所及个人场所,企业、机构及组织之地域、场所,交通工具均可无障碍进入;对步经(驾车通过)打击恐怖主义行动区域,或进(出)该区域的交通工具以及所载物品使用包括技术手段在内的检查,外国政府使领馆或代表机构的交通工具除外。

为切实保障直接实施反恐主体人员的权益,《塔吉克斯坦共和国反恐怖主义法》第 24 条进一步规定了对于直接实施反恐主体权利保护的人员范围,具体包括:(1)直接实施反恐怖主义行动的军人、工作人员及专业技术人员;(2)固定或临时负责协助国家机关实施调查、预防以及制止恐怖主义活动并使其后果最小化的人员;(3)报告恐怖主义活动信息以及任何有助于预防、查明与制止恐怖主义活动的人员;(4)因参与反恐行动而有保障必要的本条上述(1)至(3)款列举人员的家庭成员。

对于直接实施反恐怖主义斗争主体的军人、协作者与专业人员受到人身与财产损害依据塔吉克斯坦法律进行赔偿。在实施反恐行动中死亡、致残以及受伤但未残疾的,其法律与社会保障措施依据塔吉克斯坦相应法律及其他规范性法规所确认的法律地位加以确定。该法第 24 条第 2、3 款所列人员,其人身与财产损害依据塔吉克斯坦法定程序进行赔偿。该法第 24 条第 2 款所列人员,其在反恐行动中死亡、致残,以及受伤而未致残者,依据塔吉克斯坦作战调查活动法规定程序对其进行法律与社会保护。该法第 24 条第 3 款所列人员，受伤(致残)但未丧失劳动能力者给予 100 倍国内最低月工资赔偿，受伤(致残)但丧失劳动能力者给予 500 倍的国内最低月工资赔偿；死亡者，给予家属 1000 倍国内最低月工资，并按照丧失赡养人情形发放抚恤金。因反恐行动受损害的该法第 24 条第 2、3 款所列人员，其社会性恢复由国家财政资金负担进行。上述人员的社会性恢复，以及安全受威胁状况下改变本人的身份信息、家庭住址、工作(学习)、进行外科整容手术，其实施程序由塔吉克斯坦政府确定。对于恐怖主义行为给自然人与法人所致损害的赔偿，先由国家财政承担，后续依据塔吉克斯坦法定程序向施加损害人进行追索。

《塔吉克斯坦共和国反恐怖主义法》第 29 条规定，在直接实施(实施过)反恐行动各机构中的工作(工作过)的国家部门军事人员、工作人员及专业技术人员，其工作年限按照一天计作两天来计算退休金，在反恐行动期间工作天数一天计作三天来计算退休金(如果此期限按照法律规定不能给予更高数额来计算的)，并提高职务津贴与军衔津贴。《塔吉克斯坦共和国反恐怖主义法》第 30 条明确了对于正在参加(曾参加)反恐行动人员的奖励，有关国家机关领导人依法定程序对于直接实施反恐各部门中参与具体反恐行动的军人、工作人员与专业技术人员，以及其他参与反恐行动人员，为反恐行动提供帮助者给予一次性货币奖励。

二、直接实施反恐怖主义斗争主体的职能

基于反恐工作本身的复杂性与综合性需求，要求各相关机构分工明确、密切配合，《塔吉克斯坦共和国反恐怖主义法》第 8 条规定了各类直接实施反恐怖主义斗争主体的基本职能。

(一)塔吉克斯坦国家安全委员会

该机构是国家安全保障体系的重要组成部分，旨在捍卫个人、社会和国家安全，免受内部和外部威胁。国家安全委员会下辖的各行政管理机关、厅、局、部、处，以及各国家安全区域机构。国家安全委员会是专门的国家机关，在权限范围内维护国家安全、捍卫国家边界，保障个人、社会、国家的安

全,协调安全领域内其他国家机关的工作。由总统直接任命的安全委员会主席,负责国家安全委员会的领导和管理工作,总统任命国家安全委员会主席的总统令需要经过塔吉克斯坦议会上院批准。

塔吉克斯坦国家安全委员会作为直接实施反恐的基本主体,履行以下职能:依照确定程序制定并向塔吉克斯坦总统提交国家反恐纲要与方案;依照确定程序向塔吉克斯坦的最高议会、总统、政府报告反恐状况;协调各个实施反恐主体的活动;进行恐怖主义现状与趋势的信息收集、分析与总结,包括各个反恐行动主体汇报至恐怖主义问题中央跨部门数据库的信息;依照确定程序对反恐立法提出完善建议。塔吉克斯坦国家安全委员会实施反恐的措施:调查、预防与制止为达到政治、民族、种族与宗教极端主义目的的恐怖主义性质犯罪;调查、预防与制止国际恐怖主义活动;保障塔吉克斯坦国外机构、机构工作人员及其家庭成员的安全;保障国家保护目标以及受保护人员的反恐安全;调查、预防与制止塔吉克斯坦边境的恐怖主义破坏企图;制止越境非法运送武器、弹药、炸药、有毒的、放射性物质以及其他有可能用于恐怖主义目的的各类物品。

(二)塔吉克斯坦内务部

作为国家中央行政机关之一,塔吉克斯坦内务部在内务领域保障国家的利益,维护自然人、法人的权利、自由和安全,以及其财产的安全。内务部服从于塔吉克斯坦总统和政府领导,内务部长由塔吉克斯坦总统按照法定程序任命,领导内务部工作,第一副部长和内务部科学院主任由部长提名,经由塔吉克斯坦政府任命。内务部负责协调与其他国家机关、地方自治机关和社会组织等行动,共同维护国家、社会和公民的人身和财产安全。塔吉克斯坦内务部调查、预防与制止为达到个人目的的恐怖主义性质犯罪。[1]

(三)塔吉克斯坦政府边防委员会

该机构担负边境反恐的重要职责,具体包括:调查、预防与制止恐怖主义分子越境企图;制止通过国境非法运送武器、弹药、炸药、有毒的、放射性

〔1〕 参见"Министерство внутренних дел Республики Таджикистан",载 http://mvd.tj/index.php/tj/,2017 年 2 月 1 日访问。

物质以及其他有可能用于恐怖主义目的的各类物品；协助国家安全机关进行国际反恐合作；参与准备和实施反恐行动。2010 年中塔两国边防部门首次形成联合反恐机制，新疆红其拉甫边防检查站与塔吉克斯坦阔勒买边防检查站在口岸开关6 年来达成反恐共识，以确保口岸辖区长期安全稳定。双方经过会晤进一步达成共识，形成联合反恐机制。

除上述主要部门履行反恐职能之外，塔吉克斯坦国防部保障塔吉克斯坦领空安全，在必要情况下协助塔吉克斯坦国家安全机关反恐行动的准备与实施。塔吉克斯坦紧急情况与民防委员会联合塔吉克斯坦国家安全机关以及其他反恐主体，保障为消除紧急情况后果而进行救助、重建的工作所在地的反恐安全。塔吉克斯坦金融监管与反腐败局依照法律规定实施反恐，如预防与制止与恐怖主义有关的洗钱活动、资助恐怖主义活动。塔吉克斯坦国家卫队实施反恐的职能，包括保障国家保护目标以及受保护人员的反恐安全，参与准备和实施反恐行动。

根据塔吉克斯坦官方统计，目前大约有 70 万国民作为劳动移民在俄罗斯、哈萨克斯坦等国家工作。塔吉克斯坦域外劳动移民处于恐怖主义的较大风险，并存在被诱导加入极端主义和恐怖主义组织的较大可能性。基于此，塔吉克斯坦政府采取了进一步措施，包括与劳动移民停留国签订协议，改善居住条件，加强域外移民服务领事和代表的组织、人员能力，加强与社会和权益保护机构、塔裔、执法部门和移民国权利保护机关、恐怖主义预防部门的互动，以及改善国民在劳动移民前的培训品质。

鉴于塔吉克斯坦国内相关恐怖主义组织通过加强散布激进宗教的思想，挑起社会宗教纠纷，以及求学青年内部的极端主义与恐怖主义性质犯罪，企图通过强制或暴力方法变更该国的社会政治制度，塔吉克斯坦 2011 年 8 月颁布了《塔吉克斯坦共和国父母抚养与教育子女责任法》，该法明确规定了父母法律职责清单，包括不允许未满 18 岁子女参加宗教活动等。在 2016 年年初，从伊斯兰国家回到塔吉克斯坦国内的大学生共有 3006 人，其中有 57 人在国外非法接受宗教教育，现在他们每个人都处在塔情报机构的监控之中。[1]

防范与打击利用网络空间进行的恐怖犯罪活动，是包括塔吉克斯坦在内的各国政府反恐怖主义面临的共同挑战和任务，联合国安理会 2129 号决议对成员国打击网络恐怖主义也作出了明确规定。欧盟、美国等国际组织和国家均通过立法强化网络运营商和服务商的执法协助义务，以便提升执法部门防范与打击恐怖主义的能力。[2] 现今大约塔吉克斯坦国内有 300 万网络使用者，其中超过 80% 的人有意或者无意通过社交网络获取恐怖主义性质信息，包括视频、图片、文字等，塔吉克斯坦国家机关为此明确加强进行查明、关闭散播恐怖主义和极端主义信息网站的相关工作。[3] 2015 年巴黎恐怖主义袭击事件发生之后，塔吉克斯坦有关机构对于手机、SIM 卡及其他电子通信工具进行了更加严格的控制，包括实行实名制管理等。[4] 基于很多阿富汗人购买塔吉克斯坦手机 SIM 卡，以及使用者本身有很大的不确定性，导致塔吉克斯坦面临恐怖主义活动风险较大，也很难确定恐怖主义犯罪者。2016 年 11 月 1 日起，塔吉克斯坦政府要求手机使用者对所用 SIM 卡进行再次登记，否则将禁止使用。[5]

三、参与实施反恐怖主义斗争的主体

《塔吉克斯坦共和国反恐怖主义法》第 9 条规定，塔吉克斯坦司法部、外交部、海关总署以及由塔吉克斯坦政府名单确认的其他行政机构是参与实施反恐怖主义斗争的主体。参与实施反恐怖主义斗争的不同主体各自发挥相应的职能：

---

〔1〕 参见“7 инструментов борьбы с терроризмом в Таджикистане”，载 http://www.dialog.tj/news/7 – instrumentov-borby-s-terrorizmom-v-tadzhikistane，2017 年 1 月 5 日访问。

〔2〕 参见李寿伟、王思丝：《论反恐怖主义法的立法精神》，载《北京师范大学学报》（社会科学版）2016 年第 3 期，第 130 页。

〔3〕 “В Таджикистане ужесточают законодательство по борьбе с терроризмом”，载 http://inozpress.kg/news/view/id/49982，2017 年 1 月 12 日访问。

〔4〕 “В Душанбе повышены меры безопасности после терактов в Париже”，载 http://www.dialog.tj/news/v-dushanbe-povysheny-mery-bezopasnosti-posle-teraktov-v-parizhe，2017 年 1 月 12 日访问。

〔5〕 “В Таджикиста не ужесточают законодательство по борьбе с терроризмом”，载 http://inozpress.kg/news/view/id/49982，2017 年 1 月 12 日访问。

1. 塔吉克斯坦司法部执行国家反恐政策，与地方政府进行相关法律合作、法律支助、协调立法和管制活动，提供法律援助保障人的权利和合法利益。塔吉克斯坦司法部通过监督依照规定注册的社会团体与政党的方式参与反恐。例如，在宗教事务管理方面，目前塔吉克斯坦正式登记4006个宗教团体，包括数量不等的各类清真寺、社区委员会，非伊斯兰宗教组织、非伊斯兰宗教社会团体，伊斯兰学校等，这些宗教团体发挥宗教功能并保障居民的宗教需要。[1]

2. 塔吉克斯坦外交部是国家中央权力机关，承担处理塔吉克斯坦与外国政府和外国组织关系的职责。在组织结构上，外交部由总统任命的外交部长统一领导，部长在权限范围内行使职权，实施国家政策。塔吉克斯坦外交部通过与外国政府谈判、交涉进行调查、预防与制止国际恐怖主义活动，以及采用塔吉克斯坦国家法律确认的其他方式参与反恐。[2]

3. 塔吉克斯坦海关总署通过制止非法通过海关越境运输武器、弹药、爆炸物、有毒和放射物质及其他可用于恐怖主义目的的物品，以及协助国家安全机关打击国际恐怖主义活动。

第三节　恐怖主义活动和反恐斗争

塔吉克斯坦境内各类恐怖主义活动态势的日益严峻与对社会稳定的巨大危害性，迫使塔吉克斯坦政府不断建立与完善本国相关立法，加强与完善对于恐怖主义活动有针对性的法律规定，以便从制度上有效遏制恐怖主义的滋生与蔓延。

---

〔1〕 参见“О Национальной стратегии Республики Таджикистан по противодействию экстремизму и терроризму на 2016 – 2020 годы” http://base. spinform. ru/show_doc. fwx? rgn = 91354，2017年1月3日访问。

〔2〕 参见“Министерством иностранных дел Республики Таджикистан” http://mfa. tj/ru/，2017年1月12日访问。

一、恐怖主义活动的种类

根据《塔吉克斯坦共和国反恐怖主义法》规定，“恐怖主义活动”可以分国内恐怖主义活动和国际恐怖主义活动。《塔吉克斯坦共和国反恐怖主义法》第10条指出，国内恐怖主义活动包括以下行为：组织、策划、准备与实施恐怖主义行动；为恐怖主义目的煽动恐怖主义行动，对自然人使用暴力或强迫组织，毁灭财物或其他物质目标；为实施恐怖主义行动而组织非法武装、犯罪集团（犯罪组织）、有组织的团伙，以及参与这些活动；招募、武装、训练与使用恐怖主义分子；对明知为恐怖主义组织或团伙进行资助，或给予其他形式的帮助。

亚洲尤其是中亚地区，目前成为恐怖主义的输出地，更是恐怖主义的受害地。近年以来，由于塔吉克斯坦所在地区恐怖主义的影响范围、实施手段等越复杂，国际恐怖主义活动对塔吉克斯坦国家安全侵害性愈加严重，甚至涉及塔吉克斯坦国内反恐人员。据有关媒体披露，塔吉克斯坦特警部队指挥官40岁的哈利莫夫上校，其于2015年4月底失踪，当局曾对他进行搜寻，但没有结果。哈利莫夫于2015年5月27日晚出现在视频中，身挎枪支和弹夹，宣布誓与俄罗斯和美国进行圣战。2016年1月，塔吉克斯坦内务部长拉希姆佐达透露，根据塔吉克斯坦官方掌握的信息，近千名塔吉克斯坦人在叙利亚和伊拉克帮助“伊斯兰国”作战，有的甚至举家投奔“伊斯兰国”。这些人中已有156人被捕，另有56人自愿从伊拉克和叙利亚返回塔吉克斯坦，还有147人丧生国外。

对此，塔吉克斯坦对国际恐怖主义活动作出明确法律界定。《塔吉克斯坦共和国反恐怖主义法》第11条规定，塔吉克斯坦根据国际义务认为以下实施的恐怖主义活动属于国际恐怖主义活动：（1）恐怖分子或恐怖组织在地域上不只在一国之内；（2）一国公民与另一国公民发生关联或在另一国领土之上；（3）恐怖分子、恐怖受害者同属一国或分属于不同国家，但恐怖活动发生在这些国家域外；（4）恐怖活动的目的在于破坏国际法秩序的。为应对国际恐怖主义活动，《塔吉克斯坦共和国刑法典》特别列明对于受到国际保护的个人与机构的法律保障，其第402条规定：（1）蓄意攻击受到国际保护的外国代表或国际组织员工,以及共同居住家庭成员,包括攻击受到国际保护人员的工作场所或居所,或交通工具,这些行为是由于受攻击者的官方身份而发生的,或目的在于挑起战争或国际关系纠纷,处以 5 ~ 10 年监禁。(2)威胁实施该条第 1 款的,处以 2 ~ 5 年监禁。(3)实施该条第 1 款的,用武器攻击的;组织集团的;致人死亡或其他严重后果的处以 12 ~ 20 年监禁。

反恐实践证明,某些情况下针对特定武装恐怖主义分子以及跨国联合反恐行动,必须采取军事手段才能起到打击与震慑作用。“一方面,军事力量拥有重武器装备、先进技术装备等,能够制止较大规模的恐怖袭击,制服恐怖分子;在重大恐怖事件的救援中,军事力量更可凭借资源与技术优势发挥作用。另一方面,军事力量具有上令下行、指挥体系完善的特点,能够更加快速、高效地处置恐怖事件,这也是司法权力和行政权力所难以企及的。”[1]区域反恐行动中军事力量的介入成为塔吉克斯坦政府进行反恐的必然,塔吉克斯坦与中国等国家的反恐合作成为塔吉克斯坦反恐工作的重要内容。中塔两国自 20 世纪 90 年代建交以来,在反恐安全领域开展了卓有成效的合作。中塔两国国防、安全部门、驻外使领馆等之间往来密切,在人员培训、情报交流、技术物资援助、区域反恐演练等方面的合作不断扩大,在打击“三股势力”、有组织犯罪、毒品走私、洗钱、贩卖人口等方面保持密切联系,极大地推动了两国的反恐安全合作。习近平主席所倡导的亲、诚、惠、容的周边外交理念,“共同、综合、合作、可持续的亚洲安全观”以及“一带一路”合作倡议,为促进中塔反恐区域合作提供了新的理念和战略构想。

二、反恐怖主义行动的基本原则

塔吉克斯坦在打击恐怖主义的国家政策基本方向包括:维护塔吉克斯坦宪法制度、公共安全、免予遭受威胁极端主义和恐怖主义的权利和自由。促进形成宽容意识和行为的宗旨,宗教和信仰和谐的社会氛围。塔吉克斯坦反恐怖主义国际与国内经验显示,应当拟定与实施综合措施,包括意识形

---

〔1〕 赵秉志、杜邈:《俄罗斯与中亚诸国反恐怖主义法述评》,载《法学评论》2007 年第 1 期,第 117 页。

态、社会经济、法律与制度因素。《塔吉克斯坦共和国反恐怖主义法》第13条规定了反恐行动的基本原则,具体包括八大原则。

(一)合法性原则

鉴于塔吉克斯坦打击恐怖主义的法律基础是宪法、反恐法、规范性法律文件,以及所参加的国际条约规定。反恐行动的当事人必须严格遵守并执行相关反恐法律的规定,一切反恐活动都必须以法律为依据,并履行相关义务。任何反恐主体不得享有法外特权,必须保障人权,不得侵犯公民和犯罪嫌疑人的基本权利,明确任何越权行为都将是无效行为,必须承担相应法律责任。《塔吉克斯坦共和国反恐怖主义法》第27条规定,恐怖主义活动组织责任应当由法院认定之后,方可由法院判决予以取缔,其财产经没收后上缴国库。塔吉克斯坦除了规范打击恐怖主义行为之外,进一步完善了刑法和刑事诉讼法立法以加强个人权利程序保障,规范执法机关和法院对于公民权利和自由的管理活动,特别是要求及时、客观地分析在调查活动、讯问、预审和司法审判过程中来自个人的申诉。

(二)尊重个人与公民的权利与自由原则

根据塔吉克斯坦宪法规定,公民权利和自由包括宗教信仰自由、人身自由、言论自由以及其他社会、政治、经济、文化、教育权利等。反恐行动不得损害国家的、社会的、其他公民和个人的合法权利和自由。享有的自由和权利是平等的、广泛的和真实的,塔吉克斯坦公民在法律面前一律平等,外国公民和无国籍人享有塔吉克斯坦宣布的权利与自由,法律另有规定除外。例如,《塔吉克斯坦共和国反恐怖主义法》第20条规定,为公务目的使用,无论何种所有权形式的公民、企业、机构及组织的通信设备,包括特殊通信器材;为公务目的使用无论何种所有权形式的企业、机构的交通工具,外国政府使领馆或代表机构的交通工具除外;为预防恐怖主义行动而追踪与拘留进行恐怖主义活动的人员,或为进行紧急医疗救助而送往医疗机构以及前往事故发生地,在紧急情况下允许使用公民的交通工具。《塔吉克斯坦共和国反恐怖主义法》第23条规定,恐怖主义行为受害者社会康复由国家财政承担,内容包括法律援助、心理、医疗与职业的康复训练,必要情形下的恢复工作,为之提供住所,目的在于使其回归社会正常生活。恐怖主义行为受害者的社会性恢复实施程序由塔吉克斯坦政府制定。

（三）坚决严惩恐怖主义活动原则

恐怖主义活动严重威胁塔吉克斯坦国家安全，破坏社会秩序与民族团结，严重危害塔吉克斯坦民众的生命财产安全，危害社会秩序和法律秩序。据报道，2015年已经有超过700名塔吉克斯坦人加入“伊斯兰国”，反恐形势十分严峻。[1] 塔吉克斯坦司法机关定期公布恐怖组织和恐怖分子相关人员名单，积极加强反恐国际合作。例如，《塔吉克斯坦共和国刑法典》第310条规定，为了削弱塔吉克斯坦宪政制度基本原则与国家安全，以及中断政府活动或其他政治活动，谋杀塔吉克斯坦政治人士或社会活动家，或为此活动（恐怖主义活动）实施报复，处以12～20年监禁。《塔吉克斯坦共和国反恐怖主义法》第26条规定，从事恐怖主义活动者，或给恐怖主义分子或恐怖主义组织提供帮助者以及宣传其活动者，按照《塔吉克斯坦共和国刑法典》规定承担责任。非恐怖主义组织的成员，但以恐怖主义组织名义完成其指令，或参与其建立、运作、培训、武装者，视同恐怖主义组织成员承担责任。握有恐怖主义组织的存在或与恐怖主义活动有牵连的个别人员的资料却不报告相关部门者，按照《塔吉克斯坦共和国刑法典》承担责任。

（四）反恐怖主义公开与不公开方法相结合原则

塔吉克斯坦反恐怖主义过程中，对于反恐区域以及人员权利限制需要履行相关法定程序，以保护公民基本权利；同时，出于预防与制止恐怖活动实际需要，涉及反恐犯罪作证，或者从事反恐怖主义工作相关人、人质等的保护以及人身安全面临危险的，塔吉克斯坦有关部门应当采取不公开真实姓名、住址和工作单位等个人信息、禁止特定的人接触被保护人员；对人身和住宅采取专门性保护措施等。《塔吉克斯坦共和国反恐怖主义法》第18条规定，恐怖主义性质犯罪刑事案件诉讼程序恐怖主义性质犯罪的刑事案件，以及恐怖主义活动造成损害赔偿的民事案件，由法院通过不公开审判进行审理。

---

[1] 参见“таджикистан усилил меры безопасности по всей стране и на границах”，载 http://www. review. uz/index. php/novosti-main/item/5524 – tadzhikistan-usilil-mery-bezopasnosti-po-vsej-strane-i-na-granitsakh，2017年1月15日访问。

(五)遭受危险人员的权利保护优先性原则

在预防与制止恐怖主义过程中,应当优先保护直接受到恐怖活动危害、威胁人员的人身安全。负责反恐怖主义的行动机构可以决定由有关部门、人员采取一项或者多项措施优先保护遭受恐怖主义威胁及损害人员的权利。如组织营救和救治人质、受害人员时,可以采取疏散、撤离、安置受到危险的人员;封锁恐怖主义事件发生现场及周边区域道路,检查有关人员的身份证件,对反恐行动区域实施管制,对区域内交通运输工具进行检查;在反恐行动区域内实施通讯管制;实施出境入境管制;禁止或者限制使用有关设备、设施等必要的保护手段。[1]

(六)伤害恐怖主义分子的正当性原则

在预防和制止反恐行动过程中,为了维护国家安全、社会利益、反恐行动参与人员或者他人的人身、财产和其他权利免受正在进行的恐怖分子不法侵害,可以采取预防和制止不法侵害的行为,包括使用枪支、器械等对不法侵害人造成损害的,实施主体不负刑事责任,由此造成的赔偿责任,按照塔吉克斯坦法律规定执行。《塔吉克斯坦共和国反恐怖主义法》第28条规定,对打击恐怖主义提供帮助,如恐怖主义组织期间未故意实施恐怖主义犯罪的人员,依据《塔吉克斯坦共和国刑法典》对其予以免除恐怖主义活动责任。实施反恐主体的军人、工作人员,在法定情形下运用物理打击、特殊器材及射击武器造成恐怖主义分子的道德、物品与身体损害,依据《塔吉克斯坦共和国刑法典》不承担责任。应执法机关及其他国家机构、民用航空指挥员的请求,提供协助预防与制止恐怖主义活动者,对其恐怖主义的行动不承担责任。

---

[1] 在人质权利保障方面,《塔吉克斯坦共和国刑法典》第181条对挟持人质行为做了专门规定,(1)挟持或控制他人作为人质,威胁人质生命与健康或者对其长久控制,通过释放为条件迫使政府、国际组织、法人或自然人或团体完成或放弃某些行为的,处以5~10年监禁。(2)前述行为:①由再犯实施的;②团伙或团伙共谋的;③采用危及他人生命或健康的暴力;④采用武器或作为武器使用的工具;⑤针对未成年人的;⑥针对处在妊娠期妇女的;⑦针对行为不能自理的人;⑧出自自私动机或雇佣他人;⑨针对二人或以上的,处以10~15年监禁。(3)本条第1款或第2款所规定行为:①组团集团实施的;②过失致人死亡或其他严重后果的;③特殊危险累犯实施的;处以12~20年监禁。注释:自愿或按照当局要求释放人质,如本人行为未有其他犯罪构成要件的,免予刑事处罚。

(七)反恐行动中人员装备实行"一长制"领导原则

"一长制"是源自苏联的一种重要管理原则和领导方法,即授予有关工作的领导对于履行职责所必须享有的权力,同时明确所应负的个人责任,目的是为提高管理效率。塔吉克斯坦在反恐行动中要求指挥官对所属人员装备在战斗、工作、思想状态以及其他管理上进行全面领导,对上一级指挥官负责。

(八)特别反恐行动严格保密原则

反恐怖主义机构、有关部门及个人应当履行反恐怖主义职责过程中对于反恐重要信息、涉及的秘密、个人隐私等予以保密,对于新闻媒体报道恐怖主义事件及应对加以相关限制。[1] 对于媒体宣传在反恐行动中作用的发挥需要特别分析,由于恐怖主义行为的发生易造成社会恐慌,恐怖情绪在民众之间传播,引发社会秩序混乱,需要媒体及时公布反恐信息,保证社会安定,聚集各方反恐力量。同时,媒体的过度报道或不适当报道则有可能泄露反恐的信息,增加反恐实施的压力,影响反恐行动实施效果。因而,反恐立法需要对新闻媒体报道进行相关限制,加强良性引导。《塔吉克斯坦共和国反恐怖主义法》第 21 条规定,在反恐行动实施区域,司令部首长为保障人员安全有权禁止媒体工作者进入划定地区以及报道反恐行动情况的活动。有权拒绝提供以下信息:包括泄露反恐行动战术与方法的信息;有利于宣扬恐怖主义与为之辩护的信息;泄露反恐人员个人情况的信息;泄露属于国家秘密的信息;泄露侮辱人质人格尊严的信息。

三、反恐怖主义行动的实施

塔吉克斯坦积极预防与制止极端主义和恐怖主义思想和活动,巩固国家机关、地方自治村镇、公民社会机构和国际组织力量,努力提高在预防和

---

〔1〕 为了避免新闻传媒被恐怖主义分子利用,《塔吉克斯坦共和国刑法典》第 179 条第 3 款"公开煽动实施恐怖主义性质犯罪"规定:(1)公开煽动实施本法典第 179、179(1)、179(2)、181、182、184、184(1)、184(2)、184(3)、184(4)、185、193、194、194(1)、194(2)、194(3)、194(4)、194(5)、310、402 条(款)所列犯罪,处以 5~10 年监禁。(2)通过大众传媒手段实施此类行为的,处以 10~15 年监禁。

打击极端主义、恐怖主义、贩毒、犯罪收入合法化(洗钱)方面各个专门机构的协调效率;完善预防和打击极端主义、恐怖主义的国际和地区合作;努力提高社会法治文明和个人社会权利保障。塔吉克斯坦明确提出社会政治文化形成和个人社会权利保护是保障社会稳定、相互理解、公民正当行为和预防激进主义情绪产生的重要条件。

(一)恐怖主义活动的调查

《塔吉克斯坦共和国反恐怖主义法》第 14 条规定,实施反恐主体按照法律规定调查恐怖主义活动,在此过程有权使用与支配一切法律确认的力量、工具、手段、方法。公职人员与公民有义务立即向国家安全机关和内务部门汇报关于恐怖主义准备和实施的情况迹象,政府保证对协助反恐怖主义的人员的安全。为了调查、预防与制止恐怖主义活动,依照政府规定程序为实施反恐主体提供情报,以便追捕或审讯参与恐怖主义的人员,或预防、制止恐怖主义行动的,国家安全委员会下设专项基金给予奖励。对于提供此类情报信息的人员资料,只有经本人允许后方可对外公开。

(二)预防恐怖主义活动

《塔吉克斯坦共和国反恐怖主义法》第 15 条规定,禁止下列行为:建立、登记与运作旨在实施恐怖主义活动的组织;宣扬恐怖主义活动;参与恐怖主义活动人员进出境或经塔吉克斯坦领土中转;给予恐怖主义活动人员提供住所;参与恐怖主义活动的外国公民获得塔吉克斯坦国籍;长途汽车站、火车站、候机大厅工作人员为乘客保管行李及手提物品(除了专门授权的寄存处工作人员);在非法地点进行集会、游行、示威或抗议。另外,《塔吉克斯坦共和国反恐怖主义法》第 15 条补充规定了对于资助恐怖主义的法律限制,即禁止以直接或间接方式提供资金或者募集资金,以便完全或部分地用于实施恐怖主义活动,并且(或)知悉有关资金可用于恐怖主义活动的行为(见塔吉克斯坦最高议会,2013 年 6 月 13 日第 969 号立法决议)。

(三)制止恐怖主义活动

塔吉克斯坦为制止恐怖主义活动允许以下行为:在举行社会政治的以及其他民众活动时,将直接实施反恐主体的后备力量与物资用于维持社会秩序;对国家政府机关、地方自治机构以及人们生命健康、周边环境具有高危险的企业加强安保措施；依照国际法规定根据外国主管机关请求引渡恐怖主义活动人员；对恐怖主义组织以及正在参与（曾经参与）恐怖主义活动人员的资料进行收集、分析以及总结，并导入到国家安全委员会下属恐怖主义问题的中央跨部门数据库；建立直接实施反恐主体下的反恐专门机构；依据塔吉克斯坦立法规定以及塔吉克斯坦所加入国际条约中的其他方式打击恐怖主义。

（四）恐怖主义性质犯罪的侦查

《塔吉克斯坦共和国反恐怖主义法》第17条指出，依据刑事诉讼法规定的条件与程序，反恐怖主义实施主体的侦查人员对恐怖主义性质刑事案件进行讯问、预审。在第17条第1款规定了"恐怖主义关联人名单"，即塔吉克斯坦国家安全委员会制定恐怖主义关联人名单。塔吉克斯坦最高法院在塔吉克斯坦总检察长提交申请基础之上，〔1〕依法通过法院程序认定恐怖组织机构[包括其分支机构和（或）代表机构]，自然人为恐怖主义分子，将已认定的与恐怖主义有关的人员与组织的名单副本递交塔吉克斯坦国家安全委员会。塔吉克斯坦国家安全委员会根据联合国决议与（或）塔吉克斯坦所参加国际条约的规定将被确认的恐怖主义分子、恐怖主义组织登记进入恐怖主义关联人名单。塔吉克斯坦国家安全委员会应立即将恐怖主义关联人名单副本，提供给直接实施反恐怖主义主体以及打击恐怖主义犯罪与融资所得资金合法化（洗钱）的全权授权部门，以便采取行动与措施冻结名单人员的资金。关于恐怖主义关联人的排除，依据该条第2、3、4款所规定程序执行。关于恐怖主义关联人的金融资产及其他财产的冻结，塔吉克斯坦国家安全委员会依据塔吉克斯坦规范性法律命令所确认的程序，恐怖主义关联人（自然人与组织）的金融资产与其他财产进行冻结（见塔吉克斯坦最高议

〔1〕 现阶段，塔吉克斯坦共和国总检察院（Генеральная прокуратура Республики Таджикистан）被赋予了诸多与反恐战略有关的功能：其可依据宪法、规范性法律、塔吉克斯坦加入的国际条约规定的条件与程序实施反恐怖主义活动；根据《塔吉克斯坦共和国反极端主义和恐怖主义战略（2016－2020年）》（2016年11月12日，塔吉克斯坦第776号总统令）规定，塔吉克斯坦总检察院监督和协调国家机关、公民社会机构和国际组织在《塔吉克斯坦共和国反极端主义和恐怖主义战略（2016－2020年）》框架下活动，在总体上对该战略的效果和实施进程给以评估，并可提出一系列关于战略实施的建议，补充和修正以及对个别条款的说明。

会,2014年11月27日第1138号立法决议)。塔吉克斯坦国家安全委员会依据塔吉克斯坦规范性法律命令所确认的程序,对恐怖主义关联人(自然人与组织)的金融资产与其他财产进行解冻(见塔吉克斯坦最高议会,2014年11月27日第1138号立法决议)。对恐怖主义关联人名单内自然人、组织的金融资产与其他财产采取冻结与解冻措施,其相应程序由塔吉克斯坦政府制定(见塔吉克斯坦最高议会,2014年11月27日第1138号立法决议)。[1]根据塔吉克斯坦国内立法与有关国际条约规定,塔吉克斯坦政府有权对恐怖主义有关的自然人与组织的金融资产与其他财产进行没收。自然人与组织在没收之前有权按照法院程序对认定为恐怖主义分子、恐怖主义组织以及冻结自然人与组织的金融资产与其他财产进行申诉,以及有权请求与医疗、社会保障、家庭成员日常生活相关的支出费用。

塔吉克斯坦在反恐怖主义立法过程当中,一方面,强化反恐怖主义的措施,有效地预防和制止恐怖主义;另一方面,在具体制度的设计上,包括后续实施过程中进一步强化执法手段,树立尊重和保障人权的意识,依法行使各项权力,防止发生任何侵害公民和组织合法权益的情况发生,在反恐怖主义措施中赋予执法机关必要的手段。例如,应直接实施反恐的基本主体的要求,在反恐怖主义区域、全国或部分地区可暂停电子通信设施与相关工具使用(见塔吉克斯坦最高议会,2015年12月25日第1266号立法决议)。在反恐程序法律方面,《塔吉克斯坦共和国反恐怖主义法》明确规定了反恐主体和反恐机关的任务及恐怖预防方式、明晰了反恐机构的权力和职责、制定了协调反恐活动及与国际社会联合反恐的措施等。这些法律还规定了参与恐怖主义犯罪行为人的刑事责任,以及对参与反恐行动者及其家属的特殊保

[1] 《塔吉克斯坦共和国刑法典》第179条第2款对于“资助恐怖主义性质犯罪”活动作出惩处。(1)直接或间接地授权或进行资金积累,为了它们全部或部分使用,或在明知他们将被个别恐怖主义分子或恐怖主义团体(组织)使用,或带有个别恐怖主义分子或恐怖主义团体(组织)提供金融保障的目的,或为之进行179、179(1)、179(3)、181、182、184、184(1)、184(2)、184(3)、184(4)、185、193、194、194(1)、194(2)、194(3)、194(4)、194(5)、310、402条(款)本法典所列犯罪;如果这类资金未实际用于恐怖主义犯罪,或资助个别恐怖主义分子或恐怖主义团体(组织),以及与具体恐怖主义行动有关联视同资助恐怖主义性质犯罪的,处以5~10年监禁并处财产。(2)进行本条第一款行为,①再犯的;②团伙或以团伙共谋的;③利用职务便利的;④将犯罪收入合法化(洗钱)的,处以10~15年监禁并处财产。

护、社会恢复措施等问题。

总体而言,《塔吉克斯坦共和国反恐怖主义法》采取了独立式的立法模式,注重与刑法等其他法律法规的衔接,并且以立法推进反恐机制建设,体现了国际合作反恐的精神,重视军事反恐的必要性与重要性,以及寻求在维护秩序与保障人权之间寻求平衡。[1]《塔吉克斯坦共和国反恐怖主义法》在塔吉克斯坦国内立法体系中较为明确、系统地提出了依法反恐的基本方略,明确了反恐斗争的法律基础,即塔吉克斯坦所制定的《宪法》、《刑法典》、《反恐怖主义法》及其他规范性法律文件,以及所参加的国际条约,而且明确了反恐斗争的基本原则以及详细的反恐斗争实施行动,使塔吉克斯坦国内与国际反恐斗争走上法治化轨道,可以说是一部较为全面、系统专门性反恐怖主义的法律制度。该法为塔吉克斯坦打击恐怖主义活动提供了坚实的法律基础与制度保障,在规定反恐原则性、指导性的规定之外,同时也注意到了相关内容的操作性。《塔吉克斯坦共和国反恐怖主义法》对某些重要问题作出了比较细致的规定,保证权力的适当使用、禁止滥用以及公民权利的保护;对于基本概念与用语作出具体界定,如恐怖主义、恐怖主义行为、恐怖主义行为犯罪、恐怖分子、恐怖团伙、恐怖行为、恐怖活动等,努力做到与刑法等相关法律的衔接。由于反恐工作在严格意义上属于国家行为,塔吉克斯坦在反恐法律体系之内界定国家各部门的反恐职能,以及规定相应的反恐职能对于反恐活动具有积极意义。

在有关权利保护方面,塔吉克斯坦为保障人的权利和自由、提高公民法治文明水平建立了必要的法律基础,该法直接规定了反恐具体的实现路径和方式,具有较好的操作性。由于恐怖主义犯罪不同于传统意义的犯罪,为了保证打击恐怖活动的有效性,塔吉克斯坦必须处理好国家权力与公民权利的关系,寻找立法的最佳平衡点。该法虽然对于反恐活动中行动人员作出了权利保护与职能行使,但在打击恐怖主义过程中对于普通民众和恐怖主义活动人员的基本保障,以及反恐过程中受损害和权利受侵害人员的权

---

〔1〕 参见赵秉志、杜邈:《俄罗斯与中亚诸国反恐怖主义法述评》,载《法学评论》2007 年第 1 期,第 109 ~ 119 页。

利保护与救济仍显薄弱。

该法在打击恐怖主义犯罪方面作出了相关规定，而如何达到预防与打击恐怖主义相结合的治理目标仍有待完善。虽然塔吉克斯坦立法者已经关注到了法律、经济、社会、文化、宗教等方面的相互结合，但有关实质性的规定尚需补充完善。塔吉克斯坦境内恐怖主义的产生有其独特的经济社会背景，包括贫富差距、教派信仰、文化冲突、民族矛盾等在内的各种因素，都是滋生与蔓延恐怖主义的土壤。不能简单地把目光盯在恐怖主义本身，否则再有成效的反恐合作与反恐立法、打击措施都无法“一劳永逸”地彻底解决恐怖主义问题。在某种意义上，塔吉克斯坦努力进行所谓“缓解或解决恐怖主义”的反恐任务必须依赖政治、经济、社会、文化、外交、军事、宗教等多方面因素在内的综合性与系统性工程的建设与推进。[1]

[1] 参见刘志云：《国际反恐合作与国际反恐立法》，载《中国审判》2013年第5期。

第十三章　法国反恐怖主义、安全与边境管制法

王　娜　陈万娟

从美国“9·11”事件开始，反对恐怖主义便成为全球安全领域的焦点问题。此后，以美国为主的“反恐战争”成为打击各种恐怖主义犯罪活动的主要手段。但就目前情况来看，这种方式的效果并不是很理想，恐怖主义活动仍然是影响全球安全与稳定的突出问题。从伦敦、巴黎到尼斯、昆明，全球范围内的恐怖袭击活动仍然层出不穷，反恐形势依然严峻。反恐“战争模式”的收效甚微使得各国不得不另寻出路，于是在联合国的倡导下越来越多的国家试图通过刑事立法和刑事诉讼活动等相关措施来抗击恐怖主义。

法国在反对恐怖主义立法方面采用的是刑法典与专门的反恐法相结合的模式，以刑法典为基础建立反恐法律体系。法国《刑法典》将有关恐怖主义的规定归于其法典第四卷危害民族、国家及公共安宁罪范畴。2006 年法国颁布了《反恐怖主义、安全与边境管制法》，旨在强化对公共场所录像控制，以及对电话和电子数据的管制，同时该法对法国原有的《刑法典》《刑事诉讼法典》《货币金融法》中的一些条款进行了不同程度的修改，设置了反恐特别诉讼程序，以加

强对恐怖主义犯罪集团活动和资助恐怖主义的行为的惩治。[1]

第一节　自动处理个人资料的规定

因为恐怖主义犯罪的特殊性，国际上大多数国家都会采取一些前置性措施以期达到预防恐怖主义活动的目的。这些措施一般表现为在限制公民生活的方方面面加强监控，以掌握第一手的情报和恐怖犯罪线索。这一过程中就不可避免地会涉及对公民个人信息领域的介入和控制，实际上在这些措施的实行过程中我们每个人都或主动或被动地成为了反对恐怖主义的参与者。

《法国2006年反恐怖主义、安全与边境管制法》(2006年1月23日)第三章为关于自动处理具有个人性质资料的规定。该法第7条对个人资料的自动处理作出了明确的定义即"为了改善对边境的管制和反秘密偷渡行为的管制，内部有权自动处理国际转移中所搜集的、来源地为法国或目的地为法国但不属于欧盟国家的具有个人性质的资料。"[2]同时该章还详细地规定了在不同情况下自动处理个人资料的范围以及一些相关的程序。

一、资料所包含的范围

1. 航空运输旅客装货和卸货凭证上的形象。

2. 从旅行凭证的可视阅读带到航空，海上或铁路运输旅客的国内身份证和签证的综合资料。

3. 关于旅客和在保管系统及出发控制系统中记录的、为航空、海上或铁路运输者所占有的资料。

为了启动对上述所指资料的处理，航空运输者应汇集欧盟2004年4月29日关于运输者告知旅客资料义务的2004/82/CE号指令第3条2处所列

---

[1] 参见倪春乐著：《恐怖主义犯罪特别诉讼程序比较研究》，群众出版社2011年博士学位论文。

[2] 赵秉志等编译：《外国最新反恐法选编》，中国法制出版社2008年版，第300页。

举的资料并向内务部门传输。

运输者向内务部门告知的上述3中的资料为其本身所持有的资料。

为了防止和制止恐怖主义活动的需要，被个别认命或被正式授权从事警察或国家宪兵服务的、专门从事反恐任务警员的，依据《法国自由、档案信息法》所规定的条件，可以接触到下列自动处理的材料：

4. 国内登记的资料。

5. 管理驾驶证的国家系统。

6. 管理国内身份证的系统。

7. 管理护照的系统。

8. 管理在法国外国人资料的自动系统。

9. 关于穿越边境受到管制时没有满足所要求的入境条件的《外国人入境、逗留和庇护权法》第611－3条到611－5条所指的具有个人性质的资料。

10.《外国人入境、逗留和庇护权法》第611－6条所指的具有个人性质的资料。

此外，《反恐怖主义、安全与边境管制法》第8条规定："为了防止和制止恐怖活动，为了便于发现与此相关的违法行为，为了便于发现刑事违法行为或与刑事诉讼法第706－73条意义上有组织的犯罪行为有关的违法行为、盗窃行为和窝藏赃车行为、海关法第414条第二段所规定和禁止的走私和有组织的团伙进出口行为，以及为了便于发现同法第415条所规定的与上述违法行为有关的实现或试图实现金融操作的行为和为了便于收集上述违法行为的证据和查找违法行为人，警察、国家宪兵和海关部门可以启动固定的或机动的装置以对拍摄占有人照片的运输工具的描述性资料进行自动管制。该行为可在领土内的所有地点进行，特别是在边境、港口和空港区域，以及在较大的国内或国际过境线处。为了维持公共秩序在发生特殊事件或发生大量人员聚集情况时，由行政机关决定，警察部门或国家宪兵部门也可以临时动用上述装置。上述处理包括对有关于被盗车辆或车辆的资料以及申报信息系统自动处理的查阅。"[1]

---

〔1〕 赵秉志等编译：《外国最新反恐法选编》，中国法制出版社2008年版，第302页。

二、个人资料的例外情况

恐怖主义的严重性和频发性，使得很多国家都在加大对其的打击力度。在对恐怖主义犯罪高度重视的背后很多违背常规的反恐措施也悄然实施，这些措施在打击国际恐怖主义犯罪的过程中反映出的另一个问题，即国家公权力的极度扩张和公民私权利备受限制的法律问题。[1] 反恐行动似乎出现了新的困境，以保护人权为目的的反恐行动却成为了威胁人权的因素，这也使得反恐行动面临着新的亟待解决的问题就是如何在不危害人权的情况下合理地开展反恐行动。

当然法国的反恐立法也同样存在这样的矛盾，如前述的自动处理个人性质的资料的规定，该规定中涉及大量的公民私人资料，如果处理不当就有可能出现侵犯本国公民和外国公民的基本人权的冲突。这就需要在立法和执法过程中贯彻保护人权的理念，注重对人权的尊重与保障。

法国《反恐怖主义、安全与边境管制法》在自动处理个人资料上的例外情况规定就很好地体现了这一点。该法第 7 条最后一句明确指出 1978 年 1 月 6 日关于信息、资料和自由的 78 - 17 号法律即《法国自由、档案、信息法》第 8 条 I 处的有关资料不属于可自动处理的个人资料的范围。同时对有权处理个人资料的主体作出了严格的限制，具体如下：

对于上述前 1 至 3 项的资料只有从事警察和国家宪兵服务并专门负责反恐任务和从事警察和国家宪兵服务的以及海关中负责国际交通安全的人员中被个别认命或正式授权的警员才能获取。

而其余规定内的资料则是被个别任命或被正式授权从事国防部情报处服务的警员，依据上述《法国自由、档案、信息法》所规定的条件，可以接触到。并由内务部和国防部共同作出决议确定由国防部授权查阅上述自动处理资料的情报处。

---

〔1〕 参见郭理蓉：《反恐与人权保障》，载《人民检察》2006 年第 3 期。

第二节 关于镇压恐怖主义及执行刑罚

一、《刑法》第 421 条新加入的理解

法国《刑法典》第 421 条是对恐怖活动犯罪的范围和刑罚处罚的有关规定,《反恐怖主义、安全与边境管制法》对该条规定进行了一些修改和补充。

法国《反恐怖主义、安全与边境管制法》第四章关于镇压恐怖主义及执行刑罚的规定中第 11 条 I 中明确提出在刑法 421 - 5 条后面加入第 421 - 6 条,第 421 - 6 条的内容为:"第 421 - 6 条、第 421 - 2 - 1 条所规定的集团和串通预备下列行为的,刑罚为 20 年的监禁刑和350 000欧元的罚金:1. 对第 421 - 1条 1 所涉及人员进行一次或多次伤害犯罪的;2. 以可能引起一人或多人死亡的时间或地点的条件下得以实现的、第 421 - 1 条 2 所涉及的爆炸物或放火方式进行一次或多次破坏的;3. 从事第 421 - 2 条所规定的能够引起一人或多人死亡的恐怖主义活动的。领导或组织该集团或串通的,处以 10 年监禁和500 000欧元罚金。关于安全期的第 132 - 23 条的前两段同样适用于本条所规定的犯罪。"

在 II 中规定在刑事诉讼法第 78 - 2 - 2 条和第 706 - 16 条的第一段中和第 706 - 73 条的 1 中,编号"421 - 5"替换为"421 - 6"。[1]

在该新增的第 421 - 6 条 1 中所提到的第 421 - 1 条 1 中所涉及人员为法国《刑法典》第二卷所指的故意杀人,故意伤害,绑架与非法拘禁及劫持航空器、船只或其他任何交通工具之犯罪中所涉及的人员。2 中所述的有关第 421 - 1 条 2 的内容实则是《刑法典》第三卷所指的盗窃、勒索、破坏、毁坏财产以及在计算机信息方面的犯罪。3 中所述的第 421 - 2 条是法国刑法典中关于恐怖活动罪的规定,其具体内容为:"在空气中、地面、地下或水里,其中包括在领海水域,施放足以危及人、畜健康或自然环境之物质行为,如其与以严重扰乱公共秩序为目的采用恐吓或恐怖手段进行的单独个人或集体性

---

〔1〕 参见赵秉志等编译:《外国最新反恐法选编》,中国法制出版社 2008 年版,第 304 页。

侵犯行为相关联，亦构成恐怖活动犯罪。”

在新形势下恐怖主义活动不仅范围在扩大，恐怖主义活动的方式和手段也越发科技化和智能化，恐怖主义活动还有一个很大的特点就是具有严密的组织性。恐怖活动或者恐怖袭击往往并非一个人或几个人就可以完成，恐怖活动有着很强的组织性。目前，大多数恐怖组织都有一些利益集团在其背后做支撑，他们一般经济实力雄厚，甚至拥有军事力量，很大程度上恐怖组织的各种犯罪活动都是在这些利益集团的驱使下完成的。在恐怖组织内部一般也会有起领导和组织作用的首要分子或主要分子，他们分工明确、组织严密，按照其自身的组织程序进行各项活动。[1] 它们的势力范围分布在全球不同的区域，威胁着人类的和谐与稳定。因此，新增加的第 421－6 条中不仅明确规定了集团从事恐怖主义活动的具体刑罚，还有对于领导和组织者即首要分子的刑罚规定，填补了《刑法典》之前在这方面的空白，不仅顺应了恐怖主义发展的新趋势，也满足了打击恐怖主义活动的不同需要。

第 421－6 条中的刑罚范围不仅包括实行犯，还将非实行犯纳入了惩罚范围，即串通预备恐怖主义行为的也会受到和实行犯相同的惩罚。其实在恐怖主义犯罪是否需要具备行为后果这一问题上学界也存在争议，有观点认为行为后果必须具备，若没有达到预期的效果则无法认定为恐怖主义犯罪。该观点是刑法学早期认同的观点，但是由于对后果有过于苛刻的要求实则是不利于对恐怖主义活动犯罪的打击。另一种观点认为，关键在于是否有恐怖主义犯罪活动，不论结果是否达成都构成恐怖主义犯罪。作为一种严重危害公共安全和公共利益的犯罪，我们不能简单地认为没有造成后果就放松处罚和量刑，这样是变相助长犯罪分子的嚣张气焰，不仅不利于打击活动的展开也会给社会安定带来不稳定的影响。[2] 该条规定显然是赞同第二种观点，我也认为这样扩大的惩治范围更有利于对恐怖主义的打击，更好地体现法律的威慑和教育功能，发挥法律的一般预防和特殊预防作用。

对实行犯和非实行犯适用同样的惩罚措施可以更好地发挥刑法的威慑

---

〔1〕 参见李伟：《论我国反恐刑事立法的发展及完善》，甘肃政法学院 2015 年硕士学位论文。

〔2〕 参见刘斌：《恐怖主义犯罪比较研究》，山东大学 2007 年硕士学位论文。

和教育作用,无论是对刑法的一般预防还是特殊预防都是有利的,在打击犯罪分子的同时可以更好地发挥对恐怖主义活动的预防作用。在更好地满足反对恐怖主义犯罪活动实践需要的同时使法律能够不断适应反恐形势的新变化起到更好的指挥和促进作用。

二、《刑事诉讼法》第 16 条修改内容的理解

《法国 2016 年反恐怖主义、安全与边境管制法》(2006 年 1 月 23 日)第 16 条中规定:"《刑事诉讼法》第 16 条修改为:

1. 在 3 中,词句'在咨询某委员会意见后由司法部和内务部通过决议指民委任的、在国家警察指挥人员和人员配备部正式任职的官员以及在具有该性质资格的指挥和人员配备部见习的官员'替换为'以及警官';

2. 在 4 中,词语'控制的'替换为'人员配备的',词语'3 中所提及的委员会的'替换为'某个委员会的';

3. 第六段中,编号'从 2 到 4'替换为'2 和 4'。"

《刑事诉讼法》第 16 条规定的是有关司法警察警官身份资格认定的内容,在该条内容的修改方面词句的变动并没有很大,但细微的变动都会对法条的内容含义产生很大的影响。

将"在咨询某委员会意见后由司法部和内务部通过决议指民委任的、在国家警察指挥人员和人员配备部正式任职的官员以及在具有该性质资格的指挥和人员配备部见习的官员"替换为"以及警官"直接将先前法条中较为宽泛笼统的叙述给予明确规定。这样的变动也在一定程度上缩小了可认定为警官警员身份的范围,对于执法工作的进行和执法队伍的建设都是有利的。在执法过程中警察的数量并不是越多越好,有时候身份认定模糊导致的执法队伍庞杂反而会影响执法工作的进行。一定程度上缩减警察警员数量达到适合的数量比,有利于执法队伍素质的增强和整体工作水平与效率的提高,以更好地实现打击恐怖主义活动的目的。

而将 4 中,词语"控制的"替换为"人员配备的",词语"3 中所提及的委员会的"替换为"某个委员会的";以及第六段中,编号"从 2 到 4"替换为"2 和 4"单纯从文字上看这两条的修改同样幅度不是很大。这样的修改其实在

一定程度上起到了对公权力的限制作用。随着反恐工作的不断深入,各种反恐措施也在慢慢渗透进日常生活中,关于反恐法律法规的执行不当和不到位很容易导致公权力的滥用,这样不仅起不到所预想的反恐效果,反而这些措施本身会对社会稳定造成威胁。纵观世界范围内的历史实践,现代法治观念的确立一定要对权力进行一定的限制,分权与制衡是防止权力滥用的重要手段之一。我们在提高执法者素质的同时也要注意对其权力行使的限制与监督,构建科学高效的权力机关组织体系和权力运行机制。

三、16 岁以下未成年人刑罚的规定

法国《反恐怖主义、安全与边境管制法》第 15 条规定:“在《刑事诉讼法》第 706 - 25 条的第一段中,加入下列一句话:‘对至少十六岁的未成年犯罪嫌疑人的判决,关于未成年人法庭的构成和职能的规则,同样由该规定和少年上诉法院法官中的两名陪审员确定,但必须符合 1945 年 2 月 2 日关于犯罪少年的 45 - 174 号条例第 20 条的规定,该条的第 8 段到第 14 段适用’。”

随着网络技术的不断发展和应用普及,越来越多的恐怖分子利用网络信息技术传播恐怖主义思想、传授暴恐技术、招募人员、募集资金、策划活动。这其中危害性最大的当属目前恐怖组织招募成员的目标群体正有成年人向未成年人群体转变,恐怖组织正在有计划地向青少年灌输极端主义、恐怖主义思想,招募恐怖组织成员。这一系列行为所导致的就是恐怖主义犯罪出现了低龄化的趋势,未成年的恐怖主义犯罪人越来越多。[1] 在 2005 年以前,被捕的恐怖分子的年龄大概是 30 岁以下,而从 2005 年的情况来看,这个年龄下降了整整 10 岁。英国地铁爆炸的案犯中年龄最小的只有 18 岁。[2] 因此,在立法上加强对未成年犯罪人的保护是十分必要的。

法国《刑事诉讼法》第 706 - 25 条是对于审判成年重罪人案件的重罪法庭的组成和运作规则的规定。而新加了的关于未成年犯罪人的特别诉讼程序,规定中所要求适用的 1945 年 2 月 2 日关于犯罪少年的 45 - 174 号条例

〔1〕 参见于沛鑫:《恐怖主义、极端主义犯罪与未成年人的刑法保护》,载《预防青少年犯罪研究》2015 年第 6 期。

〔2〕 参见张家栋:《恐怖主义的概念分析》,载《世界经济与政治》2003 年第 3 期。

即法国《未成年犯罪人法令》。这样的修改在关注未成年人犯罪的同时又通过区别的规定来突出对未成年人的保护，当然在另一方面也体现出对恐怖主义犯罪嫌疑人人权的尊重和保障。

第三节　关于反资助恐怖主义活动的规定

几乎所有有组织的犯罪都需要得到资金的支持，而获得资金支持的最主要手段就是通过资金融通渠道。作为一种特殊的犯罪集团组织，从本质上来说，恐怖主义犯罪集团与一般的有组织犯罪集团有很多的相似之处。有组织的犯罪集团，特别是跨国性的有组织犯罪集团，一般是由不同种族和背景的个体和小集团所构成，有组织犯罪集团同时具有庞大的社会关系网络，并且涉及多种合法的商业行为以及犯罪行为，主要集中于“毒品、卖淫、色情、赌博以及放高利贷”等活动。当前，包括基地组织在内，几乎所有的恐怖组织的计划和活动，都受到资金的制约。这些犯罪行为都需要保证大量资金的融通，同样的，恐怖组织之所以可以有效地实施恐怖活动，亦取决于其拥有能够确保资金融通的能力，所以如果缺乏畅通以及良好运作的资金融通渠道和平台，恐怖主义活动将无法实现。与早期靠普通的犯罪收益支持其恐怖组织的运行和恐怖活动的方式相比，恐怖组织的其他融资机制正在持续扩张，并且以合法形式表现出来的融资方式开始增多。[1] 并且，随着金融体系的发展，恐怖组织转而寻求更加多元化的融资渠道和平台，恐怖组织不仅通过合法的国际金融机构，也同样利用快速发展的其他金融系统和机制进行融资以支持其恐怖活动。控制和消除恐怖主义资金融通的渠道，是国际社会近年来积极提倡的一项新的政策手段。

恐怖主义活动需要资金的融通，为了使之看起来像合法的资金流动，绝大多数情况下需要通过洗钱手段来完成。同时，金融反恐的组织与规则通

---

〔1〕 参见李颖骅：《反恐怖主义融资刑事政策研究》，复旦大学刑法学专业 2013 年硕士学位论文，第 1 页。

常是以反洗钱为基础的，因此，恐怖主义融资和洗钱有着密切的内在联系。从恐怖主义融资和洗钱的联系上讲，通过洗钱活动获得资金是恐怖主义融资的一种主要手段，所以金融反恐从提出之初就沿用了反洗钱的具体措施和制度。因此，金融反恐不可避免地要涉及反洗钱。越来越多的国家通过反洗钱工作机制开展对恐怖融资的监测活动。反洗钱工作所包括的识别客户身份、报告可疑交易、保存交易记录和建立内控机制等基本做法，为执法部门查获与恐怖活动有关的洗钱活动提供了重要的信息，对侦查打击恐怖活动犯罪提供了有关线索。通过控制洗钱来防范恐怖主义融资成了国际通行做法，世界主要国家和反洗钱国际组织都将反洗钱和反恐融资并列，并通过修改或完善反洗钱法律对恐怖主义融资进行预防和打击。同时，一些国际组织将反恐融资工作开展的情况，作为衡量一个国家和地区反洗钱水平的重要方面。通过对反洗钱机制也可加强对恐怖融资的监测。开展恐怖主义活动需要大量资金支持，这些资金的流动往往具有异常或可疑的特征。而反洗钱信息监测处理机构，具有迅速识别和处理这种异常或可疑资金流动信息的条件，并可对涉嫌恐怖融资活动的组织、个人的资金账户变动情况进行严密的监测。因此，将反恐融资和反洗钱工作有机结合起来是非常必要的。[1] 2001 年 10 月 30 日，金融行动特别工作组（FATF）发布了《关于恐怖融资的特别建议》，将恐怖融资定义为洗钱的一种形式。[2]

基于上述原因，当前国际社会普遍认为反洗钱立法完全可以适用于打击恐怖融资和资助恐怖主义的活动与案件。而法国也是采用了这种模式在其《货币与金融法》中加入了有关反对资助恐怖主义活动的规定以达到金融反恐的目的。

一、资助恐怖主义活动的范围

《反恐怖主义、安全与边境管制法》第八章为关于反资助恐怖主义活动的规定：

---

〔1〕 参见王俊：《国际金融反恐法律制度研究》，西南政法大学国际法学专业 2009 年硕士学位论文，第 9 页。

〔2〕 参见花军、韩本毅：《国际恐怖主义》，中国人民大学出版社 1989 年版。

第23条规定将《货币与金融法》第五卷第六编的主题修改为“关于反洗钱和反资助恐怖主义活动的义务”并专门设立了第四章“关于反洗钱和反资助恐怖主义活动的义务”具体规定如下：

“第564－1条持有或接受资金、金融票据和经济资源的金融机构和第564－1条至第562－1条至5和7中所指的人，应依据本章的规定采取冻结或禁止措施。”

“为了实施本章，应通过资金、金融票据和经济资源了解各种性质的财产：有形的或者无形的，可移动的或不可移动的，通过某种方式获得的，或通过某种形式的法律文件获得的，包括以电子或数字形式存在的，可以证明存在所有权或在该财产上存在利益的，特别包括银行信用卡、旅行支票、银行支票、汇票、股票、证券、债券、票据及信用证。”

“第564－2条为了不影响实施欧盟理事会规则的专门限制性措施和司法机关公布的措施，主管经济的部长可以决定冻结属于从事或企图从事、资助或参加恐怖主义活动的个人或法人或由该个人控制的法人或直接或间接接受2001年12月27日欧盟理事会通过的关于在反恐框架下对特定人和实体采取专门限制性措施2580/2001号(CE)规则第1条5和6所管制法人的、存入第564－1条所指机构和人处的全部或部分的资金、金融票据和经济资源，期限为6个月，并可以展期。恐怖主义活动由2580/2001号(CE)规则第1条4所界定。上述资金、金融票据和经济资源的孳息应一并冻结。”

“对存入第564－1条所指机构和人处资金、金融票据和经济资源的冻结，应被理解为旨在阻止转移、转让或使用这些资金、金融票据和经济资源的全部行为。该使用、转移或使用可能导致资金、金融票据和经济资源总额、地点、产权、性质的变更以及其他所有可能允许冻结措施实施对象使用该财产而导致的变更。”

“主管经济的部长还可以决定在6个月内禁止将资金、金融票据和经济资源以第一段所指个人或法人为受益人的转移、转让，该期限可以展期。”

“实施本条而做出的部长决议，应在政府公报上公布并在公布日起具有可执行性。”

“第564－3条依据本章所采取的冻结或禁止措施适用于上述资金、票据和资源的所有共有人以及持有另一个所有人为第 564 -2 条第一段所指的所有人、虚有权人或用益权人的共同账号的人。”

“该措施可以对抗所有债权和所有可以援引在该基金、金融票据和经济资源上权利的第三人，即使该债权和其他权利的权源早于该决定的公布。”

“第 564 -2 条第三段所指的措施适用于发出对其执行的命令早于禁止决定公布之日的资金、金融票据和经济资源的转移或转让。”

“第 564 -4 条银行秘密或职业秘密不构成对机构和第 564 -1 条所指的人以及主管实施冻结或禁止措施的国家机构之间进行信息交换的障碍，如果这些信息旨在通过该措施直接或间接确认相关人员的身份。所提供的或交换的信息仅用于该目的。”

“主管实施冻结或禁止措施的国家机构及批准和管理金融机构和第 564 -1条所指的人的部门，有权交换执行其各自任务所需要的信息。”

“第 564 -5 条国家队善意实施上述措施而给金融机构和第 564 -1 条所指的人、其领导或职员带来损害的后果负责。不得作出对该等机构、人、其领导或职员不利的职业性制裁。”

“第 564 -6 条由最高行政法院作出决议确定实施本章条款的条件，特别是金融机构和第 564 -1 条所指的人应实施冻结或禁止措施条件。”

并补充一个第 574 -3 条，“第 574 -3 条金融机构和第 564 -1 条所指的人的领导或职员，为了冻结或禁止措施实施对象的人逃避责任而导致冻结或禁止措施没有发挥作用的或对作用的发挥设置障碍的，处以海关法第459 -1条所规定的刑罚。

“《海关法》第二编和第十二编关于发现违法行为、追究和阻止违法行为的规定同样适用，该法第 453 条至第 459 条不在此限。”

《刑事诉讼法》第 706 -73 条加入第 16 款：“《刑法》第 321 -6 -1 条所规定的无法说明与其生活开支不相一致资源的轻罪，如果其与 1 到 15 所指的违法行为之中的一个行为存在关系的。”[1]

过去，恐怖金融曾被看作是恐怖犯罪的准备行为，附属于具体恐怖活动

---

〔1〕 赵秉志等编译：《外国最新反恐法选编》，中国法制出版社 2008 年版，第 309 ~ 311 页。

罪名,也有传统学者提出:"不必将恐怖主义融资看做一种单独的犯罪予以打击。"[1]但是经过多年的实践,国际反恐阵营发现将恐怖主义融资作为一种单独的犯罪行为对更有效地打击恐怖主义有着重要意义。

在打击有组织的恐怖集团犯罪的金融阵地上,"冻结、扣押、没收恐怖主义资金"也一直被作为金融反恐立法的主要目标。[2] 在金融反恐立法中有一个非常重要的犯罪控制理论即"责任化理论",这种理论的基础在于政府认为在打击某些有组织犯罪时(如洗钱犯罪),某些特定的私力机构比公力机关更容易发现犯罪行为。基于这种理念,公力机关把自己的一部分责任委托给相关的私力机构(如银行、保险公司、证券公司等金融机构)履行,这样不但减低了司法成本,而且增强了打击效果。[3] 作为恐怖主义融资的重要场所,金融机构处于发现恐怖金融犯罪的最佳位置,因此责任化的受体也主要是金融机构。通过各国执法机构与金融机构密切合作,帮助金融机构建立起一套完善的内控机制,增加发现恐怖组织利用正规金融体系融资行为的概率。[4]

《反恐怖主义、安全与边境管制法》中关于反洗钱和反恐怖主义活动的规定复杂而翔实,同时涉及《刑法》和《刑事诉讼法》的有关规定。同世界上大多数国家一样,法国金融反恐的任务也是由国家机关和金融机构共同分担,金融机构因其自身的特性和作用所以在金融反恐中扮演着极为重要的角色。其金融反恐立法的主要目标"冻结、扣押、没收恐怖主义资金"切断恐怖主义活动的资金源以实现反恐的目的。

但是,依靠金融立法来反恐却并没有能够取得我们预想中的效果,有关政府和私人部门的许多专家都承认,在能够提前阻止一个计划中的恐怖袭击之前,在一家银行发现恐怖分子的资金的机会非常少。并且就能够被查

---

〔1〕 IMF(2003)Suppressing the Financing of Terrorism, p. 50.

〔2〕 参见黄卓昊:《恐怖主义融资犯罪和金融反恐立法》,华东政法大学诉讼法学专业2008年硕士学位论文,第17页。

〔3〕 See Garland D, (1997) "The Punitive Society: Penology, Criminology and the History of the Present", *Edinburgh Law Review*, Vol. 1, pp. 189 – 191.

〔4〕 参见黄卓昊:《恐怖主义融资犯罪和金融反恐立法》,华东政法大学诉讼法学专业2008年硕士学位论文,第21页。

处的“恐怖资金”来说，有相当一部分也会被证明与恐怖活动是无关的。在金融反恐过程中采取的一些措施，如可疑交易报告制度，有可能对客户的金融隐私构成威胁，这就又有可能出现上文所提到的人权冲突问题。对金融机构本身来说，承担反恐责任也会增加其成本，金融机构要建立起一套严谨的打击恐怖融资的体系，必然要增加投入各种成本，这些成本是直接的、可见的，而产生的收益却不是直接的。若金融机构成本的增加却没有相应补偿机制的话，一定程度影响了金融机构打击恐怖融资的积极性，一定程度上也会影响反恐活动的有效性。[1]

二、参与资助恐怖主义活动的后果

在对参与资助恐怖主义活动的惩罚方面，法国采取的是自由刑与财产刑相结合的惩治方式。并具体在《刑法》中给予了规定，以《海关法》中的有关规定为补充。

《刑法》第 321 -6 条表述如下：

“无法说明与其生活开支相一致资源或无法说明所持有财产来源，且这些资源和财产与犯有处以 5 年监禁刑，构成重罪或轻罪并从中获得直接或间接利益的一个或几个人或与成为违法行为受害者的一个或几个人存在惯常的关系，处以 3 年监禁和75 000欧元罚金。

“帮助犯有至少处以 5 年监禁刑，构成重罪或轻罪并从中获得直接或间接利益的人说明虚假资源的，处以同样的刑罚。”

同时上述适用《海关法》第 459 -1 条所规定的刑罚的，《海关法》第 459 -1 条规定：“触犯或企图触犯对外金融关系法规，例如违反外汇申报及必须在境内结汇的规定、违反规定手续或程序、未获取必须的许可证、或者不符合发放许可证条件的，处 1 年至 5 年拘役，没收违法外汇和作案时使用的运输工具，并处罚款。罚款金额最少应相当于违法或企图违法所涉及的金额，最高为所涉及的金额的 5 倍。”[2]

---

〔1〕 参见王俊：《国际金融反恐法律制度研究》，西南政法大学国际法学专业 2009 年硕士学位论文，第 23 页。

〔2〕 黄胜强译：《法国海关法典》，中国社会科学出版社 1999 年版，第 192 页。

三、特别情况下的加重情节

在《刑法》第 321 -6 条后加入第 321 -6 -1 条:“如果重罪或轻罪为无法说明其资源的人所授权的未成年人所为的,第 326 -1 条所规定的刑罚应为 5 年监禁和150 000欧元罚金。

“如果违法行为构成贩卖人口、敲诈或罪犯联盟的重罪或轻罪,或构成与使用麻醉剂的一人或多人存在惯常关系而犯有的运输麻醉剂的重罪或轻罪的,刑罚应为 7 年监禁和200 000欧元罚金。”

“如果涉及到一个或多个未成年人犯上面第一段所指的违法行为的,刑罚应为 10 年监禁和300 000欧元罚金。”

在《刑法》第 321 -10 条后加入第 321 -10 -1 条:“只要犯罪人无法说明其来源的,犯有第 321 -6 条和第 321 -6 -1 条轻罪的个人,并处没收全部或部分财产的附加刑,不论该财产的性质如何,动产还是不动产,可分物还是不可分物。”

“还可以对与行为人存在惯常关系的一个或多个人犯有的重罪或轻罪,宣告该附加刑。”[1]

该法中关于反资助恐怖主义后果的特别加重情况的规定多是案件涉及了未成年人的情况,在原有刑罚上进行了酌情的加重。

综观反对恐怖主义活动的金融方面的立法其自身也是存在一些不足,这也是一定程度上其实现反恐目标不理想的原因之一。

西方国家素来标榜自由和人权,现如今却往往仅凭怀疑、在没有任何证据的情况下,指控他人资助恐怖活动,没收或冻结他们在银行里的存款,直接侵犯了人权。西方社会对这一现象普遍感到担心,致使司法机构对一些诸如此类的案件不得不作出不公正的裁决,力图维护原有的秩序。但是西方政界把这种特别措施解释为在非常情况下的权宜之计,是把国家安全置于首位,然后才考虑个人的自由和权利。这样非常容易激起民众的不满情绪。

金融机构与监管当局的合作普遍不理想,原因是金融机构与监管机构

---

〔1〕 赵秉志等编译:《外国最新反恐法选编》,中国法制出版社 2008 年版,第 312 页。

认识存在不一致。金融机构及其从业人员在洗钱活动中,往往不会成为洗钱的受害对象。相反,他们通过进行金融操作或者提供金融服务,还可以从中获取一定的经济利益。因此,金融机构及其从业人员对于反洗钱往往有一种纵容的态度。在这种情况下,金融机构及其从业人员就难以有反洗钱的积极性与主动性。而监管当局对金融机构的合作却认为是理所当然的,缺乏相应的激励机制。这样金融机构所起的作用并不如监管机构所期待的那样,还有可能处于政府对立面的位置上。

主权是国家最主要、最基本的权利,对内表现为最高权,即国家对其领土内的一切人和事以及领土外的本国人实行管辖的权利;对外表现为独立权,即在国际关系中具有独立的地位,不受别国的管辖和支配。从传统国际法上看,主权是不可侵犯的。但近年来,各国打击恐怖活动的行为,特别是国际金融反恐措施对主权的冲击按照传统的国家主权的思维是难以想象的。[1] 这样不仅有碍打击反恐活动国际间的合作,还有可能导致主权国家之间的矛盾。

反对恐怖主义活动的立法工作一直处于不断的建立、发展和完善的过程中。但同样的,恐怖集团、恐怖活动的组织形式和实施方式也处于不断变化之中,不仅灵活多样而且在生产和科技进步的推动下,智能化水平越来越高。这些都加剧了反恐工作的难度,反恐任务也越来越艰巨。正因为反恐所面临的严峻形势,才更加需要我们不断运用科学合理的措施来应对,需要精准的前瞻性和正确的判断能力来加以防范。全球化使得各个国家成为了命运共同体,利益共享、风险同担,频繁的、全球范围内的恐怖活动不仅是对主权国家的威胁也是对整个人类文明的侵害。各个国家在不断完善自身立法和反恐工作的同时,更要树立协同合作意识,无论是区域间还是国际间的反恐合作都会对反恐活动起到推动作用。在反恐工作上要做到“不战而屈人之兵,御敌于国门之外”任重而道远。而当下,立足于反恐立法,不断增强反恐法制意识和能力,是我们应当且更好的选择。

---

〔1〕 参见王俊:《国际金融反恐法律制度研究》,西南政法大学国际法学专业2009年硕士学位论文,第23页。

图书在版编目(CIP)数据

比较反恐法概论 / 关保英主编. -- 北京 : 法律出版社, 2019
ISBN 978-7-5197-3206-6

Ⅰ. ①比… Ⅱ. ①关… Ⅲ. ①反恐怖活动-国家安全法-对比研究-世界 Ⅳ. ①D912.104

中国版本图书馆 CIP 数据核字(2019)第 038157 号

比较反恐法概论
BIJIAO FANKONGFA GAILUN

关保英 主 编
陈 校 副主编

策划编辑 郑 导
责任编辑 郑 导
装帧设计 汪奇峰

出版 法律出版社
总发行 中国法律图书有限公司
经销 新华书店
印刷 天津嘉恒印务有限公司
责任校对 杨锦华
责任印制 张建伟

编辑统筹 独立项目策划部
开本 710 毫米×1000 毫米 1/16
印张 21.75
字数 325 千
版本 2020 年 6 月第 1 版
印次 2020 年 6 月第 1 次印刷

法律出版社/北京市丰台区莲花池西里 7 号(100073)
网址/www.lawpress.com.cn
投稿邮箱/info@lawpress.com.cn
举报维权邮箱/jbwq@lawpress.com.cn
销售热线/400-660-8393
咨询电话/010-63939796

中国法律图书有限公司/北京市丰台区莲花池西里 7 号(100073)
全国各地中法图分、子公司销售电话:
统一销售客服/400-660-8393/6393
第一法律书店/010-83938432/8433
西安分公司/029-85330678
重庆分公司/023-67453036
上海分公司/021-62071639/1636
深圳分公司/0755-83072995

书号:ISBN 978-7-5197-3206-6
定价:88.00 元